中國國際法與國際事務年報

第 九 卷

（民國八十三年至八十四年）

中 國 國 際 法 學 會 編

中國國際法與 國際事務年報 編輯委員會

臺灣商務印書館發行

序

丘　宏　達

　　中國國際法學會於民國八十四年五月二十七至三十日在臺北市舉辦國際法學會（International Law Association）第一屆亞太區域會議（Asian-Pacific Regional Conference），來自三十五個國家與地區的學者及從事法律實務工作者共一百五十多人來華參加此會議。會議全部論文及討論焦點將編纂成一冊出版；但其中部分論文摘要由李興維博士譯為中文刊於本卷中。阿根廷總統孟年（Carlos Saul Menen）先生及我國總統李登輝先生的書面賀詞則由任孝琦女士譯為中文，連同行政院連戰院長之歡迎酒會致詞，以及中國國際法學會的榮譽會長錢復博士的大會專題演講等貴賓致詞均選刊在本卷中。由於以上所述部分已佔本卷篇幅甚多，所以本卷未再刊登長篇的專論。

　　在學術活動方面，中國國際法學會派員參加了美國國際法學會在紐約舉行的第八十九屆年會，在瓜地馬拉舉行的第一屆拉丁美洲國際關係與和平研究研討會，以及在俄羅斯舉行之聯合國五十年與國際法國際會議，以上三個會議因本會秘書長傅崑成博士事務繁忙未能抽身前往參加，所以均由副秘書長陳純一博士前往參加，並將會議經過撰寫報告刊在本卷。

　　在官方文件方面，我國最近參與國際活動日增，簽訂許多雙邊協定，協定中文譯文承蒙外交部條約法律司提供。在多邊條約方面，本卷刊登了聯合國大會在一九九三年十二月二十日通過的消除對婦女的暴力行為宣言。聯大決議雖然並未有法律上的完全拘束力，但是至少表示出國際社會的基本認識與期望。我國雖未能參加聯合國，但不能

忽視國際社會發佈之重要文件，希望有關單位及國內婦女團體能重視此項宣言，並注意改進我國婦女之地位與待遇。

另外一個重要文件是一九九五年九月十五日聯合國第四次世界婦女大會通過的北京宣言及其行動綱領，其中對婦女地位有具體的規定及期望。這一文件國內有關刊物均尚未刊登，特將宣言全文及綱領的重要部分摘要刊登，希望國民大會及行政、立法、司法、考試、監察等五院能認真注意到這個文件，並採取行動來落實此一宣言及其行動綱領。

最後一個重要文件是在關稅暨貿易總協定（General Agreement on Tariffs and Trade簡稱GATT）主持下的烏拉圭回合的多邊貿易談判（The Uruguay Round of Multilateral Trade Negotiations）。此談判自一九八六年開始，歷經七年之久始達成協議，並決定成立世界貿易組織（World Trade Organization），其成立協定及其相關的商品貿易協定等，對我國經貿發展甚為重要；但此等文件均無中文本，現由我國經濟部國際貿易局譯為中文出版，經林局長義夫先生同意，在本卷中選刊一部分。

本卷年報編輯中得到外交部謝棟樑大使、條約法律司司長楊勝宗、副司長申佩璜、科長張大同，以及臺北經濟文化代表處紐約辦事處處長吳子丹先生等多方協助。蒙當時任屏東（現改任彰化）地方法院院長黃一鑫先生代為蒐集我國涉外判決，在此一併表示懇切謝意。

第九卷年報編輯期間，本人正趨於《現代國際法參考文件》一書撰稿及文件搜集、查證，工作繁忙，許多編務工作因之均由杜芝友及張素雲兩位女士負責；另外陳純一博士與歐陽純麗女士的配合協助，亦使本卷年報能順利出版，特在此致申謝之意。

中華民國八十五年二月十日

中國國際法與國際事務年報第九卷編輯人員*

---

*　本刊編輯職位是指本書出版時擔任之職位。

趙國材　英國愛丁堡大學法學博士，現任國立政治大學外
　　　　交系國際法教授

總編輯特別助理
任孝琦　美國西東大學亞洲研究碩士，現任政大國際關係
　　　　研究中心特約副研究員

副執行編輯
張素雲　美國賓州大學法律碩士，現任馬里蘭大學法律學
　　　　院東亞法律研究計畫研究員

副　編　輯　（依姓氏筆畫為序）
王樂生　文化大學美國研究所，現任外交部條約法律司科
　　　　長
申佩璜　政治大學外交研究所，現任外交部條約法律司副
　　　　司長
李興維　美國喬治華盛頓大學政治學博士，現任蔣經國學
　　　　術交流基金會北美辦事處主任
張大同　美國喬治華盛頓大學法學博士，現任外交部條約
　　　　法律司專門委員兼科長
陳榮傳　國立政治大學法學博士，現任東吳大學法律系副
　　　　教授
黃競涓　美國馬里蘭大學政治學博士，國立中正大學政治
　　　　系副教授
歐陽純麗　美國紐奧良州立大學企管碩士

中國國際法學會理監事**

榮　譽理事長(會長)：　錢　復
理事長(會長)：　　丘宏達

** 所列名單係根據民國八十四年七月八日中國國際法學會年會改選結果。

中國國際法與國際事務年報 (第九卷)

民國八十三年（1994）至八十四年（1995）

目　錄

(多邊條約)

壹、特　載

民之所欲，長在我心！*

李 登 輝

羅茲校長、各位老師、各位學長、各位校友、各位女士、各位先生：

謝謝羅茲校長的介紹，溢美之辭，愧不敢當。

今天登輝能在母校的歐林講座上發表演說，深感榮幸。這一趟返校之行，可以說是一段漫長而艱難的旅程。不過，內子與本人得以重回康大美麗校園，心中確是頗為愉快。

回到母校，使我們有重溫舊日時光的機會。猶憶當年圖書館中熬夜苦讀，教堂內清心自省，課室間匆忙往返，黃昏時攜手漫步。往事如昨，歷歷在目，讓我們深覺喜悅與感激。

首先登輝要衷心感謝羅茲校長對本人返校的堅定立場及盛情接待。

其次，要謝謝各位康大校友對登輝此次意義重大且富有懷舊情意的返校之行，所給予的瞭解與支持。

同時要感謝美國許多友人的鼎力協助，使登輝得以重訪貴國。

此外，更要謝謝諸位師長和同學，為我的人生，帶來深遠的影響。

各位對本人之情誼與支持，登輝將永銘心中。

此次來美參加康乃爾大學校友返校盛會，不僅是登輝個人的殊榮，更重要的，這也是中華民國在臺灣二千一百萬同胞共同的榮幸。事實上，此次康大邀請本人來訪，就是對我國人民過去數十年來，致力國家建設所獲成就的一項肯定。本人今日所要談到的主體，也就是我國的人民。

---

* 李總統登輝先生於中華民國八十四年六月九日在美國康乃爾大學歐林講座演講詞。

傾聽人民的心聲

　　一九六五年至一九六八年在康大的求學生涯，是我一生中甚為難忘的時光。那段時期正是美國社會經歷民權運動與反越戰風潮的不安年代。雖然歷經動盪，但美國的民主制度仍然屹立不搖。

　　也就是在那幾年間，登輝深刻體認到，充分的民主是促進社會和平轉變的動力，只有以更民主的方式去推動民主，只有以更自由的理念去推動自由，才能促成民主自由的早日到來。這也是登輝回國之後，決心為加速臺灣社會全面民主化，貢獻心力的信念泉源。

　　自從本人在一九八八年就任中華民國總統以來，本人最重要的目標，就是要瞭解民眾的意願，以期由民意主導政府施政。早在兩千多年以前，中國的古書「尚書」，就有「民之所欲，天必從之」的說法，我本人服務公職的準則，也就是：「民之所欲，長在我心！」

　　事實上，大家都可以明顯地看出，我國民眾最關切的，就是民主與發展。民主必須包含對個人自由及社會公義的尊重，以及個人能夠直接影響國事的參與感。經濟發展則不僅是為了追求財富與繁榮，還必須包括均富理念的實踐。

　　後冷戰時代已然來臨，世局卻仍充滿了許多難測的情勢。面對共產主義的衰敗，不同國家的民眾也亟於嘗試追求新的制度，來滿足人類的基本需求。在各種嘗試之中，人類更必須用最高的智慧與勤奮，來作出正確的選擇，以免墮入陷阱。

　　捷克總統哈維爾先生曾言：「解救人類世界的唯一之途，就在人類的心中」。確實如此，至少在本人心中，我一直相信「臺灣經驗」有其獨到之處，可以幫助吾人在這個世界之中，尋找一個新方向。這當然並不表示臺灣經驗可以一成不變地移植至其它國家應用。但是本人確信，臺灣經驗中的若干部分，對我們所面臨的新時代，必能帶來新希望。

臺灣經驗

　　本人所說的「臺灣經驗」，就是臺灣地區的人民，近年來經由政治改革與經濟發展所累積而成的智慧結晶。此一經驗已經得到國際社會充分的肯定，也是許多發展中國家可以借鏡的典範。基本上，「臺灣經驗」代表了中華民國近數十年間經濟、政治與社會的轉型過程——此一轉型過程所帶來的意義，將會對亞太地區的未來發展與世界和平，均具有深遠的影響。

　　我們也許應該看看中華民國究竟是在何種條件下，締造了今日的成就：臺灣的土地面積只有三萬六千一百二十九平方公里（比紐約州的三分之一還稍小），人口二千一百萬，自然資源貧乏，而人口密度極高。但是去年貿易總額高達一千八百億美元；國民平均所得為一萬二千美元，外匯存底達九百七十億美元，僅次於日本，高居全球第二位。

　　臺灣之所以能夠在和平中完成政治改革，主要是以穩定的經濟發展為基礎。首先，在先總統蔣公及蔣故總統經國先生領導之下，臺灣經歷了經濟起飛，成就非凡。目前，除了經濟發展之外，臺灣更已經由寧靜、不流血與非暴力的過程，大步邁向政治民主化。

　　在其他開發中國家，走向民主體制的政治改革過程中，常出現軍事政變或杭廷頓（Samuel P. Huntington）教授所稱的「政治倒退」。簡單的說，在一般政治轉變的過程中，暴力和動亂是很普遍的現象。然而，在臺灣的中華民國，可說是一個明顯的例外。因為我們並未出現開發中國家經歷的惡性循環——自政治參與擴張至階級對立、軍事政變和政治壓迫。臺灣改革過程的和平，展現了卓著的獨特性，可以說是在「經濟奇蹟」之外，塑造了成功的「政治奇蹟」。

　　其次，我要談一下「臺灣經驗」的地區性和國際性涵意。一九九四年，臺灣和中國大陸的轉口貿易額高達九十八億美元。據估計，臺灣通過香港對中國大陸南部沿海地區之投資接近四十億美元，此類經

濟活動也擴及東協國家、越南、俄羅斯、中美洲及非洲國家。雖然在
臺灣的中華民國並非聯合國的會員國，但卻已經迅速建構起一個以經
濟關係為中心的國際網路。最近我們更推動建立亞太營運中心的計
畫，以促使我們的經濟更進一步的自由化及國際化。

　　本人所一刻不能忘懷的是，臺灣的成就絕對是經過其人民艱苦的
耕耘和無比的智慧，所凝聚而成的傲人成果。然而，正因為其過程備
極艱辛，成功來之不易，更使今日「臺灣經驗」的果實，甜美無比。

主權在民

　　生存在今天的中華民國，我們深知和平的變革必須要採取漸進的
方式，以及審慎的規劃。記得五年以前，登輝在就職演說中，曾矢志
在最短時間內展開憲政改革，俾為中華民族建立合乎時代潮流的法律
架構，為民主政治奠定不朽之宏規。值得欣慰的是，這項目標，在全
民支持下，已經實現。

　　我們的憲政改革分兩階段進行。首先，解決資深民意代表退職問
題。接著，分別在一九九一及一九九二年全面改選國民大會代表及立
法委員，使我們的中央民意代表機構，更能充分反映民意。

　　去年，我們完成了臺灣省省長和臺北、高雄兩院轄市市長的直接
選舉。而明年春天，中華民國的選民更將首次直接選舉總統、副總
統。

　　由於現階段憲政改革的完成，我們已確立了政黨政治的制度，落
實了主權在民的理想，使個人的自由意志獲得充分尊重，開創中國歷
史上最自由開放的時代。本人必須再度強調，此一非凡的成就，乃是
臺灣二千一百萬同胞共同努力的成果。

　　今天，中華民國的民主制度已具宏規，人權受到高度的保障與尊
重，民主政治蓬勃發展。在合法的範圍之內，任何言論和行為，都不
受限制或干預。我們每天都可在新聞媒體上看到或聽到各種不同意見
和不同的聲音，包括對總統的激烈批評。我國人民享有的言論自由已

與美國人民毫無二致。

我認為，世界各國應有一致的民主與人權標準，不因種族或宗教而有不同。事實上，儒家的民本精神與現代民主理念毫不衝突。這也是我一再強調，尊重個人自由意志及主權在民的基本精神。

也正因為如此，本人從政以來，始終以民眾的需要及意願，作為施政的明燈。本人也很誠意地希望，大陸的領導人士，未來也會接受如此的指引，因為我們在臺灣的成就很顯然的能夠幫助中國大陸經濟自由化和政治民主化。

我曾一再呼籲北平領導當局放棄意識形態的對立，為兩岸中國人開啟和平競爭與統一的新時代。只有「雙贏」的策略，才能維護中華民族的最佳利益，也只有互相尊重，才能逐漸達成中國統一在民主、自由和均富制度下的目標。

為了具體表示我們的誠意與善意，本人願意重申：本人樂於見到兩岸領導人在國際場合中自然會面，甚至本人自己與江澤民先生在此類場合見面之可能性，亦不排除。

期待扮演積極的角色

當一位總統仔細傾聽民眾心聲之時，最令他耿耿於懷的，莫過於民眾對尚未達成的心願，期待殷切。

臺灣已在和平的過程中，轉化為民主政治，同時也積極參與國際經濟活動，並在亞太地區的國際社會中，形成一股不容忽視的影響力。但是，由於中華民國未能獲得國際社會應有的外交承認，臺灣經驗在國際上的重大意義，也因此而被低估。

坦白而言，我們的民眾，並不滿意我們今天所處的國際地位。我們認為，現今的國際關係不能只限於傳統國際法和國際組織的正式運作。因為事實上，國家之間也有許多活動，仍然受到「半官方」與「非官方」規範的制約。所以，一個國家對國際社會的實質貢獻，即使是在非官方活動範疇中的表現，也應受到重視。

羅茲校長在去年的畢業典禮中提到,一個人應該要「力求務實,向不可能的事物挑戰!」過去四十多年來,我們一直極端務實,盱衡未來而不眷戀過去,辛勤工作而不怨天尤人,因此也創造了我們生存與發展的現實。我們很誠懇地希望世界各國以公平合理的態度對我,不要忽視我們所代表的意義、價值與功能。有人說我們不可能打破外交上的孤立,但是我們會盡全力向「不可能的事物挑戰」!本人確信,這個世界終將瞭解,在臺灣的中華民國是一個友善且具實力的發展夥伴。

只有從上述角度觀察中華民國在臺灣近年來經濟、政治與社會之發展,才能在後冷戰和後共產主義的世界潮流中給予我國定位,也才能為邁向廿一世紀的亞太及世局發展,提出新的方向。

緊密的傳統情誼

我要再次對返回母校之行表達感謝之意。我不但感激母校的培育,也要感謝美國。回顧歷史,我們不難體會中美兩國關係的緊密相連。而對人類尊嚴與正義和平的共同信念,更使雙方人民緊密結合在一起。

中華民國政府遷臺初期,美國對我們的經濟發展多方援助,極具貢獻。我們不會忘記這一分「雪中送炭」的溫暖,也因此對美國有一分特別的感情。

今天,我們是美國第六大貿易夥伴,與美國的雙邊貿易達四百二十四億美元,同時也是美國政府公債的第二購買國。目前大約有三萬八千名來自臺灣的留學生在美深造,而留美回國的學生對我們的國家建設,確有重大的貢獻。

中華民國的發展,也多少受惠於其社會人才的國外留學經驗。我在留美的研習過程中,學得促進國家成長與發展的知識,也觀察到美國民主政治的優點與缺點。在臺灣的我們認為,美國的民主制度有許多值得學習之處,不過,我們也認為應當發展自己的模式。

　　我們民主發展的成功歷程，帶給開發中國家無限的希望，未來更期盼與他們分享經驗。而我們對其他國家進行的農業援助，廣受歡迎，將來也願盡力擴大技術合作計畫，對更多開發中地區的友好國家，一盡棉薄。

　　臺灣現在已從農業出口的經濟型態，成長為製造電子產品、電腦及其他工業產品的經濟型態。我們出口的各種產品及零件已為「資訊高速公路」舖上了磁碟機、電腦銀幕、數據機及手提型電腦。此外，我們刻正規劃臺灣成為亞太區域營運中心，準備購買更多的美國產品，並引進各項美國的服務業，以改善基礎建設。

　　我們已為強化兩國關係作好準備，因此殷切期盼此次訪問再為兩國的合作，開創新機。

　　基於此一理由，我特別要對柯林頓總統睿智的決定表示感佩。同時，我們也要對美國全體人民、國會的兩黨領袖與議員和美國政府的其他官員申致同樣的謝意。

長在我心

　　民之所欲，長在我心。因此本人經常深思，民眾真正希望從政府得到什麼？我現在相信，其實全世界的人們最基本的要求，應該都是一樣的，那就是民主與發展，這也一定會繼續成為世界潮流今後的主要取向。

　　民之所欲，長在我心。因此本人也相信中華民國的民眾此刻會願意用這幾句話來表達他們的心聲：

　　中華民國人民決心在國際社會中，扮演和平且具建設性的角色。

　　因此，我們也要讓美國及全世界的友人知道：

　　中華民國屹立不搖。

　　我們隨時準備伸出援手。

　　我們亟盼與各國分享民主的勝利果實。

　　民之所欲，長在我心。因此本人謹代表臺灣地區的二千一百萬中

國人，誠摯的感謝諸位在精神、知識和物質等各方面，所給予我們的援助，使我們能為自己的國家及我們共同的世界，創造更美好的明天。

最後，願主保佑各位、保佑康乃爾大學、保佑美國、保佑中華民國。

謝謝各位。

貳、國際法學會第一屆
　　亞太區域會議議程
　　與論文摘要

「中國國際法學會舉辦國際法學會第一屆亞太區域會議」簡介

丘 宏 達

　　國際法學會第一屆亞太區域會議於中華民國八十四年五月二十七至三十日，在臺北圓山飯店舉行。李登輝總統發表書面賀詞，行政院長連戰親自出席歡迎酒會並致詞。本次會議中有來自三十五個國家的一百五十多位國際法學家，討論亞太區域國家共同關切的議題，如環保、投資貿易、智慧財產權、海洋法及人權等。

　　國際法學會（International Law Association）是一八七三年在比利時首都布魯塞爾成立，現在總部設在英國倫敦，為國際法領域各種學會中最大的一個組織，在世界各主要國家，如英、美、法、德、日、俄、加拿大、巴西、埃及等均有分會，會員則遍及幾乎世界上所有國家。中華民國分會是在一九六一年成立，目前每年定期出版中、英文版的「中國國際法與國際事務年報」。

　　國際法學會是國際非政府間組織（Non-governmental Organization，簡稱NGO），並為聯合國經濟暨社會理事會認定具有第二類的特別諮商地位，可以派遣觀察員參加經社理事會的各種會議，並提出意見；聯合國主持的各種有關國際法的會議，如第三次聯合國海洋法會議、國際水資源會議等，該會均派出觀察員參加。

　　國際法學會每兩年舉行一次全體大會，並自前三年起，在全體大會不舉行的年份舉行區域會議，例如一九九二年在匈牙利舉行歐洲區域會議。所謂區域會議仍歡迎區域外的國際法學家參加，例如我國就曾派員參加歐洲區域會議。

　　國際法學會最早由歐洲國家組成，一向較重視歐洲，但由於亞太地區日益重要，因此該會決定一九九五年舉辦第一屆亞太區域會議，並由我國分會「中國國際法學會」爭取到主辦權。參加的亞太地區國

〔13〕

際法學家有下列國家：澳大利亞、智利、薩爾瓦多、斐濟、瓜地馬拉、印度、印尼、日本、約旦、韓國、馬來西亞、紐西蘭、巴拿馬、菲律賓、俄國、所羅門群島、泰國、美國等國及香港地區，亞太以外地區來參加的國際法學者有來自巴西、比利時、埃及、芬蘭、德國、南斯拉夫的蒙特尼哥羅邦、波蘭、英國、奈及利亞、南非等國。

　　李登輝總統及行政院長連戰均甚重視此次會議。李總統除在開幕典禮上發表書面賀詞外，並在三十日會議結束後，接見三十五國國際法學家，交換意見。連戰院長則在歡迎酒會上親自致詞。外交部長錢復本人是中國國際法學會名譽會長，他在開幕典禮上發表專題演講，並邀宴來自三十五國的國際法學家。同時我國郵局並於會議舉行期間在圓山大飯店設有臨時郵局蓋紀念郵戳。

會議開幕致詞

任 孝 琦 譯

中國國際法學會會長丘宏達教授
(President of the Chinese Society of International Law)

貝勒斯卓主席、史琳勳爵、各位貴賓、女士和先生：

本人謹代表中國國際法學會，向各位 —— 尤其是許多來自海外的優秀國際法學者和法律專業人員 —— 表達誠摯的歡迎之意。

本次會議聚集了亞太地區的國際法律師，當能就當代國際法重要議題中與亞太地區相關者，提出豐富的資訊和廣泛的觀點。中國國際法學會非常樂於主辦本次會議。我們相信，此次會議必然深具啟發性且成果豐碩；我們也盼望來自海外的貴賓在中華民國期間身心愉快，並留下美好的回憶。

國際法學會會長貝勒斯卓博士
(Dr. Balestra, President of the International Law Association)

中華民國行政院長、中國國際法學會會長、國際法學會執行委員會主席以及各位女士先生們：

我非常高興而且榮幸地以國際法學會會長的身分，向參加此次會議的每一位來賓表達我最誠摯的歡迎之意。這雖是本會首次舉辦亞太地區會議，今天齊集一堂的卻有來自全世界各大洲三十五個以上國家的代表。這同時顯示了主辦國的重要性，和國際法學會中國分會與中國國際法學會在籌備此次會議上所投注的心血。單就這一點，就應當讚許丘宏達教授為此一成功的會議所盡的心力。

阿根廷總統孟羋書面賀詞
(Menen, President of the Argentine Republic)

布宜諾斯艾利斯，一九九五年五月，由阿根廷國際法學會會長貝勒斯卓代爲宣讀

在一個特別的時空、國家和地理環境中，來自各國的法學專家爲國際法學會的第一屆亞太區域會議而共聚一堂。

各位將探討今天我們所面臨的許多問題，如國際投資、商務仲裁、環境保護、海洋法和人權等。

一九九四年，當國際法學會第六十六屆會議在本世紀內第三度在阿根廷的布宜諾斯艾利斯召開時，本人曾指出，投資和環境問題皆是我國政府極爲重視的議題。

今天，這個世界不斷爲人類的破壞行爲所戕害，因此無可避免地，維護自然已成爲保障人類和社會平衡的首要之務。

生活在遭到破壞的大自然中，人類的健康受損；而每下愈況的環境更是使人身心消沉。

國際社會在這個根本問題上的努力，將愈來愈不可或缺；同樣重要的是，國家間在這方面彼此合作，投入資金，將可促進繁榮和進步。

阿根廷歡迎世界各國前來投資，參與我國的社經發展。

我國法律賦予外國投資最大的彈性和保障。

尊重私人產業和著作權，爲阿根廷國家憲法、政府條約和法律所保障。

同時，我國完全認可國際仲裁的效力，而且國際仲裁在阿根廷被視爲解決紛爭的有效途徑，阿根廷司法體系絕不會從中干預。

秉持上述明確的目標和原則，我們相信我國必能對維護環境、開

發一切自然和人類資源，提供可觀的貢獻。

在世人熱切盼望和平和正義的今天，我國的貢獻對這個世界將更形必要。

我祝福各位在國際法學會第一屆亞太區域會議中，能獲致極大的成就，就如同一九九四年在布宜諾斯艾利斯所舉行的世界會議一樣，那一次的記憶猶深印在我們心中。

上帝祝福你們。

卡洛斯‧紹爾‧孟年（CARLOS SAUL MENEN）

國際法學會執行委員會主席史琳勳爵
（Lord Slynn, Chairman of the Executive Council of the International Law Association）

丘宏達會長、外交部長先生以及貝勒斯卓會長：

第一屆亞太區域會議是國際法學會成立以來最光輝的一次活動。在我記憶中，事實上本次會議也是本會第二次召開的區域會議；第一次是數年前在匈牙利布達佩斯的會議。一百二十三年來，本會所召開的國際會議總是涵蓋當時的重要議題，而本會所發揮的影響力自是相當可觀。在我看來，這些會議的內容均極重要，不容刪減；不過像今天我們所參加的地區會議，談的都是地區性的特殊議題，有些甚至對全世界都有其重要性。

國際法學會中國（臺灣）分會，也就是中國國際法學會，正是最適合舉辦這項會議的組織。分會與總會以及執委會之間多年來以迄今日的連繫，均有賴倫敦的李恩國博士（E. K. Lee）；李博士一直不斷告訴我們，臺灣的重要性及其經濟成就。不過，這次會議的發起、遠見和活力卻是來自於丘宏達教授。他和他的同事們，尤其是在倫敦執委會上以優異的表現提出會議計畫的陳純一博士，為會議做了完善的安排，實值得大加賀喜。同時，他們獲得了中華民國總統、行政院

長、法務部長馬英九，以及外交部長錢復等人的充分支持。在去年我拜訪貴國時，上述人士都以國際法學會執委會主席的身分接待我，使我們得以討論此項會議的計畫。我們對各位的支持與協助毋任感謝。

國際法學會有一個特色，就是我們的討論不涉及各國的爭議。我們過去是如此，未來仍將如此。但我們可以對法律原則的發展有所貢獻，我們也可以為保護環境和世界和平而對人權的發展有所貢獻。在我看來，國際法學會透過這些貢獻，而扮演重要的角色。

這次的會議吸引了許多人來參加，更重要的是，有許多國家都派了代表出席。我很高興，我不是執委會的唯一出席代表，我們的副主席史祺亞（Enrique Syquia）也來了，而且一如以往，他帶了許多同事一起來。少了史祺亞和他龐大的菲律賓代表團，國際法學會就不一樣了。我很高興，今天他和夫人都在場。此外，我特別高興國際法學會新上任的秘書長衛爾德先生也來了。

另外，容許我提一件我認為非常重要的事，就是雖然近來我們的會員人數始終相當穩定，但人數卻不如以往多。因此，我們有兩個目標。第一個目標是增加現有分會的會員數，而各地分會會長和秘書長責無旁貸。雖然我很願意終年跑遍各地分會的鄉鎮尋求新的會員，不過這是不可能的事。因此，恐怕只有靠各地分會會長和秘書長去做了。第二個目標則是增加分會的數目。在此我很高興告訴各位，我們剛剛接受了馬爾他〔成立分會〕的申請；我也希望不久後能接到葡萄牙和賽普勒斯的正式申請，很可能肯亞也會申請。這類區域性會議提供其他分會一個絕佳的機會，使他們能與地主國分會共聚開會，並藉此吸收更多的分會加入。如果本次會議結束前，丘教授能激發目前沒有分會的國家成立分會，這將是極大的振奮。

要將這種會議辦得好，需要花費很多心力；如果沒有好好做，一定會是一場混亂。在我看來，這次會議安排得井然有序，到目前為止一切都進行得非常順利；這完全是由於丘教授和同僚們的勞苦功高。秘書長和我相信，當我們在一九九八年再來到臺灣參加世界國際法會議時，一定會有另一次令人耀眼的會議。我在此感謝各位來參加，並

且祝福大家會期愉快。

中華民國總統李登輝先生書面賀詞
(President of the Republic of China)

參加國際法學會第一屆亞太區域會議的各位貴賓：

我謹代表中華民國政府和人民，對各位來臺北市參加此次會議表示熱誠的歡迎。

自從一八七三年十月，國際法學會的前身──當時稱做改造與編纂國際法學會──在比利時首都布魯塞爾成立以來，這是該會首次在中國舉行會議。中華民國對於成為第一屆亞太區域會議的地主國，深感榮幸。

以獨立國家主權平等為基礎的現代國際法，最早是十七世紀在歐洲開始發展，但在十九世紀以前亞洲各國並不知悉這種法律。一八六四年，美國傳教士丁韙良（W. A. P. Martin）將惠頓（Henry Wheaton）所著**國際法原理**（Elements of International Law）譯為中文，這是第一部被介紹到中國的西方國際法書籍。日後又透過這個譯本，才將歐洲國際法的傳統介紹到日本、韓國以及東亞其他國家。

民國元年一月三日，國父　孫中山先生在中華民國成立後的政策宣示中，說明中華民國成立後「當盡文明國應盡之義務，以期享文明國應享之權利」，並「將使中國見重於國際社會」。中華民國是第一個採取共和政體的亞洲國家。

中華民國自建國以來的一貫政策，是尊重基於平等與正義之基礎而產生的一切國際義務，並支持國際法的進步發展以及以法治來維持世界秩序。

一九四四年中、美、英之間舉行敦巴頓橡樹園會談，討論建立第二次世界大戰後的國際組織，即後來成立的聯合國。當時中華民國曾建議國際爭端的解決必須適度尊重正義原則和國際法；所有爭端不論

起源為何，均必須以和平方式解決，且所有國家均應接受國際法院的強制管轄。這些建議，除了國際法院的強制管轄權外，均為一九四五年四月二十五日至六月二十六日在舊金山舉行的起草聯合國憲章的聯合國國際組織會議所採納。

一九四五年十月二十四日聯合國憲章生效，中華民國立刻無條件接受國際法院的強制管轄。

一九四六年十二月二十五日，由中華民國人民直接選舉代表成立的國民大會通過新憲法，其中第一百四十一條特別規定，中華民國的外交政策必須尊重「條約與聯合國憲章」。中華民國是第一個在憲法中明文規定聯合國憲章為外交政策指導原則的國家。

自從聯合國成立以來，許多亞太及非洲國家加入聯合國，並積極參與聯合國國際法委員會的國際法編訂工作和新公約的起草程序。這些國家的參與對國際法的締造有重大貢獻，將原本由歐洲和北美國家產生的國際法，轉換為真正能代表目前世界各國和人民的組合，而其中超過半數人居住在亞太地區。

一向以歐洲與北美為主的世界經濟，現已有移向亞太地區的趨勢。在亞洲的四個新工業化經濟 —— 中華民國、大韓民國、新加坡和香港 —— 均以經驗證明，即使沒有豐富自然資源的國家或地區，也能在幾十年內達到現代化的目標，而不必像過去的西歐和北美，需要一個世紀或更長時間的努力。在二十世紀結束以前，世界經濟將成為北美、西歐和亞太地區並重的三腳鼎。在這些國家和地區的發展過程中，國際法在促進它們彼此間的國際關係與合作方面，扮演了非常重要的角色。

本人非常欣慰國際法學會選擇在中華民國舉辦第一屆亞太區域會議，以便對本區域內共同關切的國際法問題交換意見。我希望每一位參加者都能貢獻寶貴的意見，並提出積極可行的措施，以促進亞太地區進一步的合作與整體的發展。

中華民國行政院院長連戰

（Premier，the Executive Yuan of the Republic of China）

巴勒斯卓博士、史琳勳爵、丘教授宏達、各位貴賓、各位女士先生：

五十年前聯合國的成立，為國際法領域帶來重大的進展，此一情形反映在世人對某些現今國際法所深植的基本原則的信念上：如禁止使用武力，和平解決任何爭端，不分種族、性別、語言或宗教，尊重人權及基本自由。同樣重要的發展是，各國為達成共同的目標逐漸接受對主權的限制，以及個人的權利在國際層次上被確認。當各國關係漸趨密切，許多領域中為數眾多的活動，現已受到國際法的規範，在貿易、傳播、觀光、文化科技交流、環境保護、禁制非法藥物、打擊犯罪及恐怖主義等領域的國際合作，更日益興盛。

隨著冷戰的結束以及意識疆界的逐漸消失，全球各地正專注於經濟發展，以創造聯合國憲章第五十五條所規定之國與國間和平友好關係所必要的穩定及福利的條件，就此觀之，亞太地區因為是全球經濟成長最快的地區，實已成為眾所注目的焦點。

由日本與中華民國、大韓民國、新加坡及香港等四個新興工業化經濟領軍，發展快速的亞洲經濟區域，其生產力與美國或者歐洲不相上下，在公元二千年之前，亞洲將佔預估成長值的三分之一。並且，四個新興工業化經濟的經驗更顯示，只要有自由企業政策及健全的發展策略，一個貧窮、工業落後的社會，自可發展成富裕及工業化的社會，他們的發展經濟，定然對於聯合國及其他工業化國家對發展中國家所提供的諮詢及協助，有所助益。

為調和亞太地區的快速發展，區內國家必須認知，在追求維持亞太地區和平、穩定及繁榮的過程中，訴諸國際法來解決各國的歧見是必要的。因此，此次國際法學會在臺北召開亞太區域會議，在中華民國聚集超過三十五個國家的各國國際法學者及法律專業人員召開會

議，一起討論共同關心的國際法問題，實是切合時宜。對某些議題的看法容或不盡相同，不過，我確信，我們對於國家之間及人民間的關係，應只受法律規範的信念是一致的。

謝謝大家，敬祝
身體健康。

國立政治大學國際關係研究中心邵玉銘主任
(Director, Institute of International Relations, National Chengchi University)

身為這次會議的協辦者是一種榮幸，今天能在此與各位相聚非常愉快。

對立時代的終結和國際共黨的失勢，帶來了急遽變遷的世界秩序，對國際法提供了新的機會和挑戰。身為關注國際事務的學者，各位當然希望在國際社會中維持法治秩序──法律之下的和平與正義──並致力於促使各種相關條件的實現。

遵守國際法靠的不是制裁，而是接納。借用亨金（Louis Henkin）教授的話，我們的任務是構築「一個為眾人所認同的假設、實踐、承諾、期許和信賴所組成的架構」。

這正是聯合國大會宣布一九九〇年代為「國際法年代」的背景；其目的乃是促使各國接納並尊重國際法原則以及和平解決國家間爭端的方式；鼓勵國際法的進步發展、制訂、教學、研究、傳播及被廣泛接納。

聯合國的這項行動反映出一個共識，就是法治觀念乃是形成國際和平的基本成份，正如它是國家和平的基本成份一樣。這個共識是如此堅強，以致所有從事國際事務者都充分體認國際法的法力無邊，以及其實際與潛在的效用；但他們也瞭解國際法在解決涉及重大國家利益的國家間爭端時亦有其極限。

對國際社會而言，這是一個令人振奮的時刻。正在發生的各種變遷，勢將改變國際關係運作的架構。我們必須適應這些變遷，而國際法提供了我們所需要的機制。因此，我們在承認國際法有其極限的同時，也必須強調其效力——國際法絕不是半吊子，只是有待充實。

談到亞太地區，我們可看到這個地區近年來有極為可觀的進步。亞太國家占了世界工業總產量的五○％，和世界貿易總額的四○％。這個地區擁有充沛的人力資源、物資和無限的潛力。同時，亞太國家也像世界上其他國家一樣，在維持其發展和繁榮中互相倚賴的程度愈深。

然而亞太地區的穩定與持續成長端賴亞太地區各國遵守國際法的意願。這也是亞太地區國家正試著成立一個政經合作組織的原因。

此時正值國際轉變時期，我們因此應設計建立一個確保和平、繁榮的合作架構。本人確信此次會議將具有建設性及啟發性，本人謹代表國際關係研究中心預祝各位開會成功。

馬里蘭大學大學公園校區校長科文書面賀詞
(Dr. William E. Kirwan, President, University of Maryland at College Park)

由馬里蘭大學法學院大衛・博根（David Bogen）教授代爲宣讀

本人謹代表馬里蘭大學大學公園校區，向國際法學會中國（臺灣）分會會長丘宏達教授及其同仁籌辦將於五月二十七至三十日在中華民國臺灣臺北舉行的第一屆亞太區域會議致賀。過去多年來，我們在馬大的同仁對丘教授卓越的學術成就，以及他在馬里蘭大學法學院所主持的東亞法律研究計畫——也是此次臺北會議的協辦單位——早已深感欽佩。籌辦第一屆亞太區域會議正是丘教授過去數十年工作的推廣，也是他早想做而未做的。

　　我們樂於得知，此次會議將探討中美決策階層所面臨的一些關鍵問題，如保障並鼓勵該地區投資、商務仲裁的法律問題、環境保護及地區合作、國際海洋法、人權以及人權標準之區域性差異問題；這些也正是馬里蘭州的企業、政府和教育界菁英所關心的事，正如同他們關心在亞太地區活動的美國人和其他國家人士。

　　我們預祝所有與會者，無論是在會議中或在會議後的活動中，探索這些關鍵問題的努力均能獲得成果。

馬里蘭大學法學院院長吉夫德書面賀詞
(Dean Donald G. Gifford, University of Maryland School of Law)

由馬里蘭大學法學院大衛・博根（David Bogen）教授代爲宣讀

　　馬里蘭大學法學院對於參與協辦國際法學會第一屆亞太區域會議，深感榮幸。國際法針對國家或地區間的爭議，從保障智慧財產權到人權問題，都提供了解決的途徑；它也提供了必要的法律架構，以發展充滿活力和生產力的經濟。亞太地區現在已成為國際法未來的焦點。

　　第一屆亞太區域會議有著傑出的講員陣容，每一位都會提供他本身的觀察和觀點給您參考。為此我要向我們的主辦及協辦單位——國際法學會、中國國際法學會和政治大學國際關係研究中心致上謝意及賀忱。

　　我也要向我的同仁——丘宏達教授致以個人的謝意和賀忱。馬里蘭大學法學院的同仁們有幸分享他卓越的學術成就、高明的教學，以及他對本院東亞法律研究計畫的全力投入。我們深慶有這麼多來自世界各地專攻此一領域的專家，與丘教授和馬里蘭大學法學院，為此次會議共襄盛舉。

　　欣逢各位思考世界上諸多極重要議題之際，本人謹代表馬里蘭大學法學院所有同仁向各位致問候之意。

會議專題演講

中華民國外交部部長
中國國際法學會名譽理事長 錢 復博士

(Minister of Foreign Affairs and Honorary President of the Chinese
Society of International Law)

貝勒斯卓會長、史琳勳爵、丘教授宏達、
各位貴賓、各位女士、各位先生：

國際法學會第一屆亞太區域會議邀請本人在開幕式發表演講，本人深感榮幸。在此代表中華民國外交部，並以中國國際法學會名譽理事長之身分，對我國內及遠自國外來華與會的國際法學者及法律專業人員表示最誠摯的歡迎。

國際法在中國有極悠久的歷史。在一八六四年，也就是國際法學會創建九年之前，亨利‧惠頓所著「**國際法原理**」一書的中文翻譯本第一次在中國出版刊行，題名為「**萬國公法**」。冷戰的結束以及聯合國在維持世界和平與安全角色之再度呈現，提升了國際法在現今國際關係中所扮演之角色。這正是我們應該深入研究國際法發展之原因，也是本次區域會議舉辦之目的。

國際法學會選擇在中華民國舉辦第一屆亞太區域會議，深具意義。因為在經濟上及政治上，亞太地區都是世界上發展最迅速的地區。在經濟方面，我們目睹日本及四個新興經濟體（中華民國、大韓民國、新加坡、香港）蓬勃的表現，而且將有更多亞太國家加入此一行列。在政治方面，我們見到自由選舉的茁壯成長。一般而言，人民也較以前享有更多的自由。

本次會議的主要議題十分確切地描述了亞太區域的各項發展。這

七個主要議題如下：投資保護與鼓勵；商務仲裁；環境保護；國際海洋法；智慧財產權保護；人權及其區域性差異之問題；亞太國家對區域組織之參與及區域合作。本人願以我國發展經驗為例，就以上各項議題若干重要部分作一說明。

在過去四十年內，在臺灣的中華民國已由農業社會轉變成工業國家。外國投資之引進促使我國經濟成長，而許多外國公司願意繼續在我國投資的原因，也就是我國具有完善的投資保護法令以及有效的投資誘因。我國尚發展出一套優越的商務仲裁制度，供當事人有選擇另外一種解決爭端的方法。本年也恰逢我國的商務仲裁協會成立四十週年之慶。

對環境的保護是目前我政府施政的優先項目。以往我國在追求經濟發展的時候並未對環境保護給予充分的重視。我國現在則盡全力保護地球、水源及空氣，但是由於國際政治的原因，我國尚無法成為許多國際多邊公約的締約國。這些公約包括保護臭氧層的蒙特婁議定書、規範瀕臨絕種野生動植物國際貿易的華盛頓公約（**CITES**），以及聯合國氣候變化綱要公約。儘管如此，我國政府作為國際社會肯負責任的一員，仍然自動自發地善盡其義務。

由於我國的地理位置，我們對海洋法自然極為關注，也盼望能成為一九八二年聯合國國際海洋法公約之締約國。

在保護智慧財產權方面，我國近年來已修改許多相關法律，以符合國際標準，並致力於禁止仿冒品之製造與銷售。

保障人權是中華民國政治發展重要的一環。我國人民的權利，正如同一九四八年聯合國大會一致通過的世界人權宣言所規定者，受到我國憲法完善的保障。中華民國臺灣地區經常舉行自由及公平的選舉。去年我國舉行了臺灣省省長及臺北、高雄兩個院轄市市長的選舉。本年我國將舉辦立法委員的選舉，明年將第一次經由直接選舉產生總統與副總統。

關於參與區域組織，我國是亞洲開發銀行的創始會員國，自從一九九一年起，也積極參與亞太經濟合作論壇的各項活動。我國也是許

多其他區域組織的會員，例如太平洋經濟合作理事會及太平洋盆地經濟理事會。但是，對目前侷限性的參與，我國並不滿意。我國願意在本區域內及國際舞台上更為活躍，也願意加入更多的國際組織。

雖然基於政治的原因，中華民國自一九七一年起離開了聯合國，但是我國仍然繼續支持聯合國的各項活動。我國自一九八一年起便自願參加國際災難救援計畫，且自一九九〇年起，在政府年度預算中為此目的編列特別項目。我國更以技術援助發展基金積極支持聯合國對開發中國家的技術援助計畫。在一九九四年，我國曾派遣四十餘個技術團，到聯合國三十四個會員國家進行農業、漁業、醫療、手工藝及工業發展的技術援助。我國在一九八八年設立海外經濟合作發展基金，以對開發中國家提供貸款。另外對於來自八十多個開發中國家的數千名人員，我國也特別為他們舉辦多次職業訓練研討會。

各位現在在臺灣所看到的中華民國是我國政府及人民共同辛勤培育的果實。我國現為世界上第十四大貿易國，去年的個人國民生產毛額超過一萬一千美元，我國並擁有超過九百八十億美元的外匯存底。對於以上成就，我國並不自滿。因為時代和環境都已改變，我們不能故步自封。如今我國工資高漲，外界對貿易全面自由化及國際化加諸於我之壓力，一刻也不放鬆。因此，我國願儘速加入關稅暨貿易總協定並成為世界貿易組織之一員。同時我國也已展開準備工作，要把臺灣建設為亞太營運中心，以便對此一地區的經濟成長及合作再多作貢獻。

以上是本人對此次會議的一些看法，特請各位指教。希望各位學者專家經由論文的發表及討論，能對各項議題深入探討，並提出寶貴的意見。我們樂見各位智慧的結晶，也歡迎各位在一九九八年再度來臺北參加國際法學會第六十八屆大會。

最後，本人敬祝會議順利成功，並祝自國外前來與會的貴賓在華期間諸事順遂。

謝謝各位。

會議部分論文摘要

李 興 維譯

國際法學會（International Law Association, ILA）
第一屆亞太區域會議（First Asian-Pacific Regional Conference）
1995年5月27日～30日
論文摘要

第一小組：國際海洋法
（Panel One： International Law of the Sea）

「 海洋專有經濟區及大陸礁層劃界法：南海諸國之實踐 」
（*The Low of EEZ / Shelf Boundary Delimitation*： *The Practice of States in the South China Sea*）

俞寬賜（Steven Kuan-tsyh Yu）
國立臺灣大學法學院教授

　　本文討論的疆界法（boundary law）意指有法律約束力、用以規範海岸相對或毗鄰的各國海界之規則。疆界法和其他國際公法的支法一樣，可藉國際立法、法理和各國實踐而演變產生。

　　由於南海諸國欠缺利用國際裁判解決他們海域紛爭的經驗，使得海洋法公約制定的程序延後了。1982年簽訂、於1994年生效的「 聯合國海洋法公約（The United Nations Convention on the Law of the Sea）」並未就特定經濟海域和大陸礁層的疆界問題制定具體的解決辦法。所以本文除了探討適用於南海的疆界法外，將研究重點放在由

國內法和國際條約所顯示的各國實踐，僅就此區域內諸國的立法和條約履行的情況作一分析。

「亞太地區的海洋法：發展趨勢概觀」
(*The Law of the Sea in the Asian- Pacific Region*：
An Overview of Trends and Developments)

唐納・羅斯威爾（Donald R. Rothwell）
澳洲雪梨大學法學院資深講師及副院長
（Senior Lecturer and Associate Dean Faculty of Law,
University of Sydney）

1994年生效的「1982年聯合國海洋法公約」因有助於加強海上紀律，亞太地區各國皆樂觀其成。自從聯合國海洋法公約會議結束後，這十三年中已有一些關於海洋法的重要發展。該條約內容雖以現有的海上法規為依據，它並無法完全反映各國目前的實踐。另外，除了亞太地區各國對該公約的解釋不一外，1982年以來陸續被採用的許多國際和地區性法規也對海洋法造成影響，因此在亞太地區仍存有一些海洋法的問題。過去二十年來所發生海洋區的不同主張，該條約對航行權的規定並未被善加執行或重視。再者，對亞太地區的經濟資源利用尚未有一共識。在此同時，海上環保問題已較以往受到關切。本論文旨在探討這些議題，並評估海洋法的發展趨勢以因應這些挑戰。

「國際環保法的新方向」
(*New Directions in International Environmental Law*)

伊迪絲・魏仕（Edith Brown Weiss）
美國喬治城大學法學教授
（Professor of Law, Georgetown University Law Center）
（後因故未參加開會）

　　目前全世界約有九百個以上的國際文件中定有環保條款,而且還有更多的協定正在協商中。商定新協定雖在政治上頗有吸引力,但如何落實現有的條款似乎更為迫切。

　　確保各簽約國遵守協定的方式有三種:獎勵、制裁和「陽光(sunshine)」法。陽光法的措施包括國際監督、通報、評估國內作法和透明化。傳統的國際救濟方法,譬如抵制,也可派上用場。大部分條款的執行多仰賴陽光法和獎勵兩種方式。除非涉及跨國經貿問題,環保爭議甚少透過正式途徑解決。

　　條約的遵守是一種透過簽約國、條約秘書處、政府間組織、非政府間組織、專家們以及各國領袖們強而有力的互動關係。在此過程中,各簽約國和整體遵守的程度隨著時間而改變。

第二小組：人權和地區的差異性問題
(Panel Two： Human Rights and the Problem of Regional Variation)

「由回教法看聯合國兒童權利公約」
(*U. N. Convention on the Child's Rights in the Light of Islamic Law [Shari'ah]*)

艾爾・答卡可(Mohamed El Said El Dakkak)
埃及亞力山卓大學法學院院長及國際公法教授
國際法學會前總會長
(Dean of Faculty of Law, Alexandria University
Professor of the Public International Law, Alexandria University
Former President of the International Law Association)

　　答卡可教授首先指出他為文的目的並不在刻意比較兒童權利公約(Convention on the Rights of the Child；CRC)和回教法(Islamic Law；Shari'ah)兩者孰優孰劣,也不在評估何者對兒童權利提供較

佳之保障。

兒童權利公約適用於不同法律制度的國家，包括採回教法制度的國家。奉行回教法的國家並不能置身世界局勢之外。作者主張回教國家不應因回教法中在保障兒童權利方面提供較優越保護而不批准兒童權利公約，因為兒童權利公約本身要求各國執行任何較該公約（第41條）完善的兒童保護措施。

現代社會產生許多兒童和家庭以往不曾面臨的問題。針對這點，作者指出回教的經典「可蘭經」只提供一般性的原則，並未深入闡釋。阿拉真神是讓各個社會依據這些原則制定適合本身狀況的法規。回教法因此准許各個社會判斷何者為適合本身的法則，以維護社會權益，符合時代的潮流。當兒童權利公約的條文在回教法中找不到類似的規定時，只要這些條文符合既定的慣例，不受回教法的禁止，都可接受。

作者接著探討回教法和兒童權利公約涵蓋的兒童權利。他認為兩者間任何明顯的差異皆因兒童權利公約是針對整體國際社會而制定的，而各國的文化和法制有所差異。兒童權利公約最重要的目的在保護兒童，保障其生存、安全和發展的權利。佔有全球人口百分之四十的兒童是人類中最弱勢的一群，因此需要一套法規來保護他們。作者認為兒童權利公約正符合此一目的，不論在平時或戰時的兒童，尤其是在開發中國家的兒童，都能得到生命和權益的保障。

作者指出兒童權利公約對「兒童」的定義：「除非兒童所屬國家法律規定成年較早，任何年齡小於十八歲者即係兒童」較欠明確，因為有些國家雖將兒童定義為小於十八歲者，並未明確指出超過此年齡者即達「有行為能力年齡」。他認為較理想的定義應為：「除非其國家的法律另定更小之年限，任何年齡小於十八歲者即視為兒童。」

作者將兒童權利公約的條文分為三類：

⑴有關兒童享有之權利者；

⑵有關保護兒童免於受各種形式之脅迫者；

⑶提供兒童對其自身的生活形式更大的參與權者，包括未享有安

全合宜家庭生活的兒童另覓合適家庭的權利。

作者接著舉例說明兒童權利公約的內容和回教法相符合之處，包括在兒童的收養、宗教自由、思想和良知等方面。

在父母管教子女的權利方面，作者對該公約違反這類權利的說法加以駁斥。他表示兒童權利公約所定的是一般性目標，至於其達成的方法則留待公約成員依本身的情況而定。

作者最後結論表示，兒童權利公約規定各會員國應透過立法對兒童提供基本的保障。如果會員國所規定的權利高於這些基本的標準，兒童權利公約則要求會員國，包括回教國家在內，維持既存的高於兒童權利公約所要求的標準的國內法規。

「人權、干預和普遍性」
(*Human Rights, Intervention and Universality*)

玖‧范豪文（Joe Verhoeven）

比利時魯汶天主教大學教授

（Catholic University of Louvain）

現代國際間保障人權的精神舉世認同。至於那些人權是放諸四海皆準，以為國際法的依據，則各國間尚有爭議。此外，對以何種方式保障人權這點上也未達成共識。目前國際間普遍接受循司法或外交途徑保護人權，而較為特殊的一種作法是由外國單方面採抵制或人道干預的手段等，但在何種情況下，外國可採取這種措施的先決條件並不明確，而且干預的程度究竟以國家地區或國際層面進行也尚未有共識。

「少數民族的國際法保障：普遍性或地區性」
(*International Legal Protection of Minorities：Universalism or Regionalism*)

藍地斯勞・查普林斯基（habil. iur. Wladyslaw Czaplinski）
波蘭科學院法律研究所研究員
（Institute of Law Studies，Polish Academy of Sciences）

1966年「公民和政治權利公約（Convenant on Civil and Political Rights）」的第27條是國際上唯一涉及保護少數民族的普遍性規定。由於此條款不夠明確，後經「人權委員會（Human Rights Committee）」在1994年4月8日採納「一般評論（General Comment）」的方式加以闡釋。該評論述及少數民族定義、第27條款和該盟約其他條款的關係，少數民族的權利範圍和政府對少數民族應負的積極責任。

由於該盟約過於概括，地區性保護少數民族的措施愈形重要。在歐洲，在「歐洲理事會（Council of Europe）」和「歐洲和平安全組織（Organization on Peace and Security in Europe）」的支持下，無數的法律及政治行動已被採用，可見保護少數民族日形重要。相關國家簽訂雙邊協定亦對少數民族構成一大保障。

其他地區在此方面的進展不大，但均提供土著人民某種程度的保護。由於「人民自決」觀念的演變，使得此觀念與「國家領土完整」觀念兩者似有重大衝突，甚至何者為人民自決的「主體」與「少數民族」兩者也難以界分。

「由性別看地區性人權差異問題」
（*Looking Through A Gendered Lens*：
The Problem of Regional Variation of Human Rights）

安德魯・白恩斯（Andrew Byrnes）
香港大學法學院教授
（Faculty of Law, The University of Hong Kong）

　　本文探討「地區性人權差異」問題的形成與女性人權的關係，以及普遍性與地區性／相對性間的衝突對女性人權的影響。

　　文中討論三項議題：第一，國際間對地區性差異問題的重視與討論是否反而模糊了各地區持續違反女性人權的事實。第二，強調地區差異性合理的作法事實上是為了限制女性人權。第三，以男性為中心的普遍性與以不同方法限制女性人權的地區性／相對性是否皆不能對女性人權提供適切的保障。

「人權最低標準論」
(*An Argument for a Minimalist Conception of Human Rights*)

理查‧派克（Richard B. Parker）
日本廣島修道大學法學教授
（Professor of Law, Hiroshima Shudo University）

　　作者認為處理因文化傳統不同而形成的地區性人權差異問題的最好方法，是嚴格限制違反人權的構成條件。他主張近來的人權擴張如自由表達的權利、一定的生活水準權和清潔環境權等，反而會減弱違反人權的道德指控力量。為有效維護人權，作者認為保護人權應針對並侷限在各大宗教或文化傳統都會譴責的暴行上，使任何亞洲政府皆不願為這種暴行辯駁，而不是隨便高喊保護人權的口號。

「由亞洲情況看貿易協定中的社會條款」
(*Social Clause in Trade Agreements - Asian Context*)

吾鄉真一（Shin-Ichi Ago）
日本福岡九州大學法學教授
（Faculty of Law, Kyushu University）

　　烏拉圭回合談判於1994年4月間結束後，亞洲媒體紛紛對即將成立的「世界貿易組織（WTO）」所伴隨的社會條款表示關切。本文試圖說明亞洲地區對此一議題的討論方向，並為他們的關切找出依據。

　　本文討論的重點包括：⑴「社會廉價傾銷（social dumping）」的觀念是否可行？⑵公平的勞工標準和國際勞工標準間有何差異？⑶亞洲國家政府、僱主、員工、學術界、大眾傳播媒體等的看法為何？⑷經濟理由是否是為難亞洲國家的唯一因素？⑸人權方面是否存在「亞洲標準（Asian value）」？⑹國際法規是否能有效地規範所有的社會和經濟問題？如果能，是否也能訂出一套亞洲規範？

第三小組：國際法的時下幾項議題
（Selected Recent Issues of International Law）

「美國外國主權豁免法與東亞國家」
（*The Foreign Sovereign Immunities Act and East Asia*）

迪樂朋(Joseph W. Dellapenna)
美國維拉諾瓦大學法學院教授
（Professor of Law, Villanova University School of Law）

　　東亞國家和其他的政治實體的社會經濟背景差異懸殊——有近乎完全是國家經濟體制的北韓，也有近乎純資本主義社會的香港。這項差距使這些國家、實體本身或其代表機構容易在他國面臨訴訟。同時，國際間對國家豁免權並非是絕對的而應有所限制，也漸形成共識，更增添此一種訴訟的可能性，尤其美國在1976年制定「外國主權豁免法（Foreign Sovereign Immunities Act）」後更是如此。根據這個法律，涉訟國家不得就某些非商業性侵權的公共行為主張豁免——

美國法院這種見解似乎遠遠超過一般人對國家主權豁免限制理論的認知。

作者針對東亞國家探討近來美國法院，尤其是其最高法院的判例：

⑴在何時可放棄豁免權？放棄的程度為何？

⑵在何種情形下美國法院對外國政府的商業行為有管轄權？

⑶在何種情形下美國法院對違反人權案件有管轄權？

⑷中華民國（臺灣）在美國法院是否享有豁免權？

⑸依據「外國主權豁免權法」所作的判決是否可有效執行？

這些問題不僅有助於評估東亞政治實體在美國遭遇訴訟的可能性，並可探討國際法在國家豁免權方面的走勢。同時，作者在文中比較美國國際法學會近來完成的「國家豁免權公約草案（Draft Convention on State Immunity）」和聯合國國際法委員會（International Law Commission）的「國家豁免權條款草案（Draft Articles on State Immunity）」中對這些問題的答覆。

「資訊時代的國際法：研究方法的轉型」
(International Law in the Information Age:
The Transformation of Research)

約翰・甘伯(John King Gamble)
美國賓州州立大學政治學和國際法教授
(Professor of Political Science and International Law
Pennsylvania State University)

使用書籍搜索資訊（information-seeking）的方法已不符合經濟效益且已經快過時，電腦和全球電子網路的功能將研究方法帶入超乎想像的境地，使國際法的體系完全改觀。過去五百年來人類不斷預期一個科技時代的來臨，這回的資訊時代是否符合這個期望？國際法的

研究尚未完全電腦化，因此仍須仰賴書籍、目錄以搜索較老舊的國際
法資料，因此老方法雖然過時，但目前卻仍不能拋棄。

「亞洲文化藝術遺產的國際貿易法律觀」
(Legal Aspects of International Trade in Art and
Cultural Heritage in Asia)

愛德華・哥登(Edward Gordon)
美國美利堅大學法學院教授
(Professor of Law, American University Washington College of Law)

（後因故未參加開會）

　　國際間文化藝術品的交易過去幾十年來持續成長，過去以歐美為
主的交易市場現已擴及全球，使亞太地區成為一主要貨品來源、交易
中心和進口市場。同時，此類貨品及相關利益的所有權爭議案也在增
加中，引發相關人士對糾紛的解決方法和仲裁機關展開激辯。其中涉
及的法律問題，目前的國際法尚不足以解決。

　　作者建議檢視現有的相關國際規範和機構，並在文中對國際和各
國的法規形式作一介紹。在國際公法方面，作者簡略地評估相關條約
的效力，說明目前制定新約的努力，並探討現今解決此類糾紛的機
構。

　　上述的討論並非限於亞太地區的文化遺產交易。但這地區因文化
民族性和國情的不同，而產生一些獨特的問題。因此文中部分篇幅以
亞太地區的角度來探討國際法中的一些內容。

　　值得亞太地區注意的是，全球文化藝術資產交易的熱絡影響各國
對遺跡的保護工作。作者建議各國在這方面合作，並培養文化資產共
享的觀念，透過一個專家組成的地區性會議來提升對文化遺產價值的
重視。最後，作者提議成立地區性組織，尋找共同的解決紛爭之道，
以取代針鋒相對的訴訟程序。

「南非洲地區的民主萌芽：影響外商投資的現有法律和政策」

(The Dawn of Democracy in the Southern African Region: Some Perspectives on Current Laws and Policies Affecting Foreign Investors)

大衛‧艾羅拉(David A. Ailola)

南非西開普大學資深講師

(Senior Lecturer University of the Western Cape)

南非洲地區的投資環境不佳，令外商怯步，諸如缺乏訓練有素的人力、生產力低、基礎建設落後，以及社會服務品質不佳，缺乏如學校、醫院等的基本生活設施等。加上這些國家對天災欠缺適當的防禦和恢復能力，也是令外商裹足不前的原因。

另外一項重大的不利因素是，這些國家經常受到意識型態或政變所引起的社會和政治動盪的摧殘。其中一例是將私有財產國有化的作法，至今仍十分盛行。國有化的原因都和意識型態有關，包括防止壟斷、避免外商壓榨當地人民和經濟資源，或為了讓少數野心人士把持政權。國有化不見得伴隨補償金額，而貪污和濫權之事時有發生。

作者例舉南非洲各國獎勵外人投資的法律，認為在南非洲地區邁向民主化的同時，一些和法規有關的不利因素應去除，以創造一個合宜的投資環境，特別是針對國有化權力的濫用、恣意的補償額度和不合理的兌換控制和關稅問題。

「國際習慣法對著名商標之保護」

(The Protection of Well-Known Trademarks in Customary International Law)

路易士‧范‧外克(Louis Van Wyk)

南非斯布爾及費雪律師事務所合夥人律師

(Partner, Spoor and Fisher)

　　商標權的保護一向採地域主義，即使是全球著名的商標，若未在某地註冊使用，該商標所有權人在該地便不享有法律上的保障。換句話說，任何與該著名商標無關的第三者皆可逕自向該地登記，在登記地領域轄區內使用該商標。一旦發生這種情況，若該商標權人欲在該地使用自己的商標，他必須屈從業已登記的第三者的要脅，例如付一大筆補償金，才可取回使用自己商標的權利。很多地區至今未有法令對著名商標提供任何保障。僅管已有國際條約要求訂約國對著名商標提供起碼的保障，如「巴黎公約」（Convention of Paris）和關稅暨貿易總協定之「與貿易有關之智慧財產權協定」（GATT（TRIPS）），公約的效力未必能在各國落實。以南非為例，國際公約必須經過國內立法的程序才能成為國內法。所以著名商標所有人即使在公約簽署國內，仍未必受到保護。作者主張各國即使不是任何著名商標保護條約的簽約國，也應在國際間習慣法的原則下，提供此等保護。

第四小組：亞太地區的智慧財產權保護
(Panel Four: Intellectual Property Protection in the Asian-Pacific Region)

「智慧財產權的保護與糾紛的處理」
(Intellectual Property Protection and Dispute Settlement)

藍道・瑞德(Randall Rader)
美國聯邦巡迴上訴法院法官
(Circuit Judge, U.S. Court of Appeals for the Federal Circuit)

　　本文包含三項主題，討論如何在擴張的國際市場中保護智慧財產權。

　　第一項主題探討執行智慧財產權法的公權力制度。作者拿美、德兩國的制度作比較，舉出兩者的相似點。他認為這兩個看似不同的制

度，卻有些相同之處。作者認為統一世界各國不同的專利權法及提供一個單一專利權爭議上訴法庭，能為日趨熱絡的國際市場提供最佳的智慧財產權保障。

第二項主題談論電腦服務軟體的智慧財產權保護。作者評估現有的保護途徑，包括著作權、商業秘密、專利和特殊立法，並說明各個法律的限制。作者強調在不同國家採用不同制度的情形下，了解不同的智慧財產權保護途徑對拓展國際市場十分重要。

第三項主題討論生物科技學（biotechnology）的保護，著重於臺灣近來增修的專利法和關稅暨貿易總協定之「與貿易有關之智慧財產權協定」（GATT（TRIPS））的相關條文。作者並談及生物工學對社會倫理道德觀的影響，呼籲立法須符合國際慣例。

「中華民國智慧財產權訴訟概觀」
(An Overview on Intellectual Property-Related Litigation in the Republic of China (ROC))

徐璧湖(Peggy Pi-Hu Hsu)
中華民國最高法院法官
(Justice, Supreme Court of the Republic of China)

中華民國臺灣有三種智慧財產權訴訟：民事、刑事和行政訴訟。

A.民事訴訟

智慧財產權受侵害的民事案件有兩種補救措施：

1.去除或防止侵權行為

當商標、專利和著作權等專屬權遭受實際侵害時，權利所有人得要求去除此侵權行為。當未發生侵權行為，但憑現有的狀況認為有可能發生並有必要加以預防時，權利所有人得作此要求。

2.損害賠償

中華民國民法規定必須實際發生損害，才得要求損害賠償，該法不採用懲罰性之損害賠償。但近來已針對商標法、著作權法和公平交

易法的賠償額度和方式增訂條文，並在專利法第89條和公平交易法第32條中增加懲罰性之損害賠償規定。

B.刑事訴訟

　　商標法、專利法和著作權法規定可對侵權者施予罰金或（和）有期徒刑。

C.行政訴訟

　　中華民國國民若對智慧財產權相關的行政裁決不服，得向行政法庭提起行政訴訟。

「協調太平洋邊緣國家的專利權規定」

(Patent Harmonization on the Pacific Rim)

哈若‧魏格尼(Harold C. Wegner)
美國喬治華盛頓大學國家法律中心法學教授
(Professor of Law, The George Washington University
National Law Center)

　　本文旨在闡述「專利權協調」的發展歷史。在它發展的五百多年中，早年的威尼斯制度受到歐洲各國的仿傚。歐洲於19世紀中期奠定了穩固的專利權法基礎。美國則是採用英國的模式，於1641年開始頒發專利權，並於1790年制定第一部聯邦專利法。19世紀末，歐陸各地開始積極推動專利法的協調工作。全球首次最重要的協調成果是1883年制定的巴黎公約，它至今仍是國際專利法的典範。

　　至1980年代中期為止，歐洲一直是協調工作的重鎮。其中最成功的一例是透過1973年的「慕尼黑條約（Munich Treaty）」所簽訂的地區性協定——「歐洲專利權公約（European Patent Convention）」，並根據該公約成立「歐洲專利局（European Patent Office）」。

　　1980年代早期，全球的協調工作重心移至東京、慕尼黑和華盛頓三地。透過這三方專利局的協商，形成面對面合作和處理專利權相關

事項的架構。在這過程中，歐洲專利權公約中的13個會員國另組「15國組織（Club of 15）」，後來擴大納入其他該公約國和三邊架構外的國家。若能再將大中國（greater China）地區納入，將會使協調工作更上層樓。

1980年代早期也是「世界智慧財產權組織（World Intellectual Property Organization）的全盛時期。在前述的三邊架構發展成熟前，專利協調的評估工作全仰賴該組織。近代協調工作的最大進展可說是在1985年到1989年間存在的「專利法協調專家委員會（Committee of Experts on Harmonization of Patent Laws）」。它制定的專利權法範本——「理論草案（Draft Theory）」原將作為一世界性專利法的基礎，該法後來因許多原因胎死腹中。美國未能履行諾言率先加入雖是主因，為遵守該條約而需大幅更動歐洲律法在當時也是一件難事。1990年代早期前，「歐洲法庭（European Court of Justice）」已對任何立法採取「極少化（minimalistic）」的態度，而且顯然它不會支持任何以「歐洲聯盟（European Union）」為基地而推動的協調工作。沒有歐洲聯盟的推動，歐洲國家恐不會簽署專利權協調條約。

由於世界貿易組織（WTO）具有強制性的糾紛調停機制，該組織預計可在1996年初前在協調智慧財產權方面扮演龍頭的角色。由於違反巴黎公約當然違反世界貿易組織的規定，各國可望因此加速協調工作的進行。

作者認為由於歐洲採取「極少化」的措施，不願推動專利權協調工作，將突顯建立太平洋地區專利權協調模式的重要性。除了美日兩國在此方面的協調已小有進展外，中國大陸專利局也極欲躋身國際行列。作者期望它日後也能對太平洋地區的協調工作扮演舉足輕重的角色。

「比較分析中國大陸、臺灣和美國的智慧財產權
糾紛解決途徑」

(Comparative Analysis of Intellectual Property Dispute Resolution Processes in Mainland China, Taiwan and the United States)

布魯士・歐康諾(Bruce E. O'Connor)

大衛・羅(David A. Lowe)

美國克里斯譚生、歐康諾、強生及坎德尼斯律師事務所律師

(Christensen, O'Connor, Johnson & Kindness)

智慧財產權法隨著全球高科技的發展快速成長，擴展至國際舞台，影響全世界的貿易夥伴。貿易國間如何彼此合作，保護智慧財產權成為一項課題。以太平洋邊緣盆地區為例，對全球科技衝擊最大的國家是中國大陸、臺灣和美國，但外界對它們各自的智慧財產權保護和處理糾紛的法律制度卻所知不多。本文目的在提供此方面的訊息。

作者認為，儘管太平洋區各國的文化不同，所面臨的問題也不一樣，但彼此間仍可能合作，找出共同的保護智慧財產權和解決爭議的方法。本文先探討主要的糾紛解決途徑，然後對智慧財產權的保護現況和歷史作一簡要說明。接著作者針對中國和西方的學理架構，詳細分析兩者的糾紛解決之道。此外，文中也對國際智慧財產權糾紛的仲裁機構加以介紹。

「國際智慧財產權的保護趨勢」

(The Trend of International Intellectual Property Protection)

林弘六(Leo H. Lin)

美國電話電報公司智慧財產權部經理

(Manager, AT&T Intellectual Property Affairs)

本世紀初至70年代早期，由於美國倡導公平競爭的公共政策，反

托拉斯情緒到處充斥，導致智慧財產權保護意識的低落，因為他們擔心贏了專利權的訴訟案件，反而可能成為違反公平競爭之反托拉斯訴訟敗訴的導因。

但開發中國家，如臺灣、韓國和新加坡等的高科技產業發展和伴隨而來的巨額貿易順差與外匯存底，令美國警覺到自己產業競爭力的薄弱。

為刺激革新，重振競爭力，美國開始重視智慧財產權，並改善專利權所有人的保護措施。最重要的變革是在1982年成立「聯邦巡迴上訴法院（Court of Appeals for the Federal Circuit; CAFC）」。自此以後，有關侵犯專利權的判決開始趨於一致、迅速和嚴苛，加重侵犯人的賠償金額和懲罰。一項調查顯示，聯邦巡迴上訴法院維持了86%的地方法院有關專利權的判決。「美國國際貿易委員會（U.S. International Trade Commission; ITC）」並有權禁止侵害美國專利產品的進口。

智慧財產權是美國與他國，如日、韓、臺灣貿易談判的重要籌碼，許多國家因此修法改善對智慧財產權的保護。「世界貿易組織（WTO）」的成立也迫使各國重視智慧財產權的保護問題。智慧財產權在他國受到更大的保護，使美國各大公司，如IBM、TI、AT&T等能向其他國家收取專利權使用費。各國政府在此一趨勢下，也獎勵企業多作研發，加強本身的智慧財產權利。

「國際智慧財產權與貿易糾紛：多邊解決糾紛的程序及美國根據本身的法律所採取的單方貿易制裁手段」

(International Intellectual Property and Trade Disputes: Multilateral Dispute Settlement Process and the Use of Unilateral Trade Sanctions Under U.S. Law)

孫遠釗 (Andy Y. Sun)
亞太法學會執行長
(Executive Director, Asia Pacific Legal Institute)

　　1995年成立的「世界貿易組織（WTO）」將全球貿易的遊戲規則帶入新局。其中值得注意的一點是它對解決糾紛的法律，包括智慧財產權方面。

　　1947年制定的「關稅暨貿易總協定（GATT）」在尊重主權和協商的精神下，賦予各國在解決糾紛方面相當大的自由度。但近來已開發國家（尤其是美國）頻頻採單方之貿易制裁手段，以及地區性貿易組織之擴張，不禁讓人質疑GATT的組織精神是否已被危害。

　　本文分別對WTO成立前的多邊糾紛處理模式和單邊／雙邊模式作一評估，並將重點放在美國「特別301」貿易法案。另外，文中並探討烏拉圭回合／WTO協定通過所造成的影響。最後，本文一窺未來WTO糾紛處理模式的發展趨勢。

　　作者認為在國際競爭壓力下，單方制裁不僅效用不大，而且還可能損害全球貿易。在智慧財產權方面，「與貿易相關的智慧財產權協定（Agreement on Trade-Related Aspect of Intellectual Property Rights; TRIPS）」將是成立「全球資訊基礎建設（Global Information Infrastructure; GII）」的依據，而國界將不再對行使權利構成阻礙。

第五小組：國際法學會國內法庭如何適用國際法委員會之報告

(Report of the International Law Association (ILA) Committee on International Law in National Courts)

報告人：依凡・雪爾(Ivan Shearer)

澳洲雪梨大學法學教授

(Professor of Law, The University of Sydney)

托斯騰・斯坦(Torsten Stein)

德國薩爾大學歐洲研究院主任
(Director, Europa Institut, Universitaet des Saarlandes)

　　本委員會的主要任務是收集各國國內法庭如何適用國際法的資訊
──國內法是否優於國際法？地方法院法官是否有權適用國際法？國
內法庭是否可引用習慣國際法？委員會因此草擬一個問卷，分發給國
際法學會各地的分會，由各地分會負責回答問卷內有關國際法在國內
法地位與位階高低等問題，再由分會將答案寄到委員會匯總整理。

　　報告人將目前已收到的問卷，一一說明各國法院對國際法的實
踐，並呼籲目前沒有國際法學會分會的地區也能將問卷寄回委員會，
使委員會的研究更趨完整。

第六小組：亞太地區外人投資的保護與獎勵
(Protection and Encouragement of Investment in the Region)

「中華民國的投資保障和獎勵：一個成功的案例」
(Protection and Encouragement of Investment in the Republic of China
—A Case Study of Successful Implementation)

黃慶源(C. Y. Huang)
常在律師事務所資深合夥人
(Senior Partner, Tsar & Tsai Law Firm)

　　臺灣以一小島躋身世界舞台，成為全世界第二十大經濟國；以每
人平均年所得12,000美元名列全球第25富國；它同時也是全世界第13
大貿易國，外匯存底超過900億美元。這些成就歸功於臺灣政府40年
來採取的投資保障和獎勵措施。早在1954年，中華民國政府就頒佈
「外國人投資條例」，接著於1955年制定「華僑回國投資條例」。影
響最大的「獎勵投資條例」在1960年制定。此條例後經多次增修，對
臺灣的經濟發展貢獻良多。1990年「產業升級條例」取代「獎勵投資

條例」，由獎勵一般性投資改為獎勵較為特定之資本科技密集和可防環境污染之產業。此條例於1995年修改，以擴大獎勵範圍，加速產業升級。

除上述，1965年制定的「加工出口設立和行政條例」為臺灣的出口業奠基。1962年制定「技術合作條例」，鼓勵外國技術移轉。1979年頒佈「科學工業園區設立和行政條例」，獎勵高科技產業。新竹科學園區已儼然成為臺灣之「矽谷」。

1995年，中華民國政府宣佈將臺灣建設成為亞太營運中心，相關法案正在草擬中。若能成功推動，臺灣可望在21世紀成為亞太地區的經濟強權。

「約旦──投資致富之地」

(Jordan, The Land of Prosperous Investment)

阿布都拉・艾爾・卡里爾(Abdallah El-Khalil)
約旦艾爾卡里爾律師事務所負責人
(El-Khalil Law Firm)

作者在文中詳細介紹約旦的投資相關法規，以顯示約旦良好的投資環境。

約旦的法規很明確。不管投資者是個人或公司，都受「公司法」的約束，所有公司型態都受該法的規範。外國人或公司投資事業的資本和持股比例在「外國人和阿拉伯投資法」中有規定。例如在工業、觀光、保健、農業和房屋建築方面，若資本在50,000英鎊以上，外商可享有100%之股權。在貿易、營建和交通事業方面，外商則必須和約旦人合資，且投資金額不得超過總資本的49%，對貿易和營建事業之持股額不得少於200,000英鎊。在交通業方面，外商的持股（不超過49%）金額不得少於100,000英鎊，而且必須以外幣由海外經合格銀行（英國銀行）匯入約旦。

因上述投資獲取之利潤和資本可依中央銀行之規定，或經由兌換

商匯出國外。

約且的勞工廉價，由「勞工法」約束勞工和雇主間的關係。

控股公司依種類負擔不同的所得稅率，如國營事業為38%，非居民的公司和有限公司（私人控股）為40%，銀行、金融經紀商和兌換商為50－55%。

約且的仲裁制度很健全，有數個仲裁機構可接受申訴。仲裁程序受「仲裁法」規範，並由法院監督。

「日本人的商業仲裁觀」
(Japanese Views on Commercial Arbitration)

道垣內正人(Masato Dogauchi)
日本東京大學國際民事訴訟學副教授
(Associate Professor of International Civil Procedure
University of Tokyo)

本文說明日本在商業仲裁方面的新發展，以及日本對國際商業仲裁，如多邊仲裁的一些學理上的看法。

一世紀以來日本仲裁法規未曾有過重大變革，近來出現一些變化。由法律專家組成的「仲裁法研究小組」負責修正民法中有關仲裁之條款，並依據1985年的「聯合國國際貿易法委員會標準法（UNCITRAL Model Law）」制定且於1989年公布新的仲裁法草案，修正草案的工作目前仍在進行中。另一方面，「日本商業仲裁協會（Japan Commercial Arbitration Association; JCAA）」在1991年公布一套新的仲裁規則，並容許仲裁當事人有權選擇使用「日本商業仲裁協會仲裁規則」或1976年制定的「聯合國國際貿易法委員會仲裁法規（UNCITRAL Arbitration Rules）」。1992年日本商業仲裁協會再次修改該協會的仲裁法規。

1992年「美日結構性障礙計劃會談（Japan-U.S. Talks on Structural Impediments Initiatives）」促使日本重視國際商業仲裁法。同

年成立「國際商業仲裁制度促進研究小組」。

除上述內容，本文探討了日本法院有關國際仲裁的案例。其中特別值得一提的是1994年5月30日東京高等法院之判決。此案涉及一家日本公司和美國公司間的仲裁協定。日本法院後來拒絕受理該日本公司控告美國公司總裁的案件，理由是雙方的爭議已受兩方公司仲裁協定的規範，不可事後反悔而轉向公司的代表人提起訴訟。該項仲裁協定是依據紐約法律達成的。作者在此提出適用紐約法的正當性，並徵詢其他國際法學會會員，依據他們國內的法律，對類似案件之看法。

「有關所得稅法異位本質的觀念和設計問題及其對國際貿易和投資的影響」

(Philosophical and Design Problems that Arise from the Ectopic Nature of Income Tax Law and Their Impact on International Trade and Investment)

約翰・普瑞伯(John Prebble)
紐西蘭律師和維多利亞大學法學教授
(Barrister and Professor of Law, Victoria University of Wellington)

所得稅法的規定與實際情況有諸多不符之處，因此產生所謂的「異位」或名不副實的現象，這是所得稅法與其他法不同之處，這在國際上尤為明顯。這是因為所得稅法必須以假設的情況來作為課稅的依據。例如所得稅法規定在公司「居所（residence）」所在地的政府有課稅權，事實上，公司只是一個虛擬的實體，不可能有居所。

另一例是價格移轉問題。跨國公司的利潤必須數量化並分配給不同的課稅地點。因此，所得稅法必須將在企業內各部門間流通的貨物視為是在獨立的個體間交易。於是所得稅法有時是虛有的交易，而非對實際的貨物或交易課稅。這是所得稅與其他種稅不同之處。例如加值稅是依實際的交易，而貨物稅是依實際交易的貨物課稅。所得稅的異位本質為國際貿易的課稅和各國稅法的一致性增添很多困擾。

事實上，異位的問題一方面沒有解決之道，另一方面它卻是課徵所得稅不可或缺的一項特質。

「開發中國家的外人投資法律」
(Foreign Investment in Developing Countries: Rule of Law)

瑞卡多‧貝勒斯卓(Ricardo Balestra)

阿根廷國際法學會分會會長，國際法學會會長

(President, International Law Association, Argentine Branch,
President of the International Law Association)

作者列舉**美國對外關係法律整編重述**一書中有關徵收外國人財產，應予外國人迅速、足夠、有效的賠償之規定，以作為開發中國家保護外人投資之範本，他並呼籲開發中國家訂定國際多邊或雙邊仲裁條約，並使用仲裁方式解決投資糾紛。

最後他討論阿根廷有關外人投資之法律——例如，外匯管制、徵收外國人財產、阿根廷的仲裁制度，及外國主權豁免理論與國際仲裁的關係。

第七小組：亞太國家參與區域性組織與區域合作
(Panel Seven: Participation of Asian-Pacific Countries in Regional Organizations and Regional Cooperation)

「東南亞國協及東南亞國協區域論壇」
(ASEAN and ASEAN Regional Forum (ARF))

艾斯蘭尼‧阿斯門(Asnani Usman)

印尼戰略及國際研究中心國際關係部工作人員

(Staff, International Relations Department,
Centre for Strategic and International Studies (CSIS))

　　相較於其他東南亞的地區性組織，「東南亞國協（ASEAN）」可謂善盡職責，28年來成功地透過政經合作推動該地區的和平穩定。其合作的理念受到聯合國及其他國際組織的肯定。

　　冷戰時期的結束，亞洲強權的崛起（日本、中國大陸、印度）和地區性衝突的增加為東南亞地區的安全投入變數。為因應這個新局面，東南亞國協在1994年7月成立「東南亞國協區域論壇（ASEAN Regional Forum; ARF）」的多邊性組織，由17個亞太國家組成，彼此合作促進該地區的和平穩定。至於東南亞國協則可在預防性外交、信心建立措施、裁減軍備上努力。預防性外交則可以印尼所發起的預防南沙群島主權紛爭的計畫為例。「東南亞國協區域論壇」的成功再一次向世人顯示東南亞國協的公信力。

「智利與亞太地區的策略關係」
(Chile and the Asia Pacific: A Strategic Relation)

福阮西斯哥・羅哈斯(Francisco Rojas Aravena)
拉丁美洲社會科學研究院智利分院研究員
(Facultad Latinoamericana de Ciencias Sociales, FLACSO-Chile)

　　智利以觀察員身分參加亞太經合會一年後，正式成為此政府組織的成員，這是智利積極參與國際社會所跨出的重要一步。

　　智利的國際關係自1990年起展開新頁。1992年，智利總統艾爾文(Aylwin)訪問日本、馬來西亞和中國大陸；1993年，他造訪澳洲和紐西蘭。智利和亞太國家的政經文化關係逐年穩固。

　　智利認為它是拉丁美洲國家（MERCOSUR國家，包括阿根廷、巴西、巴拉圭和烏拉圭）和亞太地區間的橋樑，而且是亞太地區投資者切入「北美自由貿易協定（NAFTA）」的跳板。智利於1994年加入此協定。

　　本文以政治學觀點提供智利對亞太地區合作方面之看法。

「非政府間組織對全球政策和立法日趨重要之影響」
(The Developing Role of NGO's in Global Policy and Law Making)

顧美基(Charlotte Ku)

美國國際法學會執行長

(Executive Director,

The American Society of International Law)

　　非政府間組織的數量和影響力已使它們在國際法的制定和執行上扮演愈加重要之角色。根據「國際協會聯盟（The Union of International Association）」，目前全世界有14,500個非政府國際組織，其中5,000個是會員性的。這些自願性團體為不同的理念推動跨國性的活動，領域涵蓋環保、人權、婦女、兒童、動物保護、消費者等等。

　　這些組織不僅有效地突顯其關切之議題，並逐漸活躍於國際性的政府會議中。非政府組織針對個別議題形成的龐大聯絡網也增加它們在政治上的籌碼。現代的通訊科技、傳真和國際網路使組織成員間的聯繫無遠弗屆。這種政治力量對國際法的發展和執行上正扮演愈加重要之角色。

「世界貿易組織時代的區域性貿易及投資」
(Regional Trade and Investment in the Era of
the World Trade Organization (WTO))

西摩・魯賓(Seymour J. Rubin)

美國美利堅大學法學院教授

(Professor of Law, American University School of Law)

　　1995年1月1日，各國在達成訂定全球貿易暨投資協定和組成「世界貿易組織」的共識下，確認其破除疆界限制和實施市場經濟的決心。但就在各國決定平等對待所有國家，去除歧視性區域貿易組織的

同時，這些國家也競相另組新的區域性聯盟，並鞏固原有的組織。

　　地區性貿易協定（Regional Trade Arrangements; RTAs）的方興未艾，也許是對烏拉圭回合談判的牛步化進展感到挫折所致。但即使是在各國認同全球整合的必要性之後，地區性組織仍不斷在擴展中。這一現象顯示將來地區性和世界性貿易規範共存的趨勢。

　　相關法條的形成和此趨勢的演變過程是本文討論的重點。

第八小組：亞太地區的環保法津議題
(Panel Eight: Legal Issues in the Protection of Environment in the Region)

「泰國的海岸資源管理和環保立法」
(Thailand's Coastal Resources Management and Environmental Legislation)

安盼‧蘋圖卡娜(Ampan Pintukanok)
泰國環境政策和發展辦公室　海洋和海岸資源組組長
(Chief, Marine and Coastal Resource Sub-Division,
Office of Environmental Policy and Planning)

　　綿延兩千公里的泰國海岸蘊藏豐富的天然資源，海岸的觀光業和漁業長期以來是泰國經濟之所倚。多年來，此地經濟活動擴展，自然生態環境遭破壞，不同的利益團體間衝突升高。在海岸資源管理方面，相關的計畫和政策極為零散，保護資源的工作於是流於不同團體之手，各自為政。本文目的在介紹此地區重要的海岸政策，及因此產生的利益衝突。

「中菲海洋議題：建立保護接鄰地區海洋環境和其他生物資源的合作體系」

(Philippine-Taiwan [Republic of China] Ocean-Related Issues: Toward a Regime of Cooperation for the Protection of the Marine Environment in Contiguous Area and Other Living Resources)

瑞福耀・羅悌拉(Raphael P. M. Lotilla)
菲律賓大學法學院副教授及國際法學研究所主任
(Associate Professor of Law, University of Philippines,
Director of Institute of International Legal Studies)

　　本文討論中菲間的海洋問題，特別是菲律賓海域的漁業活動和中國漁船的通行問題。它說明並分析菲律賓根據兩國協商，對中國船隻通行菲國海域所採取的措施，以及這些措施對海洋環保和邊界鄰近海域漁業活動的影響。探討的重點包括：兩國非正式邦交關係所產生的問題、菲國海岸居民關切的問題、菲國政府的反應，以及根據菲國和國際法規評估菲國採取的措施和反應。最後，本文探討中菲兩國政府和人民可能的合作方式。

會議閉幕致詞

任 孝 琦 譯

國際法學會會長貝勒斯卓博士
(Dr. Balestra, President of the International Law Association)

總統先生、丘教授、史琳主席以及各位女士先生們：

　　這場極重要的集會已將近尾聲。這是國際法學會首次在亞太地區、中華民國臺北舉辦地區性的會議。此次會議所做的發言和結論，將促使國際關係以及國際法邁進一大步。雖然距離最終的結論還有漫長的路要走，但至少我們的基本目標又拉近了一些；全球化的現代進程不斷提供我們新的視野，而如今由於製造者、消費者和一般大眾間的交流日益暢通，這個全球化的目標將更容易達成；而朝向這個長遠目標的法律之路也日益寬廣。無論是環境，或是海洋、智慧財產權，或是人權問題，都在媒體上不斷彼此衝擊，同時也承認彼此間有許多共通的問題。過去幾天內，從世界各地來臺北參加這項會議的學者專家們非常努力地，想為這些問題的解方找出新的觀點。當然，重要的工作仍然有待一九九六年在赫爾辛基和一九九八年再度在臺北——屆時將由一位中國人擔任國際法學會的會長——集會時繼續努力。此刻，我以個人和專業的身分，祝福每一位與會的朋友，尤其是在丘教授領導下的臺灣主辦人，盼望上帝能助我們一臂之力，使二十世紀最後的這幾年成為更公平和法治的新時代。謝謝大家。

國際法學會執行委員會主席史琳勳爵
(Lord Slynn, Chairman of the Executive Council of the International Law Association)

　　會議終將結束，但我們對各種難題所做的探討和解決之道才剛開始。丘教授在本次會議中所提出系列論文和探討，將使大家討論一段期間。本人謹代表國際法學執委會向您和您的同事，以及中國國際法學會秘書長傅崐成教授表示敬意，和對各位安排和進行此次會議的方式的無限感謝之意。我對國際法學會的會議較各位稍有經驗，我也知道籌備一次成功的會議是多麼辛苦的事。是各位促使我們有優秀的論文可供發表；光是這件事就要花上許多時間和功夫，因為有些講員總是拖到最後一分鐘，甚至根本沒有完成論文。有時候是講員不來，有時候是他們來了，講的卻文不對題；各位卻是讓該來的人都來了，每篇論文都分發了，或將會分發；而且依我的觀察，每位發言者也大致都照著原定的題目發言了。

　　這家旅館是最適合舉辦會議的場地，連最微末的細節都關照到了。有一點或許只是枝節卻很重要，就是各國的國旗都陳列在這個會議室裡，成為講台後面最佳的背景。我們所激賞的正是這些枝微末節。我們也感謝大會所安排的文化節目。前晚的音樂會對我們都是很好的經驗，而我們也非常感謝中華民國一切熱誠的接待。貴國總統、行政院長、外交部長和法務部長為這次會議花了這麼多時間，實在不容易。我相信這完全是各位努力的結果。這次會議的實質內容同樣令人印象深刻。各組都提出了極重要的議題。舉例來說，現在我腦袋裡就對這個地區的智慧財產權和相關的法律留下了清楚的印象：比如你們是怎樣執行商標法、著作權法，又是怎樣確保專利保護體系？參加智慧財產權小組會議的與會人員將會永遠記得會中所討論有關智慧財產權訴訟的司法體系、除訴訟外其他解決智慧財產權爭端的方法，及此兩種方法的相對價值。大家也都會記得人權小組中那些有關人權的

論文，非常有趣又能刺激思考。我們究竟應該用一種非常普遍的、概念式的眼光來看人權，還是要採取微觀式的手段，以確保人權的精神真正被遵守？美國是不是像許多人所說的，採納人權憲章、人權公約？地區性的人權保護憲令是否會抑制了人權的發展？繆利亞（Muria）首席法官在某場小組討論中主張建立一套管理人權的規範，這種主張可能很重要，或許我們此刻並不需要，但要為緊急狀況有所準備。今天早上所討論的環境議題，可能是整個世界面臨的最大問題。這絕非亞太地區獨有的問題，在我看來，這是全世界的問題，而永續成長和永續發展正是世界面臨的主要議題。

　　丘宏達教授，您在小組討論中讓我們冷靜而理性的瞭解了中華民國在國際地位和國際舞台上所面臨的問題。您也讓我們瞭解到，中華民國在臺灣的聲音已被聽到，並且發生效果。您讓我們瞭解到，貴國人民深深關切與本地區和世界有關的許多問題。我將非常高興向下次的執委會報告這次會議是多麼成功，以及各位為安排會議所樹立的高標準，讓後繼者有所遵循。我們都感謝並恭賀過去數日的成功。

國際法學會副會長史祺亞博士
(Dr. Enrique Syquia, Vice-President of the International Law Association)

丘博士會長、貝勒斯卓博士會長、史琳勳爵主席和各位朋友：

　　一百五十多年前，英國小說家蘭姆（Charles Lamb）跟一位朋友漫步於倫敦街頭，他指著對街的一個人對朋友說：「你看那個人，我討厭他。」他的朋友吃驚地說：「怎麼會？你根本不認識他。」他的朋友回答說：「一點也不錯。」

　　各位朋友，我們的確害怕自己所不知的事，又對自己的害怕感到生氣。因此，我認為像這次國際會議有一個主要目的，就是成為各國人士相會的場合。大家到這兒來，一起見面，向別人學習，瞭解別人；於是害怕變成兄弟之交，厭惡轉為友誼。

　　像這次這樣的地區會議，丘博士會長，我們獲得的不只是資訊，還有朋友。我們學到社會認同、文化認知、國家間的差異並且更瞭解彼此，世界將因此而更形美好。

　　今天早上，我被邀請代表會議的出席者發表一點意見。我準備了兩篇講稿，一篇長的和一篇短的。我先講短的：「謝謝大家。」既然大家喜歡這一篇，我下面就開始講長的那一篇。

　　丘博士會長，我代表這次國際法學會亞太地區會議所有參加者，特別是菲律賓代表團──我很驕傲地說，是最大的一個團體──向主辦及協辦單位的工作同仁表達我們最誠摯的感激，尤其是丘博士會長和陳純一副秘書長；更要向中華民國政府，尤其是總統先生、行政院長、外交部長、法務部長以及所有熱情接見我們、接待我們、使我們的臺灣之行十分愉快的人士致謝。我們為這個極為成功的會議感謝你們。所以長的這一篇講稿是「非常謝謝大家。」

國際法學會芬蘭分會代表副法官克勞斯‧拉固斯
(Vice Judge Klaus Lagus, Representative of the Finnish Branch of the International Law Association)

主席、各位女士、各位先生和親愛的同仁們：

　　各位都已知道，明（一九九六）年八月十二至十七日，芬蘭要在赫爾辛基籌辦下一屆的兩年一度會議。就我所知，一九九六年的會議跟過去的慣例將有一個很大的不同。最後的邀請函不會寄給所有的國際法學會會員。我們會先後兩次寄出意向徵詢函；但只有將自己的地址、電話或傳真號碼通知我們的會員，才會收到最後的邀請函。下一期的國際法學會會訊已在印製中，並將在下個（六）月寄給所有的會員。會訊中會附帶一封要求有意參加會議者回函的信。

　　我們已收到約三百五十封回函。下一期的會訊就會有關於會議的一些資訊。我們準備在九月或十月間，向所有有意參加者發出一封私函。十二月時還會有一期會訊通知，提供進一步的消息。最後的邀請函將在聖誕節前後寄出，確切的日期現在還沒有決定。

赫爾辛基已展開籌備工作。會議將在大學的 Grand Hall 舉行，芬蘭總統已答應出席開幕典禮。

明年的會議跟一九六六年的赫爾辛基會議還有一點不同。當時，雖然芬蘭總統本人是一位知名律師，卻未受到邀請，因為在那時候國際法學會並不邀請國家領袖，以避免會議受到任何政治性的影響。但是如今芬蘭總統雖然沒有任何法律背景，卻已受到邀請。

我要感謝這次會議的主辦者，你們辦得太成功了，我甚至有一點擔心明年辦不到這麼好。我很高興你們中國國際法學會將在一九九八年，繼我們之後主辦國際法學會的大會。因此，我不必說「再見，臺北」，而要說「再會，臺北」。

中國國際法學會會長丘宏達博士
(President of the Chinese Society of International Law)

各位女士、先生：

過去三天來，國際法學會第一屆亞太區域會議與會人士發表了四十多篇論文，討論了八個不同的主題。各小組討論發言均非常活躍與有創見。在此我要感謝國際法學會總部、中國國際法學會的工作人員、國立政治大學國際關係研究中心，我所任教的馬里蘭大學法學院以及無數的義工的資助，使得國際法學會第一屆亞太區域會議能如此成功。雖然明天我們即將分開，但我確信我們因提倡國際法法治的共同利益所產生的友誼與合作的精神將使我們再度凝聚在一起。最後，謹代表中國國際法學會，我懇切地邀請諸位一九九八年再度來到中華民國參加國際法學會第六十八屆年會。

閉幕儀式完畢，丘宏達博士於是宣告會議結束。

中華民國總統接見與會各國代表講話

中國民國八十四年五月三十日

李 登 輝

丁秘書長、丘教授、各位女士、各位先生：

欣逢「國際法學會第一屆亞太區域會議」，在中華民國隆重召開。各位遠道而來，登輝特別要代表中華民國政府及人民，表示熱烈的歡迎。

這一次會議，各位分別來自三十六個國家地區。各位平時對中華民國也許不了解，也許了解不多，這一次難得前來，可以說是增加了解的最好機會。大家應該知道，中華民國近幾年來順利完成政治改革及成功發展經濟，所累積的「臺灣經驗」，已經獲得國際社會的相當肯定，同時也成為開發中國家競相學習的典範。究竟「臺灣經驗」對中華民國及未來亞太區域發展，具有那些意義，登輝想利用這個機會，向各位作簡單的介紹。一方面可以幫助各位正確了解中華民國；一方面可以為亞太區域未來發展，提供思考方向。

大家都知道，中華民國並非聯合國會員國，而且只有二十九個邦交國家，在國際人士眼中，「臺灣」是非常渺小的，或只被視為「例外的存在」。

中華民國在臺灣，最近幾年來，一方面積極進行憲政改革，一方面致力參與國際經濟活動，在亞太地區的國際社會中，已形成一股不能忽視的影響力。但是真正能夠發覺到此一在世界史上值得大書特書的「臺灣經驗」所具重要意義的人，並不是很多。我們認為國際關係不能只限於國際法和國際機構的正式運作，也應就現實存在的獨立國家或國家以外的組織單位半公、半私的實踐規範所制約的國際活動中，去看一個國家對國際社會的實質貢獻。就此意義而言，今天臺灣

在國際社會的存在，是不容忽視的。

因此，在上述的理念下，探討近年臺灣政治的民主化、大陸與臺灣關係的擴展、臺灣多元化務實外交所形成的非正式國際網，以及臺灣成就所具有的意義，在脫離冷戰和脫離社會主義的世界潮流中給與臺灣定位，才能為邁向二十一世紀的亞洲發展，提出新的方向。

「臺灣經驗」這句話，是本人就任以來，為朝向建設一個自由、民主、均富、統一的中國，將臺灣的成就「移植」到中國大陸去所提出來的。至於「臺灣經驗」的深一層意義，想進一步作下列說明：

一、中華民國在臺灣，經過蔣中正先生及蔣經國先生兩位總統的正確領導，達成高度的經濟成長，根據去年（一九九四年）的統計，平均每人的國民生產毛額（GNP）為一萬一千多美元，外匯存底高達九百三十億美元（為世界第二位），擁有如先進國家一般的經濟力量。目前在本人領導之下，除經濟持續發展外，政治也已自威權主義體制逐漸往民主主義體制轉移，並且已接近完成。

回顧近年來，世界各地區「威權主義體制」往「民主主義體制」轉移的事例中，曾經出現如拉丁美洲或東南亞的軍事政變、中共的天安門事件、蘇聯保守派政變的保守逆流，以及杭亭頓（Samuel P. Huntington）先生所說的「政治後退」現象，帶來許多社會的暴力和政治的混亂。然而在臺灣卻沒有出現如許多發展中國家常見的政治參與擴大、階級對立、軍事政變等的惡性循環，而順利實現和平的民主改革。在比較政治學的宏觀理論上，在過去世界史的經驗中，「臺灣經驗」是一極為罕見的事例。在繼「經濟奇蹟」之後，再創造了「政治奇蹟」。

二、一九九四年一至十月臺灣與大陸間接貿易額約有一百億美元，而臺灣向中國大陸投資總額根據各方面的估計，在一九九三年即接近四十億美元，但是臺灣的經貿活動，不只限於中國大陸，也同時拓展到東協、越南、北韓、獨立國協、波羅的海三國等國家，我們必須注意到臺灣並非聯合國會員國，卻能在國際社會中，建立經濟國際網路，非常的不容易，值得驕傲。最近更積極籌劃成立亞太營運中

心,進一步以自由區域的姿態,出現於亞太地區,以促進經濟體制的脫胎換骨。

三、假使看到「臺灣經驗」的成功,就認為臺灣的奮鬥歷程一定非常的順利,那是極大的誤解。也就是說,臺灣的政治改革,以及在無邦交環境下的國際經濟活動,都是帶著誕生的陣痛,發揮了政治的高度智慧,才順利完成的。我們不能忽略掉這一點。所以值得注意的,並不是「臺灣經驗」的結果,而是「臺灣經驗」的奮鬥過程。

此次會議的重要議題,包括海洋法、人權與地區性差異、國際智慧財產權、區域內環境保護的法律問題、亞太國家參與區域國際組織與合作問題等等,都是亞太地區各國在未來發展中,必須重視的課題。經過此次會議的熱烈討論,所獲得的寶貴意見,相信對加強亞太地區的合作與整體發展,一定有重大的助益。

最後,敬祝各位健康愉快!謝謝。

國際法學會會長答謝李登輝總統之致答詞

貝勒斯卓
(Dr. Balestra, President of the International Law Association)

敬愛的總統先生：

　　我要特別感謝您和貴國政府以及人民在過去幾天內的熱誠接待。那些在工作上盡力而為的人們所展現的熱忱，尤其令人印象深刻。其成果是促使躋身亞洲老虎之一的貴國，在社會和經濟上都達到了可觀的成就。

　　在貴國的各種進步中，就我過去訪問臺北時所觀察到最令我印象深刻的一項，就是您對各階層教育所投注的關切。

　　總統先生，如您所知，本會在過去幾天中曾就保障並促進外國投資、海洋法、智慧財產權和人權等當今國際法上最重要的一些議題有所辯論。由於貴國代表極其優秀，以及其人民和政府對這些問題的努力，因此中華民國在上述各領域都有許多見解。無疑地，就在最近期內，各國必將在世界舞台上為貴國找到適當的位置。我認為國際間已經對貴國的現況有所瞭解。

　　最後，我要藉著第一屆亞太區域會議的榮幸，代表阿根廷總統孟年，向您致敬。上帝祝福您。非常感謝。

參、學術活動報告

參加「第八十九屆美國國際法學會」報告書

中華民國八十四年四月二十八日

陳 純 一*

前 言

　　美國國際法學會於一九九五年四月五日至九日在美國紐約召開第八十九屆年會，本人與外交部條約法律司申幫辦佩璜以及王科長樂生一同參加。以下謹就開會期間，個人所參與的相關活動，作一簡單摘要報告。

一九九五年四月五日

9:00～11:00AM 經由新科技以擴大接觸國際公法（Broading Access to International Law through New Technologies）

　　本研討會有五位學者宣讀論文，討論的重點在於電子科技對於研究國際公法的影響。首先由甘伯（Gamble）教授主講「國際公法與資訊時代」，他依序提出了五個問題：第一，新科技是否比以往更快？更有效率？答案當然是肯定的。第二，新的技術是否能節省研究者的精力？除了給予肯定答案外，他還介紹了" hypertext "的觀念，即研究人員在閱讀一份文件時，如果對該文件內所提及其他文件有興趣，可以直接找到，不必再換到別的檔案。第三點是新科技提供了更多的機會和更便宜的價格，可便利研究者使用。而在第四點中，甘伯教授認為未來應使得電腦更容易使用，提供更多語言和更快、更

＊　中國國際法學會副秘書長
　　文化大學美國研究所副教授

便宜的服務,而且利用在電腦找到的資料必須儘量和書上的形式一樣,以便利引用。最後,他強調資訊時代會影響學者的研究方法,必須多加注意。

潔可思(Jacques)女士解釋檢討電腦網際網路(Internet)、電腦光碟(CD-ROM)、LEXIS、WEST LAW的應用,在Internet部分,目前包含的資料庫和可應用的系統有Fact Book,Country Report,Gopher,和E-Mail等,新的系統也正在逐漸增加中,目前經由電腦網際網路可以查詢到聯合國文件、各種多邊條約、案例和圖書館的目錄等。至於CD-ROM的產品應用上,主要的問題是資料多久能更新?她進一步敍述了WEST LAW和LEXIS兩大系統內有關國際公法的內容,最後她強調如果電子科技要普及,收費和使用設備的價格費用一定不能太昂貴。

史考特(Peter Scott)先生介紹多邊計畫(Multilateral Project)的發展與應用,此一系統提供Internet使用者可以利用電腦以取得條約和其它國際協定的內容,目前的發展主要是和國際組織合作,以取得資料,而未來的挑戰則是需要金錢的協助,和更多的義工投入工作,否則該計畫將難以為繼。

高哈若(Harold Koh)先生和斯賴(Ronald Slye)先生介紹DIANA系統的應用和建立,DIANA系統完全是以人權資料為收集重點,同時顧及到學者和從事實務工作者的需要。目前輸入的資料還不多,有一些美洲人權法院的案例和索引,預計二至三年後,此一資料庫將能發展完備。

12:30〜2:00PM 午餐(國際商務糾紛的解決之道)(Transnational Transaction Commercial Dispute Resolution)

主講人艾伯(Aibel)先生認為對於國際律師而言,解決糾紛是最重要之事,他說明在簽訂契約時要考慮的事項,並且認為「仲裁」是最容易被當事人接受和最便利的方式。

2:00～3:45PM 從歷史角度看聯合國憲章(The United Nations Charter as History)

此研討會有三位學者參加，其中謝可特教授（Prof. Schachter）和宋教授（Prof. Sohn）都是曾實際參與聯合國建立者。他們分別敍述憲章中一些制度和條文的爭議及當時的想法，這包括否決權（veto）制度，武力的使用，自決（self-determination）的定義，侵略的意義和和平的維持（peace-keeping），以及國際法院的強制管轄權等，甘迺迪（Paul Kennedy）教授則從歷史觀點敍述當時的國際情勢，各國的態度和聯合國組織的發展。

6:15～8:00PM 轉型期的資本主義：國際公法的角色(Capitalism in Transition: The Role of International Law)

世界的經濟體制正在發生重大改變，各國都熱切渴望外資的援助，許多前共產國家正在逐漸採納「市場經濟」的法則，爭取資金投資。而許多工業化國家也由於龐大的債務赤字，而殷切需要外資的協助。目前，金融自由化是一個趨勢，新的科技、新的投資管道和風險都正在改變金融市場。川起門（Trachtman）教授在其論文中特別強調對前共產國家而言，如何讓其決策透明化，會計制度標準化，並且增強其競爭力是當務之急。而羅傑斯（Rogers）先生則以其親身環遊世界各國的經驗，一一評估德國、俄羅斯、中共、日本、美國、阿根廷、紐西蘭、越南、中東各國的投資環境。有趣的是，一方面他認為中共是明日之星，因為從中國的歷史上看來，中國真正實施共產主義的經驗只有三十年，即1949至1979，故中國人非常具有企業家精神；但是另一方面，由於目前的高通貨膨脹率和貪污腐敗，所以恐怕遲早要產生動亂，所以他個人並沒有在大陸從事投資活動。

一九九五年四月六日

8:30～10:15AM 東亞國家對人權問題的觀點(East Asian Approaches to Human Rights)

本研討會有四位教授宣讀論文,首先是新加坡大使的意見,高系更(Kausikan)大使認為對人權的尊重是普遍的,文化因素也不是違反人權的藉口,但是「普遍化」(universality)不是一致化(uniformity),每一個國家有它自己的社會經驗和特殊問題需要調適,而且必須顧及主權問題。雖然一國如何對待自己人民不再是一種絕對的觀念,但一國的主權仍舊必須獲得適度尊重。

戈那(Gerna)教授認為在人權問題上,東西兩方所採取的標準沒有太大的差別。但是人權的範圍涵蓋了政治、經濟、社會和文化等多方面,而西方國家對政治領域的人權相當重視,可是發展中國家往往在該領域內需克服較多的問題。至於東西雙方的主要區分是在執行(implementation),且展望未來,此一地區會有愈來愈多的國家簽署有關人權的條約,所以東亞地區愈來愈多的國際合作是可以預見的。

戴維思(Davis)教授的論文著重在中共對人權的觀點,特別是對「曼谷宣言」的反應,他認為中共目前的自由化主要是在經濟上而非政治上。而在人權一事上,採取的是一種「理想化」的方法,憲法中的規定非常理想,但實際應用的情形不一致,法院也沒有司法審查權(judicial review),所以行政命令反而成了最重要的依據,新聞也只是作為宣傳的工具。不過另一方面,由於經濟的發展,所以除了知識分子以外,各階層也已開始逐漸重視人權,再加上中共也參加了一些有關人權的國際條約,所以人權的地位日益重要。但是目前中共官方還是非常堅持「主權」的觀念,作為其一切對內對外行事的依據。

何姆(Hom)教授強調由於國際化的結果,國與國之間的疆界逐漸淡化,跨國公司和國際組織扮演的角色日趨重要,西方國家重視個人,而東亞國家,如中共則顯然不是。但依其觀察,中共已正在開始玩人權的遊戲(China is beginning to play human right games.)。

狄馬拓(D'Amato)教授則對中共的行政命令規章是否能真正反應實際執行法律一事表示特別有趣。

10:30AM～12:15PM 亞太區域組織：是成熟的時候嗎？（Regional
Institutions in East Asia and the Pacific： Is the
Time Ripe？）

　　日本駐聯合國大使 Owada 談亞洲區域國際組織的現況及從歷
史的角度分析這些組織的成因。他認為亞洲以往之所以沒有形成一個
統一的國際組織，是因為此地區的強權如中國、日本以往都無此意
圖，但目前情況已有所改變，亞洲國家欣欣向榮，因此有 APEC 的
成立。他認為中共在亞洲占有很重要的地位，而維持與此一區域各國
之間溝通管道的暢通則非常重要。

　　馬來西亞駐聯合國大使伊斯梅爾（Ismail）介紹亞洲的安全組
織，他認為「安全」是亞太地區的共同利益，而「中共」和「北韓」
如果被孤立，則對整個「東南亞國協」（ASEAN）不利，除了介紹
東南亞國協國家推動的一些工作外，他並強調中共在此地區並不被認
為是「威脅」，而是「朋友」。

　　杜諾（Tunow）教授談亞太經濟組織和整合，她認為亞太經濟合
作會議（APEC）的前景非常光明，但是發展方向還不明確，她認為
是經濟力量促成了亞太經濟合作會議的成立，主要的因素則有以下幾
點：⑷亞太區域內高度的經濟和貿易成長；⑻其它區域經濟組織的成
立，如北美自由貿易協定（NAFTA）的簽署；⑼經濟發展是此一地
區各國的共同利益。

8:00～11:00PM 晚宴(Annual Dinner)
　　美國國際法學會年度晚宴，並由英國籍國際法院法官希金斯
（Ms. Higgins）以和平解決國際紛爭為題發表演說。

一九九五年四月七日

12:30～2:00PM 午宴
　　美國駐聯合國大使奧白賴特（Albwright）演講，談如何執行國

際法以達成美國的利益，她的主要論點有三：第一，要強化聯合國維持和平（peace-keeping）的功能；她並攻擊共和黨目前的作法是走向孤立主義；第二，是要多利用經濟制裁，她一一敍述了經濟制裁在對付伊拉克、海地、利比亞和波士尼亞等問題時所發揮的功能；第三，則是要針對南斯拉夫和盧安達建立國際犯罪法庭。

4:00～7:00PM　聯合國秘書長發表演講

　　蓋里秘書長因故未出席，由聯合國法律顧問代為宣讀論文。

一九九五年四月八日

9:15～11:00AM 非政府間機構日漸重要的角色（The Growing Role of Non-Governmental Organizations）

　　斯金克（Sikkink）教授首先指出 NGO（國際非政府間組織）在人權、環保和婦女運動等事項上扮演著很重要的角色，她以卡特政府時期對阿根廷施壓請其改善人權一事説明 NGO 發揮了功能。她更進一步指出由於通訊技術的進步，國際會議的增加，以及政治活動的企圖，使得 NGO 成長迅速。而 NGO 至少能發揮三種功能，第一是論壇，第二是標準的設定，第三是改變政策。

　　斯威茲（Schweitz）教授的論文著重 GO（國際政府間組織）和 NGO 之間的關係，她認為 NGO 可以對 GO 施加壓力，促其改革，例如世界銀行即是一例，而事實上 GO 也愈來愈願意和 NGO 合作，她進一步指出有彈性、重價值是 NGO 最大的優點，至於第三位學者蘇利文（Dona Sullivan）則是談 NGO 在即將於北京召開的世界婦女大會一事上所扮演的角色與經驗，她分析婦女問題在歷次國際會議的發展，並認為世界會議是動員 NGO 一個很好的機會，而且 NGO 對中共在主辦世界婦女大會一事上發揮了影響力。

　　貝爾（Bell）先生主要是由其在福特基金會工作的經驗來看 NGO 的角色，他一一敍述其個人在巴西、智利實際工作中曾面臨的

外國政府壓力問題，並兼論美國各基金會的現狀和組織，以及一些外國基金會也正扮演日漸重要的角色。最後，他認為 APEC 已克服了敏感的政治議題，但距離達成一個自由貿易協定簽署之日還尚有一段長路要走。

瓊斯（Jones）女士討論亞太地區的人權組織，她認為不論是非政府間組織還是政府間組織在此一地區的發展都不是完全正面的。亞太地區欠缺拉丁美洲和歐洲一些已建立的人權機制，如人權法院的設立；而且此一地區國家有很強烈的「主權」意識，例如曼谷宣言就反應了此一情況。她認為學術界或非政府間國際組織在此領域的表現不是非常有效率，但是利用雙邊外交施加壓力往往能非常成功地達成目的。

在隨後的公開討論中，由於焦點幾乎全部集中在南海問題，但又完全未提及我國，所以本人爭取發言，內容大致如下：「我們今日討論南海問題時，與會學者似乎都忽略了中華民國存在的事實，以及它對南海的主權主張，由於欠缺外交關係，東南亞國協各國打算如何解決和中華民國之間的爭議？南沙主權爭議事實上也引出第二個很有趣的問題，即在亞太地區區域組織的建立上，中華民國將扮演一個什麼樣的角色？」日本和馬來西亞大使未公開表示意見，而杜諾（Tunow）教授表示她只能回答第二個問題，即可以預見中華民國未來在經貿組織內所扮演的角色將不容忽視且愈形重要。不過，馬來西亞大使私下表示，中華民國目前不宜插手南海紛爭，聯合國問題方是當前重要事宜。而數位學者則表示本人提出的問題提醒大家不要忽視了中華民國所扮演的角色。

12:30～2:00PM 午宴

聯合國法律顧問克瑞耳（Hans Corell）談聯合國的法律工作及發展，包括聯合國體系架構的重建、戰犯法庭的建立、海洋法公約的生效、國際條約的蓬勃發展和簽署，以及在難民、環境、人口、移民等事項上所面臨的困難，最後他強調維護國際公法的基本價值是國際律師的責任。

結　論

　　美國國際法學會的會員超過六千人，來自世界各地，不論從人數或者是以代表性來看，其重要性都不容忽視。而今年由於適逢聯合國成立五十週年，所以大會的活動主題是以聯合國為重心，各場研討會的主題也著重在國際組織、人權和國際和平與安全的維持等方面，這正反映出當前國際公法學者關心的重點。

　　此外，參加本次會議，一方面可以學術交流，吸收新知；另一方面也可藉此機會觀摩他人舉辦國際會議經驗，可謂一舉數得。尤其是在此國際會議場合，能有中華民國來的人士與會，並在各種公私場合與各國學者交往，解釋我國當前的政策立場，對於外交工作的推展大有助益。

參加「第一屆拉丁美洲國際關係與和平研究研討會」報告書

中華民國八十四年九月十二日

陳 純 一*

一、前言

瓜地馬拉國際關係與和平研究所（International Relations and Peace Research Institute）於民國八十四年八月二十二日至八月二十五日在瓜京瓜地馬拉市召開「第一屆拉丁美洲國際關係與和平研究研討會」，計有各國學者（主要是拉丁美洲地區）四百餘人參加，除開幕和閉幕典禮外，共舉行六場討論會，十六場委員會議及其它相關活動。

中國國際法學會理事長丘宏達教授、美國馬里蘭大學法律學院東亞法律研究計畫副主任杜芝友女士及本人應邀參加此次會議，並分別發表論文。另外，在停留瓜國期間，丘教授一行並與各國國際公法學者餐敍、赴大學演講、拜會瓜國外交部、見證瓜國國際法學會成立「該會日後將加入國際法學會（International Law Association）」的籌備會議，以及分發政府出版品："The Republic of China on Taiwan & the U. N. : Questions & Answers" 和 "EI Caso de la Participacion de la Republica de China en las Naciones Unidas"。

---

* 中國國際法學會副秘書長
　文化大學美國研究所副教授

二、會議經過

此次會議，本團共計發表四篇論文，謹簡單摘要如下：

㈠一九九五年八月二十三日

1.上午9:30～下午13:30

　　A.聯合國問題研討會

　　丘宏達教授以「中華民國及其二千一百萬人民參與聯合國的權利」（The Right of the Republic of China and Its 21 Million Chinese People to Participate in the United Nations）為題發表論文，他首先指出中華民國是一個主權獨立且自由民主富裕的國家，對聯合國憲章的制定有很大的貢獻。並進一步的說明從一九四六年至一九七一年中華民國與聯合國的關係，以及為何聯合國通過了第二七五八號決議案，因而剝奪了中華民國及二千一百萬中國人參與聯合國的權利，最後他說明世界各國已經注意到此一不公平的現象，並且強調二千一百萬人民的權利不可以忽視，中華民國應當積極參與聯合國。

　　B.有關「國際衝突問題」研討會

　　本人發表論文的題目為「對最近聯合國在前南斯拉夫的和平行動之評論」（A Comment on the Recent United Nations Peace- keeping Operation in the Former Yugoslavia），主要目的是檢討當前聯合國在維持和平時，所面臨的一些法律問題。首先，本人介紹聯合國「維持和平」的意義和性質；緊接著，本人說明了中華民國對聯合國憲章中有關解決爭端及維持國際和平條文的貢獻，並進一步檢討冷戰後聯合國所扮演的角色，並以前南斯拉夫為例，從法律角度說明當前聯合國維持和平任務有待改進之處。

2.下午15:00～18:00　後冷戰時期國際制度的改變

　　丘宏達教授在本會中以「透視後冷戰時期的國際制度」（A Per-

spective on the International System in the Post-Cold War Era）為題
發表論文，他首先指出二次大戰後的國際關係特色是意識型態的衝
突，美蘇二大集團之間的冷戰，第三世界新興國家的獨立自主，以及
為了促進國際合作而限制主權致使有效的國際制度無法發展；但同
時，國際公法有著很大的進步，特別是禁止以武力來解決爭端。其
次，他說明從一九八〇年代末期開始，世界局勢開始由冷戰衝突轉向
和解，隨著東歐及前蘇聯等共產國家的分崩離析，美國可以說是最終
贏得了冷戰，而民主和經濟自由的意識型態成了世人共同的目標與價
值。

不過丘教授也指出，隨著冷戰結束，世界面臨了新的問題，包括
民族主義的勃興和區域衝突等議題，因而有必要建立一個新秩序。而
聯合國的集體安全制度正是建立新秩序的核心。

因此，丘教授強調，作為世界第十四大貿易國、擁有外匯存底達
一千億美金的中華民國是有意願也有能力經由聯合國為世界和平作出
貢獻，所以它目前被排拒於聯合國體系之外是既不公平也不合理。

最後，丘教授希望未來的國際關係是建立在民主、經濟、自由、
法治、正義和尊重人權等基礎之上。

(二)一九九五年八月二十五日

下午17:30～19:00 「國際公法問題」研討會

杜芝友女士在本研討會發表其和丘教授合著的論文「當代國際法
上承認之政治性）（The Political Nature of the Contemporary Inter-
national Law of Recognition），她首先說明國家承認和政府承認的
意義以及在實務上所顯示的缺失──即一個國家或是政府雖然具備了
成立的構成要件，但是往往卻因為政治因素的考量而不為其它國家給
予法律承認。

雖然如此，但杜女士指出，上述的國家或是政府不能因為未被承
認而被剝奪權利或是逃避國際義務，她並以學者意見、「美國對外關
係法律整編重述」（Restatement of Foreign Relations Law），以及

法院見解等堅強地支持其論點，她更以臺灣關係法為例，說明在中美斷交後，美國明文立法，規定美國即使不承認中華民國政府，在美國國內法上，中華民國與其政府仍被視為一個國家和政府。

　　而在國際關係上，杜女士進一步指出，事實顯示互不承認的國家之間也可以簽訂國際協定，進行官方接觸與設立辦事處，因此，杜女士主張，只要一個實體具備了國家或是政府的構成要素，即使不被承認，也應當被其它國家以政府或是國家的身分對待。但如該政治實體已為聯合國宣告為不合法，則不在此例，例如前南非白人少數政府建立的川斯凱國（Transkei）。

三、結論

1. 瓜地馬拉雖然經濟發展尚不夠先進，而且貧富不均，但高級知識分子的學養能力和見識並不差，例如瓜國前副總統克拉馬（Francisco Villagran Kramer），目前任職聯合國國際法委員會委員，即是一例。故值得多聯繫。
2. 拉丁美洲各國（尤其是中美洲）由於語言背景相同，歷史、文化、生活習慣相似之處頗多，故彼此之間的交流密切，對事務的看法也容易趨於一致，這可以由此次會議的主題以及參加人數獲得證明。
3. 而另一方面，藉由此一學者聚會場合剖析我國當前環境，強調中華民國參與聯合國權利不容忽視，是另一種推動務實外交的良好方式。
4. 此次會議，學者發言以西班牙文為主，而以英語宣讀論文者，往往需要借助翻譯，故日後有學者欲再參加下一屆在哥倫比亞舉行的會議者，必須注意此一情況。

參加「聯合國五十年與國際法」國際會議報告書

中華民國八十四年十月十五日

陳 純 一*

一、前言

國際法學會俄國分會於一九九五年十月二日至十月六日假莫斯科俄國上議院舉行「聯合國五十年與國際法」研討會，參加學者包括俄國本地學者在內約有三百人。中國國際法學會由謝監事棟樑（外交部條約法律司司長）領團，團員包括王科長樂生（外交部條約法律司第三科科長）；郭教授武平（政大俄羅斯研究所副教授）；以及本人。以下撰述為本人參加會議的報告與心得。

二、會議經過

一九九五年十月二日

「聯合國五十年與國際法」國際會議於本日展開，上午九時三十分至十一時註冊，十一時由國際法學會（ILA）俄國分會會長克羅金（Kolodkin）教授宣布大會正式開始，並有多位貴賓發表賀詞，包括俄羅斯聯邦國會國際事務委員會主席，美國國際法學會會長，俄國外交部長代表，聯合國秘書長蓋里則頒書面賀詞。

緊接著開幕式是第一個研討會 ——「聯合國：維護和平與加強國

---

* 中國國際法學會副秘書長
　文化大學美國研究所副教授

際秩序」，共計發表四篇論文。克萊斯特（Khlestor）教授首先解釋「維持和平」的意義，表示它並不是藉由武力來達成和平，其次他說明俄國已通過法律，為參與聯合國的維持和平行動提供法律基礎，最後他指出當前國際法應關切的重點，這包括第一：否決權的使用要慎重；第二：國際恐怖活動應日益受到重視；第三：聯合國繁冗的官僚體系和窘困的財務情況有待改進。

魯卡舒克教授（Prof. Lukashuk）是聯合國國際法委員會委員，首先他強調聯合國的存在對俄國有益，緊接著他解釋當前有關聯合國與國際法的新發展，第一是對恐怖主義的重視；第二是聯合國的組織改革，這包括修改憲章、安理會加入新成員，可能的新成員包括印度、巴西、奈及利亞、日本、德國等，以及提昇人權委員會的地位等；第三則是條約的重要性應重於習慣法的形成，而且聯合國大會決議被認為逐漸具有法律效力，而被接受為國際法的淵源之一。

第三位學者布拉（Bura）教授談到當前國際關係的變化，由於核戰的陰影減輕，超級強權的對抗已逐漸轉變為區域衝突，例如發生在前南斯拉夫境內的悲劇即是一例。該危機若不能和平解決，對於世界和聯合國都不利，另一方面，維持和平行動需要大量經費，而聯合國目前有財務上的困難，如何解決財政問題是一大挑戰，他隨後詳細討論以NATO(北大西洋公約組織)來解決南斯拉夫問題的可行性。

俄國條法司科長塔拉布令（Tarabrin）主要是討論國際恐怖活動，在一九八〇年代，大約發生了四百至六百件的恐怖活動，而到了一九九〇年代，到目前為止大約有四百件，他隨後檢討了俄國所參加的有關反國際恐怖活動的條約，以及俄國在反恐怖活動的立場。

一九九五年十月三日：「俄羅斯、聯合國與國際法」

歐尼爾先生（Mr. O'Nill）首先發言，他是聯合國國際海事組織（IMO）的秘書長，他的演講內容著重在 IMO 的成立經過，過去的成就，以及未來的努力重點。

其次是歐洲理事會代表（Council of Europe）宣讀一篇簡短的聲

明，聲明表示國際公法正在改變，個人的地位愈來愈重要，自由的價值應受到重視。

畢生高教授（Prof. Igor Bilshenko）提出下列有關聯合國正面臨的問題：

1. 應放棄國際公法是支配國際關係主要力量的觀念。

2. 應當要了解有關「自決(self-determination)」的意義和目的。

3. 他認為所有的自治團體(autonomy)都可以對外簽訂條約。

4. 聯合國當前的問題是如何執行，而大會決議有些應當被賦與拘束力。

5. 應當考慮「制裁」的意義和作法，尤其是必須深思人民為何要為政府的行為負責，所以目前對前南斯拉夫和利比亞的制裁都是人民受害，而無助於解決問題。

6. 聯合國應考慮建立自己的武力，擔任世界警察，不過成立戰犯法庭一事，還是要面臨很大的反對。

7. 應當加強非政府間國際組織(NGO)和聯合國的聯繫，NGO應扮演更重要的角色，至於人道援助(humantarian aid)一事，應請其它機構去做，因為它超越了聯合國的權限。

俄國條法司長克達科夫先生(Mr. Khodakov)也針對當前聯合國情況提出下列他個人看法：

1. 國際公法會逐漸受到更多的重視。

2. 同意「自決(self-determination)」的原則應被接受，但應顧及「領土完整」和「人權」二原則，他反對完全不顧國際公法而支持自決的作法。

3. 目前沒有辦法從國際公法上提出解決「自決」和「領土完整」二者之間衝突的最佳方法。

4. 對聯合國憲章第七章的解釋應當考慮各種因素。

5. 前南斯拉夫境內設立的國際戰犯法庭，俄國不但支持，而且也在積極主動的找尋解決前南斯拉夫問題的方法。

6. 關於「制裁」一事，他以為雖然有學者提出政府是否可以代表人

民以及人民是否要為政府的作為負責的質疑,但只要政府是人民選出的,即具有代表性,否則沒有別的解決之道,而在面對諸如南斯拉夫等議題一事,他反對俄國行政當局片面單獨取消制裁,而應如美國作法,先由國會討論較妥當。

7. 關於「承認」,此事與自決有關,他以為是否承認一個國家,應當以該國家是否為國際社會接受為標準,否則它縱然自行宣稱主權獨立,也不符合承認的要件。本人曾對他的觀點表示質疑,但他表示其觀點是針對俄國境內的加盟共和國,而並不針對我國的情況。

8. 「主權豁免」一事,俄國以往是採用絕對豁免論,但自從採取了市場經濟後,未來將走向限制論,而目前在此一階段,還很難確定俄國法院的態度為何,不過國會已準備仿效美國等國,專門制定一部法律。

丹尼蘭可教授(Prof. G. M. Danilenlko)主要是說明俄國對國際法的貢獻,以及國際法在俄國的地位。在條約方面,條約是國內法的一部分,效力優於國內法,但條約若與國內聯邦法有衝突時,該條約應獲得國會的批准;但在習慣法方面的情況比較不明確,依憲法第15條,國際間一般承認的原則,若與俄國法衝突時,效力是後者優先。唯一可能的例外是人權方面,因為依憲法第17條,人權規範可能可以優先適用。

一九九五年十月四日:「和平解決紛爭」

卡沙資先生(Mr. Kazazi)首先介紹聯合國補償委員會(UNCC, United Nations Compensation Commission)的成立、組織、運作及性質,該委員會依安理會第687和692號決議成立,主要是針對伊拉克入侵科威特後,所產生的糾紛賠償案件而設立,性質上是安理會的輔助機構,決定案件時適用的法律是安理會687號決議和相關國際法,所有的案件依當事人(被害人)的身分,如個人、公司、國家等區分為五類處理,至於賠償的標準一般而言都是從寬處理。

本人隨後在會議中提出一個問題:UNCC到目前為止已經有不

少的決定，但在閣下的介紹中，並未提及這些決定的效力，錢從何處來？伊拉克本身的反應又如何？它完全遵守委員會的決定嗎？

卡沙資先生（Mr. Kazazi）答覆如下：692號決議除了授權成立委員會外，還說明了如何賠償，該計畫是以伊拉克石油收入的30%做為基金，但是由於對伊拉克經濟制裁，所以目前基金來源不足，但仍有一些案子已獲得賠償，最近安理會通過968號決議，允許伊拉克在六個月內出口石油20億美金，但條件之一是伊拉克同意收入的30%歸UNCC，伊拉克並不同意。

另一方面，當687號決議通過時，伊拉克表示接受，每一次UNCC開會時，伊拉克也會有代表參加，伊拉克並不反對解決的原則，但卻反對賠償金額數目等細節問題。

第二篇論文由戴立滋博士（Dr. Julie Dahlitz）發表，她先説明當前解決紛爭的二個模式，一是依條約，另一是採武力，前者固然普被採用，但後者在解決邊境糾紛時，卻是時常發生。聯合國憲章是當前解決紛爭的基礎，但是第六章並未提供詳細的解決執行辦法，另一方面，國際法院的強制管轄權又未普及，在此情形之下，她提出一個構想，即當紛爭發生時，由安理會任命一個委員會（或是指定一個區域機構），在這個委員會的主持之下，可以召開談判，解決問題。她稱之為具有強制性質的建設性協商（Compulsory and Constructive Negotiation）。本人對其想法表示質疑，以為此一構想似乎並不能解決根本的意願問題，又此構想是否適用南海諸國的紛爭，她強調她的構想，是假設大家已經同意接受談判為基礎，至於對有關南海問題的答案，她持肯定的態度。

「聯合國與人權」研討會

本研討會中，卡爾達斯金（Kartashkin）教授很簡短的提出三點：

1. 要在安理會達成一致的意見很難。
2. 條約優於習慣法，這是趨勢。

3. 過去人權條約訂了不少，而且三十年來經過無數討論，花費了很大的心血，但實際無助於解決現狀。

而確爾尼成科（Chernichenko）教授則以為人權是國際法的基礎，並主張要以國際標準來判斷一國人權情況，而且國際標準將具有法律效力，而並不僅僅是建議。

另外，杜茲幕卡梅多孚先生（Mr. Tuzmukhamedov）則說明俄國境內少數民族應有的權利，及俄國眾議院正在審議中的相關法案。

「聯合國與環保」研討會

本議題的二位教授法蘭克斯（Frankx）和伯冷茲（A. Bernaerts）主要在介紹1982年海洋法公約中與環保有關事項，並認為這是一項重大進步。

一九九五年十月六日

杜茲幕卡梅多孚（Tuzmukhamedov）教授以為聯合國今日的問題是它不能滿足五十年前創設的目標，而目前的首要問題是人權，少數民族在聯合國也應當要有發言的機會與地位，另外，他主張聯合國的發展趨勢是朝向民主化，並配合政治社會經濟的發展，所以否決權制度應當被取消，但是安理會還是應當保存。

克羅金（R. A. Kolodkin）的論文主要是介紹國際戰犯法庭的成立經過及俄國在這一方面的態度，他以前南斯拉夫和盧安達為例，說明法院未來的管轄事項應包含二點，第一：凡是違反國際法的嚴重罪行，例如種族滅絕；第二是違反各種人權條約的款項。而目前此一領域有待解決的主要問題之一便是 aggression（侵略）的行為固然應當被懲罰，只是何謂侵略的定義及其範圍還不清楚明確，不過他以為應涵蓋準備戰爭和發動戰爭者。另外他表示法庭應對當事國有強制管轄權，適用的法律除了條約、國際慣例外，各國一般承認的法律原則也應涵蓋在內，最後，他提到了國際戰犯法庭未來有待解決的問題，包括：政治因素的排除、管轄權，以及如何執行等。

閉 幕

由盧卡許克教授（Prof. Lukashuk）（聯合國國際法委員會委員）結論，他認為本次大會都同意國際法的重要性不容忽視，並且承認聯合國雖然面對不少困難，不過其角色不容被忽視。

三、結論心得

以下僅提出個人對本次會議的看法與心得供日後參考。

1. 依論文發表的內容及學者的意見看來，目前俄國學者關心的國際公法課題是「維持和平」、「人權」、「國際恐怖活動」和「自決」，這些議題頗能反映俄國當前的情況。
2. 俄國國際法學會在籌備此次會議的成敗值得參考。在優點方面，接待人員對外國學者的招待非常禮遇，另外，俄、英、法三種語文同步翻譯工作也做得很好。
3. 缺點則是由於主辦人克羅金（Kolodkin）會長因病住院，總統葉爾辛批准的會議經費又因為財政部長的反對而無法支領，結果導致經費短絀，會議規模大幅縮水。
4. 此外，開會過程不重視發言規則，時間掌握不住，論文發表及研討會時間又隨意調動，討論時間也不充分，這是另一大缺點。

對我國分會而言，此次俄國主辦會議的經驗值得警惕，事前一定要縝密策劃會議的流程，接待工作也必須仔細小心。另一方面，本團的熱心參與，不但凸顯了我國對國際法學會（ILA）和俄國分會的支持，而且又能和許多的俄國學者接觸，則是一大收穫。

肆、最近發展與短評

國際法院的報告＊

1993年8月1日至1994年7月31日

聯合國

大　　會
正式記錄：第四十九屆會議
補編第4號（A／49／4）

〔原件：英文／法文〕
〔1994 年 8 月 19 日〕

＊編者按：本文件所引之國家名稱，乃聯合國正式之中文譯名，但與我國外文部所譯之
中文國名略有不同，請參閱本年報第八卷之「聯合國會員國中英文國名一覽
表」。另自一九七二年中共進入聯合國後，聯合國官方出版之中文文件即採
用簡體字。由中共編譯的中文聯合國文件，用字遣詞均採用中國大陸的習慣
用法，尤其是在法律文件方面，譬如法律文件中項目的排列方式，由大到小
為條、款、項，與我國法律文件排列方式及習慣用法條、項、款有所不同。
因之，聯合國中文文件或中共出版物中有關法律文件排列上之「款」係相當
於我國用法之「項」，反之，其所稱之「項」，則相當於我國「款」之用
法。
本年報以往為適應國內之用法，將聯合國中文文件或報告中之「款」及
「項」，均改編為國內習慣用法，並以〔 〕表示，唯為忠於聯合國文件及報
告之真實性，以及考慮到今後引用的國際多邊條約、公約及報告日漸增多，
爰自本卷年報開始，不再改編聯合國中文文件或中共法律文件中「款」
「項」之稱法，請讀者注意。

一、法院的組成

1. 目前法院的組成如下：院長穆罕默德・貝德賈維（Mohammed Bedjaoui）；副院長：斯蒂芬・施韋貝爾（Stephen M. Schwebel）；法官：小田滋（Shigern S. Oda）、羅伯特・阿戈（Robert Ago）、羅伯特・詹寧斯爵士（Sir Robert Jennings）、尼古拉・塔拉索夫（Nikolai K. Tarassov）、吉爾貝・紀堯姆（Gilbert Guillamme）、穆罕默德・沙哈布丁（Mohammed Shabuddeen）、安德烈斯・阿吉拉爾・馬德斯利（Andres Aguilar Mawdsley）、克里斯托弗・韋拉曼特賴（Christopher G. Weeramantry）、雷蒙德・蘭杰瓦（Raymond Ranjeva）、格扎・赫爾茨澤格（Geza Herczegh）、史久鏞（Shi Jiuyong）、卡爾－奧古斯特・弗萊施豪爾（Carl-August Fleischhauer）和阿卜杜勒・科羅馬（Abdul Koroma）。

2. 1994年11月10日，大會和安全理事會重選小田滋和格扎・赫爾茨澤格法官，並選舉史久鏞先生、卡爾－奧古斯特・弗萊施豪爾先生和阿卜杜勒・科羅馬先生為法院法官，從1994年2月6日開始，任期九年。1994年2月28日，"卡塔爾和巴林間海洋分界線與領土問題（卡塔爾訴巴林）"一案開審時，史先生、弗萊施豪爾先生和科羅馬先生按照《規約》第二十條作了莊嚴宣誓。

3. 1994年2月7日，法院選舉穆罕默德・貝德賈維法官為院長，並選舉斯蒂芬・施韋貝爾法官為副院長，任期三年。

4. 法院對1994年4月4日前法院法官暨院長愛德華多・希門尼斯・德阿雷查加（E. Jimenez de Aréchaga）法官的去世深表悲痛，法院現任院長貝德賈維法官在1994年7月1日公開開庭時對其表示哀悼。法院並對1994年7月7日何塞・瑪麗亞・魯達（J. M. Ruda）法官的去世深表哀痛，魯達法官為"卡塔爾和巴林間海洋分界線與領土問題（卡塔爾訴巴林）"一案的專案法官，並為前法院法官暨院長。法院院長將在其後第一次開庭時對其致哀。

5.　1994年2月15日，法院選舉愛德華多·巴倫西亞—奧斯皮納（Eduardo Valencia-Ospina）先生為書記官長，並選舉讓—雅克·阿納爾德先生擔任副書記官長的職務。

6.　按照《規約》第二十九條，法院每年組織一個簡易分庭。1994年2月8日，分庭的組成如下：

法官

　　庭長：貝德賈維

　　副庭長：施韋貝爾

　　法官：羅伯特·詹寧斯爵士、塔拉索夫和沙哈布丁

替代法官

　　阿吉拉爾·馬德斯利和赫爾茨澤格法官

7.　法院將1993年7月所設環境事務分庭法官的任務期限延至1995年2月6日。已選舉卡爾—奧古斯特·弗萊施豪爾法官接替詹斯·埃文森法官為該分庭法官，分庭的組成如下：

　　穆罕默德·貝德賈維法官（法院院長）

　　斯蒂芬·施韋貝爾法官（法院副院長）

　　穆罕默德·沙哈布丁法官

　　克里斯托弗·韋拉曼特賴法官

　　雷蒙德·蘭杰瓦法官

　　格扎·赫爾茨澤格法官

　　卡爾—奧古斯特·弗萊施豪爾法官

8.　伊朗伊斯蘭共和國選定穆罕西·艾格哈何西尼先生擔任審理"1988年7月3日空難（伊朗伊斯蘭共和國訴美利堅合眾國）"一案的專案法官。

9.　乍得選定喬治斯·阿比—薩阿布先生、利比亞選定若澤·塞特—卡馬拉先生擔任審理"領土爭端（阿拉伯利比亞民眾國／乍得）"一案的專案法官。

10.　葡萄牙選定安東尼奧·德阿魯達·費雷爾—科雷亞先生、澳大利亞選定尼尼安·斯蒂芬爵士擔任審理"東帝汶（葡萄牙訴澳大利

亞）"一案的專案法官。

11. 卡塔爾選定何塞‧瑪麗亞‧魯達先生、巴林選定尼克拉斯‧瓦爾蒂科斯先生擔任審理"卡塔爾和巴林間海洋分界線與領土問題（卡塔爾訴巴林）"一案的專案法官。

12. 阿拉伯利比亞民眾國選定艾哈邁德‧薩迪克‧埃爾—科謝里先生擔任審理"洛克比空難事件引起的《1971年蒙特利爾公約》的解釋和適用問題（阿拉伯利比亞民眾國訴聯合王國）"和"洛克比空難事件引起的《1971年蒙特利爾公約》的解釋和適用問題（阿拉伯利比亞民眾國訴美利堅合眾國）"兩案的專案法官。

13. 伊朗選定弗朗索瓦‧里戈先生為"石油平台（伊朗伊斯蘭共和國訴美利堅合眾國）"一案的專案法官。

14. 波斯尼亞—黑塞哥維那選定伊萊休‧勞特帕赫特先生、南斯拉夫（塞爾維亞和黑山）選定米倫科‧克雷查先生擔任審理"《防止及懲治滅絕種族公約》的適用（波斯尼亞—黑塞哥維那訴南斯拉夫（塞爾維亞和黑山））"一案的專案法官。

15. 喀麥隆選定凱巴‧姆巴耶先生、尼日利亞選定博拉‧阿吉博拉先生為"喀麥隆同尼日利亞間的陸界和海界"一案的專案法官。

二、法院的管轄權

A. 法院對訴訟案件的管轄權

16. 到1994年7月31日止，《法院規約》的締約國計有聯合國一八四個會員國及瑙魯和瑞士。

17. 目前計有五十八個國家依照《規約》第三十六條第二和第五項提出聲明，承認法院的管轄權具有強制性（其中有些國家附有保留）。這五十八個國家是：澳大利亞、奧地利、巴巴多斯、比利時、博茨瓦納、保加利亞、柬埔寨、喀麥隆、加拿大、哥倫比亞、哥斯達黎加、塞浦路斯、丹麥、多米尼加共和國、埃及、愛沙尼亞、芬蘭、岡比亞、希臘、幾內亞比紹、海地、洪都拉斯、匈牙利、印度、日

本、肯尼亞、利比里亞、列支敦士登、盧森堡、馬達加斯加、馬拉維、馬耳他、毛里求斯、墨西哥、瑙魯、荷蘭、新西蘭、尼加拉瓜、尼日利亞、挪威、巴基斯坦、巴拿馬、菲律賓、波蘭、葡萄牙、塞內加爾、索馬里、西班牙、蘇丹、蘇里南、斯威士蘭、瑞典、瑞士、多哥、烏干達、大不列顛及北愛爾蘭聯合王國、烏拉圭和扎伊爾。這些國家提出的聲明全文，見《國際法院1992至1993年年鑑》第四章第二節。在本報告所述的十二個月期間，希臘和喀麥隆，分別於1994年1月10日和3月3日向聯合國秘書長交存聲明。1994年5月10日，加拿大交存了一份新聲明，取代並撤銷1985年9月10日交存的前一份聲明。

　　18.　自1993年8月1日以來，法院得到關於下述條約的通知，其中規定法院對訴訟案件具有管轄權，並已在聯合國秘書處登記：1979年4月8日在維也納訂定的《聯合國工業發展組織章程》（第22條，b款）。

　　19.　《國際法院1993至1994年年鑑》第四章第三節中列出所有規定法院具有管轄權的現行條約和公約的清單。此外，法院管轄權還適用於本身規定將案件提交常設國際法院的現行條約或公約（《規約》第三十七條）。

B. 法院對諮詢事項的管轄權

　　20.　除了聯合國（大會、安全理事會、經濟及社會理事會、托管理事會、大會臨時委員會、要求復核行政法庭所作判決的申請書審查委員會）以外，下列組織目前也有權請法院就法律問題發表諮詢意見：

國際勞工組織
聯合國糧食及農業組織
聯合國教育、科學及文化組織
國際民用航空組織
世界衛生組織
世界銀行

國際金融公司

國際開發協會

國際貨幣基金組織

國際電信聯盟

世界氣象組織

國際海事組織

世界知識產權組織

國際農業發展基金

聯合國工業發展組織

國際原子能機構

21.　　對國際法院在諮詢事項方面的管轄權作出規定的國際文書，列在《1993年至1994年國際法院年鑑》第四章第一節。

三、法院的司法工作

22.　　在本報告所述期間，法院處理了關於"喀麥隆同尼日利亞之間的陸界和海界"的訴訟案件。世界衛生組織（衛生組織）要求就"國家在武裝衝突中使用核武器的合法性"一案提出諮詢意見。南斯拉夫針對北約成員國向法院提出了請求。應瑙魯和澳大利亞雙方的要求，撤銷了"瑙魯境內的一些磷酸鹽地（瑙魯訴澳大利亞）"一案。

23.　　1994年3月16日，南斯拉夫以《國際法院規約》，並以《國際法院規則》第三十八條第5項中所規定"被告國的同意"作為法院管轄權的根據，針對北約成員國向法院提出申請書。

《法院規則》第三十八條第5項規定如下：

"當請求國提出以被告國尚未表示的同意為法院管轄權的根據，請求書應轉交該被告國。但該請求書不應登入總目錄，也不應在程序中採取任何行動，除非並直到被告國同意法院對該案有管轄權。"

截至1994年7月31日，尚未收到北約成員國關於法院對本案件的

管轄權的同意書。

24.　法院公開開庭計十一次，並非公開開庭若干次。法院就
"領土爭端（阿拉伯利比亞民眾國／乍得）"一案的是非曲直作出判
決（《1994年國際法院判例匯編》，第6頁）並就"卡塔爾同巴林間
海洋分界線與領土問題（卡塔爾訴巴林）"一案的管轄權和可接受性
方面作出了判決（《1994年國際法院判例匯編》，第112頁。）法院
應波斯尼亞一黑塞哥維那就"《防止及懲治滅絕種族罪公約》的適用
（波斯尼亞一黑塞哥維那訴南斯拉夫（塞爾維亞和黑山））"一案二
度提出的指示臨時措施的請求，和南斯拉夫就同一案件提出的類似請
求發布了一項命令（《1993年國際法院判例匯編》，第325頁）。法
院又就"瑙魯境內的一些磷酸鹽地（瑙魯訴澳大利亞）"一案發布了
一項命令（《1993年國際法院判例匯編》，第322頁），撤銷了該案
件，並就下列兩宗案件發布了關於時限的命令："國家在武裝衝突中
使用核武器的合法性"（《1994年國際法院判例匯編》，第467頁）
和"喀麥隆同尼日利亞之間的陸界和海界"（《1994年國際法院判例
匯編》，第105頁）。

25.　法院院長就下列兩宗案件發布了關於時限的命令："石油
平台（伊朗伊斯蘭共和國訴美利堅合眾國）"（《1994年國際法院判
例匯編》，第3頁）和"國家在武裝衝突中使用核武器的合法性"
（《1994年國際法院判例匯編》，第109頁）。

26.　法院副院長發布了命令，延長"《防止及懲治滅絕種族罪
公約》的適用"（波斯尼亞一黑塞哥維那訴南斯拉夫）（塞爾維亞和
黑山）"一案的時限（《1993年國際法院判例匯編》，第470頁）。

A. 提交法院合議庭的訴訟案件
1.　1988年7月3日空難
（伊朗伊斯蘭共和國訴美利堅合眾國）

27.　1989年5月17日，伊朗伊斯蘭共和國向法院書記官處提出申
請書，控訴美利堅合〔眾國〕；援引1994年《芝加哥國際民用航空公

約》和1971年《關於制止危害民用航空安全的非法行為的蒙特利爾公約》的規定作為法院具有管轄權的根據。

28.　在申請書中，伊朗伊斯蘭共和國稱：

"1988年7月3日，美國波斯灣／中東特遣部隊執勤的導彈巡洋艦‘文森斯’號發射兩枚地對空導彈，在波斯灣伊朗伊斯蘭共和國領海上方的伊朗領空擊毀一架伊朗飛機——伊朗航空公司A-300B型空中巴士655次班機，機上290名乘客和乘務員全部喪生"。

伊朗聲稱，美國政府

"擊毀伊朗航空公司655次班機，使290人喪生，拒絕向伊朗伊斯蘭共和國賠償機毀人亡所造成的損失，並不斷干擾波斯灣的航空"違反了經修正的《芝加哥國際民用航空公約》（1944年12月7日）及《關於制止危害民用航空安全的非法行為的蒙特利爾公約》（1971年9月23日）的某些規定，並聲明國際民用航空組織（民航組織）理事會1989年3月17日對此事故的決定中有錯誤。

29.　伊朗伊斯蘭共和國政府在申請書中請法院作出裁決並聲明：

(a)民航組織理事會的決定是錯誤的，因為美國政府違反了《芝加哥公約》，包括該公約序言部分、第1、第2、第3條之二和第44條(a)和(h)款和附件15，也違反了民航組織第三次中東區域航空會議建議2.6／1；

(b)美國政府違反了《蒙特利爾公約》第1、第3和第10條第(1)款；

(c)美國政府有責任按伊朗伊斯蘭共和國和死者家屬因這些違反行為所受的損害，包括伊朗航空公司和死者家屬因其活動受擾亂而蒙受的額外經濟損失，向伊朗伊斯蘭共和國提供賠償，賠償數目由法院決定"。

30.　法院聽取雙方意見後，於1989年12月13日發出命令，規定

1990年6月12日為伊朗伊斯蘭共和國提出訴狀的時限，1990年12月10日為美利堅合眾國提出辯護狀的時限（《1989年國際法院判例匯編，第132頁》）；小田滋法官將一項聲明附於法院命令之後（同上，第135頁）；施韋貝爾法官和沙哈布丁法官將各自的意見附於法院命令之後（同上，第136至144頁和第145至160頁）。

31. 法院應伊朗伊斯蘭共和國的要求，並經聽取美利堅合眾國的意見，於1990年6月12日發出命令，院長將伊朗伊斯蘭共和國提出訴狀的時限延至1990年7月24日，並將美利堅合眾國提出辯護狀的時限延至1991年3月4日（《1990年國際法院判例匯編》，第86頁）。訴狀已在規定時限內提出。

32. 1991年3月4日，美利堅合眾國在規定提出辯護狀的時限內就法院的管轄權提出一些初步的反對意見。根據《法院規則》第79條第3款的規定，該案訴訟暫停，並須規定一個時限，讓另一當事方就初步反對意見提出其書面意見和呈件。法院聽取了雙方意見後，於1991年4月9日發出命令（《1991年國際法院判例匯編》，第6頁），規定1991年12月9日為伊朗伊斯蘭共和國提出這類意見和呈件的時限。

33. 伊朗伊斯蘭共和國選定穆罕西·艾格哈何西尼先生為專案法官。

34. 院長應伊朗伊斯蘭共和國的一系列請求，並在聽取了美國的意見後，分別於1991年12月18日和1992年6月5日發出命令（《1991年國際法院判例匯編》，第187頁，和《1992年國際法院判例匯編》，第225頁），將伊朗伊斯蘭共和國就初步反對意見提出書面意見和呈件的上述時限分別延至1992年6月9日和9月9日。以上意見和呈件已在規定時限內提出，並根據《法院規約》第三十四條第三項和《法院規則》第69條第3款，連同從前提出的書面訴狀一併轉給民航組織秘書長。法院院長根據以上同樣各條的規定，規定1992年12月9日為民航組織理事會最後提出書面意見的時限。民航組織的意見已在規定時限內依法提出。

35. 將於1994年9月12日公開開庭，聽取雙方的口頭辯論。

2. 瑙魯境內的一些磷酸鹽地（瑙魯訴澳大利亞）

36.　1989年5月19日，瑙魯共和國就關於修復瑙魯獨立以前澳大利亞政府負責開採的一些磷酸鹽地的爭端向法院書記官處提出申請書，控訴澳大利亞聯邦。瑙魯援引兩國根據《法院規約》第三十六條第二項所作的聲明為法院具有管轄權的根據。

37.　瑙魯在申請書中聲稱，澳大利亞違反了它根據《聯合國憲章》第七十六條和1947年11月1日《瑙魯托管協定》第3和第5條所承擔的義務。瑙魯還聲稱，澳大利亞違反了根據一般國際法對瑙魯的一些義務。

38.　瑙魯共和國請法院作出裁決並聲明：

"澳大利亞負有國際法律責任，須對所造成的損害和傷害，負責為瑙魯復原或提供其他適當的賠償"；

而且

"如果當事雙方不能達成協議，則這一復原或賠償的性質和數目必要時應由法院，在訴訟程序的另一階段中估計和決定"。

39.　法院聽取雙方意見後，於1989年7月18日發出命令（《1989年國際法院判例匯編》，第12頁），規定1990年4月20日為瑙魯提出訴狀的時限，1991年1月21日為澳大利亞提出辯護狀的時限。訴狀已在規定的時限內提出。

40.　1991年1月16日，澳大利亞在規定提出辯護狀的時限內提出一些初步反對意見，其中要求法院裁決並聲明"瑙魯的申請書不予受理，法院不具審理瑙魯求償訴訟的管轄權"。按照《法院規則》第79條第2款，暫停該案訴訟。法院於1991年2月8日發出命令（《1991年國際法院判例匯編》，第3頁），規定1991年7月19日為瑙魯就反對意見提出書面意見和呈件的時限。書面聲明已於規定時限內提出。

41.　1991年11月11日至22日，法院就管轄權問題和是否受理問題進行口頭訴訟程序。在八次公開庭中，法院聽取了代表澳大利亞和瑙魯所作的聲明。法院法官曾向當事雙方提出詢問。

42.　1992年6月26日，法院在一次公開庭中，就初步反對意見作

出裁決（《1992年國際法院判例匯編》，第240頁），其中除一項外，駁回反對意見，並裁定對受理申請書具有管轄權並接受申請書。

43. 法官沙哈布丁將一意見單獨附在判決書後（同上，第270頁）；院長羅伯特·詹寧斯爵士、副院長小田滋、法官阿戈和施韋貝爾將反對意見附在判決書後（同上，第301頁、第303頁、第326頁、第329頁）。

44. 法院院長聽取雙方意見後，於1992年6月29日發出命令（《1992年國際法院判例匯編》，第345頁），規定1993年3月29日為澳大利亞提出辯護狀的時限。辯護狀已在規定的時限內提出。

45. 法院參照雙方意見，於1993年6月25日發出命令（《1993年國際法院判例匯編》，第316頁），指示申請方應提出答辯，答辯方應提出再答辯，並規定以下時限：瑙魯的答辯為1993年12月22日，澳大利亞的再答辯為1994年9月14日。

46. 1993年9月9日，當事雙方聯同向書記官處提交通知，通知法院雙方已達成和解，因此同意終止訴訟。1993年9月13日，法院發出命令（《1993年國際法院判例匯編》，第322頁），正式終止訴訟並指示將案件從備審訴訟表中刪除。

3. 領土爭端（阿拉伯利比亞民眾國／乍得）

47. 1990年8月31日，阿拉伯利比亞人民社會主義民眾國政府向法院書記官處遞送了一項通知，內容是該國政府與乍得共和國政府之間的一項協定，標題為："阿拉伯利比亞人民社會主義民眾國和乍得共和國之間關於和平解決領土爭端的綱領協定"。此項協定於1989年8月31日在阿爾及爾簽訂。

48. 《綱領協定》第1條規定：

　　"雙方承諾，首先以包括調解在內的一切政治手段，在大約一年期內解決它們的領土爭端，除非國家元首另有決定"。
第2條規定：

　　"如未能就其領土爭端達成政治解決，雙方承諾：

(a)將爭端提交國際法院……"。

49.　根據通知，國際法院須：

　　"進一步實施《綱領協定》，並考慮到雙方的領土爭端，按適用於此一事項的國際法規則，判定彼此的領土界線"。

50.　1990年9月3日，乍得共和國向法院書記官處遞送一項申請書，根據《綱領協定》第2條(a)款，並援引1955年8月10日《法國一利比亞友好睦鄰條約》第8條，對阿拉伯利比亞人民社會主義民眾國提出訴訟·

51.　根據這項申請書，乍得共和國

　　"特請國際法院依照適用於當事雙方所涉事項的國際法原則和規則，確定乍得共和國與阿拉伯利比亞民眾國之間的邊界線"。

52.　後來，乍得的代理人在1990年9月28日的一封信中，除其它外，通知法院：該國政府注意到："該國的要求與阿拉伯利比亞民眾國1990年8月31日給法院通知中所載的要求相同"，並認為：

　　"這兩項通知提到的是一個案件，即申請書向法院提到的《阿爾及爾協定》構成的《特別協定》，這是法院處理這一事項的管轄權的主要依據"。

53.　法院院長在1990年10月24日與當事雙方的代表舉行會議，雙方代理人同意，本案的訴訟程序事實上從先後兩項通知送達後即已開始：阿拉伯利比亞民眾國於1990年8月31日遞送了1989年8月31日《綱領協定》構成的《特別協定》，乍得1990年9月3日的公函與乍得代理人1990年9月28日的信共同構成了通知，法院應以此為基礎，根據《法院規則》第46條第2款，決定該案的程序。

54.　法院在確認當事各方的意見後，於1990年10月26日發出一項命令（《1990年國際法院判例匯編》，第149頁），根據《法院規則》第46條第2款的規定，規定在同一時限內，每一當事方應提出一項訴狀和辯護狀，並訂1991年8月26日為提出訴狀的時限。兩項訴狀均在規定的時限內提出。

55.　乍得選定喬治斯·阿比一薩阿布先生，利比亞選定何塞·

塞特─卡馬拉先生擔任專案法官。

56.　1991年8月26日（《1991年國際法院判例匯編》，第44頁），法院院長查明當事雙方的意見後，定1992年3月27日作為提出辯護狀的時限。兩份辯護狀均在規定的時限內適當提出。

57.　法院查明了當事雙方的意見後，以1992年4月14日的命令（《1992年國際法院判例匯編》，第219頁）決定授權各方在同一時限內提出答辯狀，並規定1992年9月14日作為這些答辯的限期。兩份答辯狀均在規定的時限內提出。

58.　1993年6月14日至7月14日舉行了口述程序。在19次公開庭中，法院聽取了利比亞和乍得代理人的陳述。乍得總統伊德里斯·德比上校閣下出席了6月14日第一次開庭。

59.　1994年2月3日，法院在一次公開庭中宣讀判決（《1994年國際法院判例匯編》，第6頁），其執行部分內容如下：

"77. 據此，

法院，

以16票對1票，

⑴**裁定**阿拉伯利比亞人民社會主義民眾國和乍得共和國之間的疆界為1955年8月10日法國共和國和利比亞聯合王國締結的《友好睦鄰條約》所界定者；

⑵**裁定**該邊界線如下：

從東經24度與北緯 19°31´的交點，到北回歸線與東經16度有交點的一條直線；從後一交點至東經 15度與北緯 23°的交點的一條直線；

作為說明，上述界線反映於本判決第39頁草圖4。

贊成：院長羅伯特·詹寧斯爵士（編者按：此為錯誤之名字，院長應為穆罕默德·貝德賈維）；**副院長**小田滋；**法官**阿戈、施韋貝爾、貝德賈維、倪征噢、埃文森、塔拉索夫、紀堯姆、沙哈布丁、阿吉拉爾、馬德斯利、韋拉曼特賴、蘭杰瓦、阿吉博拉、赫爾茨澤格；**專案法官**阿比─薩阿布。

反對：**專案法官**塞特—卡馬拉。

60.　阿戈法官在法院判決之後附上一項聲明（《1994年國際法院判例匯編》，第43頁）；沙哈布丁法官和阿吉博拉法官分別附上不同意見（同上，第44和51頁）；專案法官塞特—卡馬拉附上其異議（同上，第93頁）。

　　就**領土爭端（阿拉伯利比亞民眾國／乍得）**一案的法院判決所採取的後續行動如上所述，法院於1994年2月3日就本案作出判決。

　　經換函和高級別代表團間的談判後，各當事國於1994年4月4日在阿拉伯利比亞民眾國蘇爾特簽訂了"關於國際法院1994年2月3日所作判決的實際執行方式的"《協定》，其中第1條的內容如下：

　　"第1條.　締約雙方同意利比亞行政當局和部隊的撤出行動應於1994年4月15日開始，由25名利比亞軍官和25名乍得軍官組成並以奧祖行政站為基地的混合小組監督。撤出行動應於1994年5月30日0000時結束。移交領土的正式儀式應於1994年5月30日在奧祖行政站舉行。

　　　聯合國觀察員應在場監測利比亞所有撤出行動並證實撤出切實完成。"締約雙方將本《協定》遞交聯合國秘書長，以轉遞安全理事會。

　　1994年5月4日，安全理事會通過，第S／RES／915（1994）號決議，成立聯合國奧祖地帶觀察小組（聯奧觀察組）。

　　1994年6月6日，秘書長在給安全理事會的報告（S／1994／672）中說：

　　"1994年5月30日，乍得內政和安全部長阿卜杜拉曼·伊佐·米斯基納先生和阿拉伯利比亞民眾國總人民委員會司法和公安秘書穆罕默德·馬哈茂德·希亞齊先生代表其各自政府簽署了一項《聯合宣言》，聲明到當天（1994年5月30日為止）利比亞行政當局和軍隊從奧祖地帶的撤出行動已在雙方都滿意的情況下完成，並得到了聯奧觀察組的監測。聯奧觀察組首席軍事觀察員作為證人在《宣言》上簽名。"

4. 東帝汶（葡萄牙訴澳大利亞）

61.　1991年2月22日，葡萄牙共和國政府向法院書記官處遞交了一份申請書，就有關"澳大利亞在東帝汶問題上採取某些活動"的爭端控訴澳大利亞聯邦。

62.　在申請書中，為確立法院管轄權的依據，葡萄牙援引兩國根據《法院規約》第36條第2款所發表的《宣言》。

63.　申請書中聲稱，澳大利亞同印度尼西亞談判，於1989年12月11日簽署了一項"關於在‘帝汶海口’區大陸架進行勘探和開採的協定"，"批准並開始執行"該協定，制訂了"與此相關的國內立法"，並"就該大陸架劃界問題進行談判"，而且"將葡萄牙排除在有關這些問題的談判之外"，所有這一切在法律和道義方面給東帝汶和葡萄牙人民造成極為嚴重的損害，而且在開始開採碳氫化合物資源後將造成物質損害"。

64.　葡萄牙要求法院：

"(1)裁決並聲明，第一，東帝汶人民享有自決、領土完整和統一的權利（如申請書第5和第6段所界定），並對其財富和自然資源享有永久主權，第二，相對於澳大利亞，葡萄牙作為東帝汶領土的管理國，擁有職責、權力和權利，對此澳大利亞有義務予以尊重，不能置之不理。

(2)鑒於澳大利亞首先談判、簽署並開始執行事實陳述第18段所提及的協定，進而為其適用採取了國內立法措施，而且正在同該協定締約國就帝汶海口區大陸架劃界問題繼續談判；鑒於該國還排除就同一地區大陸架的開採與管理國進行任何談判，最後還鑒於該國想以不包括葡萄牙在內的多邊名義勘探和開採帝汶海口的海洋底土（上述每一項皆為自足的事實），因此，裁決並聲明澳大利亞：

(a)侵犯了並仍在侵犯東帝汶人民自決、領土完整和統一的權利，
　　侵犯了東帝汶人民對其自然財富和資源的永久主權，從而違背
　　了不得無視且應尊重這種權利、完整和主權的義務；

　　⒝侵犯了並仍在侵犯葡萄牙作為東帝汶領土管理國的權利，妨礙葡萄牙對東帝汶人民及對國際社會的職責，侵犯了葡萄牙履行其責任的權利，從而違背了不得無視且應尊重這些權力、職責和權利的義務；

　　⒞違反了安全理事會第384和389號決議，從而違背了《聯合國憲章》第二十五條的規定，即接受並執行安全理事會決議的義務，從更為廣泛的意義上來看，則違背了會員國與聯合國精誠合作這一應盡的義務；

　　⑶裁決並聲明，由於澳大利亞在有關＇帝汶海口＇區大陸架勘探和開採問題上始終把作為東帝汶領土管理國的葡萄牙排除在任何談判之外，因而在有關海洋區域的權利和主張一旦發生衝突時，始終未能履行其談判職責，以協調各方的權利。

　　⑷裁決並聲明，鑒於申請書第2和第3段表明的不當行為，澳大利亞應負國際責任，並已造成損害，為此，澳大利亞應向東帝汶人民和葡萄牙進行賠償，其形式和方法由法院作出規定。

　　⑸裁決並聲明，澳大利亞在對東帝汶人民以及對葡萄牙和國際社會的關係方面必須停止申請書第1、第2和第3段所提及的一切破壞權利與國際準則的行為，特別是在東帝汶人民根據聯合國規定的條件行使其自決權之前：

　　⒜不得就＇帝汶海口＇區大陸架的劃界、勘探和開發，或對該大
　　　陸架行使管轄權問題同管理國以外的任何國家談判、簽署或批
　　　准任何協定；

　　⒝不得在葡萄牙作為東帝汶領土管理國沒有參與的情況下，以任
　　　何多邊名義採取與＇帝汶海口＇區大陸架勘探和開採有關或與
　　　對該大陸架行使管轄權有關的任何行動。＂

　　65.　法院院長於1991年5月2日同雙方代理人會晤並確定了他們的看法之後，於1991年5月3日發出命令（《1991年國際法院判例匯編》，第9頁），規定1991年11月18日為葡萄牙提出訴狀的時限，1992年6月1日為澳大利亞提出辯護狀的時限。訴狀和辯護狀均在規定

的時限內提出。

66.　葡萄牙選定安東尼奧‧德阿魯達‧費雷爾—科雷亞先生，澳大利亞選定尼尼安‧斯蒂芬爵士擔任專案法官。通過1994年7月14日來函，安東尼奧‧德阿魯達‧費雷爾—科雷亞先生放棄專案法官職位。

67.　法院確定了當事雙方的意見之後，於1992年6月19日發出命令（《1992年國際法院判例匯編》，第228頁），規定1992年12月1日為葡萄牙提出答辯狀的時限，1993年6月1日為澳大利亞提出第二次答辯狀的時限。答辯狀已在規定的時限內提出。

68.　經澳大利亞提出請求、葡萄牙表示不反對之後，法院院長於1993年5月19日發出命令（《1993年國際法院判例匯編》，第32頁），把澳大利亞提出第二次答辯狀的時限延長到1993年7月1日，然後澳大利亞提出了第二次答辯狀。

5. 幾內亞比紹和塞內加爾間海洋分界線
（幾內亞比紹訴塞內加爾）

69.　1991年3月12日，幾內亞比紹共和國政府就該國同塞內加爾共和國間所有領海分界線爭端向法院書記官處遞交了一份申請書，控訴塞內加爾共和國。幾內亞比紹提出兩國根據《規約》第三十六條第二款發表的聲明為法院管轄的根據。

70.　幾內亞比紹在申請書回顧，該國在1989年8月23日的申請書中曾向法院提及有關為確定兩國間海洋邊界而成立的仲裁法庭於1989年7月31日作出的仲裁裁決是否成立和有效的爭端。

71.　幾內亞比紹聲稱，向仲裁法庭提出要求的目標是劃出兩國各自領海界線。但幾內亞比紹認為，1989年7月31日仲裁法庭的裁決並未能明確劃出當事國對其具有權利的所有海域界線。而且無論在法院待訴訟的結果為何，都不會切實和明確地劃出兩國之間所有領海的分界線。

72.　幾內亞比紹政府要求法院裁決並聲明：

"根據國際海洋法及本案有關的一切要點，包括法院今後對有關1989年7月31日‘裁決書’一案所作裁決，何為（地圖上標明的）幾內亞比紹和塞內加爾各自全部領海的分界線。"

73.　在1991年11月12日法院就"1989年7月31日仲裁裁決書（幾內亞比紹訴塞內加爾）"一案作出的判決（《1991年國際法院判例匯編》，第53頁）中，法院注意到遞交的第二份申請書，但同時指出：

"67.…法院也注意到塞內加爾代理人在本訴訟中所作出的聲明。聲明認為一個解決辦法

‘是與塞內加爾談判（塞內加爾並不反對談判）專屬經濟區的界限，如實在無法達成協議，則將問題提交法院審議’。

68.考慮到該申請書和該項聲明，和在經過漫長而困難的仲裁程序和法院面前這些訴訟後，法院認為亟須如兩當事國所希望，儘快解決1989年7月31日仲裁裁決書所沒有解決的爭端要點。"

74.　在兩國政府有時間研究該判決後，法院院長於1992年2月28日召集當事雙方的代表舉行會議，但是他們在會上請求不要規定提出本案初次訴狀的時限，以待關於海洋分界線問題的談判結果；談判將先繼續六個月，如果還不成功，則再與院長舉行會議。

75.　由於沒有收到當事雙方對談判情況的說明，院長於1992年10月6日再次召集雙方代理人開會。代理人說已朝向達成協議取得一些進展，雙方聯合請求再給三個月時間繼續談判，並可能再次延長三個月。院長給予同意，並對雙方本著1991年11月12日判決中所提建議的精神，努力經由談判解決爭端，表示滿意。

76.　就時限問題進行了幾次換函後，院長於1994年3月10日再次召集雙方代理人開會。在這次會議上，代理人向院長遞交一份協定，題為"幾內亞比紹共和國政府與塞內加爾共和國政府的管理合作協定"；這份協定於1993年10月14日訂於達喀爾並由兩國元首簽署。除其他事項外，協定還規定雙方共同開發"從羅索角劃起的介於方位268°至方位220°之間的海洋區"（第一條），並設立一個"國際機

構開發該區 "（第四條）。根據其第七條的規定，" 在兩國就國際機構的設立和運作達成協議和交換兩項協定批准書後 "，協定將開始生效。

77.　法院院長在1994年3月16日給兩國總統的信中表示滿意，通知他們，根據法院規則，一俟當事方告知他其停止訴訟的決定，將在清單上撤消該案。

6. 卡塔爾與巴林間海洋劃界和領土問題
（卡塔爾訴巴林）

78.　1991年7月8日，卡塔爾國政府向法院書記官處遞交一份申請書，對巴林國政府提起訴訟，其中涉及

"它們之間對哈瓦爾群島的主權、對迪巴勒沙洲和吉塔特杰拉代沙洲的主權權利以及兩國海域劃界等方面某些現有爭端"。

79.　卡塔爾聲稱它對哈瓦爾群島的主權是有充分的習慣國際法和當地適用的風俗習慣為根據的。因此，它一直不斷反對英國政府於1939年宣布這些群島屬於巴林的決定；當時英國在巴林和卡塔爾有勢力存在，到1971年才結束。卡塔爾認為這項決定是無效的，它超出英國政府對兩國的權力，對卡塔爾沒有約束力。

80.　關於迪巴勒沙洲和吉塔特杰拉代沙洲，英國政府於1947年作出另一項決定，劃定巴林與卡塔爾之間的海床界線，意欲承認巴林對這些沙洲地區有 "主權權利"。該項決定認為，這些沙洲不應被視為擁有領水的島嶼。卡塔爾曾主張並繼續主張有關這些沙洲的主權權利屬於卡塔爾；但它同意這些是沙洲而不是島嶼。巴林於1964年聲稱迪巴勒和吉塔特吉拉代是擁有領水的島嶼，屬於巴林，這一主張為卡塔爾所拒絕。

81.　關於兩國間海域的劃界，將1947年的決定通知卡塔爾和巴林的統治者的信件中說，英國政府認為該界線 "按照公平原則" 劃分了卡塔爾與巴林之間的海床，它是大體根據巴林本島和卡塔爾半島的海岸線形狀而定的一條中線。信中進一步列明兩個例外。一個涉及沙

洲的地位；另一個涉及哈瓦爾群島的地位。

82. 卡塔爾表示，它並不反對英國政府表示根據兩國海岸線形狀並按照公平原則而確定的該段分界線。它拒絕而且仍然拒絕巴林（該國拒絕接受英國政府確定的上述分界線）於1964年提出的對劃定兩國海床疆界新界線的主張。卡塔爾對劃界的主張是以習慣國際法和當地適用的風俗習慣為根據。

83. 因此，卡塔爾國請求法院：

"一、按照國際法作出裁決並聲明：

　(A)卡塔爾國對哈瓦爾群島擁有主權；

　(B)卡塔爾國對迪巴勒沙洲和吉塔特杰拉代沙洲擁有主權權利；以及

二、適當尊重英國1947年12月23日決定所述的劃分兩國海床的界線，按照國際法，在分別屬於卡塔爾國和巴林國的海床、底土及上覆水域的海床之間劃出一條單一海洋邊界。"

84. 在其申請書中，卡塔爾以當事國雙方據稱曾於1987年12月和1990年12月締結的某些協定為法院管轄權的依據。根據卡塔爾，承諾接受管轄的主題和範圍由巴林於1988年10月26日向卡塔爾提議的一項公式確定，卡塔爾已於1990年12月接受這一公式。

85. 巴林於1991年7月14日和1991年8月18日給法院書記官寫信，對卡塔爾援引的管轄權依據提出抗辯。

86. 院長與當事國雙方代表於1991年10月2日舉行會議以確定他們的看法，議定應先確定管轄權和申請書是否可以受理的問題。院長因此於1991年10月11日發出命令（《1991年國際法院判例匯編》第50頁），決定書面訴訟程序應首先處理這兩項問題；院長在同一命令中根據雙方在10月2日的會議中達成的進一步協議規定了以下時限：1992年2月10日為卡塔爾提出訴狀的時限，1992年6月11日為巴林提出辯護狀的時限。訴狀和辯護狀均在規定的時限內遞交。

87. 法院查明當事國雙方的意見後，於1992年6月26日發出命令

（《1992年國際法院判例匯編》，第237頁），指示請訴方應就管轄權和是否可以受理的問題提出答辯。而答辯方則應提出第二次答辯。它規定1992年9月28日為卡塔爾答辯的時限，1992年12月29日為巴林第二次答辯的時限。答辯和第二次答辯均在規定的時限內遞交。

88.　卡塔爾選定何塞‧馬里亞‧魯達先生為專案法官，巴林則選定尼古拉斯‧瓦爾蒂科斯先生為專案法官。

89.　從1994年2月28日至3月11日開了公開庭。在八次公開庭中，法院聽取了卡塔爾代表和巴林代表的聲辯。副院長向兩當事國提出了問題。

90.　在1994年7月1日舉行的一次公開庭上，法院作出判決（《1994年國際法院判例匯編》，第112頁），其執行條款內容如下：

　　　"41.　由於這些原因，

　　　法院，

　　　⑴以15票對1票，

　　　裁決1987年12月19日和21日沙特阿拉伯國王與卡塔爾酋長之間。1987年12月19日和26日沙特阿拉伯國王與巴林酋長之間的換函以及1990年12月25日在多哈由巴林外交部長、卡塔爾外交部長和沙特阿拉伯外交部長簽署的題為"紀要"的文件為對當事國構成權利與義務的國際協定；*

　　　贊成：貝德賈維院長；施韋貝爾副院長；羅伯特‧詹寧斯爵士、塔拉索夫、紀堯姆、沙哈布丁、阿吉拉爾、毛德斯萊、威拉

---

　　　*　此段國際法院報告之中譯文文意不甚清楚，請參見英文原文：

Operative Paragraph (para. 41)

　　"THE COURT,

　　⑴By 15 votes to 1,

　　Finds that the exchanges of letters between the King of Saudi Arabia and the Amir of Qatar dated 19 and 21 December 1987, and between the King of Saudi Arabia and the Amir of Bahrain dated 19 and 26 December 1987, and the document headed 'Minutes' and signed at Doha on 25 December 1990 by the Ministers for Foreign Affairs of Bahrain, Qatar and Saudi Arabia, are international agreements creating rights and obligations for the Parties;

見*International Court of Justice Yearbook 1993-1994*, p. 186.

曼特里、朗熱瓦、赫爾米格、史〔久鏞〕、弗萊施豪爾、科羅馬法官；瓦爾蒂科斯、魯達專案**法官**；

反對：小田**法官**。

⑵ 以15票對1票，

裁決根據這些協定，如1988年10月26日巴林向卡塔爾提出、1990年12月經卡塔爾接受、1990年多哈紀要稱為巴林公式的條文所規定，當事國承諾將彼此間的整個爭端提交法院審理；

贊成：貝德賈維院長；施韋貝爾副院長；羅伯特·詹寧斯爵士、塔拉索夫、紀堯姆、沙哈布丁、阿吉拉爾、毛德斯萊、威拉曼特里、朗熱瓦、赫爾米格、史〔久鏞〕、弗萊施豪爾、科羅馬法官；瓦爾蒂科斯、魯達專案**法官**；

反對：小田**法官**。

⑶ 以15票對1票，

裁定給予當事國將整個爭端提交法院審理的機會；

贊成：貝德賈維院長；施韋貝爾副院長；羅伯特·詹寧斯爵士、塔拉索夫、紀堯姆、沙哈布丁、阿吉拉爾、毛德斯萊、威拉曼特里、朗熱瓦、赫爾米格、史〔久鏞〕、弗萊施豪爾、科羅馬法官；瓦爾蒂科斯、魯達專案**法官**；

反對：小田**法官**。

⑷以15票對1票，

確定1994年11月30日為當事國共同或各自為此目的採取行動的期限；

贊成：貝德賈維院長；施韋貝爾副院長；羅伯特·詹寧斯爵士、塔拉索夫、紀堯姆、沙哈布丁、阿吉拉爾、毛德斯萊、威拉曼特里、朗熱瓦、赫爾米格、史〔久鏞〕、弗萊施豪爾、科羅馬法官；瓦爾蒂科斯、魯達專案**法官**；

反對：小田**法官**。

⑸以15票對1票，

保留任何其他事項以後裁定。

　　　　贊成：貝德賈維院長；施韋貝爾副院長；羅伯特・詹寧斯爵
士、塔拉索夫、紀堯姆、沙哈布丁、阿吉拉爾、毛德斯萊、威拉
曼特里、郎熱瓦、赫爾米格、史〔久鏞〕、弗萊施豪爾、科羅馬
法官；瓦爾蒂科斯、魯達專案法官；
　　　　反對：小田法官。

91.　　沙哈布丁法官在判決內附錄了一項聲明（《1994年國際法
院判例匯編》，第129頁）；施韋貝爾副院長和瓦爾蒂科斯專案法官
附錄了分開的意見（同上，第130和132頁）小田法官附錄了他的反對
意見（同上，第133頁）。

7.8. 關於洛克比空難事件引起的1971年《蒙特利爾公約》的解釋和適用問題的案件（阿拉伯利比亞民眾國訴聯合王國）（阿拉伯利比亞民眾國訴美利堅合眾國）

92.　　1992年3月3日，阿拉伯利比亞人民社會主義民眾國政府向
法院書記官處遞交兩份申請書，分別對大不列顛及北愛爾蘭聯合王國
政府和美利堅合眾國政府提起訴訟，其中涉及對1971年9月23日《蒙
特利爾公約》的解釋和適用的爭端。這一爭端是因1988年12月21日在
蘇格蘭洛克比上空發生的空難事件而產生的行為所引起的。

93.　　利比亞在申請書中提及兩名利比亞國民促使一枚炸彈置於
泛美第103號航班上而分別被蘇格蘭檢察總長和美國大陪審團控告和
起訴一事。該枚炸彈後來爆炸，導致飛機墜毀，機上的人全部死亡。

94.　　利比亞認為，聲稱的行為在《蒙特利爾公約》第1條的意義
範圍內構成一項罪行，它表示該公約是當事國各方之間唯一生效的有
關公約，並表示它本身已完全履行該文書所規定的義務。《蒙特利爾
公約》第5條規定，一國如未將在其領土內的嫌疑犯引渡，則應對嫌
疑犯實施管轄權。利比亞與各該當事國之間沒有引渡條約，根據公約
第7條利比亞必須將此案交給其主管當局以便起訴。

95.　　利比亞認為聯合王國和美國違反了《蒙特利爾公約》，因

為它們拒絕利比亞尋求在國際法包括在公約本身的範圍解決此事的努力，並對利比亞施加壓力，迫它交出兩名〔利〕比亞國民受審。

96. 根據申請書，當事國各方未能通過談判就因此引起的爭端達成解決，也未能就組織仲裁以聽取此案一事達成協議。因此，阿拉伯利比亞民眾國根據《蒙特利爾公約》第14條第1款將爭端交由法院審理。

97. 利比亞請求法院作出裁決並聲明如下：

(a)利比亞已充分履行《蒙特利爾公約》所規定的一切義務；

(b)聯合王國和美國分別違反了而且繼續違反《蒙特利爾公約》第5(2)、5(3)、7、8(2)和11條所規定的法律義務；

(c)聯合王國和美國分別有法律義務立刻停止和終止這種違反行為，停止和終止對利比亞使用任何和一切武力或威脅，包括對利比亞進行武力威脅，並停止和終止對利比亞主權、領土完整和政治獨立的一切侵犯。

98. 同日稍後，利比亞分別向法院提出兩項請求，請它立即指示下列臨時措施：

(a)分別責令聯合王國和美國不得對利比亞採取旨在強制或迫使利比亞向利比亞以外任何管轄機構交出被告的任何行動；

(b)確保不採取有損於利比亞在其申請書主題範圍內的法律訴訟中的權利的任何步驟。

99. 在上述請求中，利比亞還請院長在法院開會之前行使《法院規則》第74條第4款賦於他的權力，要求當事國各方採取行動，使法院就利比亞關於臨時措施的請求可能發出的任何命令具有適當的效果。

100. 美國國務院法律顧問在1992年3月6日的信中，提到利比亞根據《法院規則》第74條第4款提出的指示臨時措施的具體請求，他特別指出：

"考慮到沒有任何具體跡象表明該項請求的緊迫性，同時考慮到安全理事會和秘書長正就此事項而採取的行動的發展……利比亞請求

採取的行動……是沒有必要的，而且可能會被誤解"。

101.   利比亞選定艾哈默德・科謝里先生為專案法官。

102.   1992年3月26日在開始審訊指示臨時措施的請求開始時，法院副院長就本案行使院長職權，提到利比亞根據《法院規則》第74條第4款所提出的請求，並表示在對當時知道的所有情節進行最審慎的考慮後，斷定他不宜行使該項規定賦予院長的酌處權。在1992年3月26日、27日和28日舉行的五次公開庭上，這兩個案件的當事各方都就指示臨時措施的請求提出口頭辯論。法院一名法官分別向這兩個案件的雙方代理人提出問題，專案法官也向利比亞的代理人提出一個問題。

103.   法院於1992年4月14日的公開庭中就指示臨時措施的請求發出兩項命令（《1992年國際法院判例匯編》，第3和114頁），其中裁定案件的情節無須法院行使權力指示臨時措施。

104.   代理院長小田滋（同上，第17和129頁）和倪征燠法官（同上，第20頁和132頁）各在法院命令之後附上一項聲明；埃文森法官、塔拉索夫法官、紀堯姆法官和阿吉拉爾・馬德斯利法官附上一項聯合聲明（同上，第24和136頁）。拉克斯法官（同上，第26和138頁）和沙哈布丁法官（同上，第28和140頁）分別附上不同的意見；貝德賈維法官（同上，第33和143頁）、韋拉曼特賴法官（同上，第50和160頁）、蘭杰瓦法官（同上，第72和182頁）、阿吉布拉法官（同上，第78頁和183頁）和專案法官科謝里（同上，第94和199頁）對上述命令附上異議。

105.   法院於1992年6月19日發出命令（《1992年國際法院判例匯編》，第231和234頁），其中考慮到當事國各方於1992年6月5日同當時就這兩個案件行使院長職權的副院長舉行會議時，已議定下面所列時限，因而規定1993年12月20日為利比亞遞交訴狀的時限，1995年6月20日為聯合王國和美利堅合眾國分別遞交辯護狀的時限。訴狀已在規定的時限內提出。

9. 石油平台（伊朗伊斯蘭共和國訴美利堅合眾國）

106.　1992年11月2日伊朗伊斯蘭共和國向法院書記官處遞交一分申請書，就伊朗石油平台被毀一事對美利堅合眾國提起訴訟。

107.　伊朗伊斯蘭共和國認為根據1955年8月15日在德黑蘭簽訂的《伊朗／美國友好、經濟關係和領事權利條約》第二十一(2)條，法院對這些訴訟有管轄權。

108.　伊朗在申請書中指稱，1987年10月19日和1988年4月18日美國海軍的若干戰艦對伊朗國家石油公司為商業目的而擁有和操作的三個岸外石油生產綜合體造成的毀壞是對《友好條約》的各項規定和國際法的基本違犯。在此方面伊朗特別提到《條約》第一和第十(1)條，其中分別規定：“美利堅合眾國和伊朗之間應有堅定和持久的和平和真誠的友誼”，以及“在兩個締約國的領土之間應有從事商業和航行的自由。”

109.　伊朗伊斯蘭共和國因此請求法院做出裁決並聲明如下：

“(a)按照《友好條約》法院有權審理此一爭端並就伊斯蘭共和國提出的主張作出裁決；

(b)美國由於像申請書中所提到的，於1987年10月19日和1988年4月18日攻擊並毀壞了石油平台，因此違反了除了別的以外它按照《友好條約》第一條和第十(1)條和國際法而應對伊斯蘭共和國負起的義務；

(c)由於對伊斯蘭共和國採取了公然敵對和威脅的態度，最後並攻擊和毀壞了伊朗的石油平台，美國違反了《友好》條約，包括第一條和第十(1)條，以及國際法的目標和宗旨；

(d)美國有義務為違反了它的國際法律義務而對伊斯蘭共和國進行賠償，其數額由法院在以後的訴訟階段上予以決定。伊斯蘭共和國保留在適當時向法院提出美國應付賠償的準確估計的權利；

(e)法院認為適當的任何其他補救辦法。”

110.　法院院長在考慮到當事雙方的協議後於1992年12月4日發

出命令（《1992年國際法院判例匯編》，第763頁），規定1993年5月31日為伊朗伊斯蘭共和國提出訴狀的時限，1993年11月30日為美國提出辯護狀的時限。

111.　法院院長應伊朗的要求以及在美國表示它不反對後於1993年6月3日發出命令（《1993年國際法院判例匯編》，第35頁），將時限分別延後到1993年6月8日和12月16日。訴狀已於規定的時限內遞交。

112.　1993年12月16日，在經延長的提出辯護狀的時限內，美利堅合眾國對法院管轄權提出若干初步反對意見。根據《法院規則》第79條第3款的規定，案件實質的審理程序暫停；1994年1月18日，法院發出命令（《1994年國際法院判例匯編》，第3頁），規定1994年7月1日為伊朗可就其對反對意見所持的看法和論點提出書面陳述的時限。書面陳述已在規定的時限內提出。

10. 關於適用《防止及懲治滅絕種族罪公約》的案件
（波斯尼亞—黑塞哥維那訴南斯拉夫（塞爾維亞和黑山））

113.　1993年3月20日，波斯尼亞—黑塞哥維那共和國向法院書記官處提出一件申請書，要求就"違反《滅絕種族罪公約》"提起控告南斯拉夫（塞爾維亞和黑山）的訴訟程序。

114.　該件申請書提及波斯尼亞—黑塞哥維那所指稱已被南斯拉夫（塞爾維亞和黑山）違反的1948年12月9日《防止及懲治滅絕種族罪公約》中的一些條款和《聯合國憲章》中的一些條款。在這方面，它還提及1949年四項《日內瓦公約》及其1977年《第一號附加議定書》、1907年《海牙陸戰條例》以及《世界人權宣言》。

115.　該申請書提出《滅絕種族罪公約》第九條為法院具有管轄權的根據。

116.　波斯尼亞—黑塞哥維那在該申請書中請法院判決並宣告如下：

(a)南斯拉夫（塞爾維亞和黑山）曾經並且繼續違背它依據《滅絕

種族罪公約》第一條，第二條(a)、(b)、(c)和(d)款，第三條(a)、(b)、(c)、(d)和(e)款，第四條和第五條對波斯尼亞─黑塞哥維那人民和國家所負的法律義務；

　(b)南斯拉夫（塞爾維亞和黑山）曾經並且繼續違反它依據1949年四項《日內瓦公約》、其1977年《附加議定書》，及包括1907年《海牙陸戰條例》在內的習慣國際戰爭法和國際法其他基本原則對波斯尼亞─黑塞哥維那人民和國家所負的法律義務；

　(c)南斯拉夫（塞爾維亞和黑山）在對待波斯尼亞─黑塞哥維那公民方面曾經並且繼續違反《世界人權宣言》第1、2、3、4、5、6、7、8、9、10、11、12、13、15、16、17、18、19、20、21、22、23、25、26和28條的規定；

　(d)南斯拉夫（塞爾維亞和黑山）違背它依據一般和習慣國際法所負的義務，曾經並且繼續殺戮、謀害、殺傷、強〔姦〕、搶〔刼〕、拷打、綁架、非法扣留並消滅波斯尼亞─黑塞哥維那公民；

　(e)南斯拉夫（塞爾維亞和黑山）在對待波斯尼亞─黑塞哥維那公民方面，曾經並且繼續違反它依據《聯合國憲章》第一條第三項、第五十五和五十六條所負的莊嚴義務；

　(f)南斯拉夫（塞爾維亞和黑山）違反《聯合國憲章》第二條第一、二、三、四項和第三十三條第一項，曾經並且繼續對波斯尼亞─黑塞哥維那使用武力和進行武力威脅；

　(g)南斯拉夫（塞爾維亞和黑山）違背它依據一般和習慣國際法所負的義務，曾經並且繼續對波斯尼亞─黑塞哥維那使用武力和進行武力威脅；

　(h)南斯拉夫（塞爾維亞和黑山）違背它依據一般和習慣國際法所負的義務，曾經並且繼續以下列手段侵犯波斯尼亞─黑塞哥維那的主權：

　　── 在空中和陸地武裝攻擊波斯尼亞─黑塞哥維那；

　　── 用飛機侵入波斯尼亞的領空；

——用直接和間接手段企圖脅迫並恐嚇波斯尼亞—黑塞哥維那政府；

⑴南斯拉夫（塞爾維亞和黑山）違背它依據一般和習慣國際法所負的義務；曾經並且繼續干涉波斯尼亞—黑塞哥維那的內政；

⑴南斯拉夫（塞爾維亞和黑山）利用其代理人和代理在波斯尼亞—黑塞哥維那境內招募、訓練、武裝、裝備、資助、補給並以其他方式慫恿、支援、協助和指揮軍事和準軍事行動，危害該國，曾經並且繼續違反它依據憲章和條約，尤其是《聯合國憲章》第二條第四項對波斯尼亞—黑塞哥維那負有的明確義務以及它依據一般和習慣國際法所負的義務；

⑴在上述情況下，波斯尼亞—黑塞哥維那根據《聯合國憲章》第五十一條和習慣國際法，享有保衛本國及其人民的主權權利，其方法包括從其他國家立刻取得軍事武器、裝備、補給和軍隊；

⑴在上述情況下，波斯尼亞—黑塞哥維那根據《聯合國憲章》第五十一條和習慣國際法，享有請求任何國家立即援助給予保衛的主權權利，包括採取軍事手段（武器、裝備補給、軍隊等）；

⑴安全理事會第713（1991）號決議，對南斯拉夫實施武器禁運，應以某種方式加以解釋，以免損害波斯尼亞—黑塞哥維那根據《聯合國憲章》第五十一條和習慣國際法規則的規定實行單獨或集體自衛的固有權利；

⑴凡是提到或重申第713（1991）號決議的其後各項安全理事會決議均應以某種方式加以解釋，以免損害波斯尼亞—黑塞哥維那根據《聯合國憲章》第五十一條和習慣國際法規則的規定實行單獨或集體自衛的固有權利；

⑴安全理事會第713（1991）號決議及提到或重申該決議的其後各項安全理事會決議均不得解釋為根據《聯合國憲章》第二十四條第一項和第五十一條並按照關於越權行為的習慣原則而對波斯尼亞—黑塞哥維那實施武器禁運；

⑴根據《聯合國憲章》第五十一條所承認的集體自衛權利，《憲

章》的所有其他締約國有權應波斯尼亞—黑塞哥維那的請求立即給予保衛，其方法包括立即向其提供武器、軍事裝備和補給及武裝部隊（陸、海、空軍人員等等）；

(q)南斯拉夫（塞爾維亞和黑山）及其代理人和代理有義務立即停止違背上列法律義務，並有特別責任立即停止；

—— 對波斯尼亞—黑塞哥維那的公民和主權領土有計劃地進行所謂"種族清洗"；

—— 殺害、即決處決、拷打、強姦、綁架、戕害、打傷、在肉體和精神上虐待、扣留波斯尼亞—黑塞哥維那的公民；

—— 恣意毀壞波斯尼亞—黑塞哥維那境內的鄉村、市鎮、地區、城市和宗教機構；

—— 轟炸波斯尼亞—黑塞哥維那境內的平民人口中心，特別是該國首都薩拉熱窩；

—— 繼續包圍波斯尼亞—黑塞哥維那境內任何平民人口中心，特別是首都薩拉熱窩；

—— 餓死波斯尼亞—黑塞哥維那境內的平民人口；

—— 切斷、妨礙或阻撓國際社會對波斯尼亞—黑塞哥維那公民提供的人道主義援助物資；

—— 對波斯尼亞—黑塞哥維那直接或間接、公開或秘密使用任何武力，或對波斯尼亞—黑塞哥維那進行任何武力威脅；

—— 一切侵害波斯尼亞—黑塞哥維那主權、領土完整或政治獨立的行為，包括一切直接或間接干涉波斯尼亞—黑塞哥維那內政的行為；

—— 向參與或計劃參與在波斯尼亞—黑塞哥維那境內或危害該國的軍事或準軍事行動的任何民族、團體、組織、運動或個人提供任何種類的支援 —— 包括提供訓練、武器、彈藥、資金、物資、援助、指導或任何其他方式的支援；

(r)南斯拉夫（塞爾維亞和黑山）有義務向波斯尼亞—黑塞哥維那（憑本身的資格並作為其公民的祖國）給予賠款，以賠償上列違反國

際法行為對人和財產及對波斯尼亞的經濟和環境所造成的損害，賠款數額由法院確定。波斯尼亞—黑塞哥維那保留向法院提出南斯拉夫（塞爾維亞和黑山）所造成的損害的精確估計的權利"。

117. 同日，波斯尼亞—黑塞哥維那政府聲明：

"本件申請的基本目標乃是為求防止在波斯尼亞—黑塞哥維那境內發生更多的人命損失"；

它還聲明：

"波斯尼亞—黑塞哥維那幾十萬百姓的生命、幸福、健康、安全、身心、和肉體完整、家庭、財產和個人財物目前都正處於可能毀滅無存的危險邊緣，一切都等待國際法院的命令"，

因此，該國政府提出一件請求，要求按照《國際法院規約》第四十一條指示臨時辦法。

118. 所請求的臨時辦法內容如下：

"1. 南斯拉夫（塞爾維亞和黑山）及其在波斯尼亞和其他地方的代理人和代理必須立即停止對波斯尼亞—黑塞哥維那國家和人民的一切滅絕種族行為，包括謀殺，但不以此為限；即決處決；酷刑；強〔姦〕；殘害肢體，所謂‘種族清洗’；恣意毀壞鄉村、市鎮、地區和城市；圍攻鄉村、市鎮、地區和城市；餓死平民；切斷、妨礙或阻擾國際社會對平民提供人道主義救濟物資；轟擊平民中心；並把平民扣押於集中營或其他營地。

2. 南斯拉夫（塞爾維亞和黑山）必須立即停止對參與或計劃參與向在波斯尼亞—黑塞哥維那境內或針對其人民、國家和政府的軍事或準軍事活動的任何民族、團體、組織、運動、民兵或個人提供直接或間接作出任何種類的支援，包括訓練、武器、軍械、彈藥、物資、援助、資金、指導或任何其他方式的支援。

3. 南斯拉夫（塞爾維亞和黑山）本身必須立即停止其自己的官員、代理人、代理或部隊在波斯尼亞—黑塞哥維那境內或針對波斯尼亞—黑塞哥維那人民、國家和政府進行任何和一切形式的軍事或準軍事活動，並停止和終止在其對波斯尼亞—黑塞哥維

那關係上使用任何武力或進行武力威脅。

4. 在當前情況下，波斯尼亞—黑塞哥維那政府有權尋求和接受其他國家的支援，以保衛本國及其人民，包括立刻獲取軍用武器、裝備和物資。

5. 在當前情況下，波斯尼亞—黑塞哥維那政府有權請求任何國家為協助其自衛而立即提供援助，包括立即提供武器、軍事裝備和物資及武裝部隊（陸、海、空軍人員等等）。

6. 在當前情況下，任何國家都有權應波斯尼亞—黑塞哥維那的請求，立刻參與其防衛，包括立即提供武器、軍用裝備和物資及武裝部隊（陸、海、空軍人員等）"。

119.　1993年4月1日和2日，進行了有關請求指示臨時辦法的審訊。法院兩次公開庭聽取了當事各方的口述意見。法院一名法官向雙方代理人各問了一個問題。

120.　1993年4月8日，法院院長在一次公開庭上宣讀了有關波斯尼亞—黑塞哥維那請求指示臨時辦法的要求的命令（《1993年國際法院案例匯編》，第3頁），其執行部分一段內容如下：

"52. 基於以上的理由，

法院，

指示應在法院作出有關1993年3月20日波斯尼亞—黑塞哥維那控告南斯拉夫聯邦共和國（塞爾維亞和黑山）的訴訟的最終判決之前採取下列臨時辦法：

A.⑴全體一致裁定，

南斯拉夫聯邦共和國政府（塞爾維亞和黑山）應立即依照1948年12月9日《防止及懲治滅絕種族罪公約》所規定的它應承擔的義務，採取一切力所能及的措施，以期防止犯下滅絕種族罪；

⑵以13票對1票裁定，

南斯拉夫聯邦共和國（塞爾維亞和黑山）政府特別應該確保它可能指揮或支持的任何軍事、準軍事或非正規軍武裝單位以及

它可能控制、指揮或影響的任何組織和個人都不犯下任何滅絕種族罪行為、或密謀犯下滅絕種族罪行為、或直接公然煽動犯下滅絕種族罪行為、或共謀犯下滅絕種族罪行為，不論係針對波斯尼亞—黑塞哥維那的穆斯林人口或針對任何其他民族、人種、種族或宗教群體：

贊成：院長羅伯特‧詹寧斯爵士；**副院長**小田滋；**法官**阿戈、施韋貝爾、貝德賈維、倪征燠〔Ni Zhengyu〕、埃文森〔Jen Evensen〕、紀堯姆〔Guillaume〕、沙哈布丁〔Shabuddeen〕、阿吉拉爾〔Aguilar〕、馬德斯利〔Mawdsley〕、韋拉曼特賴〔Weeramantry〕、蘭杰瓦〔Ranjeva〕、阿吉博拉〔Ajibola〕。

反對：法官塔拉索夫〔Tarassov〕。

B. 全體一致，裁定，

南斯拉夫聯邦共和國（塞爾維亞和黑山）政府和波斯尼亞—黑塞哥維那共和國政府不應該採取任何行動並且應該確保無任何行動足以可能使目前有關防止或懲治滅絕種族罪的爭端更加惡化或延續存在或使之更加難以解決。"

塔拉索夫法官附有一件有關此一命令的聲明（同上，第26至27頁）。

121.   法院院長在1993年4月16日發出一項命令（《1993年國際法院案例匯編》，第29頁）考慮到當事雙方的一項協議，規定1993年10月15日為波斯尼亞—黑塞哥維那提出訴狀的時限；1994年4月15日為南斯拉夫（塞爾維亞和黑山）提出辯護狀的時限。

122.   波斯尼亞—黑塞哥維那選定伊萊休‧勞特帕赫特先生，南斯拉夫（塞爾維亞和黑山）選定米倫科‧克雷恰先生擔任專案法官。

123.   1993年7月27日，波斯尼亞—黑塞哥維那共和國提出第二件要求指示臨時辦法的請求並就此聲明：

"採取此一特殊步驟的理由是，答辯國已違反了有關保護波斯尼亞—黑塞哥維那的所有三項由國際法院於1993年4月8日指示

的措施，從而嚴重損及波斯尼亞—黑塞哥維那人民和國家。答辯國除了繼續進行其殘害波斯尼亞人民——不論為穆斯林人民、基督教徒、猶太人、克羅地亞人或塞爾維亞人——的滅絕種族罪罪行之外，還正在計劃、準備、預謀、打算和交涉實現妄圖通過滅絕種族罪來分裂、瓜分、併吞和兼併一個聯合國組織成員國，即波斯尼亞—黑塞哥維那主權國家。"

因此，請求指示下列的臨時辦法：

"1. 南斯拉夫（塞爾維亞和黑山）必須立即停止因為任何理由或目的而對波斯尼亞—黑塞哥維那境內的任何民族、團體、組織、運動、軍事、民兵或準軍事部隊、非正規軍武裝單位或個人提供直接或間接作出的任何種類的支援，包括訓練、武器、軍械、彈藥、物資、援助、資金、指導或任何其他方式的支援。

2. 南斯拉夫（塞爾維亞和黑山）和它的全體政府官員——特別包括塞爾維亞總統，斯洛博丹‧米洛塞維茨先生——都必須停止一切旨在分裂、瓜分、併吞或兼併波斯尼亞—黑塞哥維那主權國家的領土的努力、計畫、陰謀、圖謀、打算或交涉。

3. 南斯拉夫（塞爾維亞和黑山）以任何手段或基於任何理由妄圖併吞或兼併波斯尼亞—黑塞哥維那共和國任何主權領土的行為均應視為非法的和自始無效的。

4. 波斯尼亞—黑塞哥維那政府必須擁有《滅絕種族罪公約》第一條所規定的用以"防止"對其本國人民犯下滅絕種族罪罪行的手段。

5.《滅絕種族罪公約》的全體締約國依該公約第一條條款均有義務"防止"發生針對波斯尼亞—黑塞哥維那人民和國家的滅絕種族罪罪行。

6. 波斯尼亞—黑塞哥維那政府必須擁有用來防衛波斯尼亞—黑塞哥維那人民和國家免受滅絕種族罪罪行之害並且免於因為滅絕種族而被分裂和瓜分的手段。

7.《滅絕種族罪公約》的全體締約國依該公約均有義務

"防止"發生針對波斯尼亞—黑塞哥維那人民和國家的滅絕種族罪罪行和利用滅絕種族罪加以分裂和瓜分。

8. 波斯尼亞—黑塞哥維那政府為了在目前情況下履行它依《滅絕種族罪公約》所應履行的義務，必須有能力從其他締約國取得軍備武器、裝備和物資。

9.《滅絕種族罪公約》全體締約國為了在目前情況下履行其《公約》義務，均必須有能力在波斯尼亞—黑塞哥維那政府要求後向該政府供應軍備武器、裝備、物資和武裝部隊（陸、海、空軍人員）。

10. 聯合國波斯尼亞—黑塞哥維那維持和平部隊（即聯合國保護部隊（聯保部隊）必須盡全力確保人道主義救濟物品能通過波斯尼亞圖茲拉市運抵波斯尼亞人民"。

124. 1993年8月5日，法院院長致函當事雙方，提到《法院規則》第74條第4款規定他有權在法院開會之前"要求各當事國採取行動，使法院可能就關於臨時辦法的請求發出的任何命令具有適當的效果"，並說明：

"我現在要求各當事國按上述規定行事，並著重指出1993年4月8日法院在聽取了各當事國的陳述後發出的命令所指示的臨時辦法仍然適用。

因此，我要求各當事國再次注意法院的命令，並採取一切在其能力範圍內的措施，防止一切犯下、繼續犯下或慫恿犯下令人髮指的滅絕種族國際罪的行徑"。

125. 1993年8月10日，南斯拉夫提出一份日期為1993年8月9日，要求發出指示臨時辦法的申請書，其中要求法院指示下列臨時辦法：

"根據其對1948年12月9日《防止及懲治滅絕種族罪公約》所負有的義務，所謂的波斯尼亞—黑塞哥維那共和國政府應立即採取一切在其能力範圍內的措施，防止對塞爾維亞族人犯下滅絕種族罪"。

126.　1993年8月25日和26日開庭審理關於指示臨時辦法的請求。在兩次公開庭上，法院聽取了當事雙方的陳述。法官向當事雙方提出了問題。

127.　在1993年9月13日的公開庭上，法院院長宣讀了關於要求指示臨時辦法的命令（《1993年國際法院判例匯編》，第325頁），其執行部分內容如下：

"61. 由於上述理由，

法院，

⑴以13票對2票，

重申1993年4月8日法院命令第52A⑴段所指示的臨時辦法，辦法應立即予有效執行；

贊成：院長羅伯特・詹寧斯爵士；**副院長**小田滋；**法官**施韋貝爾、貝德賈維、倪征噢、埃文森、紀堯姆、沙哈布丁、阿吉拉爾・馬德斯利、韋拉曼特賴、阿吉博拉、赫爾茨澤格；**專案法官**勞特帕赫特；

反對：法官塔拉索夫；**專案法官**克雷恰。

⑵以13票對2票，

重申1993年4月8日法院命令第52A⑵段所指示的臨時辦法，辦法應立即予有效執行；

贊成：院長羅伯特・詹寧斯爵士；**副院長**小田滋；**法官**施韋貝爾、貝德賈維、倪征噢、埃文森、紀堯姆、沙哈布丁、阿吉拉爾・馬德斯利、韋拉曼特賴、阿吉博拉、赫爾茨澤格；**專案法官**勞特帕赫特〔Elihu Lauterpacht〕

反對：法官塔拉索夫；**專案法官**克雷恰〔Kre'ca〕。

⑶以14票對1票，

重申1993年4月8日法院命令第52B段所指示的臨時辦法，辦法應立即予有效執行；

贊成：院長羅伯特・詹寧斯爵士；**副院長**小田滋；**法官**施韋貝爾、貝德賈維、倪征噢、埃文森、塔拉索夫、紀堯姆、沙哈布

丁、阿吉拉爾‧馬德斯利、韋拉曼特賴、阿吉博拉、赫爾茨澤格；**專案法官**勞特帕赫特；

反對：**專案法官**克雷恰。"

128.　小田滋法官在命令之後附上一項聲明(《1993年國際法院判例匯編》，第351頁)；沙哈布丁、韋拉曼特賴和阿吉博拉法官及勞特帕赫特專案法官附上各自的意見(同上，第353、370、390和407頁)；塔拉索夫法官和克雷恰專案法官附上其異議(同上，第449和453頁)。

129.　根據波斯尼亞—黑塞哥維那的要求和在南斯拉夫(塞爾維亞和黑山)表示了其意見後，法院副院長於1993年10月7日發出命令(《1993年國際法院判例匯編》，第470頁)，將波斯尼亞—黑塞哥維那提出訴狀的時限延長至1994年4月15日，將南斯拉夫(塞爾維亞和黑山)提出辯護狀的時限延長至1995年4月15日。訴狀已在規定時限內提出。

11. 加布奇科沃一大毛羅斯計畫(匈牙利／斯洛伐克)

130.　1992年10月23日，匈牙利共和國駐荷蘭大使向國際法院提出一件針對捷克和斯洛伐克聯邦共和國的有關計畫中的多瑙河改道事項的請求書。匈牙利政府在該文件中首先請捷克和斯洛伐克聯邦共和國接受法院的管轄權，然後詳述其案情內容。

131.　已將該請求書的副本依《法院規則》第三十八條第5款轉遞捷克和斯洛伐克聯邦共和國政府；該款規則內容如下：

"當請求國有意以有待被告國表明的同意作為法院管轄權的根據，請求書應轉交該被告國。但該請求書不應登入案件總表，也不應採取任何程序行動，除非並直到被告國同意法院對該案的管轄權。"

132.　經過在歐洲共同體主持下的匈牙利和捷克和斯洛伐克聯邦共和國——後者已於1993年1月1日分成兩個國家——進行談判後，匈牙利共和國政府和斯洛伐克共和國政府已於1993年7月2日共同通知國

際法院書記官長說，它們已於1993年4月7日在布魯塞爾簽署了一項特定協定，其內容為同意向國際法院提交匈牙利共和國和捷克和斯洛伐克聯邦共和國之間針對執行和廢止1977年9月16日關於建築和經營加布奇科沃—大毛羅斯攔河壩系統和建築和經營"暫時解決辦法工程"的布達佩斯條約所發生的歧見所涉某些問題。該項特別協定申明，斯洛伐克共和國為在這方面捷克和斯洛伐克共和國的唯一的繼承國。

該項特別協定第2條規定：

"(1)請求法院根據該《條約》和一般國際法規則和原則以及法院認為可以適用的其他條約裁判：

(a)匈牙利共和國是否有權中止並且後來在1989年廢止依該《條約》已歸匈牙利共和國負責的大毛羅斯計畫的工程和有關加布奇科沃計畫的一部分工程。

(b)捷克和斯洛伐克聯邦共和國是否有權在1991年11月繼續執行該"暫時解決辦法工程"並且從1992年10月開始如同歐洲共同體、匈牙利共和國和捷克和斯洛伐克聯邦共和國獨立專家委員會工作組1992年11月23日的報告所述開始經營該系統（在捷克斯洛伐克領土內多瑙河1851.7公里處築壩攔河，以及對水和航行水道的所生後果）；

(c)1992年5月19日匈牙利共和國通知終止該《條約》具有什麼法律後果。

(2)還請求法院判定因為法院對本條第(1)款內各問題的判決而生的法律後果，包括各當事國的權利和義務。"

133. 法院在1993年7月14日的一件命令（《1993年國際法院案例匯編》，第〔319頁〕）中決定，根據特別協定第3條第2款和法院規則第46條第1項的規定，每一當事國均應在相同期限內提出一件訴狀和一件辯訴狀，並且規定1994年5月2日和1994年12月5日分別是提出訴狀和辯訴狀的期限。訴狀已在規定時限內提出。

12. 喀麥隆和尼日利亞的陸地和海洋疆界

134.　喀麥隆共和國在法院書記官處遞交請求書，就巴卡西(Bakassi)半島主權問題爭端控訴尼日利亞聯邦共和國，並請法院裁決兩國間未在1975年確定的海洋疆界。

135.　作為法院管轄權的根據，請求書援引喀麥隆和尼日利亞根據《法院規約》第三十六條第二項所提出的承認強制性管轄權的聲明。

136.　喀麥隆的請求書指稱"尼日利亞聯邦共和國侵略，其部隊占據巴卡西半島上的若干喀麥隆地方，造成對喀麥隆共和國的重大損害"，因此請法院判決並宣布：

"(a)根據國際法，巴卡西半島的主權屬於喀麥隆，該半島是喀麥隆領土的一個組成部分；

(b)尼日利亞聯邦共和國違反了並現在仍違反尊重殖民時代所留下疆界的基本原則（實際占領地保有權原則）；

(c)尼日利亞聯邦共和國對喀麥隆共和國使用武力是違反了並現在仍違反該國根據國際條約法和習慣法應遵守的義務；

(d)尼日利亞聯邦共和國軍事占領喀麥隆的巴卡西半島是違反了並現在仍違反尼日利亞根據條約法和習慣法應遵守的義務；

(e)鑒於上述尼日利亞聯邦共和國違背法律義務的事實，尼日利亞應負有明確責任，停止在喀麥隆領土駐兵，立即無條件將其部隊撤出喀麥隆的巴卡西半島；

(e′)上述 (a)、(b)、(c)、(d)、(e)各段所指的國際非法行為，尼日利亞聯邦共和國應負其責；

(e*)因此，尼日利亞聯邦共和國對喀麥隆共和國應提出法院所裁定數額的賠償，喀麥隆共和國保留在法院提出（訴訟請求）精確估計尼日利亞聯邦共和國所造成損失的權利；

(f)為避免兩國就海洋疆界發生任何爭端，喀麥隆共和國請法院延伸喀麥隆同尼日利亞聯邦共和國交界的海洋疆界，至國際法所定的分屬兩國管轄權的海洋區域極限為止。"

137.　1994年6月6日，喀麥隆在法院書記官處遞交另一件請求

書，"以擴大爭端主題"包括另一件爭端，據説明主要是關於"乍得湖地區喀麥隆領土的主權問題"，並請法院確定裁定喀麥隆和尼日利亞自乍得湖至海的疆界。喀麥隆請法院裁決並宣布：

　　"(a)根據國際法，乍得湖地區爭議中的一塊地的主權屬於喀麥隆，該地是喀麥隆領土的一個組成部分；

　　(b)尼日利亞聯邦共和國違反了並現在仍然違反尊重殖民時代所留下的疆界的基本原則（實際占領地保有權原則）以及最近關於乍得湖分界的法律承諾；

　　(c)尼日利亞聯邦共和國在其保安部隊支持下占領在乍得湖地區喀麥隆共和國領土的幾塊地是違反了並仍然違反該國根據國際條約法和習慣法應遵守的義務；

　　(d)鑒於上述的法律義務，尼日利亞聯邦共和國負有明確責任，立即無條件自喀麥隆乍得湖地區的領土上撤出其部隊；

　　(e)上述(a)、(b)、(d)各段所指的國際非法行為，為尼日利亞聯邦共和國的責任；

　　(e´) 因此， 由於對喀麥隆共和國造成物質和非物質的損失，尼日利亞聯邦共和國對喀麥隆共和國應提出法院所裁定數額的賠償，喀麥隆共和國保留在法院提出（訴訟請求）精確估計尼日利亞聯邦共和國所造成損失的權力；

　　(f)鑒於尼日利亞的團體和武裝份子多次沿兩國邊界侵入喀麥隆領土，並鑒於尼日利亞聯邦共和國關於界定兩國之間疆界的法律文書和確切疆界線的態度搖擺不定，互相矛盾，喀麥隆共和國謹請法院具體確定喀麥隆和尼日利亞聯邦共和國之間自乍得湖至海的疆界。

138.　喀麥隆並請法院將兩項申請書加在一起，"合為一案審理"。

139.　法院院長於1994年6月14日同雙方代表會見，尼日利亞的代理人説，尼日利亞政府不反對把另一件請求書視為最初請求書的修正，使法院可以合為一案處理。

140.　法院1994年6月16日發出命令，認為對這一程序沒有反對意見，規定1995年12月18日為喀麥隆提出訴狀的時限，1995年12月18日為尼日利亞提出辯護狀的時限。

B. 請求發表諮詢意見

141.　1993年5月14日，世界衛生組織的世界衛生大會通過WHA46.40號決議，請國際法庭對以下問題發表諮詢意見：

"鑒於核武器對健康和環境產生的巨大影響，一國在戰爭中或其他武裝衝突中使用核武器是否違反其根據國際法，包括《衛生組織組織法》，所負的義務？"

142.　書記官處於1993年9月3日收到1993年8月27日世界衛生組織（衛生組織）總幹事的信，其中請法院提出諮詢意見，並附上述決議的英法文核證本。

143.　法院1993年9月13日命令（《1993年國際法院報告》）規定：1994年6月10日為世界衛生組織和根據《法院規約》第六十六條第二項有權出庭的衛生組織成員國提出書面陳述的時限。

144.　法院院長1994年6月20日命令（《1994年國際法院報告》）據若干上述國家的要求，將該時限延長至1994年9月20日。

四、法院的作用

145.　1993年10月25日，大會第四十八屆會議第31次會議注意到法院的前一次報告。法院院長羅伯特・詹寧斯爵士就法院的作用和職能在大會發表了講話(A/48/PV.31)。

五、訪問

A. 聯合國秘書長的訪問

146.　1994年1月20日，聯合國秘書長布特羅斯・布特羅斯—加

利先生經法院院長羅伯特‧詹寧斯爵士邀請，正式訪問聯合國主要司法機關的國際法院。秘書長獲得法院院長和法官的接待，同他們進行了非公開會談。他還會見了法院書記官處的工作人員。院長以午餐宴請秘書長。

B. 其他訪問

147.　1993年12月13日，巴勒斯坦解放組織執行委員會主席亞西爾‧阿拉法特先生在訪問荷蘭時訪問了國際法院所在地的和平宮和大廳的新側樓。他獲得副院長小田滋和法院法官個人的接待。副院長曾致簡短歡迎辭，阿拉法特主席致答辭。

六、關於法院工作的演講

148.　法院、院長、各法官、書記官長和法院的官員在法院所在地和其他地方發表了許多關於法院的講話和演講，以促進公眾了解司法解決國際爭端、法院的管轄權及其在諮詢案件中的職責。在報告所述期間，法院接待了197個團體，共約3300人，其中有學者和學術界人士、法官和司法當局代表、律師和法律專業人員以及其他人士。

七、法院的委員會

149.　法院為便於執行行政工作，成立了幾個委員會，在本報告所述期間，各委員會舉行了若干次會議。自1993年2月7日起，各委員會的成員組成如下：

（a）預算和行政問題委員會：院長、副院長和法官小田滋、塔拉索夫、紀堯姆、沙哈布丁和史久鏞；

（b）關係委員會：法官阿戈、阿吉拉爾‧馬德斯利和韋拉曼特賴；

（c）圖書館委員會：法官羅伯特‧詹寧斯爵士、韋拉曼特賴、蘭杰瓦、海爾采格和科羅馬；

150.　規則委員會是法院1979年設立的常設性機構，由以下法官組成：小田滋、阿戈、羅伯特・詹寧斯爵士、塔拉索夫、紀堯姆、弗萊施豪爾和科羅馬。

八、法院的出版物和文件

151.　法院的出版物分發給所有有權在法院出庭的國家的政府和全世界各大法律圖書館。這些出版物的銷售，由聯合國秘書處的銷售組負責辦理，該銷售組同世界各地的專門書店和批發商都有聯繫。出版品目錄（最新版為1994年）每年增訂，免費分發。

152.　法院的出版物目前有若干系列，三種是年刊：《判決書、諮詢意見和命令匯輯》（並以專冊印發）、關於法院的各種著作和文件的《書目》以及《年鑑》（法文版題為：Annuarire）。第一種年刊的最新一冊是《1991年國際法院判例匯編》最近的專冊為1994年7月1日的《判決》，印刷中，出版品編號651。在本報告所述期間，出版了國際法院書目第46號(1992年)。

153.　如經有權在法庭出庭的國家的政府提出請求，法院根據《規則》第53條，即使在案件終結前，在徵詢當事各方的意見後，可將訴狀和文件送交該政府；法院徵得當事各方同意，也可在口述程序開始時或開始後將這些文件開放供公眾查閱。在每個案件結束後，法院都發表題為《訴狀、口頭辯論和文件》的案卷。在這一系列文件中，在本報告所述期間內出版了關於大陸架（阿拉伯利比亞民眾國／馬耳他）一案的第四卷、關於Elettronica Sicula S. p. A. (ELSI)（美利堅合眾國訴意大利）一案的第三卷和關於《聯合國特權及豁免公約第六條第二十二節的適用》的諮詢案第一卷；前兩案的案卷已出齊。

154.　在《關於法院組織的法令和文件》這一系列文件中，法院還出版關於其職責和慣例的各項文書。在這個系列中，1978年4月14日法院通過《規則》修正案之後出版的第4號已經絕版，1989年出版了改動很少的新版（第5號）取代第4號。

155. 《法院規則》已有法文和英文本，並已譯成阿拉伯文、中文、德文、俄文和西班牙文等非正式文本。

156. 法院印發各種新聞公報、背景文件和一種手冊，使律師、大學師生、政府官員和新聞界以及公眾都能了解法院的工作、職務和管轄範圍。該手冊於1986年年底於法院四十周年時以英文和法文出版第三版。阿拉伯文、中文、俄文和西班牙文譯本於1990年出版。該版手冊的以上各種文本和第一版的德文本仍可供應。

157. 關於本報告所述期間法院工作的更完整資料，載於不久將出版的《1993～1994年國際法院年鑑》。

國際法院院長

穆罕默德・貝德賈維爵士（簽名）

1994年8月9日，海牙

特別政府間談判委員會於
一九九四年六月十八日通過防沙公約

聯合國新聞部

為協同努力幫助世界各地九億多人向他們易受損害的乾旱地的退化——通稱為沙漠化過程——作生死攸關的鬥爭，一百多個國家的政府於6月18日在巴黎完成了關於締結一項全球性法律文件以應付這一情況的談判。

通過《聯合國在發生嚴重乾旱和（或）沙漠化的國家特別是在非洲防沙治沙的國際公約》是長達十三個月工作的結果。該案文是由一個特別政府間談判委員會經過五次會議擬訂的，其中最後一次於6月6日開始。

監督緊張的起草過程的委員會主席博·傑倫（瑞典），稱這項公約是朝著改善乾旱地區人民的生活邁出了"重要的一步"。在該公約中，為各國、各分區、各區域的防治沙漠化方案確定了一個框架。沙漠化正在世界各地加速出現，影響到地球土地面積的大約25%。

由於過度放牧、過度種植、不良的灌溉辦法、濫伐森林和其他不可持續的社會經濟措施以及氣候發生變化，沙漠化情況在非洲尤為嚴重，該大陸已有66%是沙漠或乾旱地。

公約呼籲採取國際行動，其中包括動員"大量財政資源"，發達國家向發展中國家轉讓防沙治沙的技術、信息交流，以及研究和培訓方案等。公約附有四份附件，分別詳細說明將如何在非洲、亞洲、拉丁美洲和加勒比地區以及北地中海地區實施協議。

公約的一個尤為創新的特點是，它責成各國採取一種"從下而上的辦法"，這種辦法要求當地的民眾百姓和國家行政當局與國際社會一起開展工作，這就表明公約承認防沙治沙的鬥爭必須要從基層做起。

　　這項公約是1992年里約熱內盧地球首腦會議呼籲制訂的，並由大會第47/188號決議授權在1994年6月前制訂完畢。它將在1994年10月14～15日在巴黎舉行的一次政府部長高〔峰〕特別會議上開放供簽署。該公約將在五十個國家批准之後的90天後生效，這一進程預計要2年左右。

　　在此期間，談判委員會還通過一項決議，呼籲"為非洲採取緊急行動"。它建議受影響的非洲國家和各援助國立即開始實施該公約。另一項決議呼籲於1995年1月舉行談判委員會的第六次會議，以期開始協調和監測工作，該項工作隨後將由批准該協議的國家組成的締約國會議接管。

　　據報導，由於資金籌措不足，加之技術重點的範圍過於狹小，於1977年通過的先前的《聯合國與沙漠化作鬥爭行動計畫》未能達到預期目的。該行動計畫沒有充分確認這一問題的社會經濟原因，沒有使當地的民眾加入到這一進程中來。

　　為使現有國際資金進一步起作用，公約建立了一種"全球機制"，以確認和協調現有的資金籌措來源。根據新的案文，公約還督促各國政府在控制沙漠化的行動可與全球環境貸款的四個籌資領域掛鉤的情況下，盡可能尋求利用全球環境貸款資助這種行動。這四個籌資領域是：預防氣候變化；確保維護生物的多樣化；保護國際水道；減少臭氧層損耗。

　　全球環境貸款是地球首腦會議上簽署的《生物多樣化公約》和《氣候變化框架公約》這兩份法律文件的臨時籌資渠道。

〔聯合國新聞部，**聯合國紀事**，第11卷第3期（1994年9月），頁74。〕

聯合國防止歧視及保護少數小組委員會
通過土著人民問題宣言草案

聯合國新聞部

防止歧視及保護少數小組委員會經過10年艱苦的談判後，通過一項宣告土著人民的權利和獨特價值的宣言草案。

面對著由於日益增長的民族衝突、大批居民遷徙和全世界其他人道主義性的災難所引起的不斷增多的有關少數人的問題，小組委員會在其第四十六屆會議（8月1～26日，日內瓦）上通過了五十項決議和十九項決定。問題的範圍從盧旺達及中東的危機、南非向民主制的過渡，直到婦女、兒童和聯合國工作人員的權利以及整個世界普遍存在的侵犯人權和基本自由的問題。

朱迪斯・塞菲・河塔主席（尼日利亞）說，全世界人民日益意識到他們應當享受的權利，因而提請各國政府對那些正在被否認的權利給予重視。

總共有八份關於土著人民權利的文本獲通過，這是12月10日發起"世界土著人民國際十年"的前奏。由 26 名成員組成的小組委員會——人權委員會的主要附屬機構——歡迎大會的決定：該十年的目標應該是加強國際合作，以便解決土著人民在有關環境、發展、教育和衛生保健等領域內面對的問題。小組委員會建議"十年"的主題應為："土著人民：新的關係；行動中的伙伴關係"。

小組委員會還籲請將每年8月9日奉為"國際土著人民日"。要求秘書長請各國政府和土著組織對於在聯合國設立一個土著人民長期講壇問題發表意見，同時建議人權事務中心為此事舉辦一次研討會。

小組委員會也根據阿爾巴尼亞、伊拉克、伊朗、乍得、布隆迪、多哥、危地馬拉、海地和巴布亞新幾內亞的人權形勢採取了行動。

十年的目標應是幫助解決
各地土著人民面臨的問題

有一個文本籲請各國政府防止、戰勝和根除恐怖主義，並在針對恐怖主義的鬥爭中互相合作。在另一個文本中，敦促各國政府尊重聯合國工作人員及其家屬的權利。

南非種族隔離制度的廢除受到了歡迎，但對世界各地種族主義慣常做法的不斷出現則表示關注。專家成員們支持將於1997年召開的對種族主義、種族及民族歧視、排外主義和其他有關的當代種種形式不容異己進行鬥爭的世界會議。小組委員會還極為關切地指出，儘管國際社會已作出努力，但聯合國有關對種族主義和種族歧視進行鬥爭的兩個“十年”的主要目標仍未實現。大會在1993年12月20日的第48／91號決議中宣告了第三個這樣的“十年”自1993年開始。

小組委員會要求立即結束盧旺達人民遭受的大屠殺的苦難，指出國際社會進行了“遲緩的、非充分有效的干預”。小組委員會還呼籲讓難民迅速平安地返回他們的家園，並且強調需要國際上作出努力對戰犯進行審判，並解除前盧旺達軍隊的國民警衛軍和極端分子的武裝。

在未經表決通過的防止歧視和保護少數的一項決議中，小組委員會建議成立一個閉會期間工作組來研究對涉及少數人情況的和平而富有建設性的解決辦法。

專家們對防止歧視婦女的問題給予了高度重視。小組委員會核可了一項涉及婦女和兒童健康的傳統做法的行動綱領。小組委員會決定在其議程的每個項目下，以及它所承擔的一切研究工作中，均應對婦女和女童的人權問題予以考慮。此外還通過了在人體免疫缺損病毒（愛滋病病毒）／獲得性免疫缺損綜合症（愛滋病）的範圍內對當代各種形式的奴役和歧視進行鬥爭的一些決議。

　有關人權和環境問題的原則草案受到歡迎。關於聯合國人道主義活動對享受人權的影響的一項新的議程項目得到了審議，同時建議任命一位有關此問題的特別報告員。

〔聯合國新聞部，**聯合國紀事**，第11卷第4期（1994年12月），頁73。〕

聯合國國際人口與發展會議於開羅通過《20年行動綱領》

聯合國新聞部

共有十六章的《開羅行動綱領》重申了人口增長、貧窮、生產和消費方式及環境之間的聯繫。它指出："任何部分的進展都能促進其他部分的改進。"《綱領》強調需要協調人口趨勢與發展格局，以便提高現有人口的生活水準，同時又不危及後代人的需求。

它還強調迫切需要賦予婦女以權利和保證計劃生育方面的選擇權，並且著重指出推動男女平等和確保婦女控制自己生育的能力是人口與發展方案的"基石"。"主權"原則也載入了《綱領》中，該原則保證每個國家將自行決定那種方案建議適合於它的情況和需要。

本文件遵循類似於《21世紀議程》——1992年聯合國環境與發展會議通過的行動戰略——的結構，將其各章和各分章分為"行動基礎"、"目標"和"行動"等各節。

序　言

序言（第一章）對各種問題進行了概述。它指出，全球日益一致地認識到必須在可持續發展的範圍內加強人口方面的國際合作。它說，"由於不能持續的生產和消費方式、前所未有的人口增長、普遍與持續的貧窮和社會經濟不平等的驅動"，世界的基本資源正在"耗竭，環境退化日益加劇。"據目前估計，世界人口為56億。在本10年餘下的6年中，世界各國"通過它們的行動或不行動"將要在一系列可選擇的人口前景中作出抉擇。聯合國對今後20年的人口作了低、中、高三種預測，人口數量在71億至78億不等。如果落實《綱領》的目標，將使世界人口的增長低於聯合國的75億人口的中等預測水平。

它指出了一些令人鼓舞的跡象，例如世界人民及其領導人對於生育保健、計劃生育和人口增長的態度有了重大變化。在這方面，在可持續發展範圍內的持續經濟增長將提高各國應付預計的人口增長壓力的能力；促進人口增長率與社會、經濟和環境目標不平衡的國家進行人口過渡；以及允許人口因素與其他同發展有關的政策取得平衡和融為一體。《綱領》指出，農村人口的轉移和各國間持續高水平的移民正在構成新的嚴重挑戰。

《綱領》向國際社會建議了一系列目標和目的，其中包括：在可持續發展範圍內的持續經濟增長；教育，特別是女童的教育；男女公平與平等；降低嬰幼兒和產婦死亡率；以及普遍提供生育保健服務，包括計劃生育和性保健。

基本原則

《行動綱領》第二章提出了指導會議參加人員的十五項基本原則，其中許多原則涉及每個男人、婦女和兒童都有資格享受的基本人權"。它們"符合普遍承認的國際人權"。貫徹執行《行動綱領》是各國的主權權利，與各國的法律和發展慣例相一致，應充分尊重各國人民的宗教和倫理價值觀及文化背景。

第三、四章

第三章論述人口、持續經濟增長與可持續發展之間的相互關係。建議的行動中包括各國政府建立體制機制以確保主管環境、社會和經濟政策以及方案的所有機構都處理人口因素。必須按照國家政策優先對人力資源開發進行投資。政府應當支持《21世紀議程》中商定的目標和行動。這其中包括旨在消除貧窮的措施，並特別注意針對農村窮人和生活在脆弱生態環境中或其邊緣的人們的創收和就業戰略。

關於男女平等、公平和賦予婦女權利的第四章呼籲各國建立有關

機制，使婦女平等參與各級政治進程和每個社區和社會的公共生活並擁有平等的代表權，以及通過教育、技能培養和就業促進婦女發揮潛力，其中將消除貧困、文盲和不健康放在最重要的位置。應當消除對婦女的暴力和歧視性做法。社會各級領導人必須以言論和行動強烈反對家庭中以偏好兒子為基礎的性別歧視。各國政府應當按照《行動綱領》推動和鼓勵男女平等參與家庭和住戶責任的所有方面，包括計劃生育、撫養子女和家務。

第五至七章

　　第五章論述家庭及其作用、權利、組成和結構，它要求制定更好地支持家庭的政策和法律，同時考慮到家庭的各種形式，因為家庭是社會的基本單位並有助於社會的穩定。要求各國政府與雇主合作，採取和促進有利於兼顧加入勞動力和父母責任的措施，支持和發展適當的機制，以協助家庭撫養子女、老年人和殘疾的家庭成員。

　　關於人口增長和結構的第六章論述生育率、死亡率和人口增長率，以及兒童和青少年、老年人、土著人民和殘疾人的需要及權利。《綱領》指出，全世界大多數國家都在朝著低出生率和低死亡率的格局會聚，但前進的速度各不相同，造成世界面臨差異日見增大的人口狀況。《綱領》指出，1995～2015年期間，預計較發達地區的人口約增加1.2億，而欠發達地區的人口將增加17.27億。《綱領》要求各國更多地注意人口趨勢對於發展的重要性，那些還沒有完成"人口過渡"的國家應當在這方面採取有效的措施。

　　關於生育權利和生育保健的第七章承認，"男女有權獲知並能實際取得他們所選定的安全、有效、價廉和可接受的計劃生育方法及他們所選定的其他不違反法律的調節生育的方法"。生育保健被界定為通過預防和解決生育保健問題來促進生育保健和健康的各種方法、技術和服務，而且包括性保健。生育權利取決於承認所有夫婦和個人自由和負責地決定其子女數目、生育間隔和時機的基本權利，包括如各

項人權文件中表示的那樣，所有人在沒有歧視、強迫和暴力的情況下作出生育決定的權利。《綱領》呼籲所有國家努力通過初級保健系統盡早（不遲於2015年）向所有適齡個人提供生育保健。

《綱領》還專門提及了計劃生育、性傳播疾病和人體免疫機能缺損病毒（愛滋病病毒）預防、人類性行為和兩性關係及青春期等問題。要求各國政府和國際社會利用一切可用手段支持計劃生育中自願選擇的原則。《綱領》指出："各國政府應採取適當措施協助婦女避免墮胎，因墮胎決不能作為一種計劃生育的方法來推廣。"為了應付今後10年及以後對避孕藥具需求量會大大增加的問題，國際社會應立即建立一個有效的協調制度和全球、區域和分區域設施，來採購發展中國家和過渡中國家生育保健方案所必需的避孕藥具和其他物品。

應在家長支持和指導下，並依循《兒童權利公約》，向青年人提供綜合的性教育和服務，《綱領》呼籲對此給予支持。保健提供者的方案和態度不應限制青少年獲得有助於他們了解自身性特性的信息和服務。這些工作應伴隨以教育青年男子尊重婦女自主，並在性行為和生育方面與婦女共同分擔責任。

第八至十章

第八章論述保健、發病率和死亡率，它包括以下分章：初級保健和保健部門；兒童生存和保健；婦女保健和安全孕產；以及愛滋病病毒感染和獲得性免疫缺陷綜合症（愛滋病）。要求所有國家把享有基本保健和促進健康作為降低死亡率和發病率的中心戰略，並分配足夠的資源，使初級保健服務普及全民。《行動綱領》包括一系列具體的量化目標，例如嬰幼兒死亡率及產婦死亡率和預期壽命。據《行動綱領》所說，應承認和支持婦女在家庭保健方面的主要監護作用。應通過技術轉讓，協助發展中國家建立為國內市場生產非專利藥品的能力並確保廣泛提供和利用這類藥品。

就兒童而言，在今後的20年中，應通過國際合作和國家方案，大

幅度縮小發達地區與發展中地區嬰幼兒平均死亡率的差距。同樣，各國應力求在 2015 年前大幅度降低產婦死亡率，並應擴大初級保健範圍內孕產婦保健服務。敦促各國政府和有關的政府間組織和非政府組織加強其對婦女保健的承諾；處理不安全墮胎（定義為"由缺乏必要技能的個人或在缺乏最低醫療標準環境下或在二者兼有的情況下終止當事人不希望發生的懷孕的方法"）對健康的影響，把它作為一個主要的公共衛生問題對待；並且通過擴大和改善計劃生育服務來減少採用墮胎的做法。在為防止和減少愛滋病病毒感染蔓延而建議的行動中，包括優先注意提高認識和強調改變行為的信息、教育和宣傳運動的方案。

第九章審議人口分布、城市化和國內遷移問題。該章提出了解決農村地區的"外遷"問題及城市貧民和國內被迫流離者的相關問題的辦法。關於國際移徙的第十章論述有證件和無證件的移徙者的狀況及難民、尋求庇護者和被迫流離者的狀況。要求所有的原籍國和目的地國政府使所有的人都有可能留居本國。為此，應加緊努力實現可持續的經濟和社會發展，以確保發達國家、發展中國家及過渡中國家達成更好的經濟平衡。應在國際和國內衝突升級前加緊努力緩和這些衝突。該章指出，"各國政府，特別是接收國政府必須認識到家庭團圓的極端重要性，並將這一點納入其國家立法中，以便確保有證件移徙者家庭的團圓得到保證。"

第十一至十三章

關於人口、發展和教育的第十一章指出，"全世界75%的文盲是婦女"，而且國際社會負有特殊的責任確保"所有兒童接受高質量的教育和讀完小學"。教育與人口和社會變化的關係是一種相互依存的關係，而教育、結婚年齡、生育率、死亡率和流動性之間則存在著一種密切而複雜的關係。提高婦女和女童的教育程度有助於婦女獲得更多的權利，推遲結婚年齡，減少家庭人數和提高兒童的存活率。

　　《行動綱領》建議，所有國家都應進一步努力確保盡早，無論如何在2015年前使男女兒童都能百分之百地有機會上小學或達到同等教育程度。所有國家都必須加強關於人口和可持續發展問題的信息、教育和宣傳活動。

　　第十二章著重說明技術、研究與開發在人口和發展活動方面的極端重要性，特別是在基本數據的收集、分析和傳播；生育保健研究和社會經濟研究等方面。

　　第十三章在國家行動的標題下討論各國政府制定和執行處理人口和發展問題的國家政策和行動計劃的重要性，以及調集和分配必要資源以實現發展目標的重要性。《行動綱領》估計，為滿足發展中國家和過渡中國家基本生育保健服務和人口數據收集方面需求而所需的資金在2000年為170億美元；2005年為185億美元；2010年為205億美元；2015年為217億美元。其中，1／3將由國際捐助界提供，另2／3由各國自身籌措。

第十四章

　　第十四章集中討論國際合作問題。國際合作對於執行人口和發展方案是至為必要的。據《綱領》稱，發展中國家互相合作成功的經驗否定了只有發達國家提供援助這樣一種陳腐的觀點。

　　諸如國際移徙和愛滋病等問題，以前被認為只是少數國家"關注的區區小事"，現在則成了許多國家優先解決的問題。不過，受援國和援助國必須對大量相互競爭的優先發展事項作出選擇決斷。國際合作的核心目標和主要活動必須是發展各國處理人口和發展問題的能力和向發展中國家、包括過渡中國家轉讓合適技術和專門知識。調集"大量的補充資金"也是至關重要的。

　　國際社會應力爭實現官方發展援助總量占國民生產總值0.7%這一商定的目標。

第十五、十六章

第十五章詳細論述當地、國家和國際非政府組織的潛在作用，這些組織被稱為“人民的重要喉舌”，在幫助各國應付人口和發展挑戰方面起著關鍵作用。據《行動綱領》稱，應讓這些團體參與決策進程和促進它們作貢獻。同樣，還強調了以營利為宗旨的私營部門貢獻的重要性，特別是應“以對社會負責、對文化敏感、可為人們接受，而且合乎成本效益的方式生產和提供高質量的避孕商品和服務，同時進行適當的教育”。

第十六章概述分區域、區域、國家和國際各級的會議後續安排。

〔聯合國新聞部，**聯合國紀事**，第11卷第4期（1994年12月）頁66～68。〕

國際原子能機構開放
《國際核安全公約》供簽署

聯合國新聞部

一項《國際核安全公約》——直接處理全世界核發電廠問題的第一部法律文書——於9月20日在國際原子能機構（原子能機構）大會第三十八屆會議（9月19日～23日，維也納）上開放供簽署。

這項公約經三年工作後完成，它適用於陸基民用核發電廠，而且責成各締約國建立和維持管理安全問題的適當立法和管制框架。各締約國通過《公約》，承諾遵守核裝置的基本安全原則，並且同意參加關於其義務履行情況的定期同等地位者審查會議。

該《公約》——9月20日由三十八個國家簽署，其中包括加拿大、法國、印度、巴基斯坦、大韓民國、俄羅斯聯邦、南非、聯合王國和美國——將在第二十二份批准書交存原子能機構後的第19天生效。

早些時候，曾在原子能機構組織的核動力選擇會議（9月5日～8日，維也納）上對涉及核動力的全球電力生產的當前計畫和未來計畫進行了全面概述。

"形象更高大"

秘書長布特羅斯·布特羅斯—加利在他9月19日致大會的賀電中指出，原子能機構的"形象"比它歷史上任何其他時候都"更高大"。秘書長列舉去年大會建議就一項禁止生產核武器用裂變材料國際條約進行談判的決議時說，由於原子能機構在保障措施核查活動方面有大量的經驗，它"完全能夠在這樣一項條約的制定和執行方面都

發揮關鍵的作用"。在制定有效方法以確保非法核材料不落入"國際黑市的最高出價人之手"方面，原子能機構的援助也是一個重要因素。

他說，《不擴散核武器條約》（不擴散條約）仍然是"防止核武器擴散國際努力的基石"，而且，維護它的完整性必須是原子能機構和全體聯合國會員國的"首位優先工作"。他希望會員國同意無限期無條件地延長該《條約》。

秘書長列舉的最近的事態發展包括朝鮮民主主義人民共和國為重新履行其《不擴散條約》規定的義務而採取的積極步驟，吉爾吉斯斯坦和哈薩克斯坦加入該條約，以及烏克蘭將其核材料置於原子能機構保障之下並表明它打算加入《不擴散條約》。布特羅斯—加利先生在歡迎這些"重要的步驟"的同時說，情況"不容滿足"。

十五個案文獲通過

在裁軍談判會議的會議上，共通過了十五項以上的決議，它們涉及加強核不擴散制度和全球和平利用核動力合作的主要方面。

會員國重申支持：全面執行原子能機構與朝鮮民主主義人民共和國達成的保障協定；與伊拉克的長期核查和監測計畫；南非重新參加原子能機構的所有活動；建立非洲無武器區；盡早在中東實施原子能機構的全面保障措施，以期在該地區建立一個可核查的無核武器區；採取措施防止核材料的非法販運。

其他的案文涉及：技術合作活動；核安全和放射性保護；放射性廢料的管理；以及水資源和生產。

會議決定恢復對以色列自1981年以來中止的技術援助，並且要求確定在巴勒斯坦當局管轄下領土上的技術援助項目。

〔聯合國新聞部，**聯合國紀事**，1994年12月，第11卷第4期，頁62。〕

國際法委員會通過國際刑事法院規約

聯合國新聞部

　　國際法委員會第四十六屆會議（5月2日～7月22日，日內瓦）的特點是通過了共有60條的國際刑事法院規約草案。該文書是大會1993年在第48／31號決議中要求作為一個"優先事項"完成的。

　　該法院對下列罪行擁有管轄權：侵略、種族滅絕、種族隔離、異常嚴重的戰爭罪、有系統或大規模侵犯人權；酷刑、綁架人質、劫機和非法販賣麻醉品。

　　規約草案分為八大部分：即法院的建立、組成和管理、管轄權、調查和起訴、審判、上訴和複審、國際合作和司法協助，以及執行。

　　法院的管轄權被一致認為是規約草案的核心，它並不一定排除國家法庭對相同罪行的管轄權。如該法院要對一具體案件有任意決定權，下列各方必須接受其管轄權：即拘留罪行涉嫌者的國家、發生該行為或不行為的所在地國，以及根據一項國際協議請求拘留國將一名涉嫌者送交起訴的國家。

　　根據草案第23條，法院還對聯合國安全理事會按照《聯合國憲章》第七章採取行動——即在維護國際和平與安全方面採取的行動——時轉交給它的罪行擁有管轄權。然而，該規約草案指出，"除非安全理事會另有決定"，否則對安理會作為威脅和平或破壞和平的一種情況或一種侵略行為所作的處理"不得提出訴訟"。

　　該案文〔A／49／10〕已轉交大會第四十九屆會議審議。

其他問題

　　在其他方面，國際法委員會已開始進行危害人類和平及安全治罪法草案的二讀。在其他兩個實質性問題上也取得了進展。

二讀通過了一整套共計33條的國際水道非航行使用法條款草案，以及一項關於封閉的跨界地下水的決議草案。委員會將這些案文推荐給大會，以期大會或一個全權代表國際會議制訂一項公約。

關於"國際法不加禁止的行為所產生的損害性後果的國際責任"，委員會曾暫時通過了一整套有關適用於具有跨界損害危險的活動的預防措施的條款。

關於國家責任，該草案第一部分第19條中的罪行問題進行了廣泛的討論。

大會於1947年設立的這個委員會被授權促進逐步發展國際法和編纂關於重要專題的國際法。它的34名專家代表了世界各主要法律體系。

由於國際法委員會的工作而產生的國際文書包括關於下列方面的公約：外交和領事關係、條約法、防止和懲處侵害應受國際保護人員包括外交代表的罪行、國家在其對普遍性國際組織關係上的代表權、國家對於國家財產、檔案和債務的繼承，以及國家和國際組織之間或國際組織之間的條約法。

〔聯合國新聞部，**聯合國紀事**，第11卷第4期（1994年12月），頁41。〕

一九九五年國際公法大會議程

聯　合　國

聯合國國際公法大會
1995年3月13日至17日

邁向二十一世紀：以國際法作爲國際關係的語言

工作方案

一、全體會議

（排定於全體大會堂舉行）

1995年3月13日，星期一

上午
上午10時～10時20分　　　主管法律事務廳副秘書長、聯合國法律顧問
　　　　　　　　　　　　漢斯・科雷爾先生致開幕詞

專題1.　國際法原則：促進和執行這些原則的理論方面和實踐方面
　　　　主持人：Javad Zarif 先生

上午10時20分～10時40分　主持人介紹專題
上午10時40分～11時　　　國際秩序的正義和穩定
　　　　　　　　　　　　Hisashi Owada 先生
上午11時～11時20分　　　國際法的普遍性：概念和限度
　　　　　　　　　　　　Dumitra Popescu 女士
上午11時20分～11時50分　休息

上午11時50分～下午1時　　公開討論

　　　　　　　　　　　　　午　　休

下午

下午3時～3時20分　　　　制訂和執行國家間關係的新原則的區域觀點
　　　　　　　　　　　　　和世界觀點
　　　　　　　　　　　　　　Maria Teresa Infante Caffi 女士

下午3時20分～3時40分　　聯合國在維持和平方面所起作用的演變
　　　　　　　　　　　　　　Brigitte Stern 女士

下午3時40分～4時　　　　通過國家法院促進和執行國際法
　　　　　　　　　　　　　　Jochen A. Frowein 先生

下午4時～4時20分　　　　全球談判的困難：海洋劃界的難處
　　　　　　　　　　　　　　Kari Hakapaa 先生

下午4時20分～4時50分　　休息
下午4時50分～6時　　　　公開討論

1995年3月14日，星期二

**專題2.　國家間和平解決爭端的途徑，包括訴諸國際法院和
　　　　充分尊重國際法院**
　　　　主持人：Rosalyn Higgins 女士

上午

上午10時～10時20分　　　主持人介紹專題
上午10時20分～10時40分　國際法院諮詢功能所起的作用：總結和前瞻
　　　　　　　　　　　　　　Mohammed Bedjaoui 先生（國際法院院
　　　　　　　　　　　　　　長）

上午10時40分～11時　　　國際法院在《聯合國憲章》制度中的功能
　　　　　　　　　　　　　　Santiago Torres Bernardez 先生

上午11時～11時30分　　　休息
上午11時30分～下午1時　　公開討論

午　　休

下午

下午3時～3時20分	外交和國際爭端的解決
	B. S. Murthy 先生

下午3時20分～3時40分　　加強區域安排或機構在和平解決爭端中所起
的作用

Oleg N. Khlestov 先生

下午3時40分～4時　　　　在國際法範圍內和平解決爭端的發展和當前
的趨勢

Miguel Angel Gonzalez Felix 先生

下午4時～4時20分　　　　跨界自然資源的和平管理

Achol Deng 先生

下午4時20分～4時50分　　休息

下午4時50分～6時　　　　公開討論

1995年3月15日，星期三

專題3. 國際法的編纂和逐漸發展：新的發展和優先事項

　　主持人：Emilio Cardenas先生

上午

上午10時～10時20分　　　主持人的介紹

上午10時20分～10時40分　國際法的逐漸發展和編纂：重新檢討大會的
作用

Eric Suy 先生

上午10時40分～11時　　　編纂是否導致廣泛的接受？

Karl Zemanek 先生

上午11時～11時20分　　　加強協調和逐步發展國際法的進程：國際法
委員會功能的演變和加強國家承諾

Alexander Yankov 先生（代表國際法委

　　　　　　　　　　　員會）

上午11時20分～11時50分　休息

上午11時50分～下午1時　公開討論

　　　　　　　　　　　午　　休

下午

下午3時～3時20分　　　國際關係的民主化及其對國際法的發展和適
　　　　　　　　　　　用的含義
　　　　　　　　　　　Christopher Pinto 先生

下午3時20分～3時40分　海洋法的編纂：新發展的前景
　　　　　　　　　　　Vicente Marotta Rangel 先生

下午3時40分～4時　　　國際環境法的新方向
　　　　　　　　　　　Edith Brown Weiss 女士

下午4時～4時30分　　　休息

下午4時30分～6時　　　公開討論

1995年3月16日，星期四

**專題4. 國際法領域的新的研究、教育和培訓方法和
國際法的廣泛了解**
　　　主持人：Ddward Arthur Laing 先生

上午

上午10時～10時20分　　主持人的介紹

上午10時20分～10時40分　通過研究和新的教學方法促進國際法
　　　　　　　　　　　Mohammed Bennani 先生

上午10時40分～11時　　國際法教學和研究的一般著手辦法
　　　　　　　　　　　王鐵崖先生

上午11時～11時20分　　國際法教學與國際現實最近的變化：持續和
　　　　　　　　　　　現代化
　　　　　　　　　　　Hector Gros Espiell 先生

上午11時20分～11時50分　　休息

上午11時50分～下午1時　　公開討論

午　　休

下午

下午3時～3時20分　　　　國際法領域的培訓和教育機制

Luigi L. Ferrari-Bravo 先生

下午3時20分～3時40分　　國際法研究和教育發展的傳統領域和新領域

Zdzislaw Galicki 先生

下午3時40分～4時　　　　培養世界公民：國際法作為中學教育的基本

成份

Donald Buckingham 先生

下午4時～4時30分　　　　休息

下午4時30分～6時　　　　公開討論

1995年3月17日，星期五

專題5. 邁向二十一世紀：新的挑戰和期望

主持人：Danilo Turk 先生

上午

上午10時～10時20分　　　主持人的介紹

上午10時20分～10時40分　國際法在世界社會的轉變中作用

Chi Young Pak 先生

上午10時40分～11時　　　通過程序和實踐滿足期望

Ninian Stephen 爵士

上午11時～11時30分　　　休息

上午11時30分～下午1時　　公開討論

午　　休

下午

下午3時～3時20分　　　　使國際法更為用者的需要著想

　　　　　　　　　　　　　　Louis Sohn 先生
下午3時20分～3時40分　　　當代國際法的繼承問題
　　　　　　　　　　　　　〔Ａ〕lexander Chaly 先生
下午3時40分～4時　　　　　普遍性與聯合國
　　　　　　　　　　　　　Peter Maynard 先生
下午4時～4時30分　　　　　休息
下午4時30分～5時40分　　　公開討論
下午5時40分～6時　　　　　聯合國秘書長布特羅斯—布特羅斯—加利先生致閉幕詞

二、圓桌討論

1995年3月13日，星期一

晚上
下午6時15分～　　　聯合國制裁作為和平解決爭端的工具　　第6會議室
　　8時15分　　　　　主持人：Adriaan Bos 先生
（只用英語）

下午6時15分～　　　聯合國和各調查團　　　　　　　　　第7會議室
　　8時15分　　　　　主持人：Djamchid Momtat 先生
（只用法語）

1995年3月14日，星期二

晚上
下午6時15分～　　　日益擴充的國際人道主義法範圍　　　第5會議室
　　8時15分　　　　　主持人：Theodore Meron 先生
（只用英語）

下午6時15分～　　　二十世紀初的第三方爭端解決：　　　第6會議室
　　8時15分　　　　　重新檢討一些老問題和1899／

（只用英語）	1907年海牙或《常設國際法庭規約》和《國際法院規約》沒有預見的一些新問題 主持人：Shabtai Rosenne 先生	
下午6時15分～ 8時15分 （只用英語）	可持續發展領域的國際法：發展、環境和人權的融合 主持人：Philippe Sands 先生	第7會議室

1995年3月15日，星期三

上午

| 上午8時30分～
9時45分
（只用英語） | 《聯合國憲章》與世界政治：安全理事會和國際法院在轉變中世界所起的作用
主持人：Ove Bring 先生 | 第5會議室 |

晚上沒有安排圓桌討論

1995年3月16日，星期四

上午

| 上午8時30分～
9時45分
（只用西班牙語） | 國際法的編纂和逐漸發展的概念方面和實踐方面：新的發展和優先事項
主持人：Maria del Lujan Flores 女士 | 第6會議室 |
| 上午8時30分～
9時45分
（只用英語） | 空間法：聯合國的作用
主持人：Francis Lyall 先生 | 第5會議室 |

晚上

下午6時15分～	環境法對《海洋法公約》的挑戰：	第5會議室
8時15分	逐漸發展的逐漸發展	
（只用英語）	主持人：Arthur Ralph Carnegie 先生	

下午6時15分～	爭端的外貌和解決爭端的適當	第6會議室
8時15分	途徑	
（只用英語）	主持人：Gerhard Hafner先生	

下午6時15分～	國家主權面臨的新的挑戰對國	第7會議室
8時15分	際法的含義	
（只用英語）	主持人：Oscar Schachter 先生	

一個美國司法案件——亞特蘭大共同保險公司等控訴西北航空公司案——所引發的後續問題

孫 遠 釗*

　　針對美國威斯康辛聯邦地方法院判決美國西北航空公司託運案適用於中共所簽署的華沙公約，做出「臺灣是中華人民共和國一部分」的判例，我國外交部表示，根據臺灣關係法，中共簽署的條約其效力不及於臺灣，我政府已循司法救濟途徑，要求更正此一判例。①

　　在**中國國際法與國際事務年報**第七卷之中，筆者已對於本案的全文做了譯介，並在文後另行加註，就法院所持的見解有可議之處予以分析②。必須重申的是，主審本案的聯邦地方法院法官顯然忽略了臺灣關係法的存在，以致於獲得了「臺灣是中華人民共和國的一部分，而後者為華沙公約的締約國，從而臺灣亦受到該公約拘束」的結論。因此，中華民國政府認為本案判決不當是正確的。

　　然而，當外交部表示中華民國政府將以司法救濟方式要求美國聯邦法院更正判決時，則產生了相當的問題。首先必須了解的是美國為一三權分立的政府體制，在「司法獨立」的精神下，一旦法院受理案件，則行政部門祇能遵循訴訟規則提出相關的訴狀或聲請，請求法院採取某個立場。但是無論如何均無法要求法院做成某項裁判。因此，對於一個外國政府而言，一旦發現有某個案件其結果足以影響到該國政府在美國的利益時，這時可能的救濟途徑如下：

　　㈠由該外國政府直接以利害關係人的身分向主審法院提出「介入

---

*　美國喬治華盛頓大學國家法律中心智慧財產研究所副主任，兼亞太法學會執行長。

①　參見**中國時報**，中華民國八十四年九月十九日頁四。

②　參見孫遠釗譯，亞特蘭大共同保險公司等控訴西北航空公司案（Atlantic Mutual Insurance Co. et （al） v. Northwest Airlines, Inc., 796 F. Supp. 1188（E.D. Wisconsin 1992）），**中國國際法與國際事務年報**，第七卷（民國八十年至八十二年），頁568-572。

聲請」（plea for intervention；即類似我國民事訴訟法第54條「主訴訟參加」之規定。），一旦獲准，即成為該項案件的當事人之一③。

㈡如果該外國政府在本案中並不具有真正的（genuine）利害關係，不能提出「介入聲請」，但其判決結果仍有可能間接影響到後者的利益時，則該外國政府仍可直接向法院提出書狀（brief），以「法院友人」（amicus curiae）的身分提出「法院友人意見書」（amicus curiae brief），陳述法理以及法院所應採取的立場，以供法院參酌。

當外國政府以「法院友人」提出「法院友人意見書」時，必須符合下列的要件：

㈠此一書狀的提出，業經訟爭各當事人的書面同意；

㈡如各當事人不能完全同意，則須向法院提出聲請並經裁示批准；或是

㈢由法院主動裁決，要求「法院友人」提出「法院友人意見書」④。

一旦聲請獲准或是裁決宣布，則意見書應在指定的期限內提出，其中並應明白宣示對訟爭案件所持的立場以及所援引的法例依據⑤。由於「法院友人」並不被視為訟爭的當事人，因此其書狀的功能，主要是在協助法院對於訟爭案件所涉及的各個相關問題有更為深入和透徹的了解。也因而在一般的情形之下，「法院友人」僅需提出書狀，詳細陳明其所持的法律見解即可，祇有在極為特別的情況下才得由法院依職權准許「法院友人」參與言詞辯論⑥。這樣的做法也是充分體現了美國訴訟制度採用「訴狀一本主義」的精神。

---

③ 參見**聯邦民事訴訟規則**第二十四條（Rule 24, Federal Rules of Civil Procedure），28 USC Appendix。

④ 參見**聯邦上訴規則**第二十九條（Rule 29, Federal Rules of Appellate Procedure），28 USC Appendix。

⑤ 同上註。唯依據**美國法典彙編** 28 USC § 593的規定，美國政府所屬單位均有權以「法院友人」身分向法院提出書狀，不需先行經由法院的批准。

⑥ 同上註。

　　鑒於「介入訴訟」或是「法院友人」程序都必須在訴訟進行期間（包括上訴）的一定時間內提出（具體的期限通常由法官視案件的複雜性來做個案認定），因此一旦案件獲得解決（判決定讞或是當事人和解），即不再有介入訴訟或是提出法院友人意見書的問題。如果此時才有任何第三者發現法院的判決有可能會對其利益產生負面的影響時，則屬為時已晚。而唯一的救濟之道，則是希望在具有隸屬關係法院體系內另有相似的案件提出，則可依循前述的途徑來尋求法院推翻前案所持的見解和判決，但若同性質的案件發生在同等級但不同地區的法院（例如不同的巡迴法院），因為沒有隸屬關係的法院是彼此分開獨立的，則法院不可以推翻其他同等級法院的判決。而斷無逕行要求前案的主審法院或法官去自行「更改判決」之理。

　　據說本案在威斯康辛州的聯邦地方法院進行之際，我國駐美辦事處即已注意到，並曾回電臺北將可能採取的各個不同方案呈報，請求簽准。結果當臺北方面做成決定之時已貽誤了相當的時機，無法以「法院友人」的身分提出書狀；而之後中華民國政府準備改以當事人身分上訴介入本案的聲請復遭法院駁回，其理由為：本案所涉及者乃是一單純的國際運送契約民事糾紛，而且法院當時仍僅在探討究竟有無管轄權的程序問題，中華民國政府既無任何的實質損害，即不適格成為當事人。至此臺北方面即失去了對於本案能夠採取任何主動的地位。而美國國務院方面雖然亦對本案法院的主張持異議的態度，且曾協助臺北的駐美單位，但終屬杯水車薪，並且也是同樣地面臨到當事人不適格的問題。於是當本案在聯邦地院判決後，加上聯邦地院之雙方當事人復在實質問題上自行和解，整個司法救濟的程序即告完全終結，斷無有「更改判決」之可能。所幸的是本案終究衹是一個聯邦地方法院的程序判決，自難發生「判例」（precedent）的效力。然而在此案中所凸顯出的因應問題，則是臺北方面應正視的。

伍、書評、書摘

書　　評

文　厚著

中國人的談判風格與特色

華府：美國國防大學出版社，一九九四年出版，二八一頁。Alfred D. Wilhelm, Jr., *The Chinese at the Negotiation Table: Style and Characteristics,* Washington, D. C.: National Defense University Press, 1994, 281 pp.

李　興　維

　　本書主旨在於探討中國（共）外交人員的談判技巧與特色。作者企圖從中國（共）與美國過去數十年外交談判經驗中歸納出一套有系統的中共談判技巧與策略。除大量參考一九五一至五三年中（共）美板門店談判以及一九五五年至七〇年間之中（共）美日內瓦與華沙談判等歷史文獻外，作者更訪問了四十名以上曾經參與上述談判會議之人員或對談判有專業知識與經驗之中美外交人員及學者。作者成功的在書中勾劃出一套完整的中共外交談判策略與模式。對於日後需與中共談判之政府官員以及談判行為理論研究之學者，本書提供了重要的參考依據與學理貢獻。

　　本書作者文厚（Alfred D. Wilhelm）為美國職業軍人，西點軍校畢業後歷任多項重要軍職，包括美國駐北京陸軍武官等。文厚曾在臺灣學習中文，並擁有密西根大學亞洲研究碩士學位與堪薩斯大學政治學博士學位。在一九八四年至八六年間，文厚曾任教於美國國防大學與戰爭學院，目前為美國大西洋理事會（The Atlantic Council of the United States）副總裁。

本書共分六章。第一章闡述中美雙方對於「談判」一詞之定義及比較雙方認知之差異；第二章則參照各有關談判行為之學理，配合作者廣泛訪問中美外交人員及學者之結論建構一理論體系以分析中美談判行為；第三章敍述中國（共）外交談判人員的特性；第四章與第五章為中（共）美板門店談判與中（共）美日內瓦與華沙談判之個案研究；第六章則評估分析作者在第二章建構之中美談判行為理論架構，闡釋中共之談判特色及預測其未來之可能發展。

作者認為中共及美國外交人員對於「談判」一詞有基本上不同的認知。美方人員所認知之「談判」一詞，在強調妥協互讓以解決紛爭，並以法律及司法體系作為何者公正之基礎，而取得順從或讓步。中共方面則傾向於強調其自以為是永不改變的原則真理，藉條件性及非永久性的協議來暫時抑制或局限衝突以待真理昭張，或藉曉以大義之方式說服對方以達成雙方協議。

由於中美雙方對談判的認知不同，雙方在談判策略上便有顯著之差異。美國方面因強調談判是雙方折衷互讓以解決爭端，「談判」本身即為一目的（解決爭端）。而中共則重視原則的不變性而以協議局限衝突，若情勢所需，策略性的妥協或讓步是可以接受的，但妥協讓步絕不可違背原則，因此「談判」對中共而言只是一種運用各種策略方法來解決問題的過程，換言之，談判只是另外一種形式的鬥爭。談判亦是一種說服對方來接受自己的工具。何時及如何舉行談判端視客觀形勢、可能造成之效果、雙方之敵對程度、時間以及成效等因素決定。

從這種策略角度分析，作者認為「談判」對中共而言亦是一種戰略手腕，中美談判只是中共達成其戰略目標之工具。最明顯的例子便是北京當初提議中美雙方進行日內瓦大使級談判，其真正目的只是希望改善中美關係，中共認為一旦中美關係改善，西方國家自然而然會改善其與中國（共）之關係。中共更一向視中美之長程關係為一「持續的鬥爭與衝突」（continual struggle or conflict）。談判自然成為

這種鬥爭程序中維護自身戰略利益之重要工具。

作者指出由中（共）美過去數十年談判歷史來看，中共談判人員完全遵循上述原則。而在實際談判運作上，中共談判策略的創始人周恩來又發展出一套理論與組織模式以配合支援談判間的交涉過程從而增加談判之影響力。這套模式一方面強調說服與調解之使用，另一方面又不排除強迫之運行。其重點在於第三者之運用。

中共最喜歡運用第三者諸如他國或國際媒體、第三國代表、私人代表或各類友誼團體等來發展與改善人民對人民（people - to - people）之關係從而改變他國領袖之決定。以中（共）美關係為例，中共早在關係正常化之前便透過各類運動（最明顯即為乒乓球）、學術、科學、商業、宗教等聯誼活動來影響美國朝野之決策。

中美關係正常化後，政府與政府（government - to - govern-ment）之間的互動提供了另一管道來影響美國的決策。國會議員與政府官員之互訪或國際會議期間代表之交換意見更充分被運用來傳達中共之國家或政策立場。

第三種影響管道便是透過政黨與政黨間（party - to - party）關係。雖然中美之間目前並未建立此種管道，但近年來中國共產黨已與西歐國家之主要政黨逐漸建立關係。

一旦中共官員透過面對面交談發現時機成熟而且上述交流已創造一有利機會能使國家利益得以提昇，中共即立刻要求進行正式談判，透過談判而簽締雙邊協定以增加中共之基本利益，即使獲益不多，中共仍能利用此一談判機會來影響美國或世界之意見從而支持中共其他的政策目標。

然而對中共而言，談判後簽訂雙邊協定並不表示針對此一議題之談判業已結束。有關協定之執行需要持續的談判討論，並根據實際需要來界定協定之真正精神所在。換言之，談判只是為未來的談判設定了一起跑線，為未來討論如何執行建構一跳板而已。由此可見，正式談判是用來支援中共為獲得其基本國家利益以及影響中美雙邊關係之一戰略工具。

　　透過歷史、文化、心理等角度之分析，作者在書中有系統的闡釋
中共的談判策略與特色。作者更明確地指出中美關係對中共而言是一
持續不斷的交涉過程，如何在此一過程中充分運用自己的資源、利用
對方的弱點來達成政策的目標及提昇國家的利益，端賴談判者的高度
智慧及策略之靈活運用。成功的談判不僅能達成國家的目標，更能為
下次談判奠定良好的基礎。

　　本書是近年來出版唯一對中共談判策略作較詳盡分析的書，極具
參考價值。但由於作者主要是以參考在美國出版的**外國廣播與資訊服
務**（*Foreign Broadcast and Information Service* 簡稱 *FBIS*）所
英譯中共方面的資料，忽略了其他中共方面出版之談判書籍。例如馬
里蘭大學法學院丘宏達教授曾指出兩本有關中共談判之重要參考書
籍，第一本是北京中國社會科學院一九八八年出版的**當代中國外交**
（內部發行），這是根據部分中共內部資料撰寫的中共外交活動的分
析，其中第五章討論韓戰的停戰談判〔中共稱為「抗美援朝的外交鬥
爭」〕（見該書頁35～54）。第二是中共解放軍出版社在一九八九年
出版的柴成文與趙勇田合著的**板門店談判**，此二書提供豐富歷史資
料，對研究中共談判學者具重要參考價值。

書　摘

歐瑞哥著

有關南極的國際法

智利聖地牙哥：鐸門出版社，一九九四年出版，六八五頁。Francisco Orrego Vicuña, *Derecho Internacional de La Antártida,* Santiago, Chile: Dolmen Estudio, 1994, 685 pp.

周　　麟

　　南極當地約有三千萬平方公里的厚冰使其成為地球上最寒冷之地。該地每年約有十五個國家所派遣的二千名科學、軍事及相關人員在四十個科學探測（研究）站從事研究工作，其中包括中共在智利協助下設置之「中國南極長城站」及「中國南極中山站」。由於智利自一九四〇年起即主張在南極擁有一百二十五萬平方公里領土，並建有超過六個分屬陸、海、空軍之軍事基地，故長期以來對該「冰凍大陸」之研究十分重視。智外交部設有南極局，擁有為數可觀的研究人員及設施，並發行定期刊物及經常舉辦學術研討會。

　　本書作者為智利大學國際事務研究所前所長，前駐英大使，國際法學會智利分會現任會長，智利研究院院士，兼社會、政治及倫理學研究所所長歐瑞哥博士。全書分為三篇，十章，六十三節。

　　第一篇闡述有關國家在南極進行資源開發合作所適用國際法架構的特色；第二篇分析南極資源開採的規章，著重礦物開採及環境保護之析論；第三篇介紹南極法律體系與國際社會間關係所衍生出對國際法原則之影響及其所產生之問題。

　　第一篇有四章。第一章為國際間在南極合作之演進及其資源開發所帶來之影響；第二章為南極法律體系及其在開採天然資源所具有規範功能方面之發展；第三章介紹南極主權及管轄權；第四章為海洋法在南極公約體系中的適用問題。

　　第二篇亦編有四章，分別為第五章到第八章。第五章為南極礦物資源開發與開採規章的基本考量因素；第六章為南極環境保護；第七章為南極體系中之權力分配模式及解決問題之途徑；第八章為南極體系的制度架構（El Marco Institucional Del Sistema Antartico）。

　　第三篇僅有二章，第九章及第十章。第九章為非締約國參與南極公約體系的規定；第十章為南極公約體系與國際社會之關係。

　　藉由本書可獲得以下知識。首先為對開採南極礦物資源的規章之了解，以及八〇年代期間南極公約締約國進行談判過程中所採取的途徑、立場以及其所受之限制。其二為提供由法理及政治兩個不同的角度審視南極公約。前者涉及南極管轄權的闡述，並輔以對海洋法的析論；後者在政治考量上，介紹若干國家所提出用以在不同項目上在南極進行合作的政治選擇。其三為南極環保，企求提出一項建立高度制度性規範的模式，解決爭端的機構，以及破壞當地環境時其所應承擔之責任的基本原則。最後為南極公約與國際體系的關係，闡述倡言南極國際化的國家與南極條約締約國之間對南極大陸所抱持立場的異同及彼此之互動關係。

季辛吉 著

外交關係

紐約：賽門暨舒斯特出版社，一九九四年出版，九一二頁。Henry Kissinger, *Diplomacy,* New York: Simon & Schuster, 1994, 912 pp.

黃 競 涓

　　服膺「權力平衡」暨「國家利益」理念之季辛吉以九百餘頁之篇幅闡述其對近三百年來之歐洲外交關係以及美國外交政策之看法。

　　在後冷戰時期之今日，布希總統宣佈「新世界秩序」降臨之同時，季辛吉在本書第一章與最後一章檢討主導美國外交政策之兩種基本哲學，並提出其對美國與歐洲友邦國家、俄羅斯、日本，以及中國外交關係之建議。季辛吉指出美國自立國以來之外交關係遊走於「孤立主義」與「主導世界政治舞臺」兩個極端。多數執政者與民間輿論皆鄙夷歐陸傳統之「權力平衡」觀念與實踐。

　　「孤立主義」之論點在於防止美國與在歐陸發生之外交衝突有任何牽連，並認為徹底實踐美國國內之民主政治，以作為全人類追求自由、民主象徵之明燈是最符合美國之立國精神。「主導世界政治舞臺」之傳道哲學則認為美國應有責任將其民主價值觀念傳播於全世界。儘管這兩派哲學之差異，兩者皆認為美國與世界各國不同並超越其上。兩者眼中之世界秩序皆立足於民主政治、自由貿易與國際公法。

　　本書第二章探討兩位影響並主導美國外交關係至深之美國總統：迪奧多羅斯福與伍德魯威爾森。儘管「孤立主義」是美國立國第一百年內之主導外交政策，但在實踐上往往卻是不斷地向外擴張。經由採

購或戰爭掠奪，先有由東向西以及往南之領土擴張，後有「門羅主義」之宣示以確立美國在西半球之霸權地位。此種主張美國有權在拉丁美洲干預任何實際或潛在威脅美國利益之作法恰如其所鄙視之歐陸「權力平衡」之實踐。在美國歷史中少有如羅斯福總統公開以「權力平衡」之觀念實踐美國之外交利益。他駁斥植基於美國之過時之外交理念：和平狀態是國與國間之正常情況；個人道德與國家道德沒有兩樣；美國可以安全地自立於國際紛爭之上。取而代之，他認為衝突是國與國間之常數；達爾文之「適者生存論」是主導人類歷史之準則；美國不能立足於世界舞臺之外。他以軍力處處干預拉丁美洲國家之政治，並詳細定義美國之「國家利益」。在對歐洲與日本關係上，羅斯福徹底運用「權力平衡」之精髓斡旋日本與俄國之衝突，使其成為美國第一位諾貝爾和平獎得主。然而當羅斯福去職後，美國輿論依然排斥「權力平衡」之運作。隨著威爾森總統之就任，美國之外交政策被帶向「威爾森主義」之極端。

威爾森主張美國不應自外於世界政治，而應積極將其珍惜之價值觀變成放諸四海皆準之通用原則。威爾森這種強烈道德使命之外交觀主導美國自一次世界大戰以來之外交政策。季辛吉強烈批判這種自由道德心證之不確定性。這種不以明確定義美國「國家利益」與國家安全為主之外交政策導致美國成為到處告急之救火隊。參與越戰為此悲劇之最佳明證。

本書第三章至第三十章分別闡述歐陸「權力平衡」之起源與運作；第一次世界大戰以前歐陸之和平與戰爭；兩次世界大戰前後之世界體系；冷戰之興起與過程；圍堵政策之功過；韓戰之檢討；蘇彝士運河危機；匈牙利危機；柏林危機；越戰之評論；尼克森總統之外交政策；外交低盪與冷戰之結束。

在分章討論中，季辛吉推崇現代國家體系之父—法國之李奇里奧（Cardinal de Richelieu）以及其最先提出之「國家利益」（*raison d'état*）之觀念。他並指出「西發里亞條約」（Peace of Westphalia）以及「維也納會議」（Congress of Vienna）之所以能

長期維持歐陸之和平即在於當時參與談判之政治人物如「維也納會
議」中奧國之梅特涅，法國之塔里蘭（Talleyrand），以及英國之卡
斯特里（Lord Castlereagh）皆能掌握「權力平衡」之精髓，設計出
一套減低外交衝突與戰爭機率之體系。而兩次世界大戰之所以爆發即
在於權力平衡之失調。

在最後一章展望美國在「新世界秩序」中所應扮演之角色，季辛
吉再度批評威爾森主義之不合時宜，以及強調地緣政治與「權力平
衡」運作之重要性。美國是後冷戰時期中唯一之超級強權，但其經濟
權力已逐漸為其他國家所分散。季辛吉認為美國並非超越各國之上，
而是與其他國家一樣之單元，追求國際和平與保護美國之國家利益。
美國應繼續維持「北大西洋公約組織」之運作；加強與俄羅斯之關係
但須防止其帝國野心之死灰復燃。季辛吉特別強調美國對俄羅斯之關
係不應築基於其對俄羅斯領導人物之善意信任與俄羅斯內部政治發展
之走向。美國應以地緣政治之考量與「權力平衡」之估算建立其獨立
對俄羅斯之外交政策，並積極與從俄國獨立出來之國家如烏克蘭、哈
薩克（Kazakhstan）建立合作關係。季辛吉並指出美國對中國之外交
政策不應將所有關係植基於要求中國改善人權上。他強調雙方關係應
著眼於相互利益之考量，而非將美國之價值觀一味地強加於中國之領
導人。他最後強調美國應小心謹慎選擇其干預之對象，而不是一味地
捲進後冷戰期之各種種族衝突與內戰。

張 淑 雅 著

中美共同防禦條約的簽訂：
一九五○年代中美結盟過程之探討

臺北：中央研究院，**歐美研究**，第二十四卷第二期〔民國八十三年六月〕，頁51-99。

李 興 維

　　本文主旨在於探討一九五○年代中美共同防禦條約的簽訂過程，作者從中華民國政府爭取防約的動機、方法，與美國在全球戰略評估中，對與國民政府〔以下簡稱國府〕結盟的考量及態度的演變，作一整體的分析。作者運用美國政府檔案與當時國府駐美大使顧維鈞所保存的大使館檔案，試圖將中美防約的簽訂，放入國府爭取與美國簽訂正式盟約，以獲得較長期、穩定的軍經援助，並維持其國際地位的架構中。作者並分析國府採取簽訂雙邊與多邊條約之雙管齊下方式，以爭取與美國結盟。對於五○年代中華民國對美外交政策及中美關係，本文提供了重要參考依據。重點摘錄如下：

　　韓戰爆發後，美國宣佈軍援國府，以防止中共佔領臺灣。但杜魯門政府始終不願對保衛臺灣予以正式或書面上的承諾，國府對於此政策亦毫無信心。至杜魯門總統下臺，國府對繼任的共和黨艾森豪政府寄予厚望，認為共和黨既然嚴厲批評杜魯門之對華政策，應較願意正式承諾保臺。因此國府在新政府接任後兩個月內，即由當時駐美大使顧維鈞向杜勒斯國務卿請求簽訂防禦條約，但遭拒絕。美方所提理由是內戰中的國家如中、韓、越等國界未定，美方無法確定條約的適用範圍，以國府為例，如果防禦條約範圍涵蓋整個中國大陸，美國即有被捲入亞洲大陸戰爭之可能性，國會不可能批准這種條約；若條約只

適用於臺灣與澎湖，則會讓國府之處境顯得很尷尬，美國因此暫不考慮國府之要求。

在請求美國簽訂防禦條約失敗後，國府曾試圖遊說美國籌組成立太平洋區防禦組織或由幾個雙邊或多邊協定來做為區域聯防的基礎。透過區域聯防的形式，除可鞏固美國的保臺承諾、提高中華民國國際地位外，還可使中共成為共同之敵人。但是這些建議皆因美國缺乏興趣或未採取具體行動而作罷。

一九五三年韓戰停火協定成立後，美韓防約亦於同年十月一日簽字。有了美韓防約的先例，加上韓戰停戰使第七艦隊在臺海任務的合法性受到質疑，國府亦擔心美國消極的遠東及對臺政策，終將危及其生存，因此更積極地爭取與美簽訂防約。但是由於美國忙於準備日內瓦會議及籌組東南亞公約組織，與國府訂約一事又遭停頓。杜勒斯亦曾明白向顧維鈞大使表示美國與韓國簽訂防約是因南北韓間有停火協定，國府與中共並未正式停戰，條約範圍無法確定，所以不能沿用韓國的例子來要求簽約。杜勒斯並強調美國很願意見到國府反攻大陸，但絕不願意捲入亞洲大陸的戰爭漩渦。若防約適用範圍加以限制，則會暗示美不贊成反攻大陸，而美實希望局勢發展有利時國府能收回大陸。因此不要改變既存的關係與安排，對彼此都有利。

為說服美國同意簽約，國府同意作出重大讓步，蔣介石總統甚至向美國駐華大使承諾「在採取任何重大軍事行動前，先徵求美國的同意」。但是美國對與國府簽防約一事，仍不熱衷。一九五四年臺海危機爆發後，中共砲擊金門外島讓美國陷入「極端進退兩難困境」。因美國若撒手不管，美國威信與亞洲反共士氣必受影響，若保衛外島，則可能捲入與中共的全面戰爭。華府當時提議將外島問題，以威脅該地區和平為由，請聯合國安理會出面，維持臺海地區現狀。防約問題再度被擱置。

同年十月當安理會停火案原則確立後，華府試探國府態度，希望臺北同意配合。但蔣介石對該案反彈非常強烈，指其完全遵循共產黨以接收臺灣為目標的政策路線，蔣同時併發對美政策之不滿。經過雙

方協商後，國府表明其基本上不願停火案提出，但若實在無法避免，則希望美國在該案表決前先簽訂防約。經美國與英國、紐西蘭等協商後，同意停火案與防約並行〔防約保障臺澎，停火案處理外島問題〕，以維持臺海地區現狀。國府與美國的防約談判於是在一九五四年十一月在華府正式舉行。中美共同防禦條約在諸多波折後終於在十二月二日簽字生效。

　　誠如作者所言，締結中美共同防禦條約算是美國對臺政策「兩難處境」的一個不算完美的解決方案。其不但反映出主事者一貫重歐輕亞的態度，亦表現出美國政策循著「被危機強迫行動」的模式。但是對中華民國而言，防約不僅表示美國長期性的支持，也正式承認國府與其他非共產國家一樣，享有美國盟邦之地位。以國府當時處境之艱難與力量之薄弱，簽訂防約，應是值得欣慰之事。

錢　　復　著

機　會　與　挑　戰

天普：亞利桑那州立大學，一九九五年出版，二七一頁。Fredrick F. Chien, *Opportunity and Challenge: A Collection of Statements, Interviews and Personal Porfiles of Dr. Fredrick F. Chien,* Tempe: Arizona State University, 1995, 271 pp.

李　興　維

　　本書收錄廿六篇錢復博士自一九八九年至一九九四年重要演講稿與訪問記錄。作者錢復現職為中華民國國民大會議長，歷任外交部長（1990～1996）、行政院經建會主委與政務委員（1988～1990）、北美事務協調會駐美代表（1983～1988）、外交部政務次長（1979～1982）、外交部常務次長（1975～1979）、行政院新聞局局長（1972～1975）以及先總統蔣中正先生英文翻譯（1965～1975）。錢復博士亦曾任教於國立政治大學與國立臺灣大學。

　　由於書中演講稿為錢復任職於行政院經建會及外交部時所發表，其觀點反映中華民國政治、經濟與對外關係之官方立場。本文就書中有關務實外交、中（華民國）美關係、兩岸關係與中華民國經濟發展與政治改革之成就等課題摘要如下：

中華民國之務實外交

一、務實外交之意義：

錢復認為中共對中華民國進行外交孤立策略，企圖在國際間孤立中華民國，矮化其國際地位與消滅其國際人格。針對中共之孤立外交策略，中華民國發展出靈活務實之外交作法，以確保其在國際社會生存與發展之空間。「務實外交」是指中華民國政府在「一個中國」的原則下，為反擊中共在國際間孤立臺灣而採取之「實事求是」之作法，以使中華民國能在國際社會中求取立足生存繼續繁榮發展，以完成中國之統一。

二、務實外交之理論：

務實外交是以維護國家生存與增加國家利益為目的，其實踐需依循下述三大原則：

㈠維護國家尊嚴：在爭取建立邦交或提昇實質關係以及爭取參與國際組織、拓展多邊關係上，均需秉持平等互惠之原則，以不卑不亢之態度予以推動，在不損害國家尊嚴之原則下，不輕易放棄任何拓展對外關係之機會。

㈡達成中國統一：統一中國是政府之最終目標，務實外交之目的，就近程而言，在確保中華民國在國際間之生存與發展；就長程而言，則在促成中國和平統一於自由民主體制下。中華民國國際地位增強之結果，當有助於海峽兩岸之和平競爭，而海峽兩岸之和平競爭，於中國統一自有裨益。

㈢務實外交非金元外交：值此經濟力量對國際社會之影響力逐漸提昇之際，中華民國提供經濟發展之經驗、技術與資金，協助改善友好國家之經濟，善盡國際社會一員的責任，發展彼此互惠互利合作關係，並非純以金錢濟助對方，其效果可使雙方情誼維繫更為長久。

錢復一再強調務實外交絕非金元外交，中華民國絕無意以金錢換取外交承認。且認為世界所有先進國家多會提出部份國內資源援助他國。以日本為例，每年以九十八億餘美元援外，日本人口為中華民國人口的八倍，照比例臺灣應該每年用十二億美元援外，但是中華民國每年實際援外金額尚不及十二億美元的十分之一。中華民國外交部全

年總預算約為一百一十九億新臺幣（以一九九三年為例）而用來援外者僅廿億新臺幣（約八千萬美金）。若以荷蘭為例，其人口較臺灣為少，而其一年援外預算約為十億美元，超過中華民國數倍，因此中華民國之外交絕非「金元外交」。

三、務實外交之實踐：

㈠鞏固與邦交國的雙邊關係並爭取建交或復交：由於中共積極破壞中華民國與其友邦之關係，因此敦睦並加強與有外交關係國家之邦誼，是中華民國外交上之首要工作。除強化與友邦之政治聯繫外，亦需積極擴大雙方在經貿、科技及文化等方面合作交流之層次。除此之外，中華民國亦需在獨立、自主、平等與互惠的基礎上，爭取新興國家或往昔與中華民國曾有邦交的國家與其建交或復交。

㈡提昇與無邦交國家間的實質關係：由於中共處心積慮阻止或打壓中華民國與無友邦國家發展實質關係，中華民國另一外交工作重點在於建立與改善與無邦交國家間的實質關係，進一步提昇彼此關係為官方性質。為此中華民國不斷努力在無邦交國家爭取設立代表機構並尋求現有代表機構在名稱、地位與功能方面的提昇。

㈢積極參與國際組織與活動：運用中華民國日益受到國際重視之經濟實力，多方爭取或參與各項國際組織與活動，包括地區性與全球性以及各類經貿、文化以至於政治性的國際組織（例如「經濟合作暨發展組織」，「關稅暨貿易總協定」以及聯合國等）。為擴大參與國際活動，中華民國已成立「國際經濟合作發展基金」與「國際災難人道基金」，不但提昇國際形象與聲望，並且加強與友好國家互惠互利之關係。

中（華民國）美關係

中（華民國）美關係是中華民國外交工作的重點之一。中美兩國已建立制度化的工作關係與共識基礎，雙方在商業、文化、教育、科

技等交流持續發展，並已簽署多項雙邊協定。臺灣是美國第六大貿易夥伴，雙邊貿易額超過四百億美元，美國則是臺灣出口最大市場，第二大財貨與勞務供應國以及最大投資國。多年來中華民國對美國一直享有鉅額出超，但是臺灣已以具體行動成功地縮小對美順差，對美出超金額從一九八七年的一百六十億美元降至一九九〇年的九十一億美元以及一九九一年的八十二億美元。臺灣並致力保障智慧財產權以及保護瀕臨絕種之保育動物，積極化解中美雙方在此議題之摩擦。

在教育與學術交流方面，中華民國留美學生已超過三萬五千名，而美國學生在臺灣學習中文或中國文化者亦超過一千名，一九八九年成立的蔣經國國際學術交流基金會對美國大學及研究機構提供千萬美元以上之教育研究補助，雙邊文化交流頻繁且密切。在國防安全方面，美國遵守一九七九年通過的臺灣關係法持續提供臺灣防禦性武器，華府同意出售F-16戰機是美國信守該法之重要例證，對維護臺海間的安定與和平以及臺灣的民主與穩定有重大貢獻。

兩岸關係

一九七九年是兩岸關係發展之重要分水嶺，在一九七九年以前，兩岸軍事對峙，臺灣處於中共的武力侵略威脅之下。一九七九年以後，鄧小平之「四個現代化」政策使中共對中華民國改採較和平的姿態。中共的對臺政策轉變為「一國兩制」，在此設計下，臺灣被定位為「高度自治區」，可擁有外交及國防之自主權。中華民國則以「三不政策」（不談判，不接觸，不妥協）回應。兩岸雙邊發展因而陷入僵局。

一九八七年故總統蔣經國先生打破僵局允許臺灣人民赴大陸探親。自此以後中華民國政府逐步放寬兩岸交流，間接貿易與投資、學術、體育與文化交流、旅遊、兩岸郵件與電話之開放皆為明顯例證，兩岸民間交流從此門戶大開。

一個掌管中國大陸政策之部會級機構——陸委會——於一九九〇

年設立。同年中華民國又設立海基會，負責兩岸功能性及非政治性事務之協商。透過海基會與大陸海協會之會談，海峽兩岸已針對罪犯遣返之程序達成某種程度上的共識，對於共同防止公海犯罪行為亦表示高度之關切與興趣。

國統會亦於是年十月成立，李總統登輝先生出任主席。次（一九九一）年三月通過國統綱領，揭示國家統一三大階段，簡言之，即：民間交流，直接經貿以至於政治對話而完成國家統一。

目前因為兩岸制度差異甚巨，中共亦處處打壓，不願以平等態度視中華民國為一對等實體，認為中華民國的民主改革與務實外交是「臺獨」與「製造兩個中國」，因此兩岸關係目前只能定位在上述國家統一綱領中之第一階段：民間交流階段。

國家統一是中華民國追求的歷史目標，但統一必須透過和平與自願的方式，目前當務之急是促使中共改革以縮減海峽兩岸之差距，而非罔顧後世子孫之福祉以人為的方式加速統一的過程。

在評論兩岸關係的互動對中華民國外交的影響，錢復認為兩岸交流應以階段式進行，雙方人員的交流應該維持較長的時間，加以檢討後，再進行第二階段有關學術、文化、體育、藝術的交流，第三階段是貿易與經濟交流，最後才是政治的交流。不料第一個階段才開始，第三階段就跳到第一階段前面，經貿交流變得非常頻繁。所以雖有大陸政策之制定，但是政府卻無法約束民間行為。錢復亦認為六四天安門事件對中共是個大傷害，對臺灣則是個大機會。六四天安門事件發生之後，世界主要國家都對大陸實施經濟制裁，減少貿易與投資，本可利用此一機會有效壓迫中共，促使其採取比較開放的作法，但是臺灣的商人卻絡繹不絕地前往大陸，其貿易與投資竟取代了其他國家的制裁。所以錢復特別指出大陸政策本身並沒有問題，而是臺灣民眾的作法有問題，在最不該幫助中共時卻大步前往。

中華民國經濟發展與政治改革之成就

一、經濟發展：

　　中華民國的經濟發展成就是舉世有目共睹的，其發展經驗不但被喻為「奇蹟」，更被視為經濟發展的楷模。錢復認為其最重要的成就有三，即：快速工業化與經濟成長，物價維持穩定與所得平均分配。從一九五三年至一九八八年，臺灣平均每年的經濟成長率為百分之八點八，即使在全球能源危機時，臺灣的經濟仍能維持正成長。

　　中華民國更是世界上少數幾個能同時維持經濟之成長與穩定的國家。在過去廿餘年間，除了兩次全球性能源危機（1973～74以及1980～81）外，臺灣的躉售物價（wholesale prices）平均每年僅增加百分之一點三，消費者物價（consumer prices）平均每年增加百分之三點二。而失業率從一九六七年以來從未超過百分之三，並且勞資關係和諧。種種上述有利因素造成臺灣的經濟穩定發展與社會安定。至於臺灣國民平均所得方面，在五〇年代時少於美金一百元，一九八五年時已達美金三千元，而一九八八年時已超過美金六千元。所得分配亦日趨平等，高收入者比例降低，社會貧富差距逐漸縮小。

　　錢復認為臺灣經濟發展之成功須歸功於四大因素：一、正確的發展策略（成長與穩定並重；農業與工業平衡發展；輕重工業發展循序漸進；內外銷政策合宜；重視公共建設以及財富所得之平均分配）；二、完善的經濟發展計畫；三、充裕的人才；四、自由的國際貿易環境。而當初隨政府遷臺的大陸專業技術人員，美國的援助，日本在佔領臺灣期間為臺灣農業而設計發展的行政與財務制度皆對臺灣經濟發展提供重要的貢獻。

　　錢復同時亦指出存在於臺灣經濟的重大問題，即：結構調適緩慢與日益增加的貿易摩擦；勞工與環保問題；投資不足與超額儲蓄與不完善的社會福利制度。但是中華民國政府已針對上述問題提出改進對策，包括改善貿易政策，調整經濟結構，擴大國內需求以及建立國家

保險制度等，以期使經濟發展更臻完善。

二、政治改革：

中華民國另一重大成就便是政治改革與現代化。政治改革在近年來有重大的進展，透過政府一系列自由化與民主化措施，一九八六年第一個反對黨 —— 民主進步黨 —— 於焉正式成立。政府不但取消戒嚴法與報禁，改革司法體系，並且修改憲法與公佈集會遊行法與人民團體組織法。一九九〇年政府召開國是會議，邀請一百四十位不同黨派之政治人物與學者出席並提出建言，建議結束「動員戡亂時期臨時條款」。同（一九九〇）年七月大法官決議通過資深立、監委與國大代表（一九四七年在大陸選出）必須在一九九一年底退休。

錢復強調這些自由化與民主化措施是有別於他國的，不似二次世界大戰後之日本與德國完全由外國主導與監控，亦非東歐國家從政治與社會混亂中衍生。其過程是和平的，並且完全由政府主導。這些改革已使中華民國轉變成一現代化、多元性的自由民主國家，更是其他新興國家效仿的楷模。

經濟部國際貿易局等譯

烏拉圭回合多邊貿易談判協定

(*The Results of the Uruguay Round of Multilateral Trade Negotiations*)（中英對照本）

臺北：經濟部國際貿易局，一九九五年十月初版，共分二十一個文件，全書無總頁數。

張 素 雲

《烏拉圭回合多邊貿易談判協定（中英文對照本）》一書是經濟部繼《關稅暨貿易總協定條文（中英對照）》一書之後，為推動政府加入世界貿易組織，而邀集政府主管金融、農業、衛生、財政、經濟、貿易、關稅、投資、電信、交通、工業、著作權、商業及法務等相關部門合力譯出烏拉圭回合談判的二十一項協定及相關文件，這二十一項協定包括：

1. 烏拉圭回合多邊貿易談判蔵事文件及馬爾喀什設立世界貿易組織協定

2. 一九九四關稅暨貿易總協定及其釋義瞭解書

3. 農業協定

4. 食品衛生檢驗及動、植物檢疫措施協定

5. 紡織品多邊貿易協定

6. 技術性貿易障礙協定

7. 與貿易有關之投資措施協定

8. 第六條執行協定（反傾銷）

9. 第七條執行協定（關稅估價）

10. 裝船前檢驗協定

11. 原產地規定協定

12. 輸入許可發證程序協定

13. 補貼及平衡措施協定

14. 防衛協定

15. 服務貿易總協定及附件

16. 與貿易有關之智慧財產權協定

17. 爭端解決規則與程序瞭解書

18. 貿易政策檢討機制

19. 一九九三年十二月十五日採認之部長會議決議（廿三項）

20. 一九九四年四月十四日各國部長於馬爾喀什貿易談判委員會會議採認之部長決議（四項）

21. 金融服務業承諾之瞭解書

每一個協定及其相關文件自成一章，是故本書雖然沒有編排章節，實際上等於有二十一章。每個協定及其相關文件的中文譯文篇幅均很長，因之與書後所附之英文原文對照時略有困難，若能採用中、英文每「頁」對照的編排方式，本書則更具實用價值。本書雖有目錄、中、英文縮寫對照表、英文原文及其縮寫對照表，但要查閱某些名詞時，以本書之巨大篇幅來看，實不是一件易事，若能以中英文索引補強，更方便查閱，再者，參與本書翻譯的政府單位甚多，同一事件或名詞翻譯有不一致情形實為難免，若花些精力，編列出中英文索引，則較易發現翻譯不一致之名詞，並予以統一翻譯。

本書雖有上述索引的瑕疵，但這些瑕疵都是編輯上的技術問題，可於下次再版時改善，上述之瑕疵並不影響本書翻譯的品質，而且政府能在烏拉圭談判後短短的時間內出版此篇幅龐大且具有專業性質的參考書，實應予大加鼓勵。

烏拉圭回合談判後，關稅暨貿易總協定於一九九五年改稱為世界貿易組織。我國政府早於民國七十九（一九九〇）年即以臺灣、金門、馬祖關稅地區的名義向關稅暨貿易總協定秘書處提出入會申請，然而迄今尚未成為世界貿易組織的會員。此書的出版除了具有宣導政

府政策功能外，並能提供學術界與工商業各界一個非常有價值的參考資料——正式官方版本的翻譯可供參考，可避免不一致的翻譯或用詞；就政府立場而言，有官方翻譯版可參考，較易推動政府各部門的協調工作，使國內各界能了解世界貿易體系如何的運作，及為什麼我國要加入世界貿易組織。民間若能了解政府為何要推動貿易自由化、國際化來提昇我國經貿之世界競爭力，或許能減少一些國內反對減讓關稅的聲音，如此，此書出版的目的即已達成大半。

丘 宏 達 著

現代國際法

臺北：三民書局，一九九五年十一月出版，一○九三頁
（包括一般索引，國際條約、協定或文件索引，及重要判決
與案例中、英文索引）。

孫 遠 釗

　　《現代國際法》一書原由丘宏達教授主編，與王人傑、陳治世、
俞寬賜、陳長文等教授合著，在民國六十二（一九七三）年出版，並
曾再版多次。由於是合著，各章詳簡不一，體例及寫法亦不能趨於一
致。多年來三民書局一再要求主編丘宏達增訂改寫，遂自民國八十
（一九九一）年始，由丘宏達一人執筆重新撰寫，於民國八十四（一
九九五）年完成出版，全書增至一百萬字。

　　本書雖然仍沿用同樣書名，但在內容和體系的編排上則無疑的進
行了極大的擴充和改寫。尤其是對於案例的援引，堪稱目前中文國際
法學論著之冠。另外在各個章節均有詳盡的註釋，體例嚴謹，為參考
檢索提供了絕大的便利。

　　本書共分十六章，分別討論國際法的概念與性質、淵源、國際法
與國內法的關係、條約、國際法的主體、承認、國際法上的繼承、國
籍和個人與人權保障、領土、海洋法、管轄、管轄的豁免、國家責
任、國家對外關係的機關、國際組織與國際爭端的和平解決等。並儘
可能找到實例來解說，實例多為本書的特色。在內容方面對我國有關
的國際法問題、我國實踐及相關法規與判決，特別作比較詳細的敍述
與分析。

　　在每一篇章之下，復列舉各項細目，除了案例討論外，本書更列

舉實際的文件或圖表以供參酌佐證，極具參考價值。全書言簡意賅，深入淺出。在與我國國情相關的部分，作者更著力詳加分析與比照，以期讀者能對原本非常複雜的政治問題，從法理上獲得清晰的了解，並了解到癥結所在處。

由於領土問題關係國家的權益甚鉅，作者特在第九章國家的領土部分，列有專節說明有關我國的領土問題（頁516～560）。由於海洋法與我國關係密切，亦特列專章敍述（頁565～646）。在國家對外關係的機關方面，由於我國所處環境特殊，對我國在無邦交國家所設的各種機構及無邦交國家在我國設立的機構，此為傳統國際法上所沒有的現象，作者亦費心詳細說明並解析其法理上的根據。

鑒於未來國際公法的發展趨勢略以國際金融貿易、爭端處理程序、勞工權益及環境保護等三個主軸為發展，本書亦觸及了諸如世界貿易組織(World Trade Organization)等相關問題。唯對若干地區性的最近協定及其可能產生的影響，如北美自由貿易協定（國際經貿）或是東南亞國協區域論壇（ASEAN Regional Forum, ARF；國際區域安全）等，可能由於考慮篇幅過大未論及。本書未來再版時加入前作者在序言中所述的再版時將增寫的二章，即國際環境保護和國際上武力的使用與中立法，則堪稱我國迄今在國際公法上最為完整與嚴謹的著述。

《現代國際法》的問世，是為國人提供了一部極具價值的工具與教科書，得以觀其廟堂之奧，並有助於我國更為妥善面對當前的國際形勢與現實，從而在穩健的步調下尋求未來的出路。

陸、官方文件與資料

甲、國際條約

雙邊條約

一九九四年一月十日中瑞(典)間關於貨品暫准通關協定

附

一九九三年十二月二十三日國際通關保證機構執行議定書

中華民國／臺灣與瑞典間關於貨品暫准通關證協定

茲為加強當事國間經濟友好關係，特別是推行貨品暫准通關以利中華民國／臺灣與瑞典之企業，駐瑞典臺北商務觀光暨新聞辦事處與瑞典貿易委員會（以下簡稱雙方），同意依據下列條款設立貨品暫准通關保證制度。

第　一　條

與中華民國／臺灣所設立關於貨品暫准通關之國際通關保證執行議定書，其附件暨議定書內所提及公約及文件皆為本協定之部分。

第　二　條

本協定之施行由簽署雙方為之。

議定書之行政事務與施行由國際商會總局為之。

有關議定書之解釋與執行由本協定簽署雙方參與議定之。

第　三　條

本協定於雙方簽署生效。

　　本協定實施日期俟斯德哥爾摩商會，中華民國對外貿易發展協會與國際商會總局簽署執行議定書後生效*。

　　俟集妥所有必須之簽字後，國際商會總局將通知雙方有關本協定之實施日期。

第　四　條

　　至於依據上述第三條第三節之〔實施〕日期，本協定有效期間為二年，除任一方在效期屆滿前三個月以掛號信並附收據通知另一方終止本協定，該效期可於屆滿時自動延長。

　　為此，雙方各經本國政府正式授權之代表爰於本協定簽字，以昭信守。

　　公曆一九九四年一月十日訂於斯德哥爾摩。

　　駐瑞典臺北商務觀光暨新聞辦事處代表詹明星。

　　瑞典貿易委員會會長 Göran Holmquist。

〔附　件〕

中華民國／臺灣與瑞典間關於貨品暫准通關之國際通關保證機構執行議定書

第　一　條

　　為加強當事國間經濟友好關係，特別是推行貨品暫准通關以利於簽署機構管轄範圍內之企業，本議定書之簽署保證機構同意依本執行議定書設立國際通關保證制度，俾在其職權範圍內之關稅領域內持有通關證（以下稱CPD/CHINA-TAIWAN通關證）而應課徵進口稅之貨品，得到暫准通關之保證。

---

*　　編著按：此段譯文似有問題，英文原文為：It will be applicable upon signature of the protocol by the China External Trade Development Council for China-Taiwan and by the International Bureau of Chambers of Commerce of the International Chamber of Commerce.

第 二 條

本執行議定書係關於在下列公約中及依照其所列格式為國際貿易目的而自由流通貨物之暫准通關：

──一九五二年十一月七日在日內瓦簽署之為促進商業樣品及廣告材料進口海關公約。

──一九六一年六月八日在布魯塞爾簽署為專業設備暫准進口海關公約。

──一九六一年六月八日在布魯塞爾簽署為協助展覽、博覽會、會議或類似活動之貨品進口海關公約。

──一九六一年十二月六日在布魯塞爾簽署貨品暫准通關證制度海關公約。

──其他在關稅行政機構間所適用於暫准通關領域之法律及／或行政規定與執行暫准通關有關之國際公約或協定。

本執行議定書依下列所訂之規則實施：

──暫准通關公約。

──國際商會所屬之國際商會總局聲明及其現在與未來之實施指令。

──本議定書條文。

簽署保證機構負責促請各該國之海關採行關務合作理事會有關暫准通關證制度公約之意見及評論。

與本議定書之實施及解釋所有有關事項由本議定書之簽署當事人共謀解決。

國際商會之國際商會總局明示同意保證依本議定書所制定之國際通關保證制度之管理及執行相關事項。

第 三 條

就適用本議定書而言：

a)稱「進口稅款」者，係指關稅與其他稅捐以及與進口貨品有關之應付稅款，並包括得對進口貨品課徵之所有內地稅及消費捐；但不包括進口時提供勞務所收取之費用，如該費用與所提供勞務之成本相當且非間接保護進口國國內產品，或為財政目的而徵收之稅。

b)稱「暫准通關」者，係指依照上述公約或進口國家之法律及行政規定所制定之免繳貨品進口稅之暫准進口。

c)稱「轉運」者，係指在符合簽署者國內法律及規則之要件下，將貨品從暫准通關領域之一海關內運送或轉運至在相同領域之其他海關。

d)稱「通關證」者，係指下列所稱CPD/CHINA-TAIWAN通關證且在本議定書附錄一中列出者，並為附錄一之一部分。

e)稱「保證機構」者，係指符合下列條件之商會或隸屬於商會之組織或協會：

—— 經該國海關核准得保證CPD/CHINA-TAIWAN通關證所涵蓋之貨品所應付之進口稅。

—— 已加入國際商會所屬之國際商會總局所實施之國際通關保證制度。

—— 已與其領域內之商會或其他協會組成一個能簽發CPD/CHINA-TAIWAN通關證之國家保證組織。

第　四　條

本簽署保證機構聲明其係依一九六一年十二月六日簽署之暫准通關制度公約所設之規定及國際商會總局之聲明以及自前述公約生效時已所公布之指令簽發CPD/CHINA-TAIWAN通關證。

保證機構將互相照會有關CPD/CHINA-TAIWAN通關證之通關及轉運作業。

第　五　條

當該國海關核准保證機構得為依本議定書進口之貨品關稅保證時，本議定書簽署機構應保證貨品自該國運送至適用本議定書之領域之進口稅之繳納。

此一國家僅得授權一保證機構，並僅在該保證機構提供國際商會總局所要求及載於本議定書附錄之保證，包括繳納國際商會總局之會費後，該授權始能生效。

在設有外匯管制之國家，除其外匯管理機構同意此項保證所發生

債務清算所須之匯兌，保證機構不得給予保證。

第 六 條

CPD/CHINA-TAIWAN通關證之有效期間自簽發日起不得超過一年。

第 七 條

提供保證之條件，由每一保證機構依本議定書附錄所載之規定決定之。

第 八 條

提供保證係指進入暫准通關領域而未於規定期限內再出口時，擔保該領域之海關對貨品所課之進口稅之給付而言。其保證額度包括進口稅外，另加計最多不超過進口稅之百分之十，以及在無此項保證時，進口人應寄存之其他數額。

第 九 條

已被貨物原產國核准之本議定書簽署機構所保證之貨品進入另一國家且該國另有本議定書之簽署者，則該國家之海關所核准之保證機構所提供之保證應立即及自動取代原來的保證；當貨品運經數個不同的國家時，可在同樣條件下就同一產品為連續性之取代。

第 十 條

經保證之商品若未於規定時間內自暫准通關領域再出口而須繳納進口稅時，提供保證之機構應繳納授信海關所課徵之進口稅。

已給付保證貨品進口稅之保證機構得向原始提供保證之機構要求進口商返還其所墊付之該進口稅款。前述墊款之返還須依所附之國際商會總局議定書第九條所載方式進行。

第 十 一 條

關於本議定書條文之解釋所衍生之問題應交付國際商會總局指導委員會裁決。

第 十 二 條

凡違反本議定書規定之保證機構應予除名，本除名應由國際商會總局指導委員會及簽署機構共同決定。

第 十 三 條

簽署機構對於執行本議定書所生之歧見、爭議或爭端，須依國際商會調解及仲裁規則並依該規則指定一個或數個仲裁委員會作最後的裁決。

第 十 四 條

本議定書自簽署雙方及國際商會總局簽署日生效，其效期二年，除任一方在效期屆滿前三個月以掛號信並附收據通知另一方終止本議定書，該效期於屆滿時自動延長。

訂立於臺北於一九九三年十二月二十三日

中華民國臺灣保證機構
中華民國對外貿易發展協會，臺北。

簽署者姓名：黃興國	簽署者姓名：李少謨
職稱：秘書長	職稱：副秘書長

瑞典保證機構
斯德哥爾摩商會

簽署者姓名：	簽署者姓名：
Mr. Frans-Henrik Schartau	Mr. Tell Hermanson
職稱：會長	職稱：國際處處長

國際商會

簽署者姓名：	簽署者姓名：
Jean-Charles Rouher	Alain Destouches
職稱：秘書長	職稱：國際商會總局行政處長

附錄：（略）

一九九四年一月十一日中史（瓦濟蘭）農業技術合作協定

中華民國與史瓦濟蘭王國農業技術合作協定

中華民國政府與史瓦濟蘭王國政府為加強及鞏固兩國間既存友好關係，擬對史瓦濟蘭之農業發展擴大技術合作，爰獲致協議如下：

第　一　條

一、中華民國政府承允在史瓦濟蘭王國繼續留駐農業技術團（以下簡稱農技團）。其人數，由兩國政府視業務需要議定之。

二、經各地區酋長之事前同意，並經兩國政府共同決定，農技團：

　　(甲)在史瓦濟蘭王國於指定之農場內示範種植由兩國政府決定之水稻、蔬菜及其他作物；

　　(乙)從事推廣工作，由兩國政府決定在史瓦濟蘭王國若干地區，向史瓦濟蘭王國有關機關之經管人員或遴選之農民，提供最新農業技術資訊與建議，以協助史瓦濟蘭王國增加農業生產；及

　　(丙)協助史瓦濟蘭王國政府發展玉米計畫，俾能減低史國對進口之依賴。

三、任何須由農技團執行之新興計畫或改變現行計畫之措施，將由兩國政府以換文方式協議之。

第　二　條

中華民國政府承允：

一、負擔農技團人員前往史瓦濟蘭王國及返國之旅費並支付彼等在史瓦濟蘭王國服務期間之各項薪給；

二、供給農技團從事示範工作所需之農機具、設備、肥料、種子、殺蟲劑及其他物料：

　　如有新興計畫，為開墾、灌溉、及種植而需增加機具、設備、肥

〔195〕

料、種子、殺蟲劑及其他物料等之供應時，將由兩國政府決定
之；及

三、農技團收穫之農產品，除供作示範及該團消費所需者外，應交由
史瓦濟蘭王國政府處理。

第　三　條

史瓦濟蘭王國政府承允：

一、提供適當土地予農技團從事本協定第一條第二項甲款及乙款所規
定之工作；

二、提供農技團各農場汽車各乙輛並負擔此項車輛之修理，維護及保
險等費用；

三、提供為開墾與建設工程所需之勞工及本條文所述車輛所需之司
機，並負擔此二項人事費用；

四、在各農場供給農技團人員備有家具之適當住屋並儘可能附水、電
設備；

五、豁免本協定第二條第二項所述各項物品之進口稅、關稅、銷售稅
及其他稅捐；及

六、對農技團人員應：

　　(甲)豁免彼等薪津之稅捐；

　　(乙)豁免彼等首次抵達史瓦濟蘭時之個人及家庭用品之一切進口
　　　　稅、關稅及其他稅捐；

　　(丙)比照史瓦濟蘭王國之公務人員給予同等醫療待遇；及

　　(丁)對本條文未規定事項，給予如同在史瓦濟蘭王國從事開發史
　　　　瓦濟蘭之技術合作計畫之任何第三國工作團隊人員所享之待
　　　　遇。

第　四　條

本協定自雙方簽字之日起生效，效期三年。本協定之延期應由雙
方經由換文為之，每次效期三年。

本協定以中文及英文各繕兩份，兩種文字約本同一作準。

為此，

雙方各經其政府授權之代表爰於本協定簽字，以昭信守。

中華民國八十三年元月十一日即公元一九九四年元月十一日訂於墨巴本。

中 華 民 國 政 府 代 表
駐史瓦濟蘭王國特命全權大使   劉   恩   第

史 瓦 濟 蘭 王 國 政 府 代 表
外   交   部   部   長   索羅門賴米尼

一九九四年二月十四日中斐(南非)避免所得稅雙重課稅及防杜逃稅協定

中華民國與南非共和國避免所得稅雙重課稅及防杜逃稅協定

前　言

鑒於中華民國政府與南非共和國政府確認兩國政府與人民間既存之友好關係；復

鑒於中華民國政府與南非共和國政府咸欲締結一項避免所得稅雙重課稅及防杜逃稅協定；

中華民國政府與南非共和國政府爰經議定下列條款：

壹、協定範圍

第一條　適用之人

本協定適用於具有締約國一方或雙方居住者身分之人。

第二條　適用租稅

一、本協定適用於代表締約國或其政府所屬機關就所得及財產交易所得所課徵之租稅，其課徵方式在所不問。

二、本協定所適用之現行租稅：

㈠在中華民國

1.營利事業所得稅

2.綜合所得稅

　（以下稱「中華民國租稅」）

㈡在南非共和國

1.正常稅

2.非居住者股東稅

　（以下稱「南非租稅」）

三、本協定亦適用於簽訂後新開徵或替代現行各項租稅，而實質上與現行租稅性質相同之其他租稅。

四、雙方締約國之主管機關應於曆年度結束時，相互通知對方有關其本國稅法之變更，如因此項變更，有修正本協定任一條文之必要，而不影響本協定之一般原則時，可經雙方同意，以外交換文方式為之。

貳、定　　義

第三條　一般定義

一、除依文義須另作解釋外，本協定稱：

㈠「中國」，係指「中華民國」，就地理之意義而言，包括其領海，及依國際法規定有權行使獨立主權及管轄權之領海以外區域。

㈡「南非」，係指「南非共和國」，就地理之意義而言，包括其領海，及依國際法規定有權行使獨立主權及管轄權之領海以外區域。

㈢「一方締約國」及「他方締約國」，依其文義係指中國或南非。

㈣「人」，包括個人、公司及為租稅目的而視同實體之其他任何人之集合體。

㈤「公司」，係指公司組織或為租稅目的而視同公司組織之任何實體。

㈥「一方締約國企業」及「他方締約國企業」，係分別指由一方締約國之居住者所經營之企業及他方締約國之居住者所經營之企業。

㈦「主管機關」：

1.在中華民國，係指財政部賦稅署署長或其所授權之代表。

2.在南非，係指內地稅局局長或其所授權之代表。

㈧「國際運輸」，係指於一方締約國境內有實際管理處所之企

業,以船舶或航空器所經營之運輸業務。但該船舶或航空器僅於他方締約國境內經營者,不在此限。

(九)「國民」,係指

　　1.具有任何一方締約國國籍之個人。

　　2.依各該締約國現行法律規定,取得其身分之法人、合夥組織、社團及其他實體。

二、未經本協定界定之名詞,適用於任何一方締約國境內時,除依文義須另作解釋者外,應具有各該締約國與本協定所適用租稅有關法律之意義。

第四條　財政住所

一、本協定稱:

(一)「中華民國之居住者」,係指中華民國稅法規定具有居住者身分之人。

(二)「南非共和國之居住者」,係指經常居住於南非之個人及於南非有管理處所之法人。

二、個人如依前項規定同為雙方締約國之居住者,其居住者身分決定如下:

(一)如於一方締約國境內有住所,視其為該締約國之居住者。如於雙方締約國境內均有住所,則視其為與其個人及經濟利益較為密切之締約國之居住者(主要利益中心)。

(二)主要利益中心所在地之締約國不能確定,或於雙方締約國境內均無住所,視其為有經常居所之締約國之居住者。

(三)於雙方締約國境內均有或均無經常居所,視其為具有國民身分之締約國之居住者。

(四)如均屬或均非屬雙方締約國之國民,由雙方締約國之主管機關共同協議解決。

三、依第一項規定,個人以外之人如同為雙方締約國之居住者,視其為實際管理處所所在地締約國之居住者。

第五條　固定營業場所

一、本協定稱「固定營業場所」，係指企業從事全部或部分營業之固
　　定場所。

二、「固定營業場所」包括：

　　㈠管理處。

　　㈡分支機構。

　　㈢辦事處。

　　㈣工廠。

　　㈤工作場所。

　　㈥礦場、油井、採石場或其他自然資源開採場所。

　　㈦建築工地、建築、安裝或裝配工程，其存續期間超過十二個月
　　　者。

三、「固定營業場所」不包括：

　　㈠專為儲存、展示或運送屬於該企業之貨物或商品而使用之設
　　　備。

　　㈡專為儲存、展示或運送而儲備屬於該企業之貨物或商品。

　　㈢專為供其他企業加工而儲備屬於該企業之貨物或商品。

　　㈣專為該企業採購貨物、商品、或蒐集資訊而設置之固定場所。

　　㈤專為該企業廣告宣傳、提供資訊、從事科學研究或其他具有準
　　　備或輔助性質之類似活動而設置之固定場所。

　　㈥專為從事上述㈠至㈤款之各項活動而設置之固定場所，以該固
　　　定場所之整體活動具有準備或輔助性質者為限。

四、一方締約國企業，於他方締約國境內無固定場所，如於他方締約
　　國境內從事與建築、安裝或裝配工程相關之管理監督活動，而該
　　項工程存續期間超過十二個月者，視該企業於他方締約國境內有
　　固定營業場所。

五、代表他方締約國企業之人（非第六項所稱具有獨立身分之代理
　　人），雖於該一方締約國境內無固定場所，如符合下列任一款規
　　定者，視該人為於該一方締約國境內之固定營業場所：

　　㈠該人於該一方締約國境內有權以該企業名義簽訂契約，並經常

　　行使該項權力。

　　㈡該人於該一方締約國境內儲備屬於該企業之貨物或商品，並經
　　　常代表該企業交付貨物或商品。

　　㈢該人經常於該一方締約國境內完全或幾乎完全為該企業爭取訂
　　　單。

六、一方締約國之企業如僅透過經紀人、一般佣金代理商或其他具有
　　獨立身分之代理人，以其通常之營業方式，於他方締約國境內從
　　事營業者，不得視該企業於該他方締約國境內有固定營業場所。

七、一方締約國居住者之公司，控制或受控於他方締約國居住者之公
　　司或於他方締約國境內從事營業之公司（不論是否透過固定營業
　　場所或其他方式），均不得認定該公司於他方締約國境內有固定
　　營業場所。

參、所得之課稅

第六條　不動產所得

一、不動產所在地之締約國得對該不動產所得（包括農林業所得）課
　　稅。

二、「不動產」應依該財產所在地締約國之法律界定，包括附著於不
　　動產之財產、牲畜及供農林業使用之設備、一般法律規定有關地
　　產所適用之權利、不動產收益權、及對於礦產資源與其他天然資
　　源之開採、或開採權所主張之變動或固定報酬之權利。船舶、小
　　艇及航空器不視為不動產。

三、直接使用、出租或以其他任何方式使用不動產所取得之所得，應
　　適用第一項規定。

四、企業之不動產所得，及供執行業務使用之不動產所得，亦適用第
　　一項及第三項規定。

第七條　營業利潤

一、一方締約國企業，除經由其於他方締約國境內之固定營業場所從
　　事營業外，其利潤僅由該一方締約國課稅。如該企業經由其於他

方締約國境內之固定營業場所從事營業，該他方締約國得就該企業之利潤課稅，以歸屬於該固定營業場所之利潤為限。

二、除第三項規定外，一方締約國企業經由其於他方締約國境內之固定營業場所從事營業，任何一方締約國歸屬該固定營業場所之利潤，應與該固定營業場所為一獨立之企業，於相同或類似條件下從事相同或類似活動，並以完全獨立之方式與該企業從事交易時，所應獲得之利潤相同。

三、於決定固定營業場所之利潤時，應准予減除為該固定營業場所之目的而發生之費用，包括行政及一般管理費用，不論各該費用係在固定營業場所所在地之締約國境內或其他處所發生。

四、固定營業場所如僅為企業採購貨物或商品，不得對該固定營業場所歸屬利潤。

五、利潤如包括本協定其他條款規定之所得項目，各該條款之規定，應不受本條規定之影響。

六、上述有關固定營業場所利潤之歸屬，除具有正當理由者外，每年均應採用相同方法決定之。

第八條　海空運輸

一、以船舶或航空器經營國際運輸業務之利潤、出租從事國際運輸業務之船舶或航空器之租賃所得、或出租貨櫃及與經營船舶或航空器國際運輸業務有附帶關係之相關設備之租賃所得，僅該企業實際管理處所所在地之締約國得予課稅。

二、海運業之實際管理處所如設於船舶上，以船舶經營者為居住者之締約國為該企業實際管理處所所在國。

三、參與聯營、合資或國際經營機構所獲得之利潤，亦適用第一項規定。

第九條　關係企業

一、兩企業有下列情事之一，於其商業或財務關係上所訂定之條件，異於雙方為獨立企業所為，任何應歸屬其中一企業之利潤因該條件而未歸屬於該企業者，得計入該企業之利潤，並予以課稅：

　　㈠一方締約國企業直接或間接參與他方締約國企業之管理、控制
　　　或資本。
　　㈡相同之人直接或間接參與一方締約國企業及他方締約國企業之
　　　管理、控制或資本。
二、一方締約國將業經他方締約國課稅之他方締約國企業利潤，列計
　　為該一方締約國企業之利潤而予以課稅，如該兩企業所訂定之條
　　件與互為獨立之企業所訂定者相同，且該項列計之利潤應歸屬於
　　該一方締約國企業之利潤時，該他方締約國對該項利潤所課徵之
　　稅額，應作適當之調整。在決定此項調整時，應考量本協定之其
　　他規定，如有必要，雙方締約國之主管機關應相互磋商。

第 十 條　股　利

一、源自一方締約國而給付他方締約國居住者之股利，該他方締約國
　　得予課稅。
二、前項給付股利之公司如係一方締約國之居住者，該一方締約國亦
　　得依其法律規定，對該項股利課稅，股利取得者如為此項股利受
　　益所有人，其課徵之稅額不得超過下列數額：
　　㈠股利受益所有人直接持有給付股利公司至少百分之十資本者，
　　　不得超過股利總額之百分之五。
　　㈡在其他情況下，不得超過股利總額之百分之十五。
三、本條所稱「股利」，係指從股份、礦業股份、發起人股份或其他
　　非屬債務請求權而得參加利潤分配之其他權利取得之所得，及依
　　分配股利之公司為居住者之締約國稅法規定，與股利所得課徵相
　　同租稅之公司其他權利取得之所得。
四、股利受益所有人如係一方締約國之居住者，經由其於他方締約國
　　境內之固定營業場所從事營業或固定處所執行業務，而給付股利
　　之公司為他方締約國之居住者，其股份持有與該場所或處所有實
　　際關聯時，不適用第一項及第二項規定，而視情況適用第七條或
　　第十四條規定。
五、一方締約國居住者之公司，以獲自他方締約國之利潤或所得給付

股利，或其所給付之股利、未分配盈餘全部或部分來自他方締約國之利潤或所得，則他方締約國不得對該給付之股利或未分配盈餘課稅。但該股利係給付予他方締約國之居住者或其股份持有與他方締約國境內之固定營業場所或固定處所有實際關聯者，不在此限。

六、由一方締約國之居住者公司所給付之股利，視為源自該一方締約國。

第十一條　利　息

一、源自一方締約國而給付他方締約國居住者之利息，該他方締約國得予課稅。

二、前項利息來源地之締約國亦得依其法律規定，對該項利息課稅，利息取得者如為此項利息受益所有人，其課徵之稅額不得超過利息總額之百分之十，雙方締約國之主管機關應共同協議確定該限制之適用方式。

三、本條所稱「利息」，係指由各種債務請求權所孳生之所得，不論有無抵押擔保及是否有權參與債務人利潤之分配，尤指政府債券之所得，及公司債或債券之所得，包括附屬於上述各類債券之溢價收入或獎金在內。但因延遲給付所生之罰鍰，不視為利息。

四、利息受益所有人如係一方締約國之居住者，經由其於利息來源地之他方締約國境內之固定營業場所從事營業或固定處所執行業務，且利息給付之債務請求權與該場所或處所有實際關聯時，不適用第一項及第二項規定，而視情況適用第七條或第十四條規定。

五、由一方締約國本身、政府所屬機關、地方政府或該國之居住者所給付之利息，視為源自該一方締約國。利息給付人如於一方締約國境內有固定營業場所或固定處所，而給付利息債務之發生與該場所或處所有關聯，且由該場所或處所負擔該項利息者，不論該利息給付人是否為一方締約國之居住者，此項利息視為源自該場所或處所所在地之締約國。

六、利息給付人與受益所有人間，或上述二者與其他人間有特殊關
　　係，如債務請求權之利息給付數額，超過利息給付人與利息受益
　　所有人在無上述特殊關係下所同意之數額，本條規定應僅適用於
　　後者之數額。在此情形下，雙方締約國得考量本協定其他規定，
　　依各該締約國之法律，對此項超額給付課稅。

第十二條　權利金

一、源自一方締約國而給付他方締約國居住者之權利金，該他方締約
　　國得予課稅。

二、前項權利金來源地之締約國亦得依其法律規定，對該項權利金課
　　稅，權利金取得者如為他方締約國之居住者，且為該項權利金之
　　受益所有人，其課徵之稅額不得超過權利金總額之百分之十，雙
　　方締約國之主管機關應共同協議確定該限制之適用方式。

三、凡科學作品之著作權、專利權、商標權、設計或模型、計畫、或
　　秘密處方或方法因轉讓而取得之所得，亦適用第二項規定。

四、本條所稱「權利金」，係指使用或有權使用文學作品、藝術作品
　　或科學作品（包括電影及供廣播或電視播映用之影片、錄音帶或
　　碟影片）之任何著作權、專利權、商標權、設計或模型、計畫、
　　秘密處方或方法，或使用或有權使用工業、商業或科學設備，或
　　有關工業或科學經驗之資訊，所取得任何方式之給付。

五、權利金受益所有人如係一方締約國之居住者，經由其於權利金來
　　源地之他方締約國境內之固定營業場所從事營業或固定處所執行
　　業務，且與給付權利金有關之權利或財產與該場所或處所有實際
　　關聯時，不適用第一項及第二項規定，而視情況適用第七條或第
　　十四條規定。

六、權利金給付人與受益所有人間、或上述二者與其他人間有特殊關
　　係，如使用、權利或資訊之權利金給付數額，超過給付人與受益
　　所有人在無上述特殊關係下所同意之數額，本條規定應僅適用於
　　後者之數額。在此情形下，雙方締約國得考量本協定其他規定，
　　依各該締約國之法律，對此項超額給付課稅。

七、由一方締約國之居住者給付之權利金，視為源自該一方締約國。
　　權利金給付人如於一方締約國境內有固定營業場所或固定處所，
　　而給付權利金義務之發生與該場所或處所有關聯，且由該場所或
　　處所負擔該項權利金者，不論該權利金給付人是否為一方締約國
　　之居住者，此項權利金視為源自該場所或處所所在地之締約國。

第十三條　財產交易所得

一、一方締約國之居住者因轉讓第六條規定之他方締約國境內之不動
　　產而取得之增益，他方締約國得予課稅。

二、一方締約國企業因轉讓其屬於他方締約國境內固定營業場所資產
　　之動產而取得之增益，或一方締約國之居住者因轉讓其於他方締
　　約國執行業務固定處所之動產而取得之增益，包括因轉讓該場所
　　（單獨或連同整個企業）或處所而取得之增益，他方締約國得予
　　課稅。

三、經營國際運輸業務之船舶或航空器、國內水路運輸業務之小船、
　　或與該等船舶、航空器或小船營運有關之動產，因轉讓而取得之
　　增益，僅由該企業實際管理處所所在地之締約國課稅。

四、除第十二條第三項規定外，因轉讓第一項至第三項規定以外之任
　　何財產而取得之增益，僅由該轉讓人為居住者之締約國課稅。

第十四條　執行業務

一、一方締約國之居住者因執行業務或其他具有獨立性質活動而取得
　　之所得，僅該一方締約國得予課稅。但為提供此類勞務而於他方
　　締約國境內有固定處所者，不在此限。如該人於他方締約國境內
　　有固定處所，他方締約國僅得對歸屬於該固定處所之所得課稅。

二、「執行業務」包括具有獨立性質之科學、文學、藝術、教育或教
　　學等活動，及醫師、律師、工程師、建築師、牙醫師與會計師等
　　獨立性質之活動。

第十五條　個人勞務

一、除第十六條、第十八條及第十九條規定外，一方締約國之居住者
　　因受僱而取得之薪俸、工資及其他類似報酬，僅由該一方締約國

課稅。但該項勞務係於他方締約國提供者，不在此限。如該項勞務係於他方締約國提供，該他方締約國得對該項勞務取得之報酬課稅。

二、一方締約國之居住者因於他方締約國提供勞務而取得之報酬，如符合下列規定，僅由該一方締約國課稅，不受第一項規定之限制：

㈠該所得人於一曆年度內在他方締約國居留之期間合計不超過一百八十三天。

㈡該項報酬非由他方締約國居住者之雇主所給付或代為給付。

㈢該項報酬非由該雇主於他方締約國境內之固定營業場所或固定處所負擔。

三、因受僱於經營國際運輸業務之船舶或航空器上提供勞務而取得之報酬，該企業實際管理處所所在地締約國得予課稅，不受前二項之限制。

第十六條　董事報酬

一方締約國之居住者因擔任他方締約國境內公司董事會之董事而取得之董事報酬及類似給付，該他方締約國得予課稅。

第十七條　演藝人員與運動員

一、劇院、電影、廣播或電視之演藝人員及音樂家等表演人、或運動員，從事個人活動而取得之所得，活動舉行地之締約國得予課稅，不受第十四條及第十五條規定之限制。

二、表演人或運動員以該身分從事個人活動，如其所得不歸屬該表演人或運動員本人而歸屬其他人者，該活動舉行地之締約國得對該項所得課稅，不受第七條、第十四條及第十五條規定之限制。

第十八條　養老金及年金

一、他方締約國之居住者取得源自一方締約國之任何養老金（非屬第十九條第二項規定之養老金）及年金，其全部或部分數額由該他方締約國課稅，該一方締約國應予免稅，其免稅數額以已計入他方締約國之所得為限。

二、本條所稱「年金」，係指於終生或特定或可確定之期間內，基於
　　支付金錢作為報酬之給付義務，依所定次數而為之定期定額給
　　付。

第十九條　政府勞務

一、一方締約國、政府所屬機關或地方政府，對任何向該一方締約
　　國、政府所屬機關或地方政府提供勞務以執行政府職能之個人，
　　所給付或經由其籌設基金所給付之報酬（養老金除外），如該個
　　人非經常居住於他方締約國，或專為提供上述勞務而經常居住於
　　他方締約國，他方締約國應予免稅。

二、一方締約國、政府所屬機關或地方政府，對任何向該一方締約
　　國、政府所屬機關或地方政府提供勞務以執行政府職能之個人，
　　所給付或經由其籌設基金所給付之養老金，他方締約國應予免
　　稅。其免稅以前項規定他方締約國對該報酬免稅者或給付之報酬
　　於本協定生效後適用免稅者為限。

三、對任何一方締約國、政府所屬機關或地方政府為營利目的經營之
　　貿易或事業提供勞務所為之給付，不適用本條規定。

第二十條　教師與學生

一、教師為教學目的而於一方締約國之大學、學院、學校或其他教育
　　機構暫時訪問，期間不超過二年，且其目前或訪問前為他方締約
　　國之居住者，此項教學之報酬如已由他方締約國課稅，該一方締
　　約國應予免稅，不受第十五條規定之限制。

二、學生或企業受訓人員專為教育或受訓目的而於一方締約國居留，
　　且其目前或居留前為他方締約國之居住者，其自該一方締約國境
　　外取得供生活、教育或訓練目的之給付，該一方締約國應予免
　　稅。

第二十一條　其他所得

　　一方締約國之居住者取得非屬本協定前述規定之所得，該所得僅
由該一方締約國課稅。

肆、雙重課稅之消除

第二十二條　雙重課稅之消除

一、南非之居住者依本協定規定就中華民國課稅所得向中華民國政府
　　繳納之租稅，依南非稅法規定，准予扣抵南非租稅。但扣抵之數
　　額，不得超過扣抵前南非就中華民國課稅之所得所核計之稅額。

二、中華民國居住者依本協定規定就南非課稅所得向南非政府繳納之
　　租稅，依中華民國稅法規定，准予扣抵中華民國租稅。但扣抵之
　　數額，不得超過因加計南非課稅之所得，而依中華民國適用之稅
　　率計算增加之稅額。

三、一方締約國、政府所屬機關或任何單位，基於促進該國經濟發展
　　或區域均衡之目的，依其法律規定，給予他方締約國居住者之補
　　助款，他方締約國應予免稅。

四、凡得退還之租稅不適用第一項及第二項規定。

伍、特別規定

第二十三條　無差別待遇

一、一方締約國之國民於他方締約國境內，不應較他方締約國之國民
　　於相同情況下，負擔不同或較重之任何租稅或相關之要求。

二、對一方締約國企業於他方締約國境內之固定營業場所之課稅，不
　　應較經營相同業務之他方締約國企業作較不利之課徵。

三、一方締約國企業之資本全部或部分由他方締約國一個或一個以上
　　之居住者直接或間接持有或控制者，該一方締約國企業不應較該
　　一方締約國境內其他相似企業，負擔不同或較重之任何租稅或相
　　關之要求。

四、本條所稱「租稅」，係指本協定所規定之租稅。

第二十四條　相互協議之程序

一、一方締約國之居住者認為一方或雙方締約國之行為，對其發生或
　　將發生不符合本協定之課稅，不論各該締約國法律之救濟規定，

均得向其為居住者之締約國主管機關提出申訴，此項申訴應於首次接獲不符合本協定課稅之通知起三年內為之。

二、主管機關如認為該申訴有理，且其本身無法獲致適當之解決，該主管機關應致力與他方締約國之主管機關協議解決之，以避免發生不符合本協定之課稅。

三、雙方締約國之主管機關應致力以協議方式解決有關本協定之解釋或適用上發生之困難或疑義，雙方主管機關並得共同磋商，以消除本協定未規定之雙重課稅問題。

四、雙方締約國之主管機關為前述各項規定而達成協議，得直接相互聯繫。

第二十五條　資訊交換

一、雙方締約國之主管機關應交換為執行本協定之規定及本協定所指租稅之國內法所必要之資訊，交換之資訊應以機密文件處理，且不得洩露予與本協定所指租稅有關之稽徵人員與機關以外之其他人或機關。

二、前項規定不得解釋為任何一方締約國之主管機關有下列各項義務：

　㈠執行不同於一方締約國或他方締約國法律或行政慣例之行政措施。

　㈡提供依一方締約國或他方締約國之法律規定或正常行政程序無法獲得之資訊。

　㈢提供可能洩露任何貿易、營業、工業、商業或執行業務之秘密或交易方法、或情報之資訊，其洩露有違公共政策者。

第二十六條　外交與領事人員

本協定之規定不影響外交或領事人員依國際法之一般規則或特別協定之規定所享有之財政特權。

第二十七條

一九八〇年互免海空運輸事業所得稅協定之終止

中華民國六十九年三月十一日（公元一九八〇年三月十一月）簽

訂之中華民國政府與南非共和國政府互免海空運輸事業所得稅協定，自本協定生效之日起，終止其效力。

第二十八條 生 效

本協定於雙方締約國通知對方締約國完成使本協定生效之法律程序之日起生效，其適用日期：

㈠就源扣繳稅款為本協定生效日之次月一日。

㈡其他稅款為本協定生效日之次月一日。

第二十九條 終 止

本協定未經雙方締約國終止前仍繼續有效，任何一方締約國欲終止本協定，應於六月三十日前以書面通知他方締約國，且應於本協定生效日起滿五年始得為之。其終止日期：

㈠就源扣繳稅款為發出終止通知之次一年度一月一日。

㈡其他稅款為發出終止通知之次一年度一月一日。

為此，雙方代表各經合法授權於本協定簽字，以昭信守。

本協定於中華民國八十三年二月十四日（公元一九九四年二月十四日）在普勒多利亞市簽署。本協定用中文、英文各繕二份，二種文字約本同一作準。

中華民國政府代表
財 政 部 部 長　林 振 國

南非共和國政府代表
財 政 部 部 長　凱 　 斯

一九九四年二月十六日中丹(麥)
結核菌素購買契約書

結核菌素購買契約書

前　言

　　由中華民國行政院衛生署預防醫學研究所（以下簡稱甲方）與丹麥國立血清研究所（以下簡稱乙方）所簽之本合約書係依據1992年7月於丹麥國立血清研究所所訂之合約（備忘錄）及1993年2月於預防醫學研究所會議時對細節的審議。

說明要點

說　明　一

雙方於1992年7月31日所簽訂的備忘錄規定雙方將建立廣泛的合作。此合作如同甲、乙雙方與其他相關國家的合作一樣，以雙方國家人民之利益為目的。

說　明　二

乙方以良好的信譽供應甲方結核菌淨素原液，使甲方得以在本身的設備之下生產足夠中華民國所需的結核菌淨素。

說　明　三

本合約書乃雙方同意發展的上述廣泛合作行動計畫之第一步驟。

說　明　四

甲方希望得到乙方之結核菌淨素原液，而乙方亦樂意提供上述產品予甲方。

因此甲、乙雙方同意下述條款：

1. 結核菌淨素原液：Tuberculin PPD RT23 1TU／0.1ml（以下簡稱 PPD）。

2. 數量：乙方願意長期穩定的供應甲方PPD原液，每年兩次，每次數量五十萬至一百萬劑，僅供甲方生產足以供應中華民國所需之PPD最終產品。

3. 價格：乙方應售予甲方PPD（1TU／0. 1ml）CIP價格每劑0.35丹麥幣，運送至臺北國際機場（Incoterms 1990）。為了補償甲方生產時必需之消耗，每批PPD應有20%之免費超量。PPD價格在此合約訂立之兩年內不得變更。兩年後如有任何價格調升應合理化且應依匯率浮動、市場情況及乙方實際生產成本之增加幅度為依據。

4. 送貨日期：乙方應依附註A所載之運送方式運送PPD予甲方。

5. 付款方式：甲方應於訂購PPD時預付50%之款項，並於乙方交貨經甲方驗收後之兩個月內付清餘款。

6. 保證：乙方保證送達甲方之PPD符合由乙方所定且經甲方同意之規格。

　⑴如果規格不符，不論是PPD運送途中溫度監視卡不能符合規定或無法通過甲方之檢驗及驗收，甲方應立即通知乙方設法解決。

　⑵當乙方發生任何不符合規定情況時，乙方應退還甲方所付PPD之款項，而甲方應退還乙方PPD。

　⑶有任何不符規格情況發生時，不論是否由乙方造成，甲方有權要求乙方應於四個月內送達新品以確保甲方生產足夠中華民國所需之PPD產品。

7. 罰則：

　⑴如乙方未能如期交貨，每逾一日罰款總價之0. 3%，但雙方同意以總價之50%為限。

　⑵上述罰則亦適用於第六條款之不符合規格部分。

　⑶乙方如因不可抗力事故包括天災、地震、戰爭、封鎖、內亂、暴風雨、火災、水災、罷工（不含工廠內部罷工）、禁運、爆炸、政府之命令或管制等致完全或部分無法履行本合約而延期交貨，則勿須負違約責任，但受事故影響之一方應竭盡所能排除、復原或克服以上事由並儘速履行其義務。

8. 雙方有權於合約終止前九個月通知對方終止合約。合約有效期至1995年底。雙方均希望此合約建立在長期基礎上，為雙方廣泛合作的一部分。

9. 如果雙方對本合約書之條款發生爭議，雙方應以良好信譽磋商，友好解決爭議。如果爭議不能友好解決，最後應循國際商業議事廳仲裁，仲裁應於新加坡舉行。使用語言為英語。合約書的英文譯述為具公權力的說法*。

10. 本合約書正本貳份、副本肆份，經雙方簽名蓋章後，甲方執正本壹份、副本肆份、乙方執正本壹份，分別存放備用。

本合約書於公證下簽於1994年2月16日。

中華民國行政院衛生署預防醫學研究所（甲方）

代表：　　　　　　　　　　　　　日期：

　　姓名：洪其璧博士

　　職銜：所長

丹麥國立血清研究所（乙方）

代表：　　　　　　　　　　　　　日期：

　　姓名：Dr. Lars Pallesen

　　職銜：執行長

證人

代表：　　　　　　　　　　　　　日期：

　　姓名：許智偉代表

　　職銜：駐丹麥臺北經濟文化辦事處代表

附註A

一般性規定：

---

* 編者按：此句譯文不清楚，英文為「The English version of the agreement is the governing version.」，似應譯為「本約約本以英文文本為準」。

⑴雙方指定下列兩人為負責一般事務的連絡人。

甲方：廖明一

生物製劑製造組組長

乙方：Michael A. Olsen

Department of Corporate Planning

⑵訂購：提出訂購PPD程序應如下：

①甲方應不得於當年11月以後訂購PPD。

②除非甲方於4個月前通知乙方訂購，否則交貨日期不得在當年之3月以前。

③最後確認訂購應於交貨前3個月提出。

技術性規定：

⑴雙方指定下列兩人為負責有關品質管制及品質保證諸事的連絡人。

甲方：盧政雄

生物製劑檢定組組長

乙方：Birgitte W. Knudsen

Head, Department of Quality Assurance

⑵於每個包裝箱中，應放入溫度監視卡及冰包。

⑶於每個外包裝箱上應註明製造日期、批號、失效期及製造廠名稱。

⑷失效期應自貨到達日算起不得少於一年三個月。

⑸乙方應供應甲方申請PPD製造許可證所有合理、必需的資料。

⑹乙方應於六星期前事先供應甲方檢定PPD〔效力〕足夠量的標準對照品及致敏劑（有效期6個月以上）。每批PPD原液需試劑數量如下：

①致敏劑　20mg

②對照品

(A)5TU／0.1ml　30ml

(B)0.5TU／0.1ml　30ml

⑺乙方應提供甲方檢驗PPD添加劑potassium hydroxychinoline sulphate的標準對照品。

⑻乙方應提供甲方其交貨之PPD的完整批次製造記錄及檢驗成績書。

⑼為確保甲方由PPD原液生產之最終成品的品質，如果需要，甲方可以送其最終產品至乙方檢驗，乙方應依上述檢驗方法檢驗並予免費。

⑽乙方應負責訓練甲方人員，使其能了解PPD正確的分裝及包裝程序、品質管制、品質確認，其費用由乙方負責。而甲方應負責受訓人員的旅費及食宿費用。

一九九四年三月二十五日中澳（大利亞）建立空運服務機密協議暨附約

民用航空局與澳洲商工辦事處建立空運服務機密協議中譯文

　　臺北民用航空局與在臺北澳洲商工辦事處之代表，一九九四年三月廿四日及廿五日會晤於墨爾本討論空運服務協議事宜，達成下列協議：

一、有關航權，航線及容量／班次事宜之協議，訂定於附約中。

二、雙方得以書面指定多家航空公司經營澳洲與臺灣地區間所建立之空運服務，雙方主管當局得隨時進行指定，及撤銷或變更之。

三、經指定之航空公司獲主管當局接受後，須向主管當局提出營運授權及技術許可之申請，如該航空公司符合主管機關所訂通常適用於經營國際空運業務之法律與規章之條款，該主管機關應以最少之程序延誤，核發此等必要之授權。

四、經指定之航空公司有權於依據本協議第五節經相關當局核定之航線上裝卸國際客、貨及郵件，並有權飛越及於澳洲和臺灣地區，從事非營業目的之降落。

五、經指定航空公司間，有權就有關空運服務之營運，達成商業協議。

六、有關飛航之航線、容量及班次等航權及其相關事項，將儘早由雙方主管機關磋商核定之。

七、所有適用於規範從事國際商業性空運服務之航空器進入或飛離澳洲或臺灣地區，或在澳洲或臺灣地區運作及航行之法律規章，均須適用於各營運之航空公司。

八、航空保安及飛航安全原則經個別主管機關之同意如〔下〕：
航空保安：

㈠茲符合國際法規，本協議簽署者，基於相互之義務，確認有其責任以維護民航安全抵制非法行為之干擾，構成本協議必要之一部分。

㈡本協議之簽署者同意，相關之主管機關將遵守一九六三年九月十四日於東京公開簽署之航空器上犯罪及其他若干行為公約、一九七〇年十二月十六日於海牙公開簽署之遏止非法劫持航空器公約、一九七一年九月二十三日於蒙特婁公開簽署之遏止危害民航安全行為公約，以及遏止非法暴力行為危害服務國際民航機場之議定書，一九八八年二月廿四日於蒙特婁公開簽署之遏止非法危害民航安全行為公約之附錄，以及其他任何多邊協議規範及於民航安全，本協議簽署者決定得一併適用。至於其他任何有關約束航空保安之多邊協議，本協議簽署者任何一方均得要求進行諮商。

㈢簽署者雙方及其主管機關經請求應相互提供必要之協助，以防止非法劫持民用航空器以及其他危害該等航空器及其乘客與組員，機場及空中航行設施之非法行為及對民航安全之任何其他威脅。

㈣簽署者雙方及其主管機關應共同遵守國際民航組織所制定，並指定為國際民航公約附件之航空保安條款。

㈤此外，雙方主管機關將要求登記其國籍航空器之營運人，及以在澳大利亞或臺灣地區為主要營業所或永久所在地之營運人，以及在澳大利亞或臺灣地區之機場經營人，遵行此等航空保安條款，此條款並得適用於雙方主管機關。因此本協議各簽署者之主管機關應告知此協議他方簽署者主管機關有關於該國法令規章與運作上任何有別於前第四款所述附約航空保安標準之處。本協議簽署者任何一方或其主管機關得於任何時間向他方簽署者或主管機關，提出立即諮商要求，討論此項不同之處。

㈥本協議各簽署者同意他方簽署者航空器營運人依據前第四款及第五款所述，於進出及停留本協議他方簽署者轄區內，得要求

觀察該項航空保安條款。各主管機關應確保在澳大利亞或在臺灣區內有效採行充分措施，以保護航空器，並於搭載前及裝卸時查驗乘客、組員，隨身攜帶物品、行李、貨物及航空器儲備品。本協議各簽署者主管機關對他方本協議簽署者主管機關為因應在澳大利亞或臺灣區民航安全特定威脅，而要求合理之特別安全措施，應給予肯定之考慮。

(七)當意外事件或非法劫持民用航空器意外事件威脅，或該等航空器其乘客與組員、機場或空中航行設施之其他非法行為危及安全發生時，本協議簽署者及其主管機關應在便利通訊及其他適當處置上相互協助，俾迅速及以可能最低生命風險，終止此一事件或威脅。

(八)若本協議之一方簽署者主管機關具有合理基礎深信他方簽署者主管機關背離此項協議之規定，前者主管機關得要求與他方主管機關立即諮商。若於諮商請求之日起十五天內未達成滿意之協議，構成該主管機關之基礎保留因此項協議之授權與許可，並對有關已授權之航空公司在經授權及許可下營運之任何期間內，撤銷或終止此項授權及許可，或暫時或永久性加設此項營運之條件。若基於緊急之要求，主管機關得依本款在十五天內效期截止前採取行動。若本協議他方簽署者主管機關已符合本協議保安條款，依據本條款所採取之行動應予中止。

飛航安全；

(一)本協議之各簽署者得就他方簽署者有關於航行設施、飛航組員、航空器及經授權之航空公司營運，其所維持之飛航安全標準要求諮商。如經此諮商後，本協議之一方簽署者主管機關發現他方簽署者主管機關未能有效維持及執行一九四四年十二月七日於芝加哥公開簽署國際民航公約所建立至少相等於最低之安全標準及需求，本協議他方簽署者應將此發現及為符合此最低標準所必須之步驟通知他方。本協議之他方簽署者應確保採行適當之改正措施。若本協議他方簽署者，不論何狀況於十五

天內未採取適當之行動，該主管機關具有權利保留此項協議之
授權與許可，並對有關已授權之航空公司在經授權及許可下營
運之任何期間內，撤銷與終止此項授權及許可，或暫時或永久
性加設營運之條件。

㈡若對航空公司營運安全確須立即採取行動，本協議之一方簽署
者得於諮商前依本協議第一款採取行動。

㈢若本協議他方簽署者主管機關已符合本協議安全條款，本協議
一方簽署者主管機關依本協議第一款及第二款所採取之任何行
動應予中止。

九、指定之航空公司於其航線上載運客、貨、郵件所擬收取之費率
（票價或運價）必要時須獲得主管機關之核准。雙方瞭解有關旅
客票價或貨物運價得由指定之航空公司間決定，如願意亦得利用
國際空運協會決議制定之費率。

十、坎培拉方面之主管機關，將要求指定之航空公司，所擬提供之容
量，須切合源自臺灣地區飛往澳洲及返程之現行及預估之運量需
求，臺北方面之主管機關認知此項關切。

十一、雙方主管機關對於為營運空運服務，而由他方主管機關所頒
發，批准且仍具有效之適航證書，合格證書或執照，應承認其
效力，惟核發此等證書或執照之規定，至少應相當於一九四四
年芝加哥國際民航公約所訂之最低標準。

十二、各指定之航空公司有權為支援其作業得設置辦事處，派駐代
表，持用其本國之旅行文件以及直接或經由其選任之代理商銷
售其空運服務，各指定之航空公司有權以當地貨幣或任何合法
貨幣銷售，各指定之航空公司亦有權將其資金兌換成任何合法
貨幣，並依其意願結匯，結匯作業應符合獲致營收地區所適用
之外匯法規與辦法。

十三、一九四四年於芝加哥所制定之國際民航公約中，所揭櫫之原則
應適用於此等空運服務。

十四、雙方瞭解依據本協議可提出要求舉行磋商，檢討或修訂協議之

條款，此項磋商將儘早舉行，但至遲不得超過請求之日起六十天。

十五、本協議除於十二個月前以書面通知終止外將持續有效。

　　本協議於一九九四年三月二十五日在墨爾本簽署乙式兩份，均具同等效力，並取代一九九一年三月二十五日在臺北簽署之協議，及一九九一年三月二十七日在臺北所簽之附約，本協議於簽署之日生效。

　　　　　　臺北民用航空局局長　孫　兆　良
　　　　　　臺北澳洲商工辦事處資深代表　何　科　林

一九九四年三月二十五日建立
空運服務機密協議附約

容量與班次規定：

一、經雙方決定下述容量規定謹適用於坎培拉及臺北主管機關授權之航空公司在下述第六節為該等航空公司所訂定之航線。

　　立即生效—可自行選用機型至相當於B747SP每週往返四班次。

　　自一九九四年北半球夏季班表起，依下述第四節機型替代公式，選用機型每週僅容許總計六個係數點之容量。

　　自一九九四年北半球冬季班表起，依下述第四節機型替代公式，選用機型每週僅容許總計八個係數點之容量。

二、代表團雙方同意一九九四年底或一九九五年初再次會商進一步檢討運量需求。

機型係數點：

三、下述機型係數點，僅適用營運時不同機型之替代方式，不論部分或整體採用，其容量規定，每次均須主管機關批准，容量單位應適用於客機，客貨混合或純貨機。

　　　　　機　　　型　　　　　　　　　　　　　係數點
所有各系列B747　　　　　　　　　　　　　　　1.4點

B747 COMBI	1.4點
B747SP 可售總座位不超過320座	1.1點
B747SP／MD-11 可售總座位不超過277座	1.0點
A300-600　可售總座位不超過250座	0.85點
B767-300　可售總座位不超過250座	0.85點
B767-200　可售總座位不超過220座	0.7點

*五、如果前述各航空器係數點之實際運用造成任一方主管機關授權
　　之航空公司超出總容量規定時，則此項超出部分僅能容許不得超
　　過0.3係數點。

航線架構；

六、爰訂下述航線架構適用於：

　　㈠臺北主管機關授權之航空公司

　　　臺灣區境內各點──經一中間點──至布里斯班、雪梨及墨爾
　　　本及延遠紐西蘭一點。

　　㈡臺北主管機關授權之航空公司得於澳大利亞境內所訂各航點間
　　　經營其停站營運權。

　　㈢坎培拉主管機關授權之航空公司。

　　　澳大利亞境內各點──一中間點──臺北及高雄及延遠亞洲兩
　　　點。

　　㈣坎培拉主管機關授權之航空公司得於臺灣區所規定各航點間經
　　　營其停站營運權。

　　㈤在前述任何航線各點得由航空公司之意願，省略任一或全部之
　　　航點，惟任何空運服務必須開始或終止於授權航空公司之主管
　　　機關之轄區內。

七、經授權之航空公司得於任何時間加入空運服務，惟僅須獲得主管
　　機關必要之營運許可及技術授權，該項授權不應為不必要之耽
　　擱。

---

*　編者按：本項之前的約文並沒有項「四」。

共用班號營運：

八、經授權之航空公司應有權依前述第一節所設容量規定營運，並以共用班號，即使用另一家或數家航空公司之服務，並在前述第六節規定航線上之一點或數點改換其航空器，此合於其所有之航權。

九、共用班號之航次由非本協議國家之航空公司，使用經授權之航空公司班號提供服務，應視為使用一完整之班次，不論其共用班號協議實際座位之數量。

*十、澳大利亞代表團願在下次代表團間會談中考量此項建議，以擴大可授權航空公司所採用之共用班號之機會。

十一、雙方代表團已知道澳亞航空公司獲得使用QF飛航班號，並且如有需要，華信航空亦可獲得使用CI飛航班號。

十三、雙方代表團名單詳附件一〔略〕。

一九九四年三月廿五日簽於墨爾本

　　　　　　　臺 北 民 用 航 空 局 局 長　孫　兆　良
　　　　　　　臺北澳洲商工辦事處資深代表　何　科　林

＊　　編者按：本條約正式簽約的英文文本並沒有第「十」項。
　　英文文本見 *Chinese Yearbook of Internatinoal Law and Affairs*, Vol. 13
　　（1994-1995），pp.434-443。

一九九四年四月七日中奈（及利亞）間關於加工出口區經濟合作協定

中華民國政府與奈及利亞聯邦共和國政府間 關於加工出口區經濟合作協定

　　中華民國政府與奈及利亞聯邦共和國政府（以下簡稱為「締約雙方」）；

　　依據締約雙方於一九九〇年十一月廿一日在拉哥斯簽署之商務關係諒解備忘錄；

　　咸願促進並擴大兩國間之經濟合作至與加工出口區有關事務之最大可能範圍；

　　咸信為使加工出口區獲致最大限度之發展，締約雙方有合作之必要；

　　欲藉在奈國加工出口區之投資，俾對奈及利亞聯邦共和國之社會及經濟發展有所貢獻爰經協議如下：

第 一 條

　　中華民國政府將協同及（或）支持奈及利亞聯邦共和國促進貿易，發展更廣泛之經濟關係，以及在奈及利亞卡拉巴市設立加工出口區。

第 二 條

第一條所指之合作範圍應包括下列：

(1)建立各種產業；

(2)設立合資工商企業；

(3)鼓勵中華民國商業界至卡拉巴加工出口區投資；

(4)中華民國負責遴派至少三位專家至奈及利亞擔任卡拉巴加工出口區顧問，並僅負擔渠等之薪資；

(5)中華民國應提供五位卡拉巴加工出口區經理人員訓練計畫。

〔225〕

第 三 條

第二條所擬議各項經貿合作計畫之執行，應分別依照締約雙方主管當局簽署之個別計畫、協定及合約完成。

第 四 條

中華民國依本協定所派遣之專家、顧問及其他人員應受締約雙方日後簽署之工作計畫節制。

第 五 條

奈及利亞聯邦共和國政府茲指定商務暨觀光部，中華民國政府茲指定經濟部為履行本協定及其他相關事宜之權責單位。

締約之任一方得隨時以書面指定其他適當機構、組織或部會取代前項所述之權責單位。

第 六 條

任何人經締約一方授權在締約另一方之領域內履行本協定或將來締結之其他任何個別議定書、合約或協定時，應僅限於從事涉及本協定或其他議定書、協議、合約或協定之活動，並應遵守地主國現行法律及規定。

第 七 條

第三國之技術人員及政府機關與組織得視個案情況，應締約雙方之邀請參與本協定執行中之各項計畫。

第 八 條

締約一方之經濟考察團、技術專家、研究團體、顧問工程師及其他人員，依本協定在締約他方領域內所從事之任何研究或考察，應向締約他方提出工作報告，並提交該報告影本。

締約一方應將執行本協定過程所獲之任何文件、資訊或資料視為機密，未經締約他方事先書面同意，不得將該項文件、影本、資訊或資料送交第三者。

第 九 條

本協定之締約雙方應致力依照本協定內容經由談判解決彼此間之任何問題、爭端及歧異。

第 十 條

奈及利亞聯邦共和國對前往奈及利亞卡拉巴加工出口區擔任顧問之所有中華民國專家承允：

⑴豁免中華民國政府付予彼等之一切薪給、酬勞及津貼之稅捐；

⑵保證所有顧問免受移民規範、外人登記及僱用之限制；及

⑶保證所有顧問在國際危機時得享有與外交及領事人員依照國際法及國際慣例所應有之運送返國之待遇與便利。

第 十 一 條

本協定自簽署之日起生效，效期三年，本協定於期滿後經雙方協議後可予延長，每次為期三年，本協定得由任一方於三個月前以書面通知他方終止之。

為此，雙方各經其政府合法授權代表，爰簽字於本協定，以昭信守。

本協定以中文及英文各繕兩份，兩種文字之約本同一作準。

中華民國八十三年四月七日即西曆一九九四年四月七日訂於臺北。

中 華 民 國 政 府 代 表（簽　字）
經 濟 部 部 長 江 丙 坤

奈及利亞聯邦共和國政府代表（簽　字）
商 務 暨 觀 光 部 部 長 奧 吉 洛

一九九四年四月七日中奈(及利亞)間
投資促進暨保護協定

中 華 民 國 政 府 與 投資促進暨保護協定
奈及利亞聯邦共和國政府間

中華民國政府與奈及利亞聯邦共和國政府（以下簡稱為「締約雙方」），為創造有利條件，俾締約一方之國民及公司在締約他方之領域內增加投資；

咸認以國際協定提供此種投資鼓勵及相互保護，將可在締約雙方誘導激勵各個營業之創立、助長發展及增進繁榮；

咸認締約各方有權界定外來投資條件，投資者應尊重地主國之主權與法律；

爰經協議如下：

第一條 定 義

就適用本協定而言：

  ⑴「投資」一詞，係指各種類之資產，尤其包括，但不限於：

    (a)動產、不動產以及諸如抵押權、留置權、質權等任何其他財產權；

    (b)公司之股份、股票及債券，或公司財產之利益；

    (c)對於金錢或契約上具有財務價值之作為之請求權；

    (d)智慧財產權、專門技術、技術情報及商譽；

    (e)法律授予或根據契約之營業特許權，包括探勘、培植、提煉或開發天然資源之特許權。

無論投資係在本協定生效日期前或後所作成，「投資」一詞包含所有投資，而且投資之財產形態有所改變時，不影響其投資之特性；

在締約一方領域內所作之投資，其資產之變更應不違反該締約一方最初核准投資之目的。

(2)「收益」一詞，係指由投資所產生收益之金額，尤其包括利潤、利息、資本收益、股息、紅利、權利金或其他收費；

(3)「國民」一詞係指締約任何一方之自然人具有該締約一方國籍者；

(4)「公司」一詞係指在締約任何一方，根據締約一方現行法律所組織或設立之公司、商號、社團或其他法人；

(5)「領域」一詞係指包括所有地區①就奈及利亞聯邦共和國而言，依奈及利亞聯邦共和國憲法所界定者；②就中華民國而言乃中華民國行使主權或管轄權所及之地區者。

第二條　投資之促進與保護

(1)締約雙方應提供所有可能之便利，以鼓勵並創設有利條件，促使締約他方國民或公司在其領域內投資，且在法律所授予執行權力之限度內，應接納此種資金。無論投資係在本協定發生效力前或後作成，均適用本協定，且每一筆投資必須取得締約一方書面同意，即在締約一方領域內所作之投資必須由該締約一方明確地以書面同意，或不違反該締約一方領域內之現行法律或該締約一方核准同意所依據之條件。

(2)締約任何一方之國民或公司之投資應始終受到公平與公正之待遇，且在締約他方之領域內應享有完全之保護與安全。締約任何一方不得以不合理或差別待遇之措施，對於締約他方國民或公司在其領域內投資之經營、維持、使用、享有或管理加以任何損害。締約雙方對締約他方國民或公司之投資應負其應有之責任。

第三條　國民待遇與最惠國條款

(1)締約任何一方在其領域內給予締約他方國民或公司之投資或收益之待遇，不得低於其給予本國或任何第三國國民或公司之投資或收益之待遇。

(2)締約任何一方在其領域內給予締約他方國民或公司有關投資之經營、維持、使用、享有或管理之待遇，不得低於其給予本國

或任何第三國國民或公司之待遇。

第四條　損害賠償

(1)締約一方之國民或公司，其在締約他方領域內之投資，因締約他方領域內之戰爭或其他武力衝突、革命、國家緊急狀態、叛變、叛亂或暴動致受損害者，關於回復原狀、賠償、補償或其他清償事宜所享有之待遇，不得較締約他方給予其本國或任何第三國國民或公司之待遇為低。

(2)在不違反本條第一項之情況下，締約一方之國民與公司，在締約他方領域內遇有前項由於：

(a)軍隊或當局徵用其財產，或

(b)非因戰鬥行為或非情勢所需，致其財產為軍隊或當局所破壞，而遭受損害者，應享有回復原狀或充分賠償之權。賠償款得自由轉讓。

第五條　徵　　收

(1)締約任何一方之國民或公司之投資，在締約他方之領域內，除在一非差別待遇基礎上，因有關該國內部政策之公共目的，並在迅速、充分及有效補償之條件下，不得予以收歸國有、徵用或遭受與收歸國有或徵用（以下稱為「徵用」）相同效果之處置。該項補償應相當於被徵用之投資於徵用前或徵用公告前之市場價值，且應包括迄至清償日依一般商業利率計算之利息，並且不得遲延支付，及可有效兌現與自由轉讓。該受影響之國民或公司根據執行徵收之締約一方之法律，應有權請求締約一方司法或其他獨立當局，就該案件及其投資之估價，依照本項所訂之原則迅予覆核。

(2)當締約一方徵用根據其領域內有效法律所組成或設立之公司資產，而締約他方之國民或公司擁有股份時，應保證關於擁有股份之締約他方國民或公司之投資，於確保迅速、充分及有效補償之必要限度內，適用本條第一項之規定。

第六條　投資及收益之匯出

(1)締約雙方應依其相關法令尋求並獲得其主管機關同意，俾使締約任一方之投資者有權自由轉移其資金與收益。

(2)貨幣之移轉匯出應以投資之個人或公司同意兌換之貨幣為之，其移轉應立即生效，並依照現行外匯規定及兌換當日之匯率辦理。

第七條　投資爭端之解決

締約一方同意將締約他方之國民或公司在其領域內投資所衍生之任何爭端或歧見交由國際商會仲裁解決，至於仲裁之程序，則應適用一九八八年國際商會之仲裁規則。

第八條　締約國間之爭端

(1)締約國雙方間關於本協定之解釋或適用之爭端應儘可能經由和解解決。

(2)倘締約國雙方間之爭端未能獲得解決，遇有締約任何一方請求時，應將其提交仲裁法庭。

(3)該仲裁法庭就每一個別案件依照下列方式設立之。於接獲仲裁請求兩個月內，締約雙方應各任命一名仲裁員，嗣由該二名仲裁員遴選一名第三國國民，並經締約雙方同意任命其為仲裁法庭庭長，庭長之選任應於該二名仲裁員任命後兩個月內為之。

(4)仲裁法庭之裁決以多數票達成之，該項裁決對於締約雙方均有拘束力。締約雙方應各自負擔己方仲裁員及參加仲裁程序之費用，庭長及其他之費用應由締約雙方平均分擔。但法庭得於其裁決內命令締約一方負擔較高比例之費用，且該項裁定對締約雙方均有拘束力。法庭應自行決定其程序。

(5)仲裁法庭應經由多數票決提出該項裁定，此一裁定對締約雙方均有拘束力。

第九條　代　位

(1)倘締約一方或其委任代理者對在締約他方領域內之投資為賠償之給付，締約他方應承認按照法律或合法交易下受賠償者之所有任何權利及請求權，已讓與締約一方或其委任代理者，而締

約一方或其委任代理者有權以代位方式行使受償者之權利及請求權。

(2)締約一方或其委任代理者在任何情況下有權就關於其經由讓與所獲得之權利和請求權得到相同之待遇，並且依據上述權利及請求權，有權依據本協定就關於投資及其他相關收益獲得賠償給付。

(3)締約一方或其委任代理者依據所獲得之權利與請求權而取得之賠償給付，締約一方為支付其在締約他方領域內之費用，得自由使用此等款項。

第十條 修 訂

本協定之任何修訂應以書面為之，並經締約雙方以書面確認後生效。

第十一條 生 效

本協定自簽字之日起生效。

第十二條 效期及終止

本協定之有效期間為十年，嗣後本協定應繼續有效至締約任何一方以書面通知他方終止之日起算滿十二個月後為止。關於本協定有效期間內所作之投資，本協定各條款於終止之日起十五年內對該項投資繼續有效，且嗣後並不妨礙一般國際法規則之適用。為此，雙方各經其政府合法授權代表，爰於本協定簽字，以昭信守。

本協定以中文及英文各繕兩份，兩種約文同一作準。

中華民國八十三年四月七日即西曆一九九四年四月七日訂於臺北。

中　華　民　國　政　府　代　表（簽　字）
經　濟　部　部　長　江　丙　坤

奈及利亞聯邦共和國政府代表（簽　字）
商務暨觀光部部長奧吉洛

一九九四年四月十二日中馬（拉威）間引渡條約

中華民國與馬拉威共和國間引渡條約

鑒於中華民國與馬拉威共和國，咸欲經由相互協議對中華民國與馬拉威共和國間之人犯引渡事宜加以規範；為此，中華民國與馬拉威共和國（以下簡稱「締約國」）爰經協議如下：

第一條　引渡之義務

締約國雙方承諾，依照本條約及雙方有關引渡之法律之規定，將在請求國一方之管轄內犯有第二條所列之任一犯罪行為而被追訴或判決定罪，且在被請求國領域內之任何人犯，彼此互予引渡。

第二條　得予引渡之犯罪行為

一、被起訴之人犯，其行為依請求國之法律及被請求國之法律均構成犯罪，且依雙方法律均得科處一年以上有期徒刑或其他更重之刑罰者，應准予引渡。但專科罰金者，不在此限。如人犯就上述犯罪行為業經判決有罪，為執行此項判決或執行其未滿之刑期時，不論宣告之徒刑期間或其他更重之刑罰為何，均應准予引渡。

二、如對一個以上之犯罪行為請求引渡，而其中某些犯罪行為之刑罰較本條第一項所規定者為輕時，被請求國基於自由裁量，併得允准該等較輕之犯罪行為之引渡。

第三條　國民之解交

一、締約一方，除本條第二項所規定之情形外，得拒絕將其本國國民解交他方。但拒絕解交之一方，應對被請求引渡之人犯所被控之罪行實施追訴及審判，並應將該案最後結果通知他方。

二、締約國之管轄法院對被請求引渡之人犯無管轄權時，不得拒絕解交其本國國民。

三、被請求引渡之人犯於犯罪後，始因歸化取得被請求國之國籍時，

〔233〕

被請求國不得拒絕引渡。

四、被請求引渡之人犯，具有締約雙方之雙重國籍時，應視為犯罪地
　　國之國民。

五、無法以犯罪地確定被請求引渡者之國籍時，依其與締約雙方之實
　　質連繫定其國籍。

第四條　政治性犯罪

引渡請求所涉及之犯罪行為，如被請求國認係屬政治性犯罪者，
得拒絕之。

第五條　軍事性犯罪

任何涉及軍法之犯罪行為，如該項行為依照一般刑法不構成犯罪
者，應不准引渡。

第六條　對同一犯罪行為進行追訴中

被請求國之主管當局，如正就請求引渡之犯罪行為，對同一人犯
進行追訴時，得拒絕引渡該人犯。

第七條　對不同犯罪行為之追訴與刑罰

如被請求引渡之人犯，因被請求引渡以外之其他犯罪行為，在被
請求國領域內，正受追訴或服刑時，該人犯之解交，得展延至追訴程
序終結或刑罰執行完畢後為之。

第八條　一事不再理

如被請求國之主管當局，對被請求引渡之人犯，就請求引渡之犯
罪行為，已為確定判決時，應不准引渡。

如被請求國之主管當局決定對同一犯罪行為處分不起訴或終結訴
訟程序者，得拒絕引渡。

第九條　消滅時效

請求引渡之犯罪行為，其追訴權或行刑權，依請求國或被請求國
任何一方之法律，業因時效完成而消滅者，應不准引渡。

第十條　請求及佐證文件

一、引渡之請求應以書面並應循外交途徑或其他經締約國雙方於其後
　　所協議之途徑為之。

二、引渡之請求應檢附：

(甲)如被請求引渡之人犯，係已被追訴者，其拘票或其他依據請求國法律所發具有同等效力之法院命令正本或經證明之繕本，以及外觀足資認定該人犯犯罪之證據；

(乙)如被請求引渡之人犯，係已判決有罪者，其有罪判決與可執行之刑罰之紀錄正本或經證明之繕本，以及載明剩餘未執行刑期之聲明書；

(丙)關於被請求引渡之犯罪行為之聲明書，其內容應儘可能詳載犯罪之時間與地點，其法律上之記述，以及所援引之有關法條；

(丁)有關法規各一份，如無法提供時，一份有關法律之說明；

(戊)對被請求引渡之人犯儘可能翔實之描述，以及任何其他足資辨明其身分之資料。

第十一條　關於證據之文件

被請求國之有關當局，在任何引渡之程序中，對於任何經證實之證言或陳述，不論製作時被追訴之人犯是否在場，任何有罪判決之紀錄，或任何請求國所發之令狀，或上述文件之影本或經公證之譯本，如經以下程序之認證，均應採為證據：

(甲)經請求國法官、司法行政官或其他該管官員，視個案之情形證明其為正本、真正之繕本或譯本者；

(乙)經證人宣誓或證實，或經請求國法務部長或其他該管當局之鈐印，或經其他被請求國法律所容許之方式，予以認證者。

第十二條　補充證據或資料

一、如被請求國尚需補充證據或資料始能決定是否准予引渡時，請求國應於被請求國所指定之期間內，提出必要之補充證據或資料。

二、如被請求引渡之人犯現正羈押中，而前述提出之補充證據或資料不夠充分，或資料未能於被請求國所定之期間內送達時，人犯得予釋放。

三、本條第二項所稱之釋放，應不妨礙請求國就同一犯罪行為再行提

出引渡之請求。

第十三條　引渡與追訴一致原則

依據本條約被引渡之人犯，不得因解交之前已犯，且未受引渡請求之任何其他犯罪行為而被追訴、判刑或為執行刑罰而受羈押，亦不得基於任何其他理由而限制其人身自由。但有下列情形者，不在此限：

(甲)經被請求國同意者。請求國應提出同意請求書，並檢附第十條第二項內所列之各項文件及被引渡之人犯就有關該犯罪行為所為陳述之法定紀錄。被請求之犯罪行為，依本條約之規定，如係得予引渡者，不得拒絕同意。

(乙)人犯如有離去請求國領域之機會，而未於其最後釋放之日起四十五日內離去者，或於離去之後自願返回請求國領域者。

第十四條　再引渡與第三國

除第十三條(乙)款所定之情形外，請求國非經被請求國之同意，不得將引渡之人犯，應第三國之主張，以其於引渡前曾犯他罪行，而再引渡與該第三國。被請求國於同意再引渡之前，得要求提出關於第三國請求引渡之犯罪行為之有關文件。

第十五條　緊急逮捕

一、遇有緊急情形時，請求國之主管當局，得請求將所擬引渡之人犯，予以緊急逮捕。被請求國之主管當局，應依該國法律處理之。

二、緊急逮捕請求書，應述明既存之第十條第二項(甲)款或第二項(乙)款所稱之文件及即將提出引渡請求之意旨。上述請求書內並應述明所擬請求引渡之犯罪行為及其犯罪之時間與地點，並應儘可能對於被請求引渡人犯予以描述。

三、緊急逮捕請求書，應循外交途徑或逕以郵政、電報或任何其他足以提供書面證據並為被請求國所接受之方式，送達被請求國之主管當局。請求國之主管當局，應儘速獲知其請求之結果。

四、被請求國於逮捕後十八日內，仍未接獲引渡請求書時，得終止緊

急逮捕。無論如何，自緊急逮捕之日起四十日內，如被請求國仍未收到引渡請求書以及第十條第二項所列之各項文件時，被請求引渡之人犯，即不得再予羈押。被請求國得隨時將被請求引渡之人犯，於緊急逮捕中釋放，惟釋放後，被請求國應採取一切其認為必要之合法措施，以防止被請求引渡之人犯逃離該國領域。

五、經緊急逮捕而釋放者，不得妨礙接獲引渡請求書後，再行逮捕與引渡。

第十六條　請求之競合

數國對於同一人犯，無論基於同一犯罪行為或不同之犯罪行為，同時請求引渡時，被請求國應斟酌全盤情況之後予以決定，尤應考慮犯罪行為之嚴重程度與犯罪之行為地、各請求書提出之日期、被請求引渡人犯之國籍、其通常居留地以及其後引渡予其他國家之可能性。

第十七條　被請求引渡人犯之解交

一、被請求國應循第十條第一項所述之途徑，將有關引渡請求之決定，通知請求國。

二、對全部或部分之拒絕應附理由。

三、如請求獲准，應將解交之地點與期日，以及被請求引渡之人犯自羈押時起至解交時止，已受監禁之時間併通知請求國。

四、如請求國未於約定之期日接受應解交之人犯，被請求國得於三十日期滿之後將其釋放。其後被請求國得拒絕就同一犯罪行為引渡該人犯。

五、如因不可控制之情勢以致妨礙締約國一方解交或接受應解交之人犯時，該方應將上述情形通知他方締約國。其後締約國雙方應另定解交之期日，此時，本條第四項之規定應適用之。

第十八條　財物之交付

一、被請求國應在其法律允許之範圍內，依據請求國之請求，將下列財物交付予請求國：

　　(甲)可供作為證據之用者；

　　(乙)經用搜索票而扣押者或係被請求引渡之人犯於逮捕時所持有

　　者。

二、本條第一項所稱之財物，於引渡業經獲准，但因被請求引渡之人犯死亡或逃匿致無法執行時，仍應交付之。

三、如前述財物於被請求國領域內得以扣押或沒收者，被請求國得為繫屬中之刑事訴訟程序，暫時予以留置，或在特定期間內返還之條件下交付予請求國。

四、被請求國或第三者，對前述財物所已取得之任何權利應不受影響。當該等權利存在時，除非該等權利業經捨棄，財物應於審判後儘速返還被請求國，不收取費用。

第十九條　過　　境

一、締約國一方應依據下列各款之規定，允准他方締約國自第三國引渡人犯時經由該國之領域過境：

　　(甲)應依第十條第一項所定關於請求引渡之方式，提出過境請求。

　　(乙)一如其為請求引渡該有關人犯，本條約所定之規定與條件，應準用於此項過境請求。

　　(丙)被請求允准過境之締約國一方，於允准經由其領土過境前，得要求提出第十條第二項所述之各項文件。

　　(丁)如被請求引渡之人犯將以航空器運送飛越締約國一方之領域時，應適用下列規定：

　　　(1)如按預定之行程不作中途著陸時，請求國應通知將飛越其領土之締約國，並應證實確有拘票或有罪判決與得執行之刑罰係屬存在，且應使人確信，鑒於已知之事實與所持有之文件，依本條約之規定，其過境應無理由遭受拒絕。如需作行程所未預定之中途著陸時，關於使用空中運送之通知，應有第十五條所定請求緊急逮捕之效力，請求國隨後並應提出正式之引渡請求。

　　　(2)如預定將於中途著陸時，本項(甲)(乙)(丙)各款之規定應予適用。

二、因第一項之適用而生之任何過境權利，應依照被請求國所規定之
　　條件予以行使。

三、縱有本條之規定，被請求國如認為其過境將危害該國領域之公共
　　秩序時，仍得拒絕過境之請求。

第二十條　使用之語文

中華民國政府係被請求之一方時，所提出之文件如非以英文作成
時應檢附經認證之英文譯本。馬拉威共和國政府係被請求之一方時，
所提出之文件如非以英文作成時應檢附經認證之英文譯本。

第二十一條　費　　用

一、在被請求國領域內，因逮捕、羈押與被請求引渡之人犯之生活及
　　因請求引渡之法庭程序所生之費用應由被請求國負擔。

二、請求國應負擔將被請求引渡之人犯自解交地運送至其領域所生之
　　費用。

三、因過境被請求允准過境之一方領土所生之費用應由請求國負擔。

第二十二條　本條約之適用

本條約適用於本條約生效之日以前及生效之日以後之犯罪行為與
宣告之刑罰。

第二十三條　爭議之解決

為解釋與適用本條約所生之任何爭議，應由締約雙方循外交途徑
磋商解決之。

第二十四條　批准及生效

本條約應由各締約國依其憲法所定程序予以批准，並於互換批准
書之日起發生效力。

第二十五條　終　　止

締約國一方得隨時循外交途徑於六個月前以書面通知他方終止本
條約。

為此，締約雙方代表，經雙方政府合法授權，爰於本條約簽字並
蓋印，以昭信守。

本條約以中文及英文各繕兩份，中文本及英文本同一作準。

中華民國八十三年四月十二日即公曆一九九四年四月十二日訂於里朗威。

中 華 民 國 代 表　石 承 仁
駐馬拉威共和國大使

馬拉威共和國代表　蒙 　羅
司 法 部 長

一九九四年四月二十八日中巴（拉圭）避免所得稅雙重課稅及防杜逃稅協定

中華民國與巴拉圭共和國避免所得稅雙重課稅及防杜逃稅協定

鑒於中華民國政府與巴拉圭共和國政府咸欲締結避免所得稅雙重課稅及防杜逃稅協定，爰經議定下列條款：

第一條　適用之人

本協定適用於具有締約國一方或雙方居住者身分之人。

第二條　適用租稅

一、本協定所適用之現行租稅：

　　㈠在中華民國：綜合所得稅及營利事業所得稅

　　㈡在巴拉圭共和國：所得稅

二、本協定亦適用於簽訂後新開徵或替代現行各項租稅，而實質上與現行租稅性質相同之其他租稅。雙方締約國主管機關對其本國稅法之重大修訂及適用本協定所發布之法規、解釋令或判例等資料應相互通知對方。

第三條　一般定義

一、除依文義須另作解釋外，本協定稱：

　　㈠「一方締約國」及「他方締約國」，依其文義係指中華民國或巴拉圭共和國。

　　㈡「人」，包括個人、公司及為租稅目的而視同實體之其他任何人之集合體。

　　㈢「公司」，係指公司組織或為租稅目的而視同公司組織之任何實體。

　　㈣「一方締約國之企業」及「他方締約國之企業」，係分別指由一方締約國之居住者所經營之企業及他方締約國之居住者所經

營之企業。

㈤「國際運輸」，係指一方締約國之企業，以船舶或航空器所經營之運輸業務。但該船舶或航空器僅於他方締約國境內經營者，不在此限。

㈥「主管機關」：

1.在中華民國，係指財政部部長或其代表。

2.在巴拉圭共和國，係指財政部部長或其代表。

二、本協定未界定之名詞，適用於任何一方締約國時，除依文義須另作解釋者外，應具有各該締約國適用本協定有關租稅之法律意義。

第四條　居住者

一、本協定稱「一方締約國之居住者」，係指依該國稅法規定，具有居住者身分之人。

二、個人如依前項規定同為雙方締約國之居住者，其居住者身分決定如下：

㈠如於一方締約國境內有住所，視其為該締約國之居住者。如於雙方締約國境內均有住所，視其為與其個人及經濟利益較為密切之締約國之居住者（主要利益中心）。

㈡主要利益中心所在地之締約國不能確定，或於雙方締約國境內均無住所，視其為有經常居所之締約國之居住者。

㈢於雙方締約國境內均有或均無經常居所，由雙方締約國之主管機關共同協議解決。

三、依第一項規定，個人以外之人如同為雙方締約國之居住者，視其為營業之控制與管理所在地締約國之居住者。

第五條　固定營業場所

一、本協定稱「固定營業場所」，係指企業從事全部或部分營業之固定場所。

二、「固定營業場所」包括：

㈠管理處。

㈡分支機構。

㈢辦事處。

㈣工廠。

㈤工作場所。

㈥礦場、油井、採石場或其他天然資源開採場所。

㈦種植場、農場。

㈧建築工地、建築、安裝或裝配工程，其存續期間超過十二個月者。

三、「固定營業場所」不包括：

㈠專為儲存、展示或運送屬於該企業之貨物或商品而使用之設備。

㈡專為儲存、展示或運送而儲備屬於該企業之貨物或商品。

㈢專為供其他企業加工而儲備屬於該企業之貨物或商品。

㈣專為該企業採購貨物、商品、或蒐集資訊而設置之固定場所。

㈤專為該企業廣告宣傳、提供資訊、從事科學研究或其他具有準備或輔助性質之類似活動而設置之固定場所。

㈥專為從事上述㈠至㈤款之各項活動而設置之固定場所，以該固定場所之整體活動具有準備或輔助性質者為限。

四、一方締約國之企業如僅透過經紀人、一般佣金代理商或其他具有獨立身分之代理人，以其通常之營業方式，於他方締約國境內從事營業者，不得視該企業於他方締約國境內有固定營業場所。

五、一方締約國居住者之公司，控制或受控於他方締約國居住者之公司或於他方締約國境內從事營業之公司（不論是否透過固定營業場所或其他方式），均不得認定該公司於他方締約國境內有固定營業場所。

第六條　不動產所得

一、不動產所在地之締約國得對該不動產所得課稅。

二、「不動產」應依該財產所在地締約國之法律界定，包括附著於不動產之財產、牲畜及供農林業使用之設備、適用一般法律規定有

關地產之權利、不動產收益權、及對於礦產資源與其他天然資源之開採、或開採權所主張之變動或固定報酬之權利。船舶、小艇及航空器不視為不動產。

三、直接使用、出租或以其他任何方式使用不動產所取得之所得，應適用第一項規定。

四、企業之不動產所得，及供執行業務使用之不動產所得，亦適用第一項及第三項規定。

第七條　營業利潤

一、一方締約國之企業，除經由其於他方締約國境內之固定營業場所從事營業外，其利潤僅由該一方締約國課稅。如該企業經由其於他方締約國境內之固定營業場所從事營業，該他方締約國得就該企業之利潤課稅，以歸屬於該固定營業場所之利潤為限。

二、一方締約國之企業經由其於他方締約國境內之固定營業場所從事營業，任何一方締約國歸屬該固定營業場所之利潤，應與該固定營業場所為一獨立之企業，於相同或類似條件下從事相同或類似活動，並以完全獨立之方式與該企業從事交易時，所應獲得之利潤相同。

三、於決定固定營業場所之利潤時，依各締約國之法律規定，應准予減除為該固定營業場所之目的而發生之費用，包括行政及一般管理費用，不論各該費用係在固定營業場所所在地之締約國境內或其他處所發生。

四、固定營業場所如僅為企業採購貨物或商品，不得對該固定營業場所歸屬利潤。

五、利潤如包括本協定其他條款規定之所得項目，各該條款之規定，應不受本條規定之影響。

第八條　海空運輸

一、一方締約國之企業，以船舶或航空器經營國際運輸業務之利潤，僅由該一方締約國課稅。

二、參與聯營、合資企業或國際代理業務之利潤，亦適用第一項規

定。

三、出租船舶或航空器（包括計時、計程及光船出租）之租賃所得，出租貨櫃及與經營船舶或航空器國際運輸業務有附帶關係之相關設備之租賃所得，亦適用第一項規定。

第九條 關係企業

兩企業有〔下〕列情事之一，於其商業或財務關係上所訂之條件，異於雙方為獨立企業所為，任何應歸屬其中一企業之利潤因該條件而未歸屬於該企業者，得計入該企業之利潤，並予以課稅：

㈠一方締約國之企業直接或間接參與他方締約國企業之管理、控制或資本。

㈡相同之人直接或間接參與一方締約國之企業及他方締約國企業之管理、控制或資本。

第十條 股利

一、源自一方締約國而給付他方締約國居住者之股利，他方締約國得予課稅。

二、前項給付股利之公司如係一方締約國之居住者，該一方締約國亦得依其法律規定，對該項股利課稅，股利取得者如為此項股利受益所有人，其課徵之稅額不得超過股利總額之百分之五。

本項規定不應影響對該公司支付股利前之利潤所課徵租稅。

三、本條所稱「股利」，係指從股份或其他非屬債務請求權而得參加利潤分配之其他權利取得之所得，及依分配股利之公司為居住者之締約國稅法規定，與股利所得課徵相同租稅之公司其他權利取得之所得。

四、股利受益所有人如係一方締約國之居住者，經由其於他方締約國境內之固定營業場所從事營業，而給付股利之公司為他方締約國之居住者，其股份持有與該場所有實際關聯時，不適用第一項及第二項規定，而適用第七條規定。

五、一方締約國居住者之公司，以獲自他方締約國之利潤或所得給付股利，或其所給付之股利、未分配盈餘全部或部分來自他方締約

國之利潤或所得，則他方締約國不得對該給付之股利或未分配盈餘課稅。但該股利係給付予他方締約國之居住者或其股份持有與他方締約國境內之固定營業場所有實際關聯者，不在此限。

六、由一方締約國之居住者公司所給付之股利，視為源自該一方締約國。

第十一條　利　息

一、源自一方締約國而給付他方締約國居住者之利息，他方締約國得予課稅。

二、前項利息來源地之締約國亦得依其法律規定，對該項利息課稅，利息取得者如為此項利息受益所有人，其課徵之稅額不得超過利息總額之百分之十。

三、本條所稱「利息」，係指由各種債務請求權所孳生之所得，不論有無抵押擔保及是否有權參與債務人利潤之分配，尤指政府債券之所得，及公司債或債券之所得。但因延遲給付之罰鍰，不視為利息。

四、利息受益所有人如係一方締約國之居住者，經由其於利息來源地之他方締約國境內之固定營業場所從事營業，且利息給付之債務請求權與該場所有實際關聯時，不適用第一項及第二項規定，而適用第七條規定。

五、由一方締約國本身或該國之居住者所給付之利息，視為源自該一方締約國。利息給付人如於一方締約國境內有固定營業場所，而給付利息債務之發生與該場所有關聯，且由該場所負擔該項利息者，不論該利息給付人是否為一方締約國之居住者，此項利息視為源自該場所所在地之締約國。

六、利息給付人與受益所有人間，或上述二者與其他人間有特殊關係，如債務請求權之利息給付數額，超過利息給付人與利息受益所有人在無上述特殊關係下所同意之數額，本條規定應僅適用於後者之數額。在此情形下，雙方締約國得考量本協定其他規定，依各該締約國之法律，對此項超額給付課稅。

第十二條　權利金

一、源自一方締約國而給付他方締約國居住者之權利金，他方締約國得予課稅。

二、前項權利金來源地之締約國亦得依其法律規定，對該項權利金課稅，權利金取得者如為他方締約國之居住者，且為該項權利金之受益所有人，其課徵之稅額不得超過權利金總額之百分之十。

三、本條所稱「權利金」，係指使用或有權使用科學作品任何著作權、任何專利權、商標權、設計或模型、計畫、秘密處方或方法，或使用或有權使用工業、商業或科學設備，或有關工業或科學經驗之資訊，所取得任何方式之給付。

四、權利金受益所有人如係一方締約國之居住者，經由其於權利金來源地之他方締約國境內之固定營業場所從事營業，且與給付權利金有關之權利或財產與該場所有實際關聯時，不適用第一項及第二項規定，而適用第七條規定。

五、權利金給付人與受益所有人間、或上述二者與其他人間有特殊關係，如使用、權利或資訊之權利金給付數額，超過給付人與受益所有人在無上述特殊關係下所同意之數額，本條規定應僅適用於後者之數額。在此情形下，雙方締約國得考量本協定其他規定，依各該締約國之法律，對此項超額給付課稅。

六、由一方締約國之居住者給付之權利金，視為源自該一方締約國。權利金給付人如於一方締約國境內有固定營業場所，而給付權利金義務之發生與該場所有關聯，且由該場所負擔該項權利金者，不論該權利金給付人是否為一方締約國之居住者，此項權利金視為源自該場所所在地之締約國。

第十三條　財產交易所得

一、一方締約國之居住者因轉讓第六條規定之他方締約國境內之不動產而取得之增益，他方締約國得予課稅。

二、一方締約國之企業因轉讓其屬於他方締約國境內固定營業場所資產之動產而取得之增益，或一方締約國之居住者因轉讓其於他方

締約國執行業務固定處所之動產而取得之增益，包括因轉讓該場所（單獨或連同整個企業）或處所而取得之增益，他方締約國得予課稅。

三、經營國際運輸業務之船舶或航空器、國內水路運輸業務之小船、或與該等船舶、航空器或小船營運有關之動產，因轉讓而取得之增益，僅由該企業設立登記之締約國課稅。

四、因轉讓第一項至第三項規定以外之任何財產而取得之增益，僅由該轉讓人為居住者之締約國課稅。

第十四條　執行業務

一、一方締約國之居住者因執行業務或其他具有獨立性質活動而取得之所得，僅該一方締約國得予課稅。但為提供此類勞務而於他方締約國境內有固定處所者，不在此限。如該人於他方締約國境內有固定處所，他方締約國僅得對歸屬於該固定處所之所得課稅。

二、「執行業務」包括具有獨立性質之科學、文學、藝術、教育或教學等活動，及醫師、律師、工程師、建築師、牙醫師與會計師等獨立性質之活動。

第十五條　個人勞務

一、除第十六條、第十九條及第二十條規定外，一方締約國之居住者因受僱而取得之薪俸、工資及其他類似報酬，僅由該一方締約國課稅。但該項勞務係於他方締約國提供者，不在此限。如該項勞務係於他方締約國提供，他方締約國得對該項勞務取得之報酬課稅。

二、一方締約國之居住者於他方締約國提供勞務而取得之報酬，如符合〔下〕列規定，僅由該一方締約國課稅，不受第一項規定之限制：

　　㈠該所得人於一曆年度內在他方締約國居留之期間合計不超過一百八十三天。

　　㈡該項報酬非由他方締約國居住者之雇主所給付或代為給付。

　　㈢該項報酬非由該雇主於他方締約國境內之固定營業場所負擔。

三、因受僱於經營國際運輸業務之船舶或航空器上提供勞務而取得之報酬，該企業設立登記之締約國得予課稅，不受前二項規定之限制。

第十六條　董事報酬

一、一方締約國之居住者因擔任他方締約國境內公司董事會之董事而取得之董事報酬及類似給付，他方締約國得予課稅。

二、第一項規定之董事因執行日常之管理或技術性之職務，而自公司取得之報酬，依第十五條規定課稅。

第十七條　演藝人員與運動員

一、劇院、電影、廣播或電視之演藝人員或音樂家等表演人、或運動員，從事個人活動而取得之所得，活動舉行地之締約國得予課稅，不受第十四條及第十五條規定之限制。

二、表演人或運動員以該身分從事個人活動，如其所得不歸屬該表演人或運動員本人而歸屬其他人者，該活動舉行地之締約國得對該項所得課稅，不受第七條、第十四條及第十五條規定之限制。

三、公共表演人在一方締約國境內舉行活動而獲得之報酬或利潤、薪俸、工資及類似之所得，如其訪問該一方締約國，實質上係由公共經費資助並經雙方締約國主管機關認定者，不適用第一項規定。

四、他方締約國之企業，在一方締約國境內提供第一項規定之各種活動，除實質上係由公共經費資助並經雙方締約國主管機關認定者外，其所獲得之利潤，該一方締約國得予課稅，不受第七條規定之限制。

第十八條　教　師

一、個人於訪問他方締約國之前，係為一方締約國之居住者，因接受他方締約國主管機關認可之大學、學院、學校或其他類似教育機構之邀請，訪問該他方締約國為期不超過二年，目的僅在各該教育機構從事教學或研究者，其自該教學或研究取得之報酬，該他方締約國應予免稅。

二、個人與他方締約國之教育機構簽訂一個或一個以上之合約，其訪
　　問期間超過二年者，不適用前項規定。

第十九條　養老金

　　因過去僱傭關係而源自一方締約國之養老金及其他類似之報酬，
僅由該一方締約國課稅。

第二十條　政府勞務

一、一方締約國、政府所屬機關或地方政府，對任何向該一方締約
　　國、政府所屬機關或地方政府提供勞務以執行政府職能之個人，
　　所給付或經由其籌設基金所給付之報酬，如該個人非經常居住於
　　他方締約國，或專為提供上述勞務而經常居住於他方締約國，他
　　方締約國應予免稅。

二、對任何一方締約國、政府所屬機關或地方政府為營利目的之經營之
　　貿易或事業提供勞務所為之給付，不適用本條規定。

第二十一條　學生與受訓人員

一、個人於訪問一方締約國之前，係為他方締約國之居住者，如其暫
　　時居留於一方締約國境內之主要目的為：

　　㈠就讀於一方締約國境內之大學、學院或學校。

　　㈡接受使其具有執行業務或專門職業資格之訓練。

　　該一方締約國就〔下〕列各款應予免稅：

　　㈠自他方締約國匯入供活、就學或訓練之款項。

　　㈡為彌補上述目的之不足財源，在一方締約國境內提供個人勞務
　　　所獲得之任何報酬，於任一曆年度內不超過美金三千五百元
　　　者。

二、個人於訪問一方締約國之前，係為他方締約國之居住者，如其暫
　　時居留於一方締約國境內之主要目的為就學、研究或接受訓練，
　　且接受一方締約國或他方締約國政府或科學、教育、宗教或慈善
　　機構所給予之補助費、津貼或獎學金者，該一方締約國就〔下〕
　　列各款應予免稅：

　　㈠自他方締約國匯入供生活、就學、研究或訓練之款項。

㈡補助費、津貼或獎學金。

㈢在一方締約國境內提供個人勞務所獲得之任何報酬，但以此項勞務與其就學、研究或訓練有關，或屬附帶發生，且於任一曆年度內不超過美金三千五百元者。

三、個人於訪問一方締約國之前，係為他方締約國之居住者，而以他方締約國政府或企業之受僱人員身分，暫時居留於一方締約國境內不超過十二個月，其目的為獲取技術、職業或營業經驗者，該一方締約國就〔下〕列各款應予免稅：

㈠自他方締約國匯入供生活、教育或訓練之款項。

㈡在一方締約國境內提供個人勞務所獲得之任何報酬，但以此項勞務與其就學、研究或訓練有關，或屬附帶發生，且不超過美金一萬元者。

第二十二條　其他所得

一方締約國之居住者取得非屬本協定前述規定之所得，不論其來源為何，僅由該一方締約國課稅。

第二十三條　雙重課稅之消除

除依任何一方締約國稅法准許其境外之應納稅額扣抵各該國應納稅額之規定外，凡源自一方締約國境內所得之應納稅額，應准予扣抵該所得在他方締約國之應納稅額。

第二十四條　無差別待遇

一、一方締約國之國民於他方締約國境內，不應較他方締約國之國民於相同情況下，負擔不同或較重之任何租稅或相關之要求。此項規定不應解釋為一方締約國之主管機關，為課稅目的，對依法僅適用於其國民或其他特定非屬其居住者之個人免稅額或減免，同樣給予非屬該國居住者之他方締約國國民。

二、本協定稱「國民」，係指具有任何一方締約國國籍之個人，及依各該締約國法律規定取得其身分之法人、合夥組織、社團及其他實體。

三、對一方締約國之企業於他方締約國境內固定營業場所之課稅，不

應較經營相同業務之他方締約國之企業作較不利之課徵。

四、本條之規定，不得解釋為一方締約國之主管機關，為課稅目的，基於國民身分或家庭責任而給予該締約國居住者之個人免稅額或減免，同樣給予他方締約國之居住者。

五、一方締約國之企業，其資本全部或部分由他方締約國一個或一個以上之居住者直接或間接持有或控制者，該一方締約國之企業不應較該一方締約國之其他相似企業，負擔不同或較重之任何租稅或相關之要求。

六、本條所稱「租稅」，係指本協定所規定之租稅。

第二十五條　相互協議之程序

一、一方締約國之居住者認為一方或雙方主管機關之行為，對其發生或將發生不符合本協定之課稅，不論各該締約國法律之救濟規定，均得向其為居住者之締約國主管機關提出申訴，此項申訴應於首次接獲不符合本協定課稅之通知起三年內為之。

二、主管機關如認為該申訴有理，且其本身無法獲致適當之解決，該主管機關應致力與他方締約國之主管機關協議解決之，以避免發生不符合本協定之課稅。

三、雙方締約國之主管機關應致力以協議方式解決有關本協定之解釋或適用上發生之困難或疑義，雙方主管機關並得共同磋商，以消除本協定未規定之雙重課稅問題。

四、雙方締約國之主管機關為達成前述各項規定之協議，得直接相互聯繫。

第二十六條　資訊交換

一、雙方締約國之主管機關應交換為執行本協定之規定及本協定所指租稅之國內法所必要之資訊，交換之資訊應以機密文件處理，且不得洩露予與本協定所指租稅有關之稽徵人員與機關以外之其他人或機關。

二、前項規定不得解釋為任何一方締約國之主管機關有〔下〕列各款義務：

㈠執行不同於一方締約國或他方締約國法律或行政慣例之行政措施：

㈡提供依一方締約國或他方締約國之法律規定或正常行政程序無法獲得之資訊。

㈢提供可能洩露任何貿易、營業、工業、商業或執行業務之秘密或交易方法，或情報之資訊，其洩露有違公共政策者。

第二十七條　生　效

本協定於雙方締約國相互通知對方完成本協定生效之法律程序之日起生效，其適用日期：

㈠就源扣繳稅款為本協定生效日之次月一日。

㈡其他稅款為本協定生效日之次年一月一日。

第二十八條　終　止

本協定未經雙方締約國終止前仍繼續有效，任何一方締約國欲終止本協定，應於六月三十日前以書面通知他方締約國，且應於本協定生效日起滿五年始得為之。其終止日期：

㈠就源扣繳稅款為發出終止通知之曆年度終了日。

㈡其他稅款為發出終止通知之次年一月一日。

為此，雙方代表各經合法授權於本協定簽字，以昭信守。

本協定於中華民國八十三年四月廿八日（公元一九九四年四月廿八日）在亞松森簽署。本協定以中文、西班牙文及英文各繕二份，三種文字約本同一作準，如有不一致，以英文本為準。

中　華　民　國　政　府　代　表　　劉　　廷　　祖
駐巴拉圭共和國特命全權大使

巴拉圭共和國政府代表　　路易斯・瑪利亞・
外　交　部　部　長　　拉米雷斯・波艾特納

一九九四年五月二日中格(瑞那達)
友好條約

中華民國與格瑞那達友好條約

　　中華民國政府與格瑞那達政府（以下稱「締約雙方」）為進一步加強兩國既存之友好關係並增進兩國人民之共同利益起見，決定以平等及互尊主權之原則為基礎，訂立友好條約，並為此各派全權代表如〔下〕：

中華民國政府代表：
行政院院長　連戰閣下；

格瑞那達政府代表：
總理兼外交部長　白拉斐閣下；

　　雙方全權代表各將所奉全權證書互相校閱，均屬妥善，議定條款如〔下〕：

第 一 條
中華民國與格瑞那達及兩國人民間，應永敦和好，歷久不渝。

第 二 條
　　締約雙方聲明彼此具有堅強決心，本於正義及平等之原則，親密合作，以樹立並維持世界和平，並促進兩國人民之經濟繁榮。

第 三 條
　　締約雙方有相互派遣正式外交代表之權，此項代表在所駐國於締約雙方互惠之基礎上應享受國際法通常承認之一切特權與豁免。

第 四 條
　　締約任何一方之國民，依照締約他方適用於一切外國人民之法律規章，應被允許出入與旅行或居住締約他方之領土。

締約任何一方之法律規章不得有歧視締約他方國民之規定。

第 五 條

締約雙方間其他方面之關係應以國際法通常承認之原則為基礎。

第 六 條

本條約以中文及英文各繕製兩份，兩種文字之約本同一作準。

第 七 條

本條約應由締約雙方各依本國憲法程序批准，並自互換批准書之日起生效，批准書之互換應在格瑞那達聖喬治市進行。本條約將繼續有效至締約任何一方以書面通知締約他方六個月後終止之。

為此，雙方全權代表爰於本條約簽字蓋印，以昭信守。

中華民國八十三年五月二日即公曆一千九百九十四年五月二日訂於臺北市。

中華民國代表
行政院院長　　連　　戰

格瑞那達代表
總理兼外交部長　　白拉斐

一九九四年五月二十四日中瓜（地馬拉）職業訓練技術合作協定

中華民國政府與瓜地馬拉共和國政府
職業訓練技術合作協定

中華民國政府與瓜地馬拉共和國政府為促進技術合作以加強兩國間既存之友好關係，並辦理職業訓練，經雙方各指派代表，議定下列條款：

第一條　合作事項

中華民國政府與瓜地馬拉共和國政府同意就職業訓練有關訓練設備、技術指導、師資訓練、職訓專家及主管人員相互觀摩訪問，以及設立一職業訓練中心等方面，進行技術合作計畫。

第二條　執行機構

中華民國政府由行政院勞工委員會職業訓練局為本技術合作計畫之執行機構。

瓜地馬拉共和國政府則指定瓜地馬拉共和國職訓及生產力技術局（以下簡稱職訓局）為本計畫之執行機構。

第三條　訓練設備

一、中華民國政府同意贈予瓜地馬拉共和國職業訓練之特別設備，包括機械、儀器、量具、工具及其他器材，上述物品於本計畫開始執行後均歸瓜國職訓局所有。

二、上項訓練設備由中華民國政府負責運抵瓜地馬拉共和國港口或機場。瓜地馬拉共和國政府應豁免其關稅及其他稅捐、支付其倉租、碼頭規費及其他有關費用，並負責依本協定之規定，將其運抵指定之目的地。

三、為上項訓練設備之開箱、安裝、試〔測〕、使用及維護保養，倘中華民國政府派遣專家進行指導或監督，其指示應予遵循。

四、瓜地馬拉共和國政府應提供安裝上項訓練設備之場所及必要設施，並給予物質與人力支援。

五、瓜地馬拉共和國政府承諾由其執行機構即瓜國職訓局對中華民國政府所贈送主要訓練設備之使用，進行管制及登記並於被經中方要求時提供有關資料。

第四條　技術指導

一、中華民國政府同意派遣一個技術團（含團長兼協調人及專家）至瓜地馬拉共和國服務，以執行第一條之計畫。

二、中華民國政府應負擔技術團團員往返瓜地馬拉之機票費、旅費及服務期間之薪金及生活費。

三、瓜地馬拉共和國政府給予中華民國派遣之技術團專家團員入出境便利。諸如給予團員及其眷屬在服務期間之有效禮遇簽證等之便利，此項便利並包括彼等之家屬（配偶、未成年子女、父母與成年未婚需彼等扶養之子女），提供各團員公務用必要之交通工具、健康及意外保險。瓜地馬拉共和國政府豁免各團員之居留稅及其他地方稅，包括薪給所得稅，以及團員入境瓜地馬拉因工作需要必須攜帶之裝備、工具、儀器、材料及當其在瓜地馬拉共和國停留超過六個月時，其私人行李、家具、家庭用品與一部汽車之一次進口稅；而此等物品之再出口亦享有免稅優待，惟團員必須於任滿離境時為之，倘上述汽車擬在瓜地馬拉出售，則必須按照免稅進口車輛出售之有關規定辦理。團員在瓜地馬拉共和國服務超過一個月期間者，瓜地馬拉共和國政府將提供各團員依援助進展所需之辦公室及家具。

四、瓜地馬拉共和國政府透過其職訓局每月給予各團員房租津貼。該津貼款額由中華民國大使館與瓜職訓局議定之。

五、瓜地馬拉共和國政府於各團員在瓜地馬拉工作期間將給予與「聯合國特權及豁免公約」及「專門機構特權及豁免公約」授予所有專家之同樣特權與豁免。

六、瓜地馬拉共和國政府透過其職訓局指派連絡官員，以處理各團員

因工作需要而提出之協助請求。

第五條　師資訓練

一、中華民國政府提供獎學金或入學許可予瓜地馬拉職訓局之訓練師
　　及人員至中華民國政府指定之機構受訓。

二、瓜地馬拉共和國政府派遣上述人員，應符合中華民國政府規定之
　　資格及條件，並接受中華民國政府安排之課程、指導及生活條
　　件。

第六條　訪問交流

一、瓜地馬拉共和國政府主管職業訓練之行政人員或專家，為實地瞭
　　解中華民國職業訓練計畫之實施及其他有關情形得申請或應邀前
　　來中華民國參觀訪問。

二、中華民國政府亦得派遣職業訓練有關人員前往瓜地馬拉共和國從
　　事計畫之檢討與評估。

第七條　設立職業訓練中心

一、中華民國政府同意協助瓜地馬拉共和國政府在其境內規劃設立一
　　職業訓練中心。

二、瓜地馬拉共和國政府經由其職訓局承諾提供職業訓練中心所需之
　　土地與房舍。至於該中心之主要訓練設備及技術指導應依本協定
　　第三條及第四條之規定辦理。

三、瓜地馬拉共和國政府籌建上項職業訓練中心，必要時得向中華民
　　國政府申請貸款。

四、職業訓練中心之組織與管理辦法，應於開始籌建時由中華民國政
　　府與瓜地馬拉共和國政府雙方共同商訂。

第八條　合作程序

一、瓜地馬拉共和國政府在開始進行本協定之合作計畫時，應經由中
　　華民國駐瓜地馬拉大使館，向中華民國政府提出申請，中華民國
　　政府在向瓜地馬拉政府傳達必要之資訊及文件時，亦透過駐瓜地
　　馬拉大使館為之。

二、中華民國政府對瓜地馬拉共和國政府提出之申請，保留全部或僅

一部分接受之權利。

三、中華民國政府經由其駐瓜地馬拉大使館與瓜地馬拉共和國政府經由其職訓局共同研究與考量各專家之學經歷，以期合作計畫能有效適合瓜地馬拉職業訓練所需。

第九條　其他事項

一、中華民國政府贈予瓜地馬拉共和國政府之訓練設備與提供之資料，僅限由執行本協定之機構並在其指定之工作場所內使用。

二、中華民國政府與瓜地馬拉共和國政府在本協定實施期間所交換之意見、建議、資料及文件，非經雙方同意，不得對外公佈。

第十條　協定之效期

本協定自瓜地馬拉共和國完成法定要件之日起生效，其有效期限為兩年。兩年屆滿後，除非有一方政府在協定屆滿前六個月以書面通知對方終止，本協定將自動延續二年。

第十一條　協定之簽署

本協定用中文及西班牙文各繕兩份，兩種文字約本雙方各執一份，同一作準，為此，締約雙方代表爰在本協定簽字，以昭信守。

中華民國八十三年五月二十四日即公曆一九九四年五月二十四日訂於臺北市。

中　華　民　國　政　府　代　表
行政院勞工委員會主任委員　　趙守博

瓜地馬拉共和國政府代表
勞　　工　　部　　長　　莫　芬

一九九四年六月七日中尼（日）貿易協定

中華民國與尼日共和國貿易協定

中華民國政府與尼日共和國政府，咸欲基於平等互惠之原則，建立並發展兩國間之貿易關係，議定條款如下：

第 一 條

締約雙方為促進兩國間之貿易關係，應各依其法律規章，採取適當措施，以便兩國間物品及勞務之交易。

第 二 條

締約任一方，就輸出或輸入許可、關稅、其他稅捐及有關手續，對來自或輸往締約他方之商品，應基於互惠原則，給予儘可能之優惠待遇。

第 三 條

上述第二條之規定不適用於：

甲、締約一方為促進邊界貿易而給予鄰國之利益。

乙、締約一方因現在或將來成為關稅同盟、自由貿易區或貨幣發行區之會員國而給予之利益。

第 四 條

兩國間一切交易，均應以美元或其他經雙方同意接受之可自由兌換之貨幣支付，但不得違背雙方現行或將來可能實施之有關外匯管制之法律規章。

第 五 條

締約雙方應鼓勵及便利兩國廠商相互訪問，以促進及發展兩國間之商務。

第 六 條

締約任一方得在締約他方領土內舉行永久或暫時性之展覽，締約他方應依其現行法律規章給予一切必要之便利。

第　七　條

　　締約雙方之主管機關代表，遇有必要時，得隨時會晤，以便調整實施本協定所發生之各項問題，並作必要之建議。

第　八　條

　　本協定自簽字之日起生效。效期一年。締約任一方如在協定效期屆滿之日前三個月，未以書面通知廢止，本協定即應每次以一年為期自動賡續延展。

本協定以中文及法文各繕兩份，兩種文字約本同一作準。

中華民國八十三年六月七日即西曆一九九四年六月七日訂於臺北。

　　　　　　　　中華民國政府代表
　　　　　　　　外　交　部　部　長　錢　　　復

　　　　　　　　尼日共和國政府代表
　　　　　　　　外交暨合作部部長　阿布都哈曼·哈瑪

一九九四年六月七日中尼（日）間合作混合委員會設立協定

中華民國與尼日共和國間合作混合委員會設立協定

　　中華民國政府與尼日共和國政府為保證改善雙方人民生活水準，亟欲發展及加強雙方人民友好及團結關係，確信為達成此目標必須進行各方面之有效合作，特別在政治、經濟、財政、科學及文化方面，爰經協議如下：

第　一　條　締約雙方依據本協定，成立中華民國與尼日共和國間合作混合委員會，以下簡稱委員會。

第　二　條　委員會之任務為：

　　　　　　㈠界定兩國間關係發展方向，特別是財政、經濟、貿易、科學、文化暨技術方面之合作。

　　　　　　㈡制訂使此方向具體化之建議並提報雙方政府同意。

　　　　　　㈢解決兩國已簽訂或將簽訂之貿易、經濟、財政、科學、技術及文化以及與兩國各在對方之僑民及財產有關之協定及條約執行時所產生之問題。

第　三　條　委員會由外交部長及其他必要之部長組成，並由專家協助。

第　四　條　委員會每兩年召開一次定期會議，輪流在尼日及中華民國舉行。

　　　　　　委員會可在一方要求下召開臨時會議。

　　　　　　委員會之會議由地主國外交部長擔任主席。

　　　　　　每次會議議程最遲須在會議召開前一個月循外交途徑交換意見，並於前述會議召開之日定案。

　　　　　　委員會可依需要成立特別委員會及工作小組，以深入研究緊急或特殊性質之問題。

特別委員會及（或）工作小組之工作成果須提報委員會通過。

委員會之決定或建議應作成書面記錄，並依情況簽署條約、協定、協議或換文。

第 五 條　本協定自簽字之日起生效。

第 六 條　締約任一方可以書面對本協定提出修訂建議。修訂經共同協議後，一俟締約雙方同意即生效。

第 七 條　本協定效期五年，除非締約一方於六個月前以書面通知他方宣告廢止，本協定將自動繼續逐年展延。

　　本協定以中文及法文各繕兩份，兩種文字約本同一作準。

中華民國八十三年六月七日即西曆一九九四年六月七日訂於臺北。

中華民國政府代表
外 交 部 部 長　錢　　　復

尼日共和國政府代表
外交暨合作部部長　阿布都哈曼·哈瑪

一九九四年六月七日中尼(日)備忘錄

備　忘　錄

　　尼日共和國總統烏斯曼閣下應中華民國總統李登輝閣下之邀請，於一九九四年六月二日至七日，率領一重要代表團前來中華民國進行友好及工作訪問，該代表團成員包括外交暨合作部長哈瑪閣下、貿易、運輸暨觀光部長蘇雷閣下、農業暨畜牧部長狄朱德閣下、主管中小企業國務員班瓦哈女士及主管計畫國務員卡內女士等重要官員。

　　尼日代表團於訪華期間，表示為加強兩國友好合作關係，建議雙方政府簽署「經濟技術合作協定」及「耕作機具製造技術合作協定」。雙方經充分交換意見後，同意另行以經濟、技術暨文化合作協定替代上述兩項協定。

　　雙方同意繼續協商前述協定內容，並於近期內，各依其本國法律規定之程序，洽商簽署之。

　　中華民國八十三年六月七日即西曆一九九四年六月七日訂於臺北。

中華民國政府代表
外　交　部　部　長　　錢　　　復

尼日共和國政府代表
外交暨合作部部長　　阿布都哈曼・哈瑪

一九九四年六月二十七日中瑞(典)間環境保護協定

駐瑞典臺北代表團與瑞典貿易委員會間環境保護協定

　　駐瑞典臺北代表團與瑞典貿易委員會（以下謹稱雙方）希望在平等、互惠及互利之基礎上締結環境保護合作協定，以促進兩國社會與經濟之發展。駐瑞典臺北代表團經由其合作單位臺北環境保護署，與瑞典貿易委員會經由其合作單位瑞典環境保護署，應執行計畫工作，決定未來合作活動之優先順序，訂定執行辦法明列未來活動工作計畫。

　　雙方茲同意下列事項：

第一條　計　畫

合作範圍包括但不限於所列領域
　　──環境規劃與管理
　　──風險評估
　　──污染預防，包括煙道廢氣處理
　　──廢水處理
　　──事業與家庭廢棄物處置
　　──環境監測
　　──利用市場誘因之污染控制
合作活動包括但不限於
　　──資訊交流與互訪
　　──人員訓練
　　──人員臨時委派
　　──研究計畫

第二條　施行與協調

雙方各指派一位計畫協調人，負責雙方合作計畫活動之整體協調。

第三條　財務安排

每方各負責執行本協定之費用。惟一方為他方進行或委辦特殊工作時，有權要求他方付費，該項費用應由雙方在工作開始前同意。

第四條　機密資訊

任一方所認定之機密資訊應受他方尊重，除非依法須強制公開，惟仍應預先通知對方。

第五條　責任限制

任一方對他方由本協定所獲得資訊之使用並不負責。

第六條　爭　議

任何關於本協定解釋與適用之爭議應由雙方間友善諮商解決。若仍未能解決，經任一方之請求，應依國際商會規定之仲裁解決。

第七條　期　限

本協定自簽署日起生效，有效期限三年。此後並繼續有效，除非任一方於六個月前以書面通知他方而終止。本協定之終止應不影響原先已同意並已開始活動之有效性或持續性。

為此，經雙方授權之代表爰於本協定簽定，以昭信守。本協定以英文各繕兩份。

駐瑞典臺北代表團	瑞典貿易委員會
（簽字）	（簽字）
姓名　詹明星	姓名　Göran Holmquist
職銜　駐瑞典臺北代表團代表	職銜　Swedish Trade Council President
日期　中華民國八十三年六月廿七日	日期　1994 06 27

一九九四年七月十四日中聖(露西亞)農業技術合作協定延期換文

中、聖(露西亞)農業技術合作協定延期換文
(中譯文)

甲、聖露西亞外交部致中華民國駐聖露西亞大使館節略譯文：

聖露西亞外交部茲向中華民國駐聖露西亞大使館致意並謹代表聖國政府建議延長中、聖（露西亞）農業技術合作協定兩年並包括雙方同意之附錄，溯自一九九四年五月八日起生效，至一九九六年五月七日止。上述協定原有協議內容不變。

中聖（露西亞）農業技術合作協定附錄：

中華民國農技團承允：

㈠協助引進具內外銷市場、商業潛力之切花種苗。此以進口組織培養種苗為最佳。

㈡對農部所從事之切花項目，提供技術協助。

㈢經由全國推廣系統之實際結合，強化技術轉移工作，以落實農技團之技術更為迅速轉移廣大農區。此將包括接觸中華民國可資利用之新技術，由雙方所同意，對提昇合作計畫重要。

聖露西亞外交部順向中華民國駐聖露西亞大使館申致最崇高之敬意。

聖露西亞外交部，一九九四年六月廿日於卡斯翠市

乙、駐聖露西亞大使館覆聖露西亞外交部節略譯文：

中華民國駐聖露西亞大使館茲向聖露西亞外交部致意，並就外交部一九九四年六月廿日第二三四號節略所提延長中、聖（露西亞）農業技術合作協定事，答復告以：中華民國政府同意延長中聖（露西亞）農業技術合作協定兩年並包括雙方同意之附錄條款，溯自一九九

四年五月八日起生效，至一九九六年五月七日止。上述協定原有協議
內容不變。

中聖（露西亞）農業技術合作協定附錄：

中華民國農技團承允：

　　㈠協助引進具內外銷市場、商業潛力之切花種苗。此以進口組織
　　　　培養種苗為最佳。

　　㈡對農部所從事之切花項目，提供技術協助。

　　㈢經由全國推廣系統之實際結合，強化技術轉移工作，以落實農
　　　　技團之技術更為迅速轉移廣大農區。此將包括接觸中華民國可
　　　　資利用之新技術，由雙方所同意，對提昇合作計畫重要。

中華民國駐聖露西亞大使館復建議此節略及貴部之覆略即構成此協定
之延期。

中華民國駐聖露西亞大使館順向聖露西亞外交部申致最崇高之敬意。

中華民國駐聖露西亞大使館，一九九四年六月廿三日

丙、聖露西亞外交部覆中華民國駐聖露西亞大使館節略譯文：

　　聖露西亞外交部茲向中華民國駐聖露西亞大使館致意並謹同意本
部第二三四號節略與貴大使館第一六七號節略，即構中聖（露西亞）
農業技術合作協定之延期。

聖露西亞外交部順向中華民國駐聖露西亞大使館申致最崇高之敬意。

聖露西亞外交部，一九九四年七月十四日於卡斯翠市

一九九四年七月三十日中法核能安全管制與資訊交流合作協議換文

行政院原子能委員會與法國在臺協會間核能安全管制與資訊交流合作協議換文

八十三年七月三十日簽換；
八十三年七月三十日生效。

甲、法國在臺協會主任雷歐致原子能委員會主任委員許翼雲照會（中譯文）：

本人願就法國在臺協會與原子能委員會（以下簡稱雙方）有關核能安全及資訊合作方面之交換事宜，綜述如下：

1. 協議範圍

雙方同意交換關於雙方同意指定之核設施及適用於此等設施管制規定之下列各類技術資訊：

(1)由或為任一方所編寫之技術安全專題報告，作為擬定管制決策之依據或參考。

(2)對指定核設施的重要作業程序與安全管制決策有影響之相關文件。

(3)對某些設施簽發執照及實施管制等作業程序的詳細說明文件。

(4)核設施運轉經驗報告，包括核子事件、事故與停機報告，以及組件與系統運轉歷史與可靠度數據等資料記錄。

(5)對指定核設施之安全管制程序。

(6)雙方擬採用或建議採用的管制標準。

(7)發生重大事件，諸如嚴重之運轉意外事件、管制機關下令反應

〔269〕

器停機，以及與雙方有直接關係的事件時之立即通知。

(8)發生緊急情況時之干預劑量及緊急應變措施分類等資料。

(9)發生緊急情況時之緊急應變計畫、法規及干預機關等資料。

2.管　　理

(1)依本協議規定之資訊交換應以信函、報告及其他文件，以及事先安排的訪問與會議等方式為之。雙方應定期召開會議，檢討資訊交換成效，並提供本協議條款的修訂建議。此等會議的時間、地點及議程應由雙方事先協議訂定之。

(2)每一方應指定一名管理人負責協調其參與資訊交換作業之相關事宜。管理人應是依資訊交換約定下所有傳送文件的收件人，除非另有約定外，應包括所有信函。在資訊交換期間內，管理人應負責研訂交換的範圍，包括雙方就指定應納入資料交換作業的核能設施，以及應交換的特定文件與標準所達成之協議。

(3)依本協議之規定在雙方之間交換或傳送的任何資訊，其應用或運用應由資料接收人自行負責，資料傳送人並不保證該等資訊是否能適合任何特定用途或應用的需要。

(4)鑒於本協議所涵蓋某些資訊並非可自本協議雙方獲得，但可從其他政府機構獲得者，本協議之一方將盡最大可能協助另一方以安排訪問並向有關機關查詢該等資訊。但上述約定並不保證其他機構是否願意提供所需資訊或接受訪問。

3.資訊之交換與運用

3.1　概述

一般而言，本協議每一方所收到的資訊，無需另一方進一步的許可，即可自由分送，但依本協議所交換的專有或其他機密或不得外洩資訊，如需保護其專有權或機密性者不在此限。

3.2　定義

(1)「資訊」一詞意指與核能有關的管制、安全、廢料管理、科

學，或技術數據，包括評估結果或方法的資訊，以及其他擬依本協議規定提供或交換的其他知識。

(2)「專有資訊」（法文：informations　privilegiee）一詞意指依本協議所提供且含有商業秘密或其他機密或不得外洩之商業資訊。

(3)「其他機密或不得外洩資訊」一詞意指「專有資訊」以外之資訊，依適用於提供資訊一方的法令規定，或按提供資訊一方的政策指令所做決定，禁止公開且機密方式傳送與接收之資訊。

3.3 書面專有資訊之標識程序

(1)根據本協議接收書面專有資訊的一方應尊重其機密性，但以該等專有資訊已清楚地標明使用限制說明者為限。

(2)接收專有資料之一方應遵守上述使用限制說明之規定，且非經資料傳送之一方事先同意，不得將標有該項說明之專有資料移作商業目的使用，對外公開，或以本協議書未規定或違反本協議書規定之任何方式分送他人。

3.4 書面專有資訊之分送

(1)一般而言，依本協議規定接收的專有資訊可由接收一方自由地分送給接收一方內部人員或雇用人員，以及接收一方主管機關的有關部門及政府機關，而無需事先取得資訊提供人之同意。

(2)經提供專有資訊之一方當事人事先出具書面同意後，接收該資訊之一方可將該項專有資訊分送予前項許可範圍以外之其他人員或機構使用。雙方應儘可能配合以擬訂請求及獲得更廣泛分送範圍的程序。

3.5 其他書面機密或不得外洩資訊之標識程序

依本協議規定接收其他機密或不得外洩資訊的一方應尊重該等資訊之機密性，但以該等資訊已清楚地標明指出其機密或不得外洩說明者為限。

3.6 其他書面機密或不得外洩資訊之分送

其他機密或不得外洩資訊可按第3.4項專有資訊之分送規定所述

相同的方式分送之，先決條件是任何機密或不得外洩資訊應視
個案需要，依照保密協議規定，並標明類似上述第3.3項規定之
使用限制說明。

3.7 非書面式專有或其他機密或不得外洩資訊

依本協議規定安排的研討會及其他會議中所提供的非書面式專
有或其他機密或不得外洩資訊，或經由人員派遣、設施使用或
合作計畫所產生的資訊，應由雙方按照本協議規定之書面資訊
處理原則處理之；但，傳達此種專有或其他機密或不得外洩資
訊的一方應先將所傳達資料的機密性告知接收者。

3.8 其他規定

本協議書之條款並不禁止任一方使用或分送其自本協議以外來
源，以不受使用限制之方式所取得的資訊。

如果閣下同意本信函之內容，本協議應自閣下復函之日起生效，有效
期間為五年，除非任何一方提前於90天前以書面通知他方予以終止。

法國在臺協會

雷　歐（簽字）

中華民國八十三年七月三十日於臺北

乙、原子能委員會主任委員許翼雲八十三年七月三十日覆法國在臺協會主任雷歐照會（中譯文）：

敬覆者：

本人謹就　貴主任本（八十三）年七月三十日來函敬覆如下：

「本人願就法國在臺協會與原子能委員會（以下簡稱雙方）有關
核能安全及資訊合作方面之交換事宜，綜述如下：

1.協議範圍

雙方同意交換關於雙方同意指定之核設施及適用於此等設施管制
規定之下列各類技術資訊：

⑴由或為任一方所編寫之技術安全專題報告，作為擬定管制決策

之依據或參考。

(2)對指定核設施的重要作業程序與安全管制決策有影響之相關文件。

(3)對某些設施簽發執照及實施管制等作業程序的詳細說明文件。

(4)核設施運轉經驗報告，包括核子事件、事故與停機報告，以及組件與系統運轉歷史與可靠度數據等資料記錄。

(5)對指定核設施之安全管制程序。

(6)雙方擬採用或建議採用的管制標準。

(7)發生重大事件，諸如嚴重之運轉意外事件、管制機關下令反應器停機，以及與雙方有直接關係的事件時之立即通知。

(8)發生緊急情況時之干預劑量及緊急應變措施分類等資料。

(9)發生緊急情況時之緊急應變計畫、法規及干預機關等資料。

2.管　理

(1)依本協議規定之資訊交換應以信函、報告及其他文件，以及事先安排的訪問與會議等方式為之。雙方應定期召開會議，檢討資訊交換成效，並提供本協議條款的修訂建議。此等會議的時間、地點及議程應由雙方事先協議訂定之。

(2)每一方應指定一名管理人負責協調其參與資訊交換作業之相關事宜。管理人應是依資訊交換約定下所有傳送文件的收件人，除非另有約定外，應包括所有信函。在資訊交換期間內，管理人應負責研訂交換的範圍，包括雙方就指定應納入資料交換作業的核能設施，以及應交換的特定文件與標準所達成之協議。

(3)依本協議之規定在雙方之間交換或傳送的任何資訊，其應用或運用應由資料接收人自行負責，資料傳送人並不保證該等資訊是否能適合任何特定用途或應用的需要。

(4)鑒於本協議所涵蓋某些資訊並非可自本協議雙方獲得，但可從其他政府機構獲得者，本協議之一方將盡最大可能協助另一方以安排訪問並向有關機關查詢該等資訊。但上述約定並不保證

其他機構是否願意提供所需資訊或接受訪問。

3.資訊之交換與運用

3.1　概述

一般而言，本協議每一方所收到的資訊，無需另一方進一步的許可，即可自由分送，但依本協議所交換的專有或其他機密或不得外洩資訊，如需保護其專有權或機密性者不在此限。

3.2　定義

(1)「資訊」一詞意指與核能有關的管制、安全、廢料管理、科學，或技術數據，包括評估結果或方法的資訊，以及其他擬依本協議規定提供或交換的其他知識。

(2)「專有資訊」(法文：informations privilegiee)一詞意指依本協議所提供且含有商業秘密或其他機密或不得外洩之商業資訊。

(3)「其他機密或不得外洩資訊」一詞意指「專有資訊」以外之資訊，依適用於提供資訊一方的法令規定，或按提供資訊一方的政策指令所做決定，禁止公開且機密方式傳送與接收之資訊。

3.3　書面專有資訊之標識程序

(1)根據本協議接收書面專有資訊的一方應尊重其機密性，但以該等專有資訊已清楚地標明使用限制說明者為限。

(2)接收專有資料之一方應遵守上述使用限制說明之規定，且非經資料傳送之一方事先同意，不得將標有該項說明之專有資料移作商業目的使用，對外公開，或以本協議書未規定或違反本協議書規定之任何方式分送他人。

3.4　書面專有資訊之分送

(1)一般而言，依本協議規定接收的專有資訊可由接收一方自由地分送給接收一方內部人員或雇用人員，以及接收一方主管機關的有關部門及政府機關，而無需事先取得資訊提供人之同意。

(2)經提供專有資訊之一方當事人事先出具書面同意後，接收該資訊之一方可將該項專有資訊分送予前項許可範圍以外之其他人

員或機構使用。雙方應盡可能配合以擬訂請求及獲得更廣泛分
送範圍的程序。

3.5　其他書面機密或不得外洩資訊之標識程序

依本協議規定接收其他機密或不得外洩資訊的一方應尊重該等資
訊之機密性，但以該等資訊已清楚地標明指出其機密或不得外洩
說明者為限。

3.6　其他書面機密或不得外洩資訊之分送

其他機密或不得外洩資訊可按第3.4項專有資訊之分送規定所述
相同的方式分送之，先決條件是任何機密或不得外洩資訊應視個
案需要，依照保密協議規定，並標明類似上述第3.3項規定之使
用限制說明。

3.7　非書面式專有或其他機密或不得外洩資訊

依本協議規定安排的研討會及其他會議中所提供的非書面式專有
或其他機密或不得外洩資訊，或經由人員派遣、設施使用或合作
計畫所產生的資訊，應由雙方按照本協議規定之書面資訊處理原
則處理之；但，傳達此種專有或其他機密或不得外洩資訊的一方
應先將所傳達資料的機密性告知接收者。

3.8　其他規定

本協議書之條款並不禁止任一方使用或分送其自本協議以外來
源，以不受使用限制之方式所取得的資訊。

如果閣下同意本信函之內容，本協議應自閣下復函之日起生效，有效
期間為五年，除非任何一方提前於90天前以書面通知他方予以終
止。」

本人願代表原子能委員會接受來函所列各事項；並以之作為　貴我雙
方之協議，並自即日起生效。

原子能委員會

許　翼　雲（簽字）

中華民國八十三年七月三十日於臺北

一九九四年八月三十一日中哥（斯大黎加）技術合作協定補充協議

中華民國與哥斯大黎加共和國間技術合作協定補充協議

中華民國政府與哥斯大黎加共和國政府基於傳統友誼，並為延續兩國於中華民國七十一年十二月十四日即公曆一九八二年十二月十四日簽訂之「中華民國與哥斯大黎加共和國間技術合作協定」所建立之合作關係，以及為加強兩國間職業訓練技術合作，中華民國政府同意贈送哥斯大黎加共和國政府職業訓練設備，以加強哥國辦理職業訓練。爰經議定下列條款：

第 一 條：本協定之執行機關為中華民國行政院勞工委員會職業訓練局及哥斯大黎加共和國職業訓練局（I.N.A）。

第 二 條：中華民國政府同意贈送設於職訓局 LA URUCA 總部之FRANCISCO ORLICH 訓練中心電子方面訓練設備，及其他訓練中心部分個人電腦。詳細品名、規格、數量等，詳如本補充協議之附件。

第 三 條：前條所稱訓練設備，僅供職業訓練使用。

第 四 條：本計畫之預算經費，將包括贈送訓練設備、運輸、保險、代辦費、派遣專家赴哥國安裝設備、操作指導及專家小組開會出席費等費用。所需經費由中華民國海外經濟合作發展基金支應，其可運用最高金額以不逾八十萬美元為原則。

第 五 條：中華民國政府負責將訓練設備運抵哥斯大黎加共和國政府指定之港口；有關稅捐、倉儲及內陸運輸等事項，由哥斯大黎加共和國政府負責。

第 六 條：中華民國政府同意派遣專家赴哥斯大黎加共和國，協助處理前條所稱訓練設備之開箱、安裝及試〔測〕事宜。對中

華民國專家之意見，哥國應予適當之重視。

第 七 條：中華民國專家因工作需要攜帶之儀表、量具等，哥國政府
　　　　應給予通關便利之協助及免除各項稅捐。

第 八 條：中華民國專家因安裝訓練設備需要，對訓練工場設施條件
　　　　之要求，哥國應予配合。

第 九 條：中華民國專家在哥國停留期間，哥國政府應給予各項行政
　　　　支援。

第 十 條：哥國同意在安裝中華民國贈送訓練設備之訓練中心門口懸
　　　　掛「中華民國贈送訓練設備，提供技術指導」等字樣之牌
　　　　示。

第十一條：哥斯大黎加共和國使用前述訓練設備之職業訓練師，如需
　　　　接受訓練，得由中華民國政府與哥國政府商定後實施。

第十二條：中華民國政府於訓練設備試〔測〕完成交予哥國政府後，
　　　　即由哥國政府自行負維修保養之責。

第十三條：本協定自雙方代表簽署之日起生效，至該項訓練設備安
　　　　裝、試〔測〕完成，交予哥國為止。

　　本協定以中文及西班牙文各繕兩份，兩文字之約本同一作準。

　　為此，締約雙方全權代表爰於本協定簽字，以昭信守。

中華民國八十三年八月三十一日即公曆一九九四年八月三十一日訂於
聖荷西市。

　　　　　　　　中 華 民 國 政 府 代 表
　　　　　　　　駐 哥 斯 大 黎 加 全 權 大 使　關　　鏞

　　　　　　　　哥斯大黎加共和國政府代表
　　　　　　　　職 業 訓 練 局 局 長　索　　美

一九九四年九月六日中巴（拿馬）漁業技術合作協定換文

甲、巴拿馬外交部代理部長郭德洛致中華民國駐巴拿馬蘇大使秉照照會中譯文

大使閣下：

敬啟者：一九七三年十月八日中華民國與巴拿馬共和國簽訂並迭經延長效期之漁業技術合作協定將於一九九四年八月二十五日屆滿。

鑒於中華民國漁技團績效卓著，巴拿馬共和國政府盼能依照原訂條件自一九九四年八月二十五日起，再延長上述協定效期兩年。

爰特建議本照會及閣下表示貴國政府同意之復照即構成一項協定，自一九九四年八月二十六日起生效。

順向　閣下重申最崇高之敬意

外交部代理部長　郭　德　洛

一九九四年八月十七日

乙、中華民國駐巴拿馬大使蘇秉照覆巴拿馬共和國外交部部長路易斯照會中譯文

部長閣下：

接准貴部前代理部長郭德洛一九九四年八月十七日第DT／NO二八六號照會內開：

大使閣下：

敬啟者：一九七三年十月八日中華民國與巴拿馬共和國簽訂並迭經延長效期之漁業技術合作協定將於一九九四年八月二十五日屆滿。

鑒於中華民國漁技團績效卓著，巴拿馬共和國政府盼能依照原訂

條件自一九九四年八月二十五日起，再延長上述協定效期兩年。

　　爰特建議本照會及閣下表示貴國政府同意之復照即構成一項協定，自一九九四年八月二十六日起生效。

　　順向　閣下重申最崇高之敬意

　　本大使茲特奉告：中華民國政府深盼進一步加強　貴我兩國間既存睦誼，同意再延長該技術合作協定效期兩年至一九九六年八月二十五日止。

　　本大使並願證實本復照及前述一九九四年八月十七日第DT／NO二八六號來照構成　貴我兩國間之一項協定，自一九九四年八月二十六日起生效。

　　順向　閣下重申最崇高之敬意

　　　　　　　　　　　　中華民國大使　蘇　秉　照

一九九四年九月六日

一九九四年九月十九日中美關於貿易暨投資之諮商原則與程序架構協定暨立即行動議程

美國在臺協會與北美事務協調委員會關於貿易暨投資之諮商原則與程序架構協定

美國在臺協會與北美事務協調委員會：

一、欲促進雙方所代表領域間之友誼及合作精神，

二、欲進一步發展雙方所代表領域間之國際貿易及相互之經濟關係，

三、顧及雙方所代表領域皆參與之貿易協定，並注意到本協定並不損及雙方於前述貿易協定中之權利與義務，

四、顧及雙方在多邊基礎上擴大貿易及投資自由化之承諾，

五、了解培養一個開放且可預測的國際貿易及投資環境之重要性，

六、了解因增進國際貿易及投資所可能帶給各方所代表領域之利益，並同意扭曲貿易之投資措施及保護主義將可能剝奪雙方所代表領域之前述利益，

七、了解國內及國外之私人投資，在促進成長、創造就業、擴張貿易、改善技術及促進經濟發展上的重要角色，

八、了解外人直接投資帶給各方之正面利益，

九、了解服務業對雙方經濟及雙邊貿易與國際貿易益趨重要，

十、顧及消除非關稅障礙以更易進入雙方所代表領域內市場之需要，

十一、了解對智慧財產權提供足夠而有效的保護及執行之重要，並顧及雙方關於智慧財產權所承擔及將承擔之承諾，

十二、注意到雙方改善勞工福祉，並提供較佳僱傭條件之共同目標，

十三、了解雙方適時解決貿易及投資問題之願望，

十四、顧及設立一雙邊機構以促進雙方所代表領域間貿易及投資之自由化，並就雙邊貿易及投資事項進行諮商，對雙方有相互利

〔280〕

益，

雙方茲同意如下：

第 一 條：雙方應設立「美國在臺協會與北美事務協調委員會貿易暨
投資委員會」（簡稱「委員會」）。

第 二 條：委員會由雙方代表及其顧問組成。雙方各由美國在臺協會
與北美事務協調委員會之代表擔任主席。來自美國貿易代
表署之美國在臺協會資深顧問擔任美國在臺協會主談人。
來自經濟部（或其他指定人員）之北美事務協調委員會資
深顧問擔任北美事務協調委員會主談人。

第 三 條：委員會會議於雙方同意之時間召開。

第 四 條：與委員工作有關事宜，雙方將尋求各自領域內民間部門之
意見。民間部門之代表在雙方同意為適當的情況下得應邀
出席委員會會議。

第 五 條：委員會之目標如下：

㈠檢視雙方貿易投資進行，並發掘擴張貿易投資機會。

㈡就雙方關切之特定貿易投資事項舉行諮商，並在適當情
形下協商協定。

㈢發掘並致力去除扭曲雙邊貿易暨投資流通之措施。

第 六 條：㈠任一方得就雙方間任何貿易或投資事宜提請諮商。諮商
之請求須檢附擬討論議題之書面說明，此項諮商須在要
求提出後三十天內舉行，除非要求之一方同意在其後之
日期舉行，或雙方其後同意該項諮商並無必要。

㈡初次諮商應在其措施或實踐為討論主題之領域內或雙方
同意之其他地點舉行。

㈢本條不應損及各方所代表領域內之法律或雙方皆為締約
者之協定中所規定之權利。

第 七 條：㈠委員會將以解決本協定附錄「立即行動議程」中所載議
題，展開其工作。

㈡委員會得成立聯合專案工作小組，以利委員會工作之推

　　　　　　　　行。

第 八 條：本協定經雙方正式簽署後生效，正式簽署應於雙方各自完
　　　　　　成必要程序後為之。

第 九 條：㈠本協定在經雙方同意或一方於六個月前以書面通知他方
　　　　　　時終止。

　　　　　　㈡如雙方同意決定修改本協定，得以換文方式修正之。

　　　　　　㈢雙方同意就任何特定之貿易或投資事項所達成之任何協
　　　　　　議準備雙方均可接受之協議記錄。

　　為此，雙方各經其主管當局充分授權之簽字人爰於本協定簽字，
以昭信守。

　　本協定以中文及英文各分繕兩份，兩種文字約本同一作準。

　　公元一九九四年九月十九日訂於美國華盛頓哥倫比亞特區

　　　　　　　　　　　美 國 在 臺 協 會 代 表　白 樂 崎（ 簽字 ）

　　　　　　　　　　　北美事務協調委員會代表　丁 懋 時（ 簽字 ）

附　錄

立即行動議程

　　依據美國在臺協會與北美事務協調委員會關於貿易暨投資之諮商
原則與程序架構協定，雙方同意下列事項：

一、雙方準備在一百八十天內依包括下列主題之「立即行動議程」開
　　始委員會之工作：

　　㈠與貿易有關之環境問題

　　㈡有關相互關切之多邊和地區性貿易問題

　　㈢貿易爭端解決制度

　　㈣智慧財產權

　　㈤關稅貿易總協定加入事宜

　　㈥暫准通關證制度（ **ATA Carnet** ）

㈦反傾銷問題

二、包含在本「立即行動議程」內之主題，並不限制任一方依本協定
　第六條之規定，就可能於近期發生且需立即舉行雙邊諮商之任何
　其他有關貿易或投資議題，提出諮商要求，亦不損及未來新議題
　之提出。

美 國 在 臺 協 會 代 表　白 樂 崎（簽字）

北美事務協調委員會代表　丁 懋 時（簽字）

一九九四年九月二十九日中斐(南非)
關於原子能和平使用合作協定

原子能委員會與南非原子能公司
關於原子能和平使用合作協定

原子能委員會與南非原子能公司（以下簡稱雙方），鑒於雙方有意共同促進原子能和平用途，爰同意下列協定：

一、協定範圍

雙方於各自國家的法律、法規及政策指令容許之範圍內，同意在下列領域及其他經雙方書面同意之領域內合作，俾謀相互之利益以提昇研究、技術，及資訊交流：

(1)與核設施安全及管制有關的資訊交換及技術發展。

(2)對緊急狀況的緊急計畫、管制及干預之資訊交換及技術支援。

(3)於核設施發生嚴重核子事故時之通知及協助。

(4)原子能和平用途之醫學、農業及工業應用的資訊交換與技術發展。

(5)用過核燃料處理之研究與技術發展。

(6)放射性廢料之處理與行為。

(7)放射性廢料之處置。

(8)拆廠與除污。

(9)核電公眾溝通策略與經驗之交換。

二、合作形式

2.1　在本協定架構之內所從事的合作應透過同意函或特定之書面協定或合約，這些文件並應定有詳細的合作形式，若有需要應包括財務條款及限制條件。

2.2　合作可以包括，但不限於下列形式：

　　⑴經由書信、報告及其他形式的書面文件交換資訊。

　　⑵在相互同意的條款下交換樣品、物料、儀器及組件，以供試
　　　驗。

　　⑶在現有的基礎下交換科技資訊及研究發展的結果與方法。

　　⑷交換科學家、工程師及其他專家，於雙方或與其有契約關係
　　　的研究中心及其他設施，進行經雙方同意的研究、發展、分
　　　析、設計與實驗活動。

　　⑸於本協定第一條所列領域內，就雙方同意之專題安排或參加
　　　研討會及其他會議。

　　⑹參加雙方同意分攤工作與（或）費用之計畫。

　　⑺其他經雙方以書面同意的特定合作形式。

三、協　　調

3.1　除非另以書面同意，否則所有費用應由需求費用之一方負擔。

3.2　每一方應指定一名聯絡人，以聯絡本協定內所有交換與合作事
　　　宜。除非另有約定，否則聯絡人應為本協定內所有通信的收受
　　　者。

3.3　任何時候只要達成第二條所述之特定協定或合約，每一方應指
　　　派一名技術代表以執行前述協定或合約之例行業務。

3.4　鑒於本協定所涵蓋之某些資訊並非可從簽署本協定之任一方獲
　　　得，但如係可從其他機關獲得者，其中一方願盡最大可能協助
　　　另一方安排訪問及轉達需求予適當之機關，惟不保證此機關願
　　　意提供所需資訊或接受訪問。

四、保　　密

4.1　雙方可按其本身之目的自由使用另一方所提供之資訊，並可將
　　　此種資訊適當地傳送其主管機關，以便獲得此種使用所需之任
　　　何行政許可。若無提供資訊一方事前之書面同意，不得將此種

資訊傳給雙方以外之第三者。

4.2　不論是否獲有專利權，提供資訊之一方仍保有此種資訊之所有權。

五、責　任

5.1　提供資訊之一方應以其最佳判斷與認知，保證資訊之正確性；但不保證接收資訊之一方使用或應用該資訊於任何特定用途之適當性。

5.2　每一方應自行負責因使用另一方所提供之資訊而造成其本身財產、人員或第三者直接或間接的損害。

六、爭　議

雙方同意，因本協定所生之任何爭議將儘可能以友善方式解決，如有必要將由一個或一個以上的獨立專家協助之。

七、期　限

7.1　本協定於雙方簽字之日起有效期間為五年。期滿將自動延續五年效力，除非任一方至少在第一個五年期滿之三個月前以書面通知另一方終止本協定。

7.2　若本協定之終止未侵害任一方按照上述第二條所訂的任何特定協定或合約之權利，則在本協定終止日所有未完成之共同活動將按本協定條款完成。

在見證下，雙方充份授權之代表簽訂本協定。

於1994年9月29日在臺北簽訂。

中華民國原子能委員會　　　　　南非原子能公司

_____　　　　_____

主任委員　　　　　　　　　　　執行總裁
許翼雲博士　　　　　　　　　　Dr. Waldo Stumpf

一九九四年十月二十一日中聖(文森)農業技術合作協定延期換文

甲、聖文森國農業工業暨勞工部長克魯祥致駐聖文森國大使館劉代辦廣平照會中譯文

敬啟者：前奉告關於中華民國與聖文森國於一九八二年八月卅一日簽訂並於其後每兩年延期迄今之農業技術合作協定，頃經雙方磋商，達成協議如後：

㈠上述協定將續延效期兩年，自一九九四年八月卅一日起生效。

㈡上述協定之各條款維持不變。

本人謹代表聖文森國政府向貴代辦聲述：本照會及貴代辦同意上述協議之復照將構成上述協定之補充協定。

本人順向貴代辦重申最崇高之敬意。

農業工業暨勞工部部長　克魯祥（簽字）

一九九四年十月廿日

乙、駐聖文森大使館劉代辦廣平一九九四年十月廿一日覆聖文森國農業、工業暨勞工部長克魯祥十月廿日照會中譯文

敬啟者：接准閣下一九九四年十月廿日照會內開：

「敬啟者：茲奉告關於中華民國與聖文森國於一九八二年八月卅一日簽訂並於其後每兩年延期迄今之農業技術合作協定，頃經雙方磋商，達成協議如後：

㈠上述協定將續延效期兩年，自一九九四年八月卅一日起生效。

㈡上述協定之各條款均維持不變。

〔287〕

本人謹代表聖文森國政府向貴代辦聲述：本照會及貴代辦同意上述協
議之復照將構成上述協定之補充協定。

本人順向貴代辦重申最崇高之敬意。」

本人謹代表中華民國政府證實閣下來照及復表同意之本照會即構成前
述協定之補充協定。

本人順向閣下重申最崇高之敬意。

　　　　　　　　　　中華民國駐聖文森國大使館代辦　　劉　廣　平

一九九四年十月廿一日於聖文森國

一九九四年十月二十六日中德計量領域合作備忘錄

*中華民國度量衡國家標準實驗室與德國聯邦物理技術研究院*之計量領域合作備忘錄（中譯文）

中華民國度量衡國家標準實驗室與德國聯邦物理技術研究院（以下簡稱簽署機構），對發展計量領域合作具共同之興趣，並認知計量之推廣有賴國際間的科技合作，同時認定此種合作對雙方都有利益，為了建立未來計量領域之科技合作基礎，雙方達成下列共識：

第 一 節

簽署機構希望本著互相信任之精神合作。為了達成此目標，雙方願互通彼此研究的重點和成果，在科技合作計畫上達到共識，同時進行人員交流。

第 二 節

合作範圍包括：

一、共同研究和新量測方法及程序之設計。

二、標準之相互比對以評估其準確度與可追溯性。

三、研究新原理和方法以改進一級標準。

四、計量基礎架構之資訊交換。

五、計量人員之基礎及進階訓練。

六、共同組織專家級會議。

第 三 節

簽署機構合作基礎如下：

一、為了進行合作計畫、演講、考察訪問及其他事由，雙方得派科學家、工程師、技術員、或其他人員互訪交流。

二、互訪人員及客座研究人員得停留一段期間研習或資訊交流。

三、交換科技資訊、出版物、研究報告、年報特刊或其他紀錄。

第 四 節

一、簽署機構將書面指派負責合作之執行及聯絡的人員。

二、簽署機構所指定之代表將草擬工作計畫，並擬訂合作方式細節。

三、如有必要，為執行特殊工作或計畫，簽署機構得另做特別的安排或協議。

第 五 節

一、合作的進行必須符合兩簽署機構所依據之法規。

二、合作之執行需在預算範圍內，各簽署機構分別負擔其自身為執行合作而發生之費用。

第 六 節

雙方得自由使用對方所提供之資料，除非提供之一方有註明限制。

如果對方同意，合作成果得以在法律保障條款下發表。

第 七 節

本備忘錄僅代表簽署機構合作之意願，不具國際約束力。

第 八 節

本備忘錄將自簽約日開始生效，有效期五年。簽署機構得以書面延長、補充或取消此備忘錄。

本備忘錄於一九九四年十月廿六日在臺灣簽訂，共兩份，分別使用英文及德文，內容完全一致。

中華民國度量衡國家標準實驗室

簽署人：徐　章博士

職　稱：主任

德國聯邦物理技術研究院

簽署人：Prof. Dr. V. Kose

職　稱：副院長

見證人：Knut Birkeland

　　　　張滿惠

一九九四年十一月二日中美物理合作計畫綱領中有關電信合作協定之第二號附錄附加條款

「中美物理學合作計畫綱領」中之「電信科學」合作研究協定附錄二附加條款

　　這份附加條款確立電信研究所（TL）與美國國家標準暨技術局（NIST）之電腦系統實驗室（CSL），透過臺北經濟文化代表處（TECRO），前為北美事務協調委員會，與美國在臺協會（AIT）草簽，共同實現交易處理（Transaction Processing）合作計畫之項目，並且涵蓋計畫管理及經費之問題。這份附加條款涉及綱領之附錄二。

交易處理（Transaction Processing）合作計畫

　　電信研究所透過兩位研究同仁提供技術支援，他們在NIST，由合作計畫主持人帶領，從事交易處理合作計畫研究一年。在附加條款簽訂之後兩個月，計畫主持人須提供電信研究所一份最新的計畫管理書。為了讓TL研究人員了解合作成果及未來系統移植的問題，計畫主持人須與TL研究人員密切配合。擴充之成果包括⑴COS／POSI／SPAG（CPS）技術架構規範實作系統，⑵TP測試系統和TTCN到Estelle與C^{++}的轉譯工具。在送完整的TP抽象測試集到美國政府開放系統互連規範（GOSIP）測試主管機構時，CSL也要提供一份給電信研究所。同時，在法律程序和技術工作大致完成時，美國在臺協會（NIST／CSL）要提供臺北經濟文化代表處（DGT／TL）交易集發展系統（TSDS）之電子資料交換工具（EDI tool）。

付　款

　　臺北經濟文化代表處出資20萬美金；其中178,400美金付給美國
在臺協會，另21,600美金係TL兩位研究同仁之生活費用。

臺北經濟文化代表處　　　　　　　美國在臺協會
James Wen-chung Chang　　　　　J. Richard Bock

一九九四年十一月十日中哥(斯大黎加)間技術合作協定

中華民國與哥斯大黎加共和國間技術合作協定

中華民國政府與哥斯大黎加共和國政府（以下簡稱「締約雙方」）為促進兩國間之技術合作，藉以提高人民生活水準，並為改善進行本項合作在行政與法律上之規範，以充分發揮兩國經由合作產生資源與服務之效益，爰經議定以下條款：

第 一 條

㈠中華民國為有效執行兩國間之技術合作，派遣由專家及技術人員組成之專業技術團（以下簡稱「技術團」）前往哥斯大黎加共和國工作。

㈡締約雙方同意在各種發展領域中交換經驗與技術知識，並依照本協定所議定之各條款推動技術合作。

第 二 條

本協定所規定之技術合作將循下列途徑達成之：

㈠交換從事各業及其有關活動之專家與顧問。

㈡交換各類專業技術與訓練人員之知識。

㈢交換與本協定所規定事項有關之技術與統計資料，以及原料與設備。

㈣安排會議、講習會、訓練班以及其他類似之活動。

㈤提供專為執行合作計畫所需之機具與設備。

㈥雙方認為達成本協定目標所必需或適當之其他合作項目。

第 三 條

為有效實施本協定所規定之各項技術合作計畫，將由締約雙方另簽補充協議，以便就合作計畫之性質、期限、雙方應作之貢獻、人員、經費之分擔及行政管理手續等予以規範；此等補充協議應視為本

協定之一部分。

第 四 條

　　為推動各項技術合作計畫,中華民國政府將負責下列事項:

㈠負擔技術團人員自中華民國至哥斯大黎加及返回中華民國之費用,以及渠等在哥斯大黎加服務期間之薪津與差旅費。

㈡提供技術團工作所需之車輛與農機具,並支付有關運送、提領、保養、保險與油料等之費用。

㈢提供技術團為推動合作計畫而進行各種試驗、訓練、技術移轉及採用新科技所需之部分費用。

㈣提供技術團為進行試驗、示範、新科技移轉及採用所需進口之物料及動植物種源;此等種源之進口必須遵守哥斯大黎加相關之法令規章。

㈤中華民國生產之農機具及其他設備在引進並經證明為實用後,將於技術合作計畫結束時,經中華民國政府同意後贈與哥斯大黎加之機關或團體繼續使用。

　　此外,關於用以促進各類領域發展之農機具與設備,技術團將提供有關之技術協助。

第 五 條

㈠前述技術團人員於服務期間應向派遣國大使館負責。

㈡中華民國大使館應負監督技術團人員及與哥斯大黎加共和國政府聯絡之責。

㈢中華民國各技術團之人數及專長得經雙方政府同意後予以調整。

第 六 條

　　哥斯大黎加共和國政府在推動各項技術合作計畫上應負責下列事項:

㈠豁免本協定下各技術團在哥斯大黎加為執行任務所需購置車輛之一切稅捐。

㈡豁免本協定下各技術團因執行本協定各項計畫所購買機器設備及物料之全部關稅。

㈢為利本協定下經中華民國大使館申請登記在案之技術團人員執行任務，豁免其購買包括家庭電器品在內物品之消費稅及其他所有稅捐。

㈣豁免本協定下各技術團人員所購自用車輛之一切稅捐。

㈤提供技術團人員之附帶家俱之辦公室、宿舍、醫療費、必要之配合人員以及推動合作計畫必須之便利措施。

㈥依本協定有關規定免稅購置之車輛於出售時比照哥斯大黎加共和國現行處理外交人員免稅車輛出售之法規辦理。

第 七 條

㈠締約雙方推動各項計畫時，應就任何一方提供之條件進行磋商，任何一方合作對象之最後選擇，以雙方所同意者為依據，俾使合作計畫獲致最佳結果。

㈡一個由締約雙方政府代表與合作受益機關組成之政策規劃委員會將定期集會，以評估雙邊合作之進度與成果，並瞭解與核定提請該會考慮之新合作計畫，有關會議之主席由兩國外交部指定之代表擔任。

㈢上述委員會將就下列事項進行研議：

　　1.技術團及哥斯大黎加配合單位每年待推動之合作項目、內容、預算、人力資源、設備及物料等。

　　2.技術團合作計畫在實施過程中所衍生之問題以及應採取之因應措施。

　　3.技術合作計畫項目之進度、實際效果以及更有效之改進方法。

第 八 條

㈠締約雙方為使本協定之目標更易達成，得以本協定為基礎，另行訂定補充協議，此等協議於簽署後即行生效。

㈡本協定某一項或數項條款內容之修改，得以雙方簽訂議定書或雙方同意之方式辦理。

第 九 條

　　本協定效期三年，得自動延展一次或多次，如締約一方欲廢止本

協定，應於本協定效期屆滿前六個月通知締約他方政府。除非締約雙方採取相反決定，否則本協定之廢止不影響由本協定所產生之計畫。

第　十　條

本協定經締約雙方各依其本國法定程序通過，並互換照會後正式生效。本協定自生效起即完全取代一九八二年十二月十四日所簽訂之中華民國與哥斯大黎加共和國間技術合作協定。

本協定以中文及西班牙文各繕兩份，兩種文字之約本同一作準。

為此，締約雙方政府指派全權代表爰於本協定簽字，以昭信守。

中華民國八十三年十一月十日即公曆一九九四年十一月十日簽訂於中華民國臺北市。

中　華　民　國　政　府　代　表
外　　交　　部　　長　　　錢　　　　復

哥斯大黎加共和國政府代表
外　　交　　部　　長　　　納　朗　賀

一九九四年十二月七日中聖（露西亞）友好條約

中華民國與聖露西亞友好條約

中華民國與聖露西亞（以下稱「締約雙方」）為進一步加強兩國既存之友好關係並增進兩國人民之共同利益起見，決定以平等及互尊主權之原則為基礎，訂立友好條約，並議定條款如〔下〕：

第　一　條

中華民國與聖露西亞及兩國人民間，應永敦和好，歷久不渝。

第　二　條

締約雙方聲明彼此具有堅強決心，本於正義及平等之原則，親密合作，以樹立並維持世界和平，並促進兩國人民之經濟繁榮。

第　三　條

締約雙方有相互派遣正式外交代表之權，此項代表在所駐國於締約雙方互惠之基礎上應享受國際法通常承認之一切特權與豁免。

第　四　條

締約任何一方之國民，依照締約他方適用於一切外國人民之法律規章，應被允許出入與旅行或居住締約他方之領土。

締約任何一方之法律規章不得有歧視締約他方國民之規定。

第　五　條

締約雙方間其他方面之關係應以國際法通常承認之原則為基礎。

第　六　條

本條約以中文及英文各繕製兩份，兩種文字之約本同一作準。

第　七　條

本條約應由締約雙方各依本國憲法程序批准，並自互換批准書之日起生效，批准書之互換應在聖露西亞卡斯翠市進行。本條約將繼續有效至締約任何一方以書面通知他方終止本條約六個月後為止。

　　為此，雙方代表各經合法授權，爰於本條約簽字蓋印，以昭信守。

中華民國八十三年十二月七日即公曆一千九百九十四年十二月七日訂於臺北市。

中華民國代表
行政院院長　　連　　　戰

聖露西亞代表
總　　　理　　康普頓

一九九四年十二月十二日中加（拿大）間農業合作備忘錄

臺北農業委員會與加拿大駐臺北貿易辦事處間農業合作備忘錄

一、為促進臺灣與加拿大間農產貿易、農業投資及技術合作，臺北農業委員會（以下簡稱農委會）與加拿大駐臺北貿易辦事處（以下簡稱加拿大辦事處）決定成立一個工作小組（以下簡稱本工作小組），雙方並體認農業合作在經濟發展上之重要性，擬在本備忘錄規定之架構下推動各項相關計畫。

　㈠本工作小組由雙方相關代表組成，加拿大辦事處主任為首席代表，農委會亦須指派一高級官員任首席代表。雙方亦可自各該政府部會、相關團體及公、民營企業中選派其他代表參與；如有需要，亦可請專業顧問或專家提供協助。

　㈡本工作小組每年輪流在加拿大及臺灣至少各開會一次，臨時小組會議可視需要並經對方同意後隨時召開。

　㈢會議議程須依照雙方之建議排定，因此雙方須在會議前一個月提出有關建議，且各召集人亦須事先告知對方與會成員及人數。

　㈣本工作小組會議主辦國召集人應負責有關會議籌辦事宜，惟雙方須自行負擔與會期間各項費用。

二、本工作小組成立之目的在增進加拿大與臺灣雙方農業及農產品之發展及合作。

三、本工作小組涵蓋各項工作項目，諸如拓展農產貿易、轉移農業技術、促進農業投資、減少貿易障礙及動植物檢疫等項。

四、本工作小組應以分析加拿大與臺灣雙方各部門之旨趣來評估各項合作之可行性，並確定各相研究機構或團體及公民營企業之經濟

　　合作計畫。

五、雙方體認本備忘錄之訂定並不增加對方任何財務負擔。

六、本工作小組會議記錄以英文繕製，並由雙方首席代表共同簽署，
　　其中文譯本應於會後儘速完成。

七、本備忘錄自簽署之日起生效，任何一方得於九十日前以書面通知
　　另一方終止本備忘錄。

　　為此，締約雙方代表，經雙方政府合法授權，爰於本備忘錄簽
字。

一九九四年十二月十二日訂於臺北

農業委員會　　　　　　　農業委員會畜牧處處長（姓名）
加拿大駐臺北貿易辦事處　加拿大駐臺北貿易辦事處主任（姓名）

多邊條約

統一船舶碰撞某些法律規定的國際公約*

(Convention for the Unification of Certain Rules of Law with Respect to Collisions between Vessels)

(一九一〇年九月二十三日)

第 一 條

海船與海船或海船與內河船舶發生碰撞，致使有關船舶或船上人身、財物遭受損害時，不論碰撞發生在任何水域，對這種損害的賠償，都應按下列規定辦理。

第 二 條

如果碰撞的發生是出於意外，或者出於不可抗力，或者碰撞原因不明，其損害應由遭受者自行承擔。

即使在發生碰撞時，有關的船舶或其中之一是處於錨泊（或以其他方式繫泊）狀態，本條規定亦得適用。

第 三 條

如果碰撞是由於一艘船舶的過失所引起，損害賠償的責任便應由該艘過失船承擔。

第 四 條

如果兩艘或兩艘以上的船舶犯有過失，各船應按其所犯過失程度，按比例分擔責任。但如考慮到客觀環境，不可能確定各船所犯過失的程度，或者看來過失程度相等，其應負的責任便應平均分擔。

船舶或其所載貨物、或船員、旅客或船上其他人員的行李或財物

---

*　英文原文請見 *British and Foreign State Papers*, Vol. 103, p.434。

所受的損害，應由過失船舶按上述比例承擔，即使對於第三者的損害，一艘船舶也不承擔較此種損害比例為多的責任。

對於人身傷亡所造成的損害，各過失船舶對第三者負連帶責任。但這並不影響已經支付比本條第1款規定其最終所應賠償數額為多的船舶向其他過失船舶取得攤款的權利。

關於取得攤款的權利問題，各國法律可以自行決定有關限定船舶所有人對船上人員責任的契約或法律規定所應具有的意義和效力。

第　五　條

以上各條規定，適用於由於引航員的過失而發生的碰撞，即使是依法強制引航，亦得適用。

第　六　條

對因碰撞而引起的損害要求賠償的起訴權，不以提出海事報告或履行其他特殊手續為條件。

關於在碰撞責任方面的過失問題的一切法律推定，均應廢除。

第　七　條

損害賠償的起訴權時效兩年，自事故發生之日起算。

為行使第四條第3款所准許的取得攤款的權利而提起的訴訟，須自付款之日起一年內提出。

上述時效期限得以中止或中斷的理由，由審理該案法院所引用的法律決定。

各締約國有權以本國立法規定：如在上述時效期限內未能在原告住所或主要營業地所在國家領海內扣留被告船舶，便應延長上述時效期限。

第　八　條

碰撞發生後，相碰船舶船長在不致對其船舶、船員和旅客造成嚴重危險的情況下，必須對另一船舶、船員和旅客施救。

上述船長還必須盡可能將其船名，船籍港、出發港和目的港通知對方船舶。

違反上述規定，並不當然地將責任加於船舶所有人。

第 九 條

凡是在法律上對違反前條規定的事例不予禁留的締約國，應當承擔義務，採取或建議其本國立法機關採取必要措施，以便防止違反上述規定的行為發生。

各締約國應將為履行上述義務而已在國內頒布或在日後可能頒布的法律或規章，儘速互相通知。

第 十 條

在不妨礙將來締結的任何公約的情況下，本公約的規定，對於各國有關限定船舶所有人責任的現行法律，以及對於因運輸契約或任何其他契約而產生的法律義務，都不發生任何影響。

第 十 一 條

本公約不適用於軍用船舶或專門用於公務的政府船舶。

第 十 二 條

在任一案件中的所有當事船舶都屬於本公約締約國所有，以及國內法對此有所規定的任何情況下，本公約的規定適用於全體利害關係人。

但是：

(1)對屬於非締約國的利害關係人，每一締約國可在互惠條件下適用本公約的規定。

(2)如果全體利害關係人和受理案件的法院屬於同一國家，則適用國內法，而不適用本公約。

第 十 三 條

本公約的規定擴及於一艘船舶對另一艘船舶造成損害的賠償案件，而不論這種損害是由於執行或不執行某項操縱，或是由於不遵守規章所造成。即使未曾發生碰撞，也是如此。

第 十 四 條

各締約國有權在本公約生效三年後，要求召開新的會議，以便對本公約進行可能的修改，特別是儘可能擴大其適用範圍。

行使上述權利的國家，應當通過比利時政府將其意圖通知其他各

國，比利時政府則當進行籌備，在六個月內召開此種會議。

第 十 五 條

未曾簽署本公約的國家，可以申請加入本公約。參加本公約，應通過外交途徑通知比利時政府，並由比利時政府通知其他締約國政府。如此參加本公約，應自比利時政府發出通知之日起一個月後生效。

第 十 六 條

自本公約簽字之日起一年內，比利時政府應與已經聲明行將批准本公約的其他締約國政府進行聯繫，以便決定應否使本公約生效。

如果決定使本公約生效，便應立即將批准書交存布魯塞爾。本公約自交存批准書之日起一個月後生效。

交存記錄對於參加布魯塞爾會議各國開放一年，此後，上述各國只能依照第十五條規定加入本公約。

第 十 七 條

如有締約國欲退出本公約，應自其通知比利時政府之日起一年後生效，而在其他締約國之間，本公約仍舊有效。

附 加 條 款

雖有第十六條中的規定，但已達成協議，各締約國在就限定船舶所有人責任問題達成協議以前，並不承擔將本公約第五條關於因強制派遣的引航員的過失而造成碰撞的責任方面的規定，加以實施的義務。

〔中華人民共和國全國人民代表大會常務委員會公報，一九九四年第一號
（一九九四年三月十五日），頁21～25。〕

1974年海上旅客及其行李運輸雅典公約*

(Athens Convention regarding Carriage of Passengers and Their Luggage by Sea)

（一九七四年十二月十三日）

本公約當事國，

　　認識到通過協議制定若干有關海上旅客及其行李運輸規則的願望；決定為此締結一公約並達成協議如下：

第一條　定　義

本公約中，下列用語含義為：

1. (a)"承運人"係指由其或以其名義訂立運輸合同的人，不論該項運輸實際由其實施或由實際承運人實施；

　(b)"實際承運人"係指除承運人外，實際實施全部或部分運輸的船舶所有人、承租人或經營人；

2. "運輸合同"係指由承運人或以其名義訂立的海上旅客運輸或旅客及其行李運輸的合同；

3. "船舶"僅指海船，不包括氣墊船；

4. "旅客"係指：

　(a)根據運輸合同，船舶運輸的任何人，或

　(b)經承運人同意，船舶運輸的伴隨由不受本公約制約的貨物運輸合同所規定的車輛或活動物的任何人；

5. "行李"係指承運人根據運輸合同運輸的任何物品或車輛，但不包括：

　(a)根據租船合同、提單或主要與貨物運輸有關的其他合同所運輸的物品和車輛，和

---

* 英文原文請見 Misc.27(1975)，〔British〕*Command Paper* 6326

　　(b)活動物；

　　6.　"自帶行李"係指旅客在其客艙內的行李，或其他由其攜帶、保管或控制的行李。除適用本條第8款和第8條者外，自帶行李包括旅客在其車內或車上的行李；

　　7.　"行李滅失和損壞"包括因在運輸或應當運輸該行李的船舶到達後的合理時間內，未能將該行李交還旅客而引起的經濟損失，但不包括勞資糾紛引起的延誤；

　　8.　"運輸"包括下列期間：

　　(a)對旅客及其自帶行李而言，運輸包括旅客及／或其自帶行李在船舶上的期間，或登、離船舶期間，和旅客及其自帶行李從岸上水運至船舶上或從船舶上水運上岸的期間，但以該種運輸費用已包括在客票票價之內或用於此種輔助運輸的船舶已由承運人交旅客支配為條件。但對旅客而言，"運輸"不包括旅客在海運港站或碼頭上或在其他港口設施之中或之上的期間；

　　(b)對自帶行李而言，如該行李已由承運人或其雇用人或代理人接收但尚未還給旅客，則運輸也包括旅客在海運港站或碼頭上或其他港口設施之中或之上的期間；

　　(c)對自帶行李以外的其他行李而言，指自承運人或其雇用人或代理人在岸上或在船上接收行李之時起至承運人或其雇用人或代理人將該行李交還之時止的期間；

　　9.　"國際運輸"係指按照運輸合同，其起運地和到達地位於兩個不同的國家之內，或雖位於同一國家之內，但根據運輸合同或船期表，中途停靠港在另一國家之內的任何運輸；

　　10.　"本組織"係指政府間海事協商組織。

第二條　適用範圍

1.本公約適用於下列條件下的任何國際運輸：

　　(a)船舶懸掛本公約某一當事國的國旗或在其國內登記，或

　　(b)運輸合同在本公約某一當事國內訂立，或

(c)按照運輸合同，起運地或到達地位於本公約某一當事國
內。

2. 雖有本條第1款的規定，如根據有關以另一運輸方式運輸旅客
或行李的任何其他國際公約的規定，本公約所述運輸應受該公約規定
的某種民事責任制度的約束，則在這些規定強制適用於海上運輸的範
圍內，本公約不適用。

第三條　承運人的責任

1. 對因旅客死亡或人身傷害和行李滅失或損壞造成的損失，如
造成此種損失的事故發生在運輸期間，而且是因承運人或其在職務範
圍內行事的雇用人或代理人的過失或疏忽所致，則承運人負有責任。

2. 對於造成滅失或損壞的事故發生在運輸期間及滅失或損壞的
程度，索賠人應負舉證之責。

3. 如果旅客的死亡或人身傷害或自帶行李的滅失或損壞係因船
舶沉沒、碰撞、擱淺、爆炸或火災或船舶的缺陷所致，或與此有關
時，除非提出反證，否則應當推定為承運人或其在職務範圍內行事的
雇用人或代理人的過失或疏忽。對於其他行李的滅失和損壞，不論造
成滅失和損壞事故的性質如何，除非提出反證，否則應當推定為此種
過失或疏忽。在所有其他情況下，索賠人應對過失或疏忽負舉證之
責。

第四條　實際承運人

1. 如已委託實際承運人實施全部或部分運輸，承運人仍應依照
本公約規定，對全部運輸負責。此外，實際承運人對其實施的那部分
運輸，應受本公約的約束，並有援用本公約規定的權利。

2. 對由實際承運人實施的運輸，承運人應對實際承運人及其在
職務範圍內行事的雇用人和代理人的行為和不為負責。

3. 任何使承運人承擔非由本公約所加予的義務或放棄本公約所
賦予的權利的特別協議，只有經實際承運人書面明文同意，才能對實
際承運人產生影響。

4. 如果承運人和實際承運人均負有責任，則在此範圍內，他們應負連帶責任。

5. 本條的規定不妨害承運人和實際承運人之間的任何追償權利。

第五條　貴重物品

承運人對貨幣、流通證券、黃金、銀器、珠寶、裝飾品、藝術品或其他貴重物品的滅失或損壞不負責任，除非出於雙方同意的安全保管目的，此種貴重物品已交由承運人保管。在此情況下，除按第10條第1款商定了更高限額外，承運人的責任以第8條第3款規定的賠償限額為限。

第六條　自身過失

如經承運人證明，旅客的死亡或人身傷害或其行李的滅失或損壞係因該旅客的過失或疏忽所造成或促成，則受理案件的法院可按該法院地的法律規定，全部或部分免除承運人的責任。

第七條　人身傷亡的責任限額

1. 承運人對每一旅客的死亡或人身傷害所承擔的責任，在任何情況下，不得超過每次運輸700,000金法郎。如果按照受理案件的法院地的法律，損害賠償金是以分期付款的方式償付，則這些付款的等值本金價值不得超過所述的限額。

2. 雖有本條第1款的規定，本公約任何當事國的國內法在承運人為該國國民時仍可規定每一旅客的更高賠償責任限額。

第八條　行李滅失或損壞的責任限額

1. 承運人對自帶行李滅失或損壞的責任，在任何情況下，不得超過每位旅客每次運輸12,500金法郎。

2. 承運人對車輛包括車中或車上的所有行李滅失或損壞的責任，在任何情況下，不得超過每輛車每次運輸50,000金法郎。

3. 承運人對本條第1款和第2款所述者以外的行李滅失或損壞的責任，在任何情況下，不得超過每位旅客每次運輸18,000金法郎。

4. 承運人和旅客可以商定，承運人的責任，對於每一輛車的損

害應有不超過1,750金法郎的免賠額，對其他行李的滅失或損壞應有不超過每位旅客200金法郎的免賠額。此種款項應從滅失或損壞中減除。

第九條　貨幣單位和折算

1. 本公約中所指金法郎，應視為一個由65.5毫克純度為千分之九百的黃金構成的單位。

2. 第7條和第8條所述金額，應按判決之日或雙方同意之日受理案件的法院地國貨幣的官價，參照本條第1款規定的單位，折算成該國貨幣。如無此種官價，有關國家主管當局應決定就本公約而言的官價。

第十條　責任限額的補充規定

1. 承運人和旅客可以書面明文商定高於第7條和第8條規定的責任限額。

2. 第7條和第8條規定的責任限額不應包括損害賠償金的利息和訴訟費用。

第十一條　承運人的雇用人的抗辯和責任限額

如就本公約規定的損失向承運人或實際承運人的雇用人或代理人提起訴訟，這些雇用人或代理人如證明他是在其職務範圍內行事，便有權獲得援用承運人或實際承運人依照本公約有權援用的抗辯和責任限額。

第十二條　賠償總額

1. 在實施第7條和第8條規定的責任限額時，這些限額應適用於任何一名旅客的死亡或人身傷害或其行李滅失或損壞所引起的所有索賠中應得的賠償總額。

2. 對由實際承運人實施的運輸，從承運人、實際承運人和其在職務範圍內行事的雇用人和代理人所取得的賠償總額，不得超過按本公約規定可從承運人或實際承運人取得的最高金額，但是上述任何人都不應對超過適用於其責任限額的金額負責。

3. 在承運人或實際承運人的雇用人或代理人根據本公約第11條

有權援用第7條和第8條規定的責任限額的任何情況下，從承運人或實際承運人以及從該雇用人或代理人所取得的賠償總額，不得超過這些責任限額。

第十三條　限制責任權利的喪失

1. 如經證明，損失係承運人故意造成此種損失或明知可能造成此種損失卻毫不在意的行為或不為所致，承運人便無權享有第7條或第8條以及第10條第1款規定的責任限額的權益。

2. 如經證明，損失係承運人或實際承運人的雇用人或代理人故意造成此種損失或明知可能造成此種損失卻毫不在意的行為或不為所致，該雇用人或代理人便無權享有此種責任限額的權益。

第十四條　索賠的根據

除依據本公約外，不得向承運人或實際承運人提起因旅客死亡或人身傷害或行李滅失或損壞而引起的損害賠償金的訴訟。

第十五條　行李滅失或損壞的通知

1. 旅客應按下述時間向承運人或其代理人提交書面通知：

　(a)在行李有明顯損壞的情況下：

　　(i)對自帶行李，應在旅客離船前或離船時；

　　(ii)對所有其他行李，應在行李交還前或交還時；

　(b)在行李的損壞不明顯或行李滅失的情況下，應在離船之日或交還之日或應當交還之日起十五天內。

2. 如果旅客未按本條辦理，則除非提出反證，否則應推定他已收到完整無損的行李。

3. 如果收取行李時，已對行李狀況進行聯合檢驗或檢查，則無需提交書面通知。

第十六條　訴訟時效

1. 因旅客的死亡或人身傷害或行李滅失或損壞而引起的損害賠償金的訴訟，其訴訟時效期間為二年。

2. 上述訴訟時效期間應按下述日期起算：

　(a)對人身傷害，自旅客離船之日起算；

(b)對運輸中發生的旅客死亡，自該旅客應離船之日起算；對運輸中發生的導致旅客在離船後死亡的人身傷害，自死亡之日起算，但此期間不得起過自離船之日起三年；

(c)對行李滅失或損壞，自離船之日或應離船之日起算，以遲者為準。

3. 有關時效期間的中止和中斷的事由應受受理案件的法院地法律的制約，但在任何情況下，在旅客離船之日或應離船之日起三年後（以遲者為準），不得根據本公約提起訴訟。

4. 雖有本條第1款、第2款和第3款的規定，在訴因產生後，經承運人聲明或經當事各方協議，時效期間可以延長。該聲明或協議應以書面做出。

第十七條　管　轄　權

1. 根據本公約產生的訴訟，經原告選擇，應向下列某一法院提起，但該法院應在本公約當事國內：

(a)被告永久居住地或主營業所地的法院，或

(b)運輸合同規定的起運地或到達地的法院，或

(c)原告戶籍地國或永久居住地國的法院，但被告須在該國有營業所並受其管轄，或

(d)運輸合同訂立地國的法院，但被告須在該國有營業所並受其管轄。

2. 在造成損失的事故發生後，當事各方可商定將該損害賠償金的索賠提交任何法院管轄或交付仲裁。

第十八條　合同條款的無效

在造成旅客死亡或人身傷害或其行李滅失或損壞的事故發生之前達成的任何合同條款，如旨在解除承運人對旅客承擔的責任，或規定低於本公約（第8條第4款規定除外）確定的責任限額，以及旨在推卸承運人舉證責任或限制第17條第1款規定的選擇權者，均屬無效，但該條款的無效不得使運輸合同無效，運輸合同仍應受本公約規定的約束。

第十九條　其他責任限制公約

本公約不得改變有關海船所有人責任限制的國際公約規定的承運人、實際承運人及其雇用人或代理人的權利和義務。

第二十條　核　損　害

在下列情況下，對核事故造成的損害，根據本公約不產生任何責任：

(a)按1964年1月28日補充議定書修正的1960年7月29日《核能方面第三方責任巴黎公約》或1963年5月21日《核能損害民事責任維也納公約》的規定，核設施的經營者對此種損害負責，或

(b)根據管轄此種損害責任的國內法，核設施的經營者應對此種損害負責，但此種國內法應在各方面和巴黎或維也納公約同樣有利於可能遭受損害的人。

第二十一條　公共當局的商業運輸

本公約適用於國家或公共當局根據第1條含義內的運輸合同所從事的商業運輸。

第二十二條　不實施本公約的聲明

1. 任何當事國可以在簽署、批准、接受、核准或加入本公約時書面聲明，當旅客和承運人同屬該國國民時，不實施本公約。

2. 根據本條第1款所作的任何聲明，可通過向本組織秘書長提交一份書面通知，隨時予以撤銷。

第二十三條　簽署、批准和加入

1. 本公約於1975年12月31日前在本組織總部開放供簽署，並在其後繼續開放供加入。

2. 各國可以下列方式成為本公約的當事國：

(a)簽署並對批准、接受或核准無保留；

(b)簽署而有待批准、接受或核准，隨後再予以批准、接受或核准；或

(c)加入。

3. 批准、接受、核准或加入本公約，應向本組織秘書長交存一

份相應的正式文件。

第二十四條　生　效

1. 本公約應在十個國家已在公約上簽署並對批准、接受或核准無保留，或者已經交存所需批准、接受、核准或加入文件之日後第九十天生效。

2. 對此後簽署本公約並對批准、接受或核准無保留，或交存批准、接受、核准或加入文件的國家，本公約應在此種簽署或文件交存之日後第九十天生效。

第二十五條　退　出

1.任何當事國可在本公約對其生效以後，隨時退出本公約。

2.退出本公約，應向本組織秘書長交存一份文件；秘書長應將退出文件的收到和交存日期通知所有其他當事國。

3.退出本公約，應在交存退出通知一年或該文件中所指明的較此更長的期限後生效。

第二十六條　修改和修正

1.本組織可召開會議修改或修正本公約。

2.經不少於三分之一當事國的要求，本組織應召開本公約當事國會議，修改或修正本公約。

3.在依照本條召開的會議所通過的修正案生效後成為本公約當事國的任何國家，應受經修正的本公約的約束。

第二十七條　保　存　人

1.本公約應由本組織秘書長保存。

2.本組織秘書長應當：

　(a)通知已簽署或加入本公約的所有國家：

　　(i)每一新的簽署和每一文件的交存及其日期；

　　(ii)本公約的生效日期；

　　(iii)對本公約的任何退出及其生效日期；

　(b)將本公約核證無誤的副本分送給所有簽署國和所有已加入本公約的國家。

3.本公約一經生效,本組織秘書長便應依照聯合國憲章第102條,將一份本公約核證無誤的副本,送交聯合國秘書處供登記和公布。

第二十八條 文 字

本公約正本一份,用英文和法文寫成,兩種文本具有同等效力。本組織秘書長應準備俄文和西班牙文正式譯本,與經簽署的正本一同保存。

以下具名者,經正式授權,特簽署本公約,以昭信守。

一九七四年十二月十三日於雅典。

〔**中華人民共和國全國人民代表大會常務委員會公報**,一九九四年第一號(一九九四年三月十五日),頁26～35。〕

〔一九七六年十一月十九日修正通過〕
1974年海上旅客及其行李運輸
雅典公約的議定書

（Protocol to the 1974 Athens Convention regarding Carriage of Passengers and Their Luggage by Sea）

本議定書締約方，

作為一九七四年十二月十三日在雅典制定的海上旅客及其行李運輸雅典公約的締約方，茲協議如下：

第 Ⅰ 條

在本議定書中：

1. "公約" 係指1974年海上旅客及其行李運輸雅典公約。

2. "本組織" 與公約中的含義相同。

3. "秘書長" 係指本組織秘書長。

第 Ⅱ 條

⑴用下列文字取代公約第7條1款：

1.承運人對每位旅客的死亡或人身傷害的責任，在任何情況下不得超過每次運輸46,666個計算單位。如果按照受理法院的法律，損害賠償是以分期付款的方式償付，則這些支付的等值本金價值不得超過所述的限額。

⑵用下列文字取代公約第8條：

1.承運人對隨身行李的滅失或損壞責任，在任何情況下不得超過每位旅客每次運輸833個計算單位。

2.承運人對車輛包括車中或車上的所有行李的滅失或損壞的責任，在任何情況下不得超過每輛車每次運輸3,333個計算單位。

3.承運人對本條第1款和第2款所述者以外的行李的滅失或損壞的責任，在任何情況下不得超過每位旅客每次運輸1,200個計算單位。

4.承運人和旅客可以商定，承運人的責任，對於每輛車的損壞，

應有不超過117個計算單位的免賠額；對其他行李的滅失或損壞，應有不超過每位旅客13個計算單位的免賠額；此種款項應從滅失或損壞中減除。

(3)用下列條文取代公約第9條及其標題：

計算單位或貨幣單位和折算

1.本公約所述"計算單位"為國際貨幣基金組織規定的特別提款權。應根據受理法院地國的國家貨幣在判決之日或當各當事方所同意的日期的價值，將第7條和第8條中所述的金額折算為該國的貨幣。凡屬國際貨幣基金組織的會員國，特別提款權折合為該國貨幣的價值，應根據國際貨幣基金組織在所述日期的業務和交易中實際使用的定值方法計算。非屬國際貨幣基金組織會員國的國家，特別提款權折合為該國貨幣的價值，應根據該當事國所確定的方式計算。

2.但是，非屬國際貨幣基金組織會員國而其法律不允許應用本條第1款規定的國家，在批准或加入本公約時，或在此後的任何時間，均可聲明本公約所規定的適用於其領土的責任限額確定如下：

(a)關於第7條第1款，700,000貨幣單位；

(b)關於第8條第1款，12,500貨幣單位；

(c)關於第8條第2款，50,000貨幣單位；

(d)關於第8條第3款，18,000貨幣單位；

(e)關於第8條第4款，免賠額在車輛損壞時不超過1,750貨幣單位，在其他行李滅失或損壞時不超過每位旅客200貨幣單位。

本款所指的貨幣單位相當於六十五點五毫克含金量為千分之九百的黃金。本款確定的金額應依照有關國家法律折算為該國貨幣。

3.第1款末句中所述計算和第2款所述的折算，應盡可能使以該國貨幣表示的金額與第7條和第8條中以計算單位表示的金額具有相同的實際價值。各國在交存第Ⅲ條所指的文件時，應將按第1款的計算方法或按第2款的折算結果通知保存人；在兩者中任一者有變化時，也應通知保存人。

第Ⅲ條　簽署、批准和加入

1.本議定書將開放供任何已簽署或加入公約的國家和任何應邀參加了於一九七六年十一月十七日至十九日在倫敦召開的修改1974年海上旅客及其行李運輸雅典公約計算單位會議的國家簽署。本議定書自一九七七年二月一日起至一九七七年十二月卅一日止在本組織總部開放供簽署。

2.根據本條第4款的規定，本議定書有待已簽署本議定書的國家批准、接受或核准。

3.根據本條第4款的規定，本議定書應開放供未簽署本協定書的國家加入。

4.本議定書可由公約各締約國批准、接受、核准或加入。

5.批准、接受、核准或加入應向秘書長交存一份相應的正式文件。

6.在涉及所有現有締約方的本議定書修正案生效之後，或在涉及所有現有締約方的修正案的生效所需的各種手續完備之後，任何交存的批准、接受、核准或加入文件應被視為適用於經修正案修改的本議定書。

第IV條　生　　效

1.本議定書應在十個國家已在議定書上簽署並對批准、接受或核准無保留，或者已經交存所需批准、接受、核准或加入文件之日後九十天，對已批准、接受、核准或加入本議定書的國家生效。

2.但是，本議定書不應於公約生效之前生效。

3.對此後簽署本議定書並對批准、接受或核准無保留，或交存批准、接受、核准或加入文件的任一國家，本議定書在此種簽署或文件交存之日後九十天生效。

第V條　退　　出

1.任何締約方可在本議定書對其生效以後，隨時退出本議定書。

2.退出應向秘書長交存一份文件，秘書長應將退出文件的收到和交存日期通知所有其他締約方。

3.退出應在向秘書長交存退出文件一年後或該文件中寫明的較此

更長的期限後生效。

第Ⅵ條　修改和修正

1.本組織可召開會議，修改或修正本議定書。

2.經不少於三分之一的締約方的要求，本組織應召開本議定書的當事國會議，修改或修正本議定書。

第Ⅶ條　保　存　人

1.本議定書應交秘書長保存。

2.秘書長應：

(a)通知所有已簽署或加入本議定書的國家：

(i)每一新的簽署和每一文件的交存日期；

(ii)本議定書的生效日期；

(iii)退出本議定書的任何文件的交存以及退出的生效日期；

(iv)本議定書的任何修正案；

(b)將本議定書的核證無誤的副本分送給所有簽署國或所有已加入議定書的國家。

3.本議定書一旦生效，秘書長應按聯合國憲章第102條的規定，將其文本送交聯合國秘書處供登記和公布。

第Ⅷ條　文　　字

本議定書正本一份，用英文和法文寫成，兩種文字具有同等效力。秘書長應準備俄文和西班牙文的正式譯本，與經簽署的正本一同保存。

一九七六年十一月十九日訂於倫敦。

下列具名者，經正式授權，特簽署本議定書，以昭信守。

〔中華人民共和國全國人民代表大會常務委員會公報，一九九四年第一號
（一九九四年三月十五日），頁36～39。〕

國際勞工組織第172號公約

旅館、餐館和類似設施的工作條件公約*

（Convention Concerning Working Conditions in Hotels, Restaurants and Similar Establishments, 1991）

（一九九一年六月二十五日）

國際勞工組織大會，

　　經國際勞工局理事會召集，於一九九一年六月五日在日內瓦舉行其第七十八屆會議，並

　　憶及規定了普遍適用的工作條件標準的國際勞工公約和建議書適用於旅館、餐館和類似設施的工作，並

　　注意到旅館、餐館和類似設施工作特點的特殊條件，使得有必要改善這些公約和建議書在這些類別設施中的實施，並輔以專門標準以使有關工人享有與這些迅速擴大的各類設施中的作用相適應的地位，並通過改善工作條件、培訓和職業前途吸引新工人加入這些設施，並

　　注意到集體談判是確定本部門工作條件的一種有效方法，並

　　考慮到通過一項公約，再加上集體談判將有利於為工人改善工作條件、增強職業前途和職業保障，並

　　經決定採納本屆會議議程第四項關於旅館、餐館和類似設施工作條件的某些提議，並經確定這些提議應採取國際公約的形式；

　　於一九九一年六月二十五日通過以下公約，引用時得稱之為1991年工作條件（旅館和餐館）公約。

第 1 條

1.依照第2條第1款的規定，本公約適用於受雇於下列各類設施的

---

* 英文原文請見 R. Blanpain and C. Engels, *CODEX, International Labour Law*, Deventer/ Boston: Kluwer Law and Taxation Publishers, 1994, pp. 461-471.

工人：

　　⒜旅館和提供住宿的類似設施；

　　⒝餐館和提供食品、飲料或兩者兼有的類似設施。

　　2.上述⒜和⒝項所指各類設施的定義應由各會員國根據本國條件並經與有關雇主組織和工人組織協商後確定。凡批准本公約的會員國，經與有關雇主組織和工人組織協商，對於屬上述定義範圍內，但存在實質性特殊問題的某些類別的設施，得免除其適用本公約。

　　3.⒜凡批准本公約的會員國，經與有關雇主組織和工人組織協商，得將其實施範圍擴大到提供旅遊服務的其他設施，這些設施應在其批准書所附的一項聲明中加以列明。

　　　　⒝凡批准本公約的會員國，經與有關雇主組織和工人組織協商，得在以後以一項聲明通知國際勞工局長，將本公約的實施擴大到提供旅遊服務的更多類別的設施。

　　4.凡批准本公約的會員國，應在其按照國際勞工組織章程第22條提交的關於實施本公約的第一次報告中，列明得按照本條第2款的規定予以豁免的任何類別的設施，陳述豁免的理由，說明有關雇主組織和工人組織對此種豁免的各自立場，並在以後的報告中說明其關於豁免設施方面的法律和實踐的情況，以及本公約對此類設施已經或將要生效的程度。

第　2　條

　　1.就本公約而言，"有關工人"一詞係指根據第1條的規定，在本公約適用的設施中就業的工人，而不論其就業關係的性質和持續時間。但是，各會員國根據國家法律、條件和實踐，並經與有關雇主組織和工人組織協商，對某些特殊類別的工人得豁免實施本公約的全部或部分條款。

　　2.凡批准本公約的會員國，應在其按照國際勞工組織章程第22條提交的關於實施本公約的第一次報告中，列明按照本條第1款規定予以豁免的任何類別的工人，陳述豁免的理由，並在以後的報告中說明在擴大公約適用範圍方面所取得的任何進展。

第 3 條

1.各會員國應在充分尊重有關雇主組織和工人組織自主權的情況下，以適合國家法律、條件和實踐的方式，制定和實施一項旨在改善有關工人工作條件的政策。

2.此項政策的總目標，應為確保有關工人不被排除在國家一級為所有工人制訂的，包括與社會保險有關的最低標準的範圍之外。

第 4 條

1.除非國家法律或實踐另有規定，"工時"一詞係指工人處於被雇主支配之下的時間。

2.有關工人應有權享受符合國家法律和實踐的關於合理的正常工時和加班工時的規定。

3.有關工人應依照國家法律和實踐，獲得合理的每日和每周最少休息時間。

4.如屬可能，有關工人應充分提前得到關於工作計畫的通知，以便他們能據此安排其個人和家庭生活。

第 5 條

1.如要求工人在節假日工作，則應由集體談判或依照國家法律或實踐確定，在時間或報酬方面給他們以適當補償。

2.有關工人應有權享受由集體談判或依照國家法律或實踐確定的一定時間的帶薪休假。

3.在合同期滿或其連續工齡不足以使其有資格享受全部年休假的情況下，有關工人應有權享受由集體談判或依照國家法律或實踐確定的與工齡成比例的帶薪休假或替代的工資給付。

第 6 條

1."小費"一詞係指客人在其必須為所接受的服務支付的貨幣以外自願付給工人的一定數額的貨幣。

2.無論有無小費，有關工人應獲得定期支付的基本報酬。

第 7 條

如存在此種作法，就業買賣應在第1條提到的設施中予以禁止。

第 8 條

1.本公約各條款得根據或通過國家法律或條例、集體協議、仲裁裁決或法院判決，或以任何其它與國家實踐一致的適當方法予以實施。

2.凡本公約各條款一般以雇主或雇主組織和工人組織之間達成的協議解決或由法律以外的手段予以實施的會員國，如果通過此種協議或其它手段在大多數有關工人中實施了這些條款，則這些會員國得被視為已遵守了這些條款。

第 9 條

本公約的正式批准書應送請國際勞工局長登記。

第 10 條

1.本公約應僅對其批准書已經局長登記的國際勞工組織會員國有約束力。

2.本公約應自兩個會員國的批准書已經局長登記之日起十二個月後生效。

3.此後，對於任何會員國，本公約應自其批准書已經登記之日起十二個月後生效。

第 11 條

1.凡批准本公約的會員國，自本公約初次生效之日起滿十年後，得向國際勞工局長通知解約，並請其登記。此項解約通知書自登記之日起滿一年後始得生效。

2.凡批准本公約的會員國，在前款所述十年期滿後的一年內未行使本條所規定的解約權利者，即須再遵守十年，此後每當十年期滿，得依本條的規定通知解約。

第 12 條

1.國際勞工局長應將國際勞工組織各會員國所送達的一切批准書和解約通知書的登記情況，通知本組織的全體會員國。

2.局長在將所送達的第二份批准書的登記通知本組織的各會員國

時，應提請本組織各會員國注意本公約開始生效的日期。

第　13　條

國際勞工局長應將他按照以上各條規定所登記的一切批准書和解約通知書的詳細情況，按照聯合國憲章第102條的規定，送請聯合國秘書長進行登記。

第　14　條

國際勞工局理事會在必要時，應將本公約的實施情況向大會提出報告並審查應否將本公約的全部或部分修訂問題列入大會議程。

第　15　條

1.如大會通過新公約對本公約作全部或部分修訂時，除新公約另有規定外，應：

　(a)在新修訂公約生效和當其生效之時，會員國對於新修訂公約的批准，不須按照上述第11條的規定，依法應為對本公約的立即解約；

　(b)自新修訂公約生效之日起，本公約應即停止接受會員國的批准。

2.對於已批准本公約而未批准修訂公約的會員國，本公約以其現有的形式和內容，在任何情況下仍應有效。

第　16　條

本公約的英文本和法文本同等為準。

〔中華人民共和國國務院公報，一九九四年第二十六號（一九九四年十一月十四日），頁1051～1055。〕

國際勞工組織第179號建議書

旅館、餐館和類似設施的工作條件建議書*
（Recommendation Concerning Working Conditions in Hotels, Restaurants and Similar Establishments, 1991）

（一九九一年六月二十五日）

國際勞工組織大會，

經國際勞工局理事會召集，於一九九一年六月五日在日內瓦舉行其第七十八屆會議，並

經決定採納本屆會議議程第四項關於旅館、餐館和類似設施工作條件的某些提議，並

經決定在通過1991年工作條件（旅館和餐館）公約後，這些提議應採取補充建議書的形式；

於一九九一年六月二十五日通過以下建議書，引用時得稱之為1991年工作條件（旅館和餐館）建議書。

一、一般規定

1. 本建議書適用於由第3段所界定的在下列各類設施就業的工人：

(a)旅館和提供住宿的類似設施；

(b)餐館和提供食品、飲料或兩者兼有的類似設施。

2. 會員國經與有關雇主組織和工人組織協商，得將本建議書的實施擴大到提供旅遊服務的其他設施。

3. 就本建議書而言，"有關工人"一詞係指按照第1和第2段的

---

* 英文原文請見 R. Blanpain and C. Engels, *CODEX, International Labour Law*, Deventer／Boston: Kluwer Law and Taxation Publishers, 1994, pp. 696x-696y.

規定在本建議書適用的設施中就業的工人，而不論其就業關係的性質和持續時間。

4.⑴本建議書得根據或通過國家法律或條例、集體協議、仲裁裁決或法院判決，或以任何其他與國家實踐一致的適當方式予以實施。

⑵會員國應：

（a）通過監察機關或其他適當手段對按照本建議書採取的措施的實施情況提供有效監督；

（b）鼓勵有關雇主組織和工人組織在促進本建議書各項條款的實施中發揮積極作用。

5. 本建議書的總目標是在充分尊重有關雇主組織和工人組織自主權的情況下，改善有關工人的工作條件，以使其接近其他經濟部門的現有工作條件。

二、工時和休息時間

6. 除非由第4段⑴提及的辦法另做規定，"工時"一詞係指工人處於被雇主支配之下的時間。

7.⑴貫徹確定正常工時和規定加班工時的措施，應經過雇主和有關工人或他們的代表的協商。

⑵"工人代表"一詞係指根據1971年工人代表公約受國家法律或實踐承認的人員。

⑶對加班工作，應給予或付酬補休，或對超時部分按照較高的一種或數種報酬率付酬，或根據國家法律和實踐並經與雇主和有關工人或他們的代表協商確定付給更高報酬率的補償。

⑷應採取措施保證對工時和加班工作加以適當計算和記錄，並保證每個工人能查閱其本人的記錄。

8. 如屬可行，應盡量通過集體談判逐步取消分段工時。

9. 對用餐時間的次數和長度，應按照每個國家或地區的習慣和傳統，並根據是否在設施內用餐加以確定。

10. ⑴只要可能，有關工人應有權享受不少於36小時的每周休息時間，如屬可行，此種休息時間應為一個不間斷的期間。

⑵有關工人應有權享受連續10小時的平均每日休息時間。

11. 如有關工人帶薪年休假的長度每工作年少於四周，應通過集體談判或符合國家實踐的其他辦法，採取措施使之逐步達到這一標準。

三、培　　訓

12. ⑴各會員國應經與有關雇主組織和工人組織協商制訂，或如屬適宜幫助雇主組織和工人組織及設施內其他機構制訂關於旅館、餐館和類似設施中不同崗位的職業教育和培訓以及管理開發的政策和計畫。

⑵培訓計畫的主要目標應為提高技能和工作質量及增強受訓者的職業前途。

〔中華人民共和國國務院公報，一九九四年第二十六號（一九九四年十一月十四日），頁1062～1064。〕

《國際海事組織公約》修正案
〔A. 724(17)〕
（便利運輸委員會成爲常設機構）

〈IMO Resolution A. 724 (17) adopted on November 7, 1991〉

第 十 一 條

原條文由下列條文取代：

本組織設有大會、理事會、海上安全委員會、法律委員會、海上環境保護委員會、技術合作委員會、便利運輸委員會以及它在任何時候認為必要的下屬機構；它還設有秘書處。

第 十 五 條

第12款的條文由下述條文取代：

12 就召開國際會議或按照其他適當的程序來通過已由海上安全委員會、法律委員會、海上環境保護委員會、技術合作委員會、便利運輸委員會或本組織的其他機構擬定的國際公約或國際公約的修正案作出決定。

第 二 十 一 條

原條文由下述條文取代：

1 理事會應審議秘書長根據海上安全委員會、法律委員會、海上環境保護委員會、技術合作委員會、便利運輸委員會和本組織的其它機構的建議而準備的工作計畫草案和概算；據此並考慮本組織的整體利益和優先次序來確定本組織的工作計畫和預算，並將它們提交大會。

2 理事會應接收海上安全委員會、法律委員會、海上環境保護委員會、技術合作委員會、便利運輸委員會和本組織其它機構的報告、提案和建議案，並將它們轉交大會；在大會休會期間，將這些報

告、提案和建議案連同理事會的意見和建議一同分發給各會員，供其參考。

　　3　第二十八、三十三、三十八、四十三和四十八條範圍內的事宜，只有在理事會徵得海上安全委員會、法律委員會、海上環境保護委員會、技術合作委員會或便利運輸委員會（視情況而定）的意見之後才能由理事會審議。

第二十五條

2款條文由下述條文取代：

　　2　考慮到第XVI章的規定，並考慮到第二十八、三十三、三十八、四十三和四十八條規定的各委員會與其他組織保持的關係，在兩屆大會之間的時期內，理事會應負責與其它組織的關係。

第　XI　章

插入如下新條文：

便利運輸委員會
第四十七條

便利運輸委員會應由所有會員組成。

第四十八條

　　便利運輸委員會應審議本組織範圍內有關便利國際海上運輸的任何事宜，特別是：

　　1　履行由便利國際海上運輸的國際公約或根據這樣的公約賦予或可能賦予本組織的職責，特別是這樣的公約所規定有關通過和修改措施或其它規定的職責。

　　2　考慮到第二十五條規定，便利運輸委員會應大會或理事會的要求，或者如果它認為這種行動有助於其本身的工作，應與其它組織保持有助於實現本組織宗旨的密切聯繫。

第四十九條

便利運輸委員會應向理事會提交：

　　1　該委員會擬定的建議案和指南。

2 有關自理事會上次會議以來委員會工作情況的報告。

第五十條

便利運輸委員會每年應至少召開一次會議。它應每年選舉一次其官員，並應採用自己的議事規則。

第五十一條

在履行由任何國際公約或其它文件或根據這樣的公約或文件賦予它的職責時，便利運輸委員會應遵守該公約或文件的有關規定，即使在本公約中有相反的規定，但不得違反第四十七條的規定。

第五十六條（重新編號為第六十一條）

該條文由下述條文取代：

除非大會自行放棄本規定，否則任何以應交會費之日算起的一年內沒有履行對本組織的財務義務的會員在大會、理事會、海上安全委員會、法律委員會、海上環境保護委員會、技術合作委員會或便利運輸委員會中均無表決權。

第五十七條（重編號為第六十二條）

該條文由下述條文取代：

除非在本公約或在其它任何賦予大會、理事會、海上安全委員會、法律委員會、海上環境保護委員會、技術合作委員會或便利運輸委員會職責的國際協議中另有規定，否則在這些機構進行表決時應遵守下列規定：

1 每一會員應有一票。

2 決定須由到會並投票的會員的多數票作出；需要由三分之二多數票才可作出的決定，應由到會會員的三分之二的多數票作出。

3 在本公約中，"到會並投票"係指到會並投贊成或反對票的會員。沒有參加投票的會員應被視為沒有投票。

相應的修正

第五、六和七條

提及第七十一條處應以第七十六條取代。

第　八　條

提及第七十二條處應以第七十七條取代。

第　十　五　條

在第7款中提及第XII章處應以第XIII章取代。

第　二　十　五　條

在第1款中提及第XV章處應以第XVI章取代。

第XI至XX章

第XI至XX章重新編為第XII至XXI章。

第四十七至七十七條

第四十七至七十七條重編為第五十二至八十二條。

第六十六條（重新編號爲第七十一條）

提及第七十三條處以第七十八條取代。

附　錄　Ⅱ

標題中提及第六十五條處以第七十條取代。

第六十七和六十八條（分別重新編爲第七十二和七十三條）

提及第六十六條處以第七十一條取代。

第七十條（重新編爲第七十五條）

提及第六十九條處以第七十四條取代。

第七十二條（重新編爲第七十七條）

在第4款中提及第七十一條處以第七十六條取代。

第七十三條（重新編爲第七十八條）

第2款中提及第七十二條處以第七十七條取代。

第七十四條（重新編爲第七十九條）

提及第七十一條處以第七十六條取代。

〔中華人民共和國國務院公報，一九九四年第十八號（一九九四年九月三
日），頁805～809。〕

《國際海事組織公約》修正案

〔A. 735(18)〕

(IMO Resolution A. 735(18)adopted on November 4, 1993)

第六章　理事會

第十六條內容由下列文字代替：

　　"理事會應由大會選出的四十個成員國組成。"

第十七條內容由下列文字代替：

　　"選舉理事會成員時，大會須注意下列條件：

　　1. 十個成員應為在提供國際航運服務方面具有最大利害關係的國家；

　　2. 十個成員應為在國際海上貿易方面具有最大利害關係的其他國家；

　　3. 二十個成員應為不是根據上述第1或第2款當選的，並在海上運輸和航行方面具有特別利害關係的，而且他們被選入理事會將會確保世界所有主要地理地區均有代表參加。

第十九條第2款由下列文字代替：

　　"2. 理事會開會的法定數目為26個理事國。"

〔中華人民共和國國務院公報，一九九四年第十八號（一九九四年九月三日），頁810。〕

國際勞工組織第173號公約

雇主破產情況下保護工人債權公約*
(Convention Concerning the Protection of Workers' Claims in the Event of the Insolvency of Their Employer, 1992)

（一九九二年六月二十三日）

國際勞工組織大會，

　　經國際勞工局理事會召集，於一九九二年六月三日在日內瓦舉行其第七十九屆會議，並

　　強調在雇主破產情況下保護工人債權的重要意義，並回顧1949年保護工資公約第11條及1925年工傷賠償（事故）公約第11條就此問題作出的規定，並

　　注意到，自1949年保護工資公約通過以來，更多的注意力是放在恢復破產企業的問題上，並注意到由於破產對社會和經濟的影響，如屬可能，應當為復〔甦〕企業和保證就業做出努力，並

　　注意到，自上述標準通過以來，許多會員國的法律和實踐都已變化，從而加強了在雇主破產情況下對工人債權的保護，並認為大會就工人債權問題通過新標準是適時的，並

　　經決定採納本屆會議議程第四項關於在雇主破產情況下保護工人債權的某些提議，並

　　經確定這些提議應採取國際公約的形式，

＊　英文原文請見 R. Blanpain and C. Engels, *CODEX, International Labour Law*, Deventer／Boston: Kluwer Law and Taxation Publishers, 1994, pp. 472-477.

　　於一九九二年六月二十三日通過以下公約，引用時得稱之為1992
年保護工人債權（雇主破產）公約。

第一部分　總　　則

第　1　條

　　1. 就本公約而言，破產一詞係指這樣一種狀況，即，根據國家
法律和實踐，已經開始用雇主資產償還其所有債權人的債務的程序。

　　2. 就本公約而言，會員國得將"破產"一詞的含義，擴展到因
雇主財務狀況的原因而使工人債權無法得到償付的其他狀況，例如當
雇主的資產額被認為不足以證明有開始破產程序之必要時。

　　3. 雇主資產在何種程度上受本條第1款提及程序的約束，應由國
家法律、條例或實踐確定。

第　2　條

　　本公約各項條款應以法律或條例為手段，或以符合本國實踐的任
何其他手段予以實施。

第　3　條

　　1. 凡批准本公約的會員國，應承諾第二部分的義務，以優先權
手段保護工人債權，或承諾第三部分的義務，以擔保機構保護工人債
權，或同時承諾兩個部分的義務。對所作選擇應在隨附批准書的一項
聲明中予以說明。

　　2. 凡開始時只承諾本公約第二部分或第三部分義務的會員國，
隨後得通過向國際勞工局長提交一項聲明的方式，將其承諾擴展到另
外一部分。

　　3. 凡承諾本公約兩部分義務的會員國，經與本國最有代表性的
雇主組織和工人組織協商後，得將第三部分的實施範圍限於某些類別
的工人和某些經濟活動部門。此種限制需在承諾聲明中予以具體說
明。

　　4. 凡根據上述第3款對承諾第三部分的義務在實施範圍上作出限
定的會員國，應在其根據國際勞工組織章程第22條提交的第一次報告

中，説明其限制承諾的理由。在以後的報告中，該會員國應提供任何有關將本公約第三部分的保護擴展到其他類別工人或其他經濟活動部門的資料。

5. 凡承諾本公約第二和第三部分義務的會員國，經與最有代表性的雇主組織和工人組織協商，得將按第三部分規定受到保護的債權從第二部分的實施範圍中予以排除。

6. 凡承諾本公約第二部分義務的會員國，應依據法律，終止其承諾1949年保護工資公約第11條規定的義務。

7. 凡只承諾本公約第三部分義務的會員國，得通過向國際勞工局長提交一項聲明的方式，終止其承諾1949年保護工資公約第11條規定的已受第三部分規定保護的那些債權的義務。

第 4 條

1. 除本條第2款所規定的例外，以及根據第3條第3款明確規定的任何限制外，本公約應適用於所有雇員和一切經濟活動部門。

2. 經與最有代表性的雇主組織和工人組織協商，主管當局得因其雇用關係的特殊性質，或因有可為他們提供與本公約規定的保護相同的其他形式的擔保，將特定類別的工人，特別是公務員，排除在公約第二部分、第三部分或是這兩個部分的實施範圍之外。

3. 凡實行本條第2款規定的例外的會員國，應在其根據國際勞工組織章程第22條提交的報告中，提供有關此類例外的資料，並提出其理由。

第二部分　　以優先權手段保護工人債權受保護的債權

第 5 條

在雇主破產情況下，應以優先權保護工人因其就業而產生的債權，以使工人能在非優先債權人獲得其份額之前，從破產雇主的資產中獲得償付。

第 6 條

優先權應至少包括：

(a)工人對一段時間內的工資所擁有的債權，這段規定時間不得少於破產前或終止雇用前的三個月；

(b)工人根據其在雇主破產或終止雇用的當年以及前一年所從事的工作而在假日報酬方面擁有的債權；

(c)工人對一段規定時間內的其他形式的有酬缺勤報酬所擁有的債權，這段規定時間不得少於破產前或終止雇用前的三個月；和

(d)工人因其終止雇用而應該得到的離職金。

限 制

第 7 條

1. 國家法律或條例得對受優先權保護的工人債權限定一個數額；這一數額不得低於社會能接受的水平。

2. 凡為工人債權提供的優先權受此限制時，該規定的數額在必要時應作調整，以使其保值。

優先權的等級

第 8 條

1. 國家法律或條例給予工人債權的優先權的等級應高於其他絕大部分優先債權，特別是國家和社會保障制度擁有的優先債權。

2. 然而，凡工人債權根據本公約第三部分的規定受擔保機構的保護時，對所受保護的債權給予的優先權的等級，得低於國家和社會保障制度擁有的優先債權。

第三部分　由擔保機構保護工人債權

總 則

第 9 條

在雇主因破產而無法償付時，工人因就業而出現的對其雇主的債權的償付應由擔保機構予以擔保。

第 10 條

在實施本公約這一部分時，會員國經與最有代表性的雇主組織和工人組織協商得採取適當措施防止可能出現的濫用現象。

第 11 條

1. 工資擔保機構的組織、管理、運行和資金籌措應遵照第2條予以確定。

2. 前款不得阻止會員國根據其特定情況和需要，允許由保險公司負責提供第9條提及的保護，條件是它們提供充分的擔保。

受擔保機構保護的債權

第 12 條

受本公約這一部分保護的工人債權應至少包括：

(a)工人對一段規定時間內的工資所擁有的債權，這段規定時間不得少於破產前或終止雇用前的八周；

(b)工人根據其在一段規定時間內所從事的工作而在假日報酬方面擁有的債權，這段規定時間不得少於破產前或終止雇用前的六個月；

(c)工人對一段規定時間內的其他形式的有酬缺勤報酬所擁有的債權，這段規定時間不得少於破產前或終止雇用前的八周；和

(d)工人因其終止雇用而應該得到的離職金。

第 13 條

1. 對根據本公約這一部分規定受保護的債權得限定一個數額，這一數額不得低於社會能接受的水平。

2. 凡受保護的債權受此限制時，該規定的數額在必要時應作調整，以使其保值。

最後條款

第 14 條

本公約以上述第3條第6和7款規定的範圍修訂1949年保護工資公約，但並不終止該公約繼續獲得批准。

第 15 條

本公約的正式批准書應送請國際勞工局長登記。

第 16 條

1. 本公約應僅對其批准書已經局長登記的國際勞工組織會員國有約束力。

2. 本公約應自兩個會員國的批准書已經局長登記之日起十二個月後生效。

3. 此後，對於任何會員國，本公約應自其批准書已經登記之日起十二個月後生效。

第 17 條

1. 凡批准本公約的會員國，自本公約初次生效之日起滿十年後得向國際勞工局長通知解約，並請其登記。此項解約通知書自登記之日起滿一年後始得生效。

2. 凡批准本公約的會員國，在前款所述十年期滿後的一年內未行使本條所規定的解約權利者，即須再遵守十年，此後每當十年期滿，得依本條的規定通知解約。

第 18 條

1. 國際勞工局長應將國際勞工組織各會員國所送達的一切批准書和解約通知書的登記情況，通知本組織的全體會員國。

2. 局長在將所送達的第二份批准書的登記通知本組織的各會員國時，應提請本組織各會員國注意本公約開始生效的日期。

第 19 條

國際勞工局長應將他按照以上各條規定所登記的一切批准書和解約通知書的詳細情況，按照聯合國憲章第102條的規定，送請聯合國秘書長進行登記。

第 20 條

國際勞工局理事會在必要時，應將本公約的實施情況向大會提出報告，並審查應否將本公約的全部或部分修訂問題列入大會議程。

第 21 條

　　1. 如大會通過新公約對本公約作全部或部分修訂時，除新公約另有規定外，應；

　　(a)如新修訂公約生效和當其生效之時，會員國對於新修訂公約的批准，不須按照上述第17條的規定，依法應為對本公約的立即解約。

　　(b)自新修訂公約生效之日起，本公約應即停止接受會員國的批准。

　　2. 對於已批准本公約而未批准修訂公約的會員國，本公約以其現有的形式和內容；在任何情況下仍應有效。

第　22　條

本公約的英文本和法文本同等為準。

〔中華人民共和國國務院公報，一九九四年第二十六號（一九九四年十一月十四日），頁1056～1062。〕

國際勞工組織第180號建議書

雇主破產情況下保護工人債權建議書*

（Recommendation Concerning the Protection of Workers' Claims in the Event of the Insolvency of Their Employer, 1992）

（一九九二年六月二十三日）

國際勞工組織大會，

　　經國際勞工局理事會召集，於一九九二年六月三日在日內瓦舉行其第七十九屆會議，並

　　強調在雇主破產情況下保護工人債權的重要意義，並回顧1949年保護工資公約第11條及1925年工傷賠償（事故）公約第11條就此問題作出的規定，並

　　注意到，自1949年保護工資公約通過以來，更多的注意力是放在恢復破產企業的問題上，並注意到由於破產對社會和經濟的影響，如屬可能，應當為復〔甦〕企業和保證就業做出努力，並

　　注意到，自上述標準通過以來，許多會員國的法律和實踐都已發生了重大變化，從而加強了在雇主破產情況下對工人債權的保護；並認為大會就工人債權問題通過新標準是適時的，並

　　認識到，如果設計得當，擔保機構能為工人的債權提供更大的保護，並

　　經決定採納本屆會議議程第四項關於在雇主破產情況下保護工人

---

*　英文原文請見 R. Blanpain and C. Engels, *CODEX, International Labour Law*, Deventer／Boston: Kluwer Law and Taxation Publishers, 1994, pp. 696y-696z。

債權的某些提議，並

經確定這些提議應採取建議書的形式，以補充1992年保護工人債權（雇主破產）公約；

於一九九二年六月二十三日通過以下建議書，引用時得稱之為1992年保護工人債權（雇主破產）建議書。

一、定義和實施方法

1.(1)就本建議書而言，"破產"一詞係指這樣一種狀況，即，根據國家法律和實踐，已經開始用雇主資產償還其所有債權人的債務的程序。

(2)就本建議書而言，會員國得將"破產"一詞的含義，擴展到因雇主財務狀況的原因而使工人債權無法得到償付的其他狀況，特別是下列幾種狀況：

(a)企業已關閉或已停止活動或自願解散；

(b)雇主資產額不足以證明有開始破產程序之必要；

(c)在為追索因就業而產生的工人債權的破產程序過程中，已判定雇主無資產或其資產不足以償付這些債務；

(d)雇主已死亡，其資產已交由遺產管理人負責處理，且所欠債務不能從其遺產中予以支付。

(3)雇主資產在何種程度上受(1)款中提及程序的約束，應由國家法律、條例或實踐予以確定。

2.本建議書各項條款得以法律或條例的手段，或以符合本國實踐的任何其他手段付諸實施。

二、以優先權手段保護工人債權受保護的債權

3.(1)優先權所提供的保護應包括下列債權：

(a)與破產或終止雇用前的一段規定時間內所從事的工作有關的工資、加班費、佣金及其他形式的報酬。這段規定時間應由國家法律或條例予以確定，並且應不少於十二個月；

(b)根據破產或終止雇用的當年以及前一年所從事的工作而應支付的假日報酬；

(c)對一段規定時間內按國家法律或條例、集體協議或個人就業合同而應予支付的其他形式的有酬缺勤、年終獎金或其他獎金報酬，這段規定時間不得少於破產前或終止雇用前的十二個月；

(d)作為未能對終止雇用提前通知的替代而應給予的補償；

(e)終止雇用時應付給工人的離職金、不合理解雇的補償及其他費用；

(f)由雇主直接付給的對職業事故和職業病的補償費。

(2)優先權所提供的保護可以包括下列債權：

(a)若不付清會對工人待遇產生不利影響的應向國家法定社會保障制度繳納的保險費；

(b)若不付清會對工人待遇產生不利影響的應向獨立於國家法定社會保障制度的私人、職業、跨職業或企業社會保護計畫繳納的保險費；

(c)工人因參加企業社會保護計畫而在破產前享有的、應由雇主支付的津貼。

(3)由破產前十二個月內做出的裁決或仲裁判給工人的在(1)和(2)款中所列出的債權，應受優先權的保護，而不必考慮該兩款中規定的時限。

限　制

4.凡國家法律或條例對受優先權保護的債權數額作出限制時，為使這一數額不應低於社會所能接受的水平，應考慮諸如最低工資、無所歸屬的工資部分、用以計算社會保障繳費的工資或產業平均工資這樣的變量。

破產程序開始後到期的債權

5.凡已根據國家法律和條例開始破產程序的企業被批准繼續其活動時，自批准繼續其活動之日起工人因所從事的工作而產生的債權不應隸屬於破產程序；這些債權一旦到期，應從可動用資金中予以支

付。

加速支付程序

6.(1)凡破產程序無法保證迅速支付工人的優先債權時，應有一個加速支付的程序，以保證無須等到破產程序結束，工人的優先債權能從可動用資金中或一旦資金可動用時得到支付，除非擔保機構保證迅速支付工人的債權。

(2)加速支付工人的債權得以下列方式予以保證：

(a)負責管理雇主資產的個人或機構一經確認債權的真實性和應予以支付時，即應支付此種債權；

(b)如對債權有爭議，工人應能讓法庭或對此類事務有司法權的任何其它機構對其合法性作出裁定，以便按(a)項規定予以支付。

(3)加速支付程序應包括受優先權保護的全部債權，或至少包括國家法律或條例所規定的那部分債權。

三、由擔保機構保護工人債權

範　　圍

7.由擔保機構保護工人債權的範圍應盡可能廣泛。

運行原則

8.擔保機構可按下列原則運行：

(a)它們應在行政管理、財務和法律上獨立於雇主；

(b)雇主應向這些機構提供繳費資助，除非其資金係全部由政府機構提供；

(c)它們應對受保護的工人承擔義務，而不論雇主是否履行了他們得承擔的繳費資助義務；

(d)它們應就受擔保保護的債權為破產雇主的債務承擔輔助性的責任，並應通過代位權方式，能行使它們已經為之提供支付的工人的權利；

(e)擔保機構所管理的資金只能被用於資金為之徵收的目的，但來自財政收入的那些資金除外。

受擔保保護的債權

9.(1)擔保應包括下列債權：

(a)與破產或終止雇用前的一段規定時間內所從事的工作有關的工資、加班費、佣金及其他形式的報酬，這段規定時間應不少於破產或終止雇用前的三個月；

(b)根據破產或終止雇用的當年以及前一年所從事的工作而應支付的假日報酬；

(c)對一段規定時間內按國家法律或條例、集體協議或個人就業合同而應予支付的年終獎金和其他獎金，這段規定時間不得少於破產前或終止雇用前的十二個月；

(d)對一段規定時間內應予支付的其他形式的有酬缺勤報酬，這段規定時間不得少於破產前或終止雇用前的三個月；

(e)作為未能對終止雇用提前通知的替代而應給予的補償；

(f)終止雇用時應付給工人的離職金、不合理解雇的補償及其它費用；

(g)由雇主直接付給的對職業事故和職業病的補償費。

(2)擔保可包括下列債權：

(a)若不付清會對工人待遇產生不利影響的應向國家法定社會保障制度繳納的保險費；

(b)若不付清會對工人待遇產生不利影響的應向獨立於國家法定社會保障制度的私人、職業、跨職業或企業社會保護計畫繳納的保險費；

(c)工人因參加企業社會保護計畫而在破產前享有的、應由雇主支付的津貼；

(d)由破產前三個月內作出的裁決或仲裁判給工人的、符合本款規定的工資或任何其他形式的報酬。

限　　制

10.凡對受擔保機構保護的債權數額作出限制時，為使這一數額不應低於社會所能接受的水平，應考慮諸如最低工資、無所歸屬的工

資部分、用以計算社會保障繳費的工資或產業平均工資這樣的變量。

四、第二部分和第三部分的共同條款

11.工人或其代表應及時收到有關已開始並涉及工人債權問題的破產程序的信息，並應就此徵求他們的意見。

〔中華人民共和國國務院公報，一九九四年第二十六號（一九九四年十一月十四日），頁1064～1068。〕

消除對婦女的暴力行為宣言*

（一九九三年十二月二十日）

第四十八屆會議
議程項目111

大會決議

〔根據第三委員會的報告（A／48／629）通過〕

48／104.《消除對婦女的暴力行為宣言》

大會，

　　認識到迫切需要使人人享有平等、安全、自由、人格完整和尊嚴的權利和原則普遍適用於婦女，

　　注意到這些權利和原則已莊嚴載入各項國際文書之中，這些國際文書包括：《世界人權宣言》①、《公民權利和政治權利國際盟約》②、《經濟、社會，文化權利國際盟約》②、《消除對婦女一切形式歧視公約》③和《禁止酷刑和其他殘忍、不人道或有辱人格的待遇或處罰公約》④，

　　認識到有效實施《消除對婦女一切形式歧視公約》將有助於消除對婦女的暴力行為，並認識到本決議所載《消除對婦女的暴力行為宣言》將是對這一進程的加強和補充，

　　關切地認為對婦女的暴力行為是實現《提高婦女地位內羅畢前瞻

　　＊　本文件中文本刊在聯合國文件A／RES／48／104（Chinese）（February 23, 1994）。英文本刊在*International Legal Materials,* Vol. 33. no. 4 (July 1994), pp. 1050-1054.
　　①　第217A（III）號決議。
　　②　見第2200A（XXI）號決議，附件。
　　③　第34／180號決議，附件。
　　④　第39／46號決議，附件。

性戰略》⑤中所確認的平等、發展與和平的障礙,該《戰略》為打擊對婦女的暴力行為提出了一整套措施,同時,對婦女的暴力行為也是充分實施《消除對婦女一切形式歧視公約》的障礙,

申明對婦女的暴力行為侵犯了婦女的人權和基本自由,也妨礙或否定了婦女享有這些人權和自由,並關切地看到在有關對婦女的暴力行為方面長期未能保護和促進這些權利和自由,

認識到對婦女的暴力行為是歷史上男女權力不平等關係的一種表現,此種不平等關係造成了男子對婦女的支配地位和歧視現象,並妨礙了她們的充分發展,還認識到對婦女的暴力行為是嚴酷的社會機制之一,它迫使婦女陷入從屬於男子的地位,

關切地注意到屬於少數群體的婦女、土著民族婦女、難民婦女、移徙婦女、居住在農村社區或邊遠社區的婦女、貧困婦女、被收容或被拘留的婦女、女童、殘疾婦女、老年婦女和武裝衝突情況下的婦女等一些婦女群體特別易受暴力行為的傷害,

憶及經濟及社會理事會1990年5月24日第1990／15號決議附件第23段,其中承認家庭中和社會上對婦女施加暴力的現象普遍存在,而且不分收入、階級和文化界線,必須相應採取緊急而有效的步驟來消除此種現象,

又憶及經濟及社會理事會1991年5月30日第1991／18號決議,其中理事會建議擬定一項國際文書框架,明確正視對婦女的暴力問題,

歡迎婦女運動在提醒人們更多地注意對婦女的暴力問題的性質、嚴重性和程度方面所發揮的作用,

震驚地看到使婦女在社會上獲得法律、社會、政治和經濟平等的機會受到特別是連續發生的地方性暴力行為的限制,

深信鑒於以上情況,有必要明確而全面地確定對婦女的暴力行為的定義,明確闡述為確保消除對婦女的一切形式暴力而應予執行的權

---

⑤ 審查和評價聯合國婦女十年:平等、發展與和平成就世界會議的報告,1985年7月15日至26日,內羅畢(聯合國出版物,出售品編號:C.85.IV.10),第一章,A節。

利，各國應就其責任作出承諾，整個國際社會也應作出承諾，致力於消除對婦女的暴力，

莊嚴宣布下述《消除對婦女的暴力行為宣言》，並敦促作出一切努力，使之廣為人知並獲得尊重：

第 1 條

為本《宣言》的目的，"對婦女的暴力行為"一詞係指對婦女造成或可能造成身心方面或性方面的傷害或痛苦的任何基於性別的暴力行為，包括威脅進行這類行為、強迫或任意剝奪自由，而不論其發生在公共生活還是私人生活中。

第 2 條

對婦女的暴力行為應理解為包括但並不僅限於下列各項：

(a)在家庭內發生的身心方面和性方面的暴力行為，包括毆打、家庭中對女童的性凌虐、因嫁妝引起的暴力行為、配偶強姦、陰蒂割除和其他有害於婦女的傳統習俗、非配偶的暴力行為和與剝削有關的暴力行為；

(b)在社會上發生的身心方面和性方面的暴力行為，包括強姦、性凌虐、在工作場所、教育機構和其他場所的性騷擾和恫嚇、販賣婦女和強迫賣淫；

(c)國家所做或縱容發生的身心方面和性方面的暴力行為，無論其在何處發生。

第 3 條

婦女有權在政治、經濟、社會、文化、公民或其他任何領域平等享有所有人權和基本自由，這些人權和自由並應受到保護。這些權利尤其包括：

(a)生命權利[6]；

(b)平等權利[7]；

---

[6] **世界人權宣言**，第3條；和公民權利和政治權利國際盟約，第6條。
[7] **公民權利和政治權利國際盟約**，第26條。

(c)自由和人身安全的權利⑧；

(d)受法律平等保護的權利⑦；

(e)不受一切形式歧視的權利⑦；

(f)身心健康方面達到其所能及的最高標準的權利⑨；

(g)得到公正和有利的工作條件的權利⑩；

(h)不受酷刑或其他殘忍、不人道或有辱人格待遇或處罰的權利⑪。

第　4　條

各國應譴責對婦女的暴力行為，不應以任何習俗、傳統或宗教考慮為由逃避其對消除這種暴力行為的義務。各國應以一切適當手段儘快採取政策消除對婦女的暴力行為，為此目的：

(a)如尚未批准或加入《消除對婦女一切形式歧視公約》者，應考慮批准或加入該《公約》或撤消其對該《公約》的保留；

(b)應避免對婦女施加暴力；

(c)應作出適當努力，防止、調查並按照本國法律懲處對婦女施加暴力的行為，無論是由國家或私人所施加者；

(d)應在本國法律中擬定刑事、民事、勞動或行政處分規定，以懲罰和糾正使婦女受到暴力傷害的錯誤行為；應為遭受暴力行為的婦女提供運用司法機制的機會，並根據國家立法的規定為受到傷害的婦女提供公正而有效的補救辦法；各國還應使婦女了解通過〔各〕種機制尋求補救的各項權利；

(e)應考慮是否可能擬定國家行動計畫，用以促進對婦女的保護，使其免受任何形式暴力的傷害，或者在現有的計畫中列入這方面的規定，為此，應酌情考慮一些非政府組織，特別是關注對婦女的暴力行

---

⑧　**世界人權宣言**，第3條；和**公民權利和政治權利國際盟約**，第9條。
⑨　**經濟、社會、文化權利國際盟約**，第12條。
⑩　**世界人權宣言**，第23條；和**經濟、社會、文化權利國際盟約**，第6條和第7條。
⑪　**世界人權宣言**，第5條；**公民權利和政治權利國際盟約**，第7條；和**禁止酷刑和其他殘忍、不人道或有辱人格的待遇**或**處罰公約**。

為問題的非政府組織所可提供的合作;

(f)應全面擬定能促進保護婦女免受任何形式暴力行為傷害的預防性方法和各種法律、政治、行政及文化性質的措施,並確保不致因法律、執法方式或其他干預行動方面缺乏性別敏感性而出現使婦女再次受傷害的情況;

(g)應在其現有資源允許範圍內並酌情在國際合作的基礎上,盡最大努力確保使遭受暴力的婦女以及必要時使其子女得到專門援助,諸如康復、協助照料和扶養子女、治療、指導、保健和社會服務、設施和方案以及支助結構等,並應採取其他一切有助於其安全和身心康復的適當措施;

(h)應在政府預算中撥出足夠資源,用於與消除對婦女的暴力行為有關的活動;

(i)應採取措施,確保負責執行政策以防止、調查和懲辦對婦女的暴力行為的執法人員和政府官員受到培訓,使之對婦女的需要保持敏感;

(j)應採取各種適當措施,特別是教育方面的措施,以改變有關男女行為的社會和文化模式,消除基於男尊女卑或女尊男卑思想和基於男女角色的陳規定型觀念的偏見、風俗和其他各種習俗;

(k)應促進針對普遍存在的對婦女的各種形式暴力行為,尤其是有關家庭暴力行為而進行的研究、數據收集和統計資料匯編,並應鼓勵研究探討對婦女的暴力行為的原因、性質、嚴重程度及後果,以及研究為防止和糾正對婦女的暴力行為而實行的措施的有效性;此類研究的統計資料和調查結果應予以公布;

(l)應採取措施,消除對特別易受到暴力傷害的婦女施加暴力的現象;

(m)在遵照聯合國有關的人權文書的規定提交報告時,應列入有關對婦女的暴力行為和執行本《宣言》採取的措施的資料;

(n)應鼓勵擬定有助於執行本《宣言》所載原則的適當準則;

(o)應確認全世界婦女運動和非政府組織在提高認識和緩解對婦女

的暴力行為問題上所起的重要作用;

(p)應促進並加強婦女運動和非政府組織的工作,並應在地方、國家和區域各級與其開展合作;

(q)應鼓勵本國為其成員的政府間區域組織酌情將消除對婦女的暴力行為問題納入其方案。

第 5 條

聯合國系統各機關和專門機構應在各自主管的領域促進本《宣言》所載的權利和原則得到確認和實現;為此目的,尤其應當做到:

(a)促進國際和區域合作,以確定杜絕暴力行為的區域戰略、交流經驗並為有關消除對婦女的暴力行為的方案籌措資金;

(b)舉辦各類會議和討論會,以期啟發所有人對於消除對婦女暴力行為問題的認識;

(c)促進聯合國系統內人權條約機構之間的協調和交流,以期有效地解決對婦女的暴力行為問題;

(d)在聯合國系統各組織和機構編制的諸如世界社會狀況定期報告的社會趨勢和問題分析中,列入審查對婦女的暴力行為的趨勢的內容;

(e)鼓勵聯合國系統各組織和機構之間的協調,以期將對婦女的暴力問題納入實施中的各項方案,尤其應注意那些特別易受到暴力傷害的婦女群體;

(f)促進制定有關對婦女的暴力行為的準則或手冊,其中應考慮到本《宣言》所述各項措施;

(g)在履行其貫徹執行人權文書的職責時,酌情考慮消除對婦女的暴力行為的問題;

(h)與非政府組織合作,共同解決對婦女的暴力行為問題。

第 6 條

本《宣言》任何部分均不應影響任何國家的立法或某一國家內現行的任何國際公約、條約或其他文書中所可能載列的更有助於消除對

婦女的暴力行為的任何規定。

　　　　　　　　　　　　　　1993年12月20日
　　　　　　　　　　　　　　第85次全體會議

節錄《烏拉圭回合多邊貿易談判協定》*

（The Results of the Uruguay Round of Multilateral Trade Negotiations）

（一九九四年四月十五日）

1. 烏拉圭回合多邊貿易談判蔵事文件
2. 馬爾喀什設立世界貿易組織協定
3. 一九九四年關稅暨貿易總協定
4. 一九九四年關稅暨貿易總協定第二條第1項第(b)款協定釋義瞭解書
5. 一九九四年關稅暨貿易總協定第十七條釋義瞭解書
6. 一九九四年關稅暨貿易總協定收支平衡條款瞭解書
7. 一九九四年關稅暨貿易總協定第二十四條釋義瞭解書
8. 一九九四年關稅暨貿易總協定有關豁免義務瞭解書
9. 一九九四年關稅暨貿易總協定第廿八條釋義瞭解書
10. 一九九四年關稅暨貿易總協定馬爾喀什議定書
11. 農業協定

---

* 本協定之有關文件乃節錄自經濟部國際貿易局編印，**烏拉圭回合多邊貿易談判協**
定，臺北：經濟部國貿局，一九九五年，頁1-1～1-14，2-1～2-20及3-1～3-29。
本協定之節錄乃由經濟部國際貿易局合法授權（見國貿局中華民國八十五年一月十
五日貿（八十五）三發字第00527號函）及農委會同意轉載函（見行政院農業委員會
中華民國八十五年一月二十三日八十五農企字第5102692A號）。

1. 烏拉圭回合多邊貿易談判蕆事文件

1. 為完成烏拉圭回合多邊貿易談判而集會之各會員政府代表、歐體代表及貿易談判委員會成員，茲同意後附之設立世界貿易組織協定（在此蕆事文件稱為「WTO協定」）、部長宣言與決議、金融服務業承諾瞭解書，涵納此回合談判之結果並構成此蕆事文件之不可分之部分。

2. 為簽定此一蕆事文件，代表們同意：

   (a) 將WTO協定提交給其相關主管當局，俾依其國內程序通過該協定；並

   (b) 通過各項部長宣言與決議。

3. 代表們同意烏拉圭回合多邊貿易談判之所有參與者（以下簡稱"參與者"）均期望WTO協定能於一九九五年一月一日生效，或在該日期之後儘早生效；並且最遲於一九九四年底，部長會議將依照東岬部長宣言之最末一項之規定再作集會，以決定各會員有關此回合談判結果之執行，包括其生效日期。

4. 代表們同意WTO協定應開放給所有參與者依照WTO協定第十四條之規定以簽署或其他方式一體接受。WTO協定附件4之複邊貿易協定之接受及生效則依各該協定相關條文之規定。

5. 未成為關稅暨貿易總協定締約成員之回合談判參與者，在接受WTO協定前須先完成加入總協定談判並成為締約成員。至於蕆事文件生效時尚非成為總協定締約成員之參與者，其減讓表尚未確定，必須隨後完成其減讓表，俾加入總協定並接受WTO協定。

6. 本蕆事文件及其附件之文件須存放於關稅暨貿易總協定締約成員整體會員大會秘書長處，秘書長應儘速提供給烏拉圭回合多邊貿易談判參與者乙份經認證之複本。

   西元一九九四年四月十五日完成於馬爾喀什；但以英文、法文及西班牙文單一版本為之；各文本均為正本。

2. 馬爾喀什設立世界貿易組織協定

本協定之締約者：

　　鑑於彼此間於貿易及經濟方面之關係應以提昇生活水準、確保充分就業、擴大並穩定實質所得與有效需求之成長、擴張商品與服務貿易之產出為目標，並在永續發展之目標下，達成世界資源之最適運用，尋求環境之保護與保存，並兼顧各會員經濟發展程度相異下之需求與關切，

　　鑑於對開發中國家，特別是低度開發國家，須有積極的措施以協助彼等能享有相稱於其經濟發展需要之國際貿易成長，

　　為達成上述目標，咸欲藉互惠及互利之規範，以大幅削減關稅及其他貿易障礙，並消除國際貿易關係間之歧視待遇，

　　爰決議發展一整合性，更靈活及持久性之多邊貿易制度；涵蓋關稅暨貿易總協定過去貿易自由化之結果，及所有烏拉圭回合多邊貿易談判成果，

　　決心為維持基本原則並強化本多邊貿易體系目標之達成，

　　茲同意如下：

第一條　組織之設立

茲此設立世界貿易組織（以下簡稱WTO）。

第二條　WTO之範圍

1.　WTO應為會員在進行與本協定及協定附件所列相關法律文件之貿易關係運作，提供一共同之體制架構。

2.　附件1、2、3中所列之各協定與附屬法律文件（以下簡稱「多邊貿易協定」）係本協定之一部分，對所有會員均具拘束力。

3.　附件4中所列之各協定與附屬法律文件（以下簡稱「複邊貿易協定」）對已接受複邊貿易協定之會員，視為本協定之一部分，對彼等並具拘束力。複邊貿易協定對尚未接受之會員並不產生任何義務或權利。

4. 附件1A所列之一九九四年關稅暨貿易總協定（以下簡稱GATT 1994）於法律上係與聯合國「貿易與就業」會議第二次籌備委員會決議採認之蔵事文件附件——一九四七年十月三十日生效之關稅暨貿易總協定及隨後批准、修正或更動部分（以下簡稱GATT 1947）有所區別。

第三條　WTO之職能

1. WTO應促進本協定與多邊貿易協定之執行、管理、運作、以及更進一步目標之達成；同時亦應為複邊貿易協定之執行、管理及運作提供架構。

2. WTO應為會員提供會員間進行與本協定附件所列各項協定之多邊貿易事務談判論壇。WTO亦得為會員間提供一談判論壇以利展開更進一步多邊貿易關係；並得在部長會議決議下，為上述談判結果提供一執行架構。

3. WTO應掌理本協定附件2之爭端解決規則及程序之瞭解書（以下簡稱爭端解決瞭解書或DSU）。

4. WTO應掌理本協定附件3之貿易政策檢討機制。

5. 為使全球經濟決策能更為一致，WTO應於適當情況下與國際貨幣基金、國際復興開發銀行及其附屬機構合作。

第四條　WTO之結構

1. 應有一由所有會員代表組成之部長會議，每兩年至少集會一次。部長會議應執行WTO各項功能，並採行必要的措施以發揮其功能。部長會議於會員有所請求時，依本協定及相關多邊貿易協定關於決策之特定要件，對多邊貿易協定之任何事務有權決定。

2. 應有一由所有會員代表組成之總理事會，並視實際需要召開會議。在部長會議休會時，由總理事會代為執行其職權，並執行由本協定所賦予之職權。總理事會應訂定本身之程序規則並批准依本條第7項規定所成立各委員會之程序及規定。

3. 總理事會應視實際需要召集會議，以履行附件2爭端解決瞭解書下所規定之爭端解決機構之職責。爭端解決機構得自置主席並應於其

認為必要時，制定相關程序規則，以履行其職責。

4. 總理事會應視實際需要召集會議，以履行附件3貿易政策檢討機制下所設的貿易政策檢討機構之職責。貿易政策檢討機構得自行設有主席，並應在必要時制定相關程序規則，以執行其任務。

5. 茲應設立商品貿易理事會、服務貿易理事會及與貿易有關之智慧財產權理事會（以下簡稱TRIPS理事會），並在總理事會監督下運作。商品貿易理事會應監督附件1A中所列各多邊貿易協定之運作情形，服務貿易理事會應監督服務貿易總協定（以下簡稱GATS）之運作情形。與貿易有關之智慧財產權理事會應監督與貿易有關之智慧財產權協定（以下簡稱TRIPS）之運作情形。此等理事會應履行相關協定及總理事會所賦予之職責。其應制定各自相關之程序規則，但須經總理事會之通過。其成員應開放給所有會員代表，並在必要時召集，以履行其職責。

6. 商品貿易理事會、服務貿易理事會及與貿易有關之智慧財產權理事會必要時應設立附屬機構。此等附屬機構應設立各自之程序規則，但須經所屬理事會之同意。

7. 部長會議應設立貿易發展委員會、收支平衡委員會及預算、財務與行政委員會，此等委員會應執行本協定及多邊貿易協定所賦予之職能，以及總理事會所賦予之其他職能。部長會議亦得設其認為適當之委員會以賦予其認為適當之功能。貿易發展委員會職能之一，係應就多邊貿易協定中協助低度開發國家會員之特別條款作定期檢討，並向總理事會報告以採取適當措施。此等委員會成員應開放給所有會員之代表。

8. 複邊貿易協定下所設立之附屬機構，應執行複邊貿易協定所賦予之職責，並在WTO的體制架構下運作。此等機構應定期向理事會告知其之業務活動。

第五條　與其他組織之關係

1. 總理事會應進行適當之安排，以與其權責與WTO有關之其他政府間組織有效合作。

2. 總理事會得進行適當之安排以與其事務與WTO有關之非政府組織進行諮商與合作。

第六條 秘書處

1. 茲應設世界貿易組織秘書處（以下簡稱"秘書處"），由秘書長掌理。

2. 部長會議應任命秘書長，並通過有關規定秘書長的權力、職責、服務條件及任期之規定。

3. 秘書處幕僚應由秘書長任命，並依據部長會議所採認之規定，以決定幕僚人員的職責與服務條件。

4. 秘書長及秘書處幕僚之職責應限於國際之性質。秘書長及秘書處幕僚，於執行其職務時，不得尋求或接受任何政府或WTO以外任何當局之指示。上述成員應避免任何對其身為國際官員之立場可能有負面影響之行為。WTO之會員應尊重秘書長及秘書處幕僚在職責上所具有之國際性特質，且不得試圖影響彼等職務之執行。

第七條 預算與攤款

1. 秘書長應將WTO之年度預算與財務報表送交預算、財務與行政委員會；預算、財務與行政委員會應審核秘書長所提之預算與財務報表並向總理事會作成建議。年度預算應經總理事會之核准。

2. 預算、財務與行政委員會應就包括下列事項之財務法規向總理事會提出建議案：

    (a) 各會員就WTO支出之分攤額度；及

    (b) 會員延遲繳付時所將採取之措施。

財務法規之訂定，於可行之範圍內，應基於GATT 1947之規則及其慣例。

3. 總理事會對財務法規及年度預算之通過應經三分之二之多數決；惟該多數須逾WTO會員之半數。

4. 每一會員應依照總理事會通過之財務法規，就WTO支出之攤款額立即繳納。

第八條 WTO之地位

1. WTO應具法人人格，各會員應對其職能之行使授予必要之法律能力。

2. 各會員應為WTO職能之行使，授予WTO必要之特權與豁免權。

3. 各會員應同樣授與WTO官員及會員代表必要之特權及豁免權，使其得以獨立行使與WTO有關之職能。

4. 各會員所授予WTO及其官員、及會員代表之特權與豁免權，應與聯合國大會於一九四七年十一月二十一日所通過「專門機構特權及豁免權公約」之規定類同。

5. WTO得締結總部協定。

第九條　決　策

1. WTO應繼續GATT 1947以共識作為決策的運作方式①。除另有規定外，當任何決議無法達成共識時，應以投票進行表決。WTO每一會員在部長會議及總理事會中均擁有一票；歐體在進行票決時，所擁有的票數與其成員數相同②，惟該等成員須為WTO之會員。除本協定或相關多邊貿易協定另有規定外，部長會議與總理事會之決議應採多數決③。

2. 部長會議與總理事會對通過本協定及多邊貿易協定之解釋，具有專屬權力。就附件1之多邊貿易協定之解釋，應依據監督上述協定運作之委員會所提之建議行使其職權。對解釋案之決議，應經四分之三會員之多數通過。本項之適用不得損及第十條之修正規定。

3. 於特殊情況下，部長會議得豁免本協定或任何多邊貿易協定對會員所課之義務。惟該決議除本項另有規定外，應經四分之三之會員同意④。

---

① 此機構就送交其討論之事項，如決議時出席之會員未正式表示異議，即視為已形成通過該決議之共識。

② 歐洲共同體及其會員之總票數不得超過其會員數。

③ 總理事會於作為爭端解決機構而召集會議時，應依據爭端解決瞭解書第二條第4項之規定作成決議。

④ 倘某會員在過渡期或分階段執行期有履行之義務，但未能於相關期限屆滿前履行，而請求豁免者，其豁免之授與，僅得以共識決為之。

　　⒜　對本協定豁免之請求，須送交部長會議，並以共識決方式作成決議。部長會議應設期限考慮此請求，惟此期限不得超過九十日，如期限內無法達成共識，任何給予豁免之決議，應經四分之三會員之同意。

　　⒝　對附件1A、1B或1C及其個別附件之多邊貿易協定豁免之請求，應分別送交商品貿易理事會、服務貿易理事會及TRIPS理事會，並應於不超過九十天期限內對豁免之請求作成考慮；當期限結束，相關理事會應向部長會議提出報告。

4.　部長會議對豁免之決議，應載明其決議合於特殊情形、豁免之條款與條件及豁免終止之日期。對任何逾一年之豁免，部長會議至遲應自豁免日起一年內予以檢討；並在豁免終止前，逐年為之。部長會議於各次檢討時應審查合於豁免之特殊情形是否存續，及是否遵守合於豁免之條款及條件。部長會議基於年度檢討，得延長、修正或終止該項豁免。

5.　在複邊貿易協定之下決議，包括解釋及豁免之任何決議，均應依各該協定之規定為之。

第十條　修　　正

1.　任何WTO之會員均得向部長會議提出修正本協定或附件1之多邊貿易協定之提案。第四條第5項所列之各理事會，亦得向部長會議提出修正其所監督附件1之各相關之多邊貿易協定之提案。除部長會議決定較長期限外，於提案正式列入部長會議議程後之九十日期間，部長會議送交會員接受之議案應以共識決方式為之。除適用本條第2、第5或第6項之情形外，修正案之決議應載明係援用本條第3項或第4項之規定。如共識達成，部長會議應將修正案送交各會員決定是否接受。如部長會議未能在所定期限達成共識，應以會員三分之二之多數，決定是否將此修正案送交各會員接受。除本條第2、第5或第6項另有規定外，修正案應適用第3項之規定，但部長會議以四分之三之多數決決定應適用本條第4項者不在此限。

2.　本條及下列所列各條文之修正，應於所有會員均接受後，方予生

效：本協定第九條；

　　GATT　1994第一條及第二條；

　　GATS第二條第1項；

　　TRIPS協定第四條。

3.　除本條文第2項及第6項所列舉之修正外，本協定或附件1A及1C之多邊貿易協定之涉及會員權利及義務改變之修正條文中，於獲得三分之二會員接受後，應即對接受之會員生效，日後其他會員於其接受上述修正時，亦對其生效。至於未在部長會議指定期間內接受本款所述之修正者，部長會議可經由四分之三會員之多數，以個案決定其應否自由退出WTO，或係在部長會議同意下仍維持為會員。

4.　除本條第2項及第6項所列舉之修正外，本協定或附件1A及1C之多邊貿易協定之不涉及會員權利及義務改變之修正條文，於獲得三分之二會員接受後，應即對所有會員生效。

5.　GATS中第一、二、三篇及其相關附件之修正，除本條第2項另有規定外，於獲得三分之二會員接受後，應即對接受會員生效，日後每一會員於其係在接受時亦對其生效。未在部長會議所指定期間內接受前述條文修正之會員，部長會議得以四分之三會員之多數，以個案決定其應否自由退出WTO，或係在部長會議同意下仍為會員。GATS中第四、五、六篇及其相關附件之修正，在經三分之二會員接受後，應即對所有會員生效。

6.　不論本條之其他規定，對TRIPS協定之修正，倘符合該協定第七十一條第2項之要件，得經部長會議通過，而無須再經正式接受程序。

7.　任何接受本協定及附件1所含多邊貿易協定修正案之會員，應於部長會議指定之接受期間內，將接受之文件存放於WTO秘書長處。

8.　任何WTO會員均得以向部長會議提交修正提議之方式，就附件2、3中所列之多邊貿易協定規定向部長會議提出修正之提議。附件2之多邊貿易協定修正之決定，以共識決方式為之，並於部長會議通過後，應即對所有會員生效。附件3之多邊貿易協定修正之決定，經部

長會議通過後，應即對所有會員生效。

9. 部長會議於一貿易協定之當事會員請求下，得以共識決，將該貿易協定加列至附件4上。部長會議亦得於一複邊貿易協定之當事會員請求下，將該貿易協定自附件4中剔除。

10. 複邊貿易協定之修正，應適用該協定有關規定。

第十一條　創始會員

1. 本協定生效時之GATT 1947締約成員及歐洲共同體，接受本協定與多邊貿易協定，且其相關減讓與承諾表已附於GATT 1994，並且其特定承諾表亦附於TATS者，應成為WTO之創始會員。

2. 聯合國所認定之低度開發國家僅須承擔與該國之發展、財政與貿易需求或其行政與制度能力相符之承諾與減讓。

第十二條　加　入

1. 任一國家或就對外商務關係及本協定與各項多邊貿易協定所規定之其他事務擁有充分自主權之個別關稅領域，得依其與WTO同意之條件，加入本協定。其加入應適用本協定與附屬之多邊貿易協定。

2. 加入之決定應由部長會議為之。部長會議應以WTO三分之二會員之多數，通過載明加入條件之協定。

3. 複邊貿易協定之加入，應適用該協定有關規定。

第十三條　多邊貿易協定特定會員間之排除適用

1. 任何會員於任一其他會員成為會員之際，如有一方不同意彼此適用，則雙方之間應不適用本協定與附件1及附件2所列之多邊貿易協定。

2. 原屬GATT 1947締約成員之WTO創始會員，僅於與其他會員間曾引用該協定第三十五條之排除適用條款，且於本協定生效時仍對其等繼續有效者，始得適用本條第1項之規定。

3. 會員與另一依第十二條加入之會員間，限於在部長會議通過載明加入條件之協定前，不同意相互適用之會員曾通知部長會議，始得適用本條第1項之規定。

4. 部長會議得在任一會員請求下，檢討引用本條款之各別案例之實

施情形，並作適當建議。

5.　會員間有關複邊貿易協定之排除適用，應適用該協定之規定。

第十四條　接受、生效及存放

1.　本協定應開放給符合第十一條創始會員資格之一九四七年總協定之締約成員及歐體，以簽署或其他方式接受。此一接受，應同時適用於本協定及本協定之後所附之多邊貿易協定。本協定及本協定之後所附之多邊貿易協定，其生效日期由部長會議依烏拉圭回合多邊貿易談判之蔵事文件中第3項之規定訂定之；除部長會議另有決議外，自生效日起兩年之內仍繼續開放供上開各國接受。本協定生效後之接受，應於接受之後第三十日起開始生效。

2.　於本協定生效後始接受本協定之會員，關於其執行多邊貿易協定中之有期間性之減讓與義務，應視同自本協定生效日接受協定，而於本協定生效日起開始起算。

3.　本協定生效日前，本協定及多邊貿易協定文件將存放於GATT 1947締約成員整體會員大會秘書長處。秘書長應儘速對已接受之各政府及歐洲共同體提供本協定及多邊貿易協定經認證之正本，並通知其關於協定生效後之每一個接受。本協定生效之後，本協定及多邊貿易協定及其修正，應存放於WTO秘書長處。

4.　複邊貿易協定之接受及生效，應適用各該協定有關規定。此等協定應存放於GATT 1947締約成員整體會員大會秘書長處，俟本協定生效後，該等協定應存放於WTO秘書長處。

第十五條　退　　出

1.　任何會員得退出本協定。此項退出應同時適用於本協定及多邊貿易協定，並應於退出之書面通知送達WTO秘書長後滿六個月時生效。

2.　複邊貿易協定之退出，應適用各該協定有關規定。

第十六條　其他條款

1.　除本協定或多邊貿易協定另有規定外，WTO應遵循GATT 1947締約整體會員大會以及於GATT 1947架構下所設各機構之決議、程

序及慣例。

2.　於可行範圍內，GATT 1947之秘書處應轉為WTO秘書處，且
GATT 1947秘書長於部長會議尚未依據本協定第六條第2項之規定任
命秘書長時，應擔任WTO秘書長。

3.　本協定之規定與任一多邊貿易協定之規定有所牴觸時，本協定之
規定就牴觸之部分應優先適用。

4.　各會員應確保其國內之法律、規章及行政程序與附件協定所規定
之義務一致。

5.　本協定各項條文均不得保留。對多邊貿易協定任何規定之保留，
均僅得於各該協定所規定之範圍內為之。對一複邊貿易協定任何規定
之保留，應適用該協定有關之規定。

6.　本協定應依據聯合國憲章第一○二條之規定登記。

　　本協定於西元一九九四年四月十五日於馬爾喀什
（Marrakesh），以英文、法文及西班牙文之單一版本完成，每一文
本均為正本。

註　釋

　　本協定及多邊貿易協定所用「國家」或「各國」等詞，係包括任
一WTO之個別關稅領域會員。

　　在WTO之個別關稅領域會員之情形，倘本協定及多邊貿易協定
中有以「國民」作為限制條件者，此種規定應配合該關稅領域之情形
而為解釋，但有特別規定者不在此限。

附件清單

附　件　1

附件1A：商品貿易多邊協定

　　　　一九九四年關稅暨貿易總協定

　　　　農業協定

　　　　食品衛生檢驗與動植物檢疫措施協定

　　　　　紡織品與成衣協定
　　　　　技術性貿易障礙協定
　　　　　與貿易有關投資措施協定
　　　　　一九九四年關稅暨貿易總協定第六條執行協定
　　　　　一九九四年關稅暨貿易總協定第七條執行協定
　　　　　裝船前檢驗協定
　　　　　原產地規則協定
　　　　　輸入許可發證程序協定
　　　　　補貼暨平衡措施協定
　　　　　防衛協定
附件1B：服務貿易總協定及其附件
附件1C：與貿易有關智慧財產權協定

<h2 style="text-align:center">附　件　2</h2>

爭端解決規則與程序瞭解書

<h2 style="text-align:center">附　件　3</h2>

貿易政策檢討機制

<h2 style="text-align:center">附　件　4</h2>

複邊貿易協定

　　　　　民用航空器貿易協定
　　　　　政府採購協定
　　　　　國際乳品協定
　　　　　國際牛肉協定

附件1A　　商品貿易多邊協定

附件1A 之一般性註解：

　　倘一九九四年關稅暨貿易總協定規定與設立世界貿易組織協定（於附件1A中簡稱WTO協定）附件1A內之其他協定規定有所牴觸時，應以其他協定之規定為準。

3. 一九九四年關稅暨貿易總協定

1. 一九九四年關稅暨貿易總協定（簡稱GATT 1994）應包括：

(a) 附錄於經聯合國貿易暨就業會議籌備委員會第二次會議通過之蔵事文件之1947年10月30日之關稅暨貿易總協定規定（不包括暫時適用入會議定書），包括WTO協定生效日前經有效之法律文件之條款所改正、修正或更動者；

(b) 於WTO協定生效前即已在GATT 1947下生效之下列法律文件之規定，包括：

(i)關於關稅減讓之議定書及確認書；

(ii)入會議定書（不包括(a)暫時適用與撤回暫時適用之規定，及(b)GATT 1947第二篇應在不違反議定書生效日已既存之立法之最大限度內暫時適用之規定）；

(iii)依據GATT 1947第廿五條所給予豁免之決議，且於WTO協定生效時仍為有效者①；

(iv)GATT 1947締約成員整體會員大會所作之其他決議。

(c) 各項瞭解書，包括：

(i)一九九四年關稅暨貿易總協定第二條第1項第(b)款瞭解書；

(ii)一九九四年關稅暨貿易總協定第十七條釋義瞭解書；

(iii)一九九四年關稅暨貿易總協定收支平衡條款瞭解書；

(iv)一九九四年關稅暨貿易總協定第二十四條釋義瞭解書；

(v)一九九四年關稅暨貿易總協定有關豁免義務瞭解書；

(vi)一九九四年關稅暨貿易總協定第二十八條釋義瞭解書；及

(d) 一九九四年關稅暨貿易總協定馬爾喀什議定書。

---

① 本規定所涵蓋之豁免，列舉於1993年12月15日MTN／FA文件第二部分第十一頁及第十二頁附註7，以及1994年3月21日MTN／FA／Corr.6文件中。部長會議應於第一次大會時提出一份適用本條款之修正豁免清單，以增列自1993年12月15日至WTO協定生效日期間依GATT 1947規定所給予之豁免，並剔除於上述生效日之前已屆滿之豁免。

2. 註解

　　⒜　GATT 1994年條文中「締約成員」一詞應稱為「會員」，「低度開發締約成員」及「已開發締約成員」應稱為「開發中國家會員」及「已開發中國家會員」。「執行秘書」應稱為「WTO秘書長」。

　　⒝　在GATT 1994第十五條第1項、第十五條第2項、第十五條第8項、第卅八條，及第十二條與第十八條之註解；以及特別匯兌協定第十五條第2項、第十五條第3項、第十五條第6項、第十五條第7項與第十五條第9項對特別匯協定之規定中，關於集體行動之「締約成員整體會員大會」，應指「WTO」。至於GATT 1994條文所賦予「締約成員整體會員大會」集體行使之其他職權應改由部長會議行使。

　　⒞⒤GATT 1994文本應以英文、法文與西班牙文為準。

　　　　⒤⒤GATT 1994法文版應依據文件MTN・TNC／41之附件A修改用語。

　　　　⒤⒤⒤GATT 1994法定西班牙文版應係指刊登於基本與選刊文件系列第四冊之文本，並應依據文件MTN・TNC／41之附件B修改用語。

3. ⒜　GATT 1994第二篇之規定，應不適用於會員成為GATT 1947締約成員前即已制定之特定強制性立法，以禁止使用、銷售或租賃外國建造或外國重建之船舶於其領水或專屬經濟區中之兩定點作商業利用之措施。此項豁免適用於：⒜該項立法中不一致條款之繼續適用或立即展期之立法；與⒝對該項立法不一致條文之修改，惟不應減低與GATT 1947第二篇規定之一致性。前述之立法例外僅限於WTO協定生效前即已通知且已列明之措施。若該項立法嗣後修正進而減低與GATT 1947第二篇之一致性時，將不得再適用本項。

　　⒝　部長會議應於WTO協定生效後五年內，及其後於豁免有效期間內每兩年，檢討此例外規定，以審查當初需要此種豁免之條件是否仍存在。

(c) 援引此豁免措施之會員，每年應提出包括相關船舶之實際與預期五年中平均運送之詳細統計，及各該享有豁免船舶之使用、銷售、租賃或修理之額外資料。

(d) 會員若認此項豁免之實施，使其有正當理由對於在引用此項豁免之會員所建造之船舶之使用、銷售、租賃或修理採取互惠及適度限制者，得在事先通知部長會議後，採取此項限制。

(e) 本項豁免不損及各別產業之協定中或其他協商場合中，就享有豁免立法之特定層面，經談判達成之解決方案。

4. 一九九四年關稅暨貿易總協定第二條第1項第(b)款協定釋義瞭解書

會員茲同意:

1. 為確保第二條第1項第(b)款所衍生法律上權利與義務之透明性,依該款對受約束關稅之產品項目所課徵之任何「其他稅捐及規費」,其性質及費率應載明於一九九四年總協定所附關稅減讓表內之各該適用項目。惟此項記載,並不改變「其他稅捐及規費」之法律性質。

2. 就第二條而言,「其他稅捐及規費」之約束日期,應為一九九四年四月十五日。是故,「其他稅捐及規費」應以該日所適用之費率載明於減讓表。其後對原減讓所為之重新談判或對新減讓所為之談判,其各項關稅項目的適用日期,應為將新減讓納入各該關稅減讓表之日期。首次納入GATT 1947或GATT 1994任何特定關稅項目之減讓日期,仍應繼續載明於活頁減讓表第六欄之中。

3. 所有受約束關稅之項目,若涉有「其他稅捐及規費」者,均應予以載明。

4. 若某一關稅項目曾經減讓,則其載明於減讓表之「其他稅捐及規費」之費率,不得高於首次納入減讓表之費率。任一會員得基於相關項目於原始約束費率時並無此種「其他稅捐及規費」,或是所載「其他稅捐及規費」與任一「其他稅捐及規費」先前約束費率有一致性之問題為由,就任一「其他稅捐及規費」之存在性提出質疑。此一項質疑得於WTO協定生效後三年,或於其與GATT 1994減讓表相關文件存放於WTO秘書長後三年之二者較晚屆止期間內為之。

5. 除受第四項規定影響之情形外,「其他稅捐及規費」之記載,並不影響其與GATT 1994之權利與義務相等與否。所有會員有權隨時就「其他稅捐及規費」是否與此等義務相符提出質疑。

6. 依爭端解決規則與程序瞭解書所解釋及適用之GATT 1994第廿二條及第廿三條,應適用於本瞭解書。

7. 納入GATT 1994關稅減讓表之文件，其於存放於GATT 1947締約成員整體會員大會之秘書長或其後之WTO秘書長時，若未載明「其他稅捐及規費」者，於WTO協定生效後，不得於嗣後補列；載明任何低於適用日期費率之「其他稅捐及規費」，亦不得恢復為實際費率；惟於遞交文件六個月內追加或更改者不在此限。

8. 本協定第2項有關適用於GATT 1994第二條第1項第(b)款各該減讓日期之決定，取代一九八〇年三月二十六日有關適用日期之決定（BISD 27S／24）。

5. 一九九四年關稅暨貿易總協定第十七條 釋義瞭解書

會員：

鑒於第十七條規定，就同條第1項所規定國營貿易事業之活動，會員就影響民營貿易商之進出口之政府措施，應符合GATT 1994不歧視待遇之一般原則；

鑒於會員就影響國營貿易事業之政府措施，亦應遵守其在GATT 1994之義務；

咸認本瞭解書不減損第十七條之實體規範；

茲同意下列事項：

1. 為確使國營貿易事業活動透明化，會員應將該等事業通知商品貿易理事會，俾便依本瞭解書第5項所設立之工作小組依據下述定義進行檢視：

「政府及非政府事業（包括行銷委員會），如被授與專屬的或特別的權利或特權（包括法律上或憲法上權限），而在行使此種權限時，透過其購買或銷售，而影響進出口水準或方向者。」

惟通知之要求並不適用供政府或前述特定事業立即或最終消費之用，且非供轉售或生產銷售產品之進口品。

2. 各會員應參酌本瞭解書之規定，就其向商品理事會提交國營貿易事業通知之政策加以檢討。執行此項檢討時，各會員應考慮通知須儘可能符合透明化之需求，俾便明確評估該等事業之營運方式及其對國際貿易之效果。

3. 通知應依一九六○年五月廿四日所通過之國營事業問卷表格式（BISD9S／184-185）填寫；符合本瞭解書第1項定義之事業即須通知，不論其事實上是否從事進出口業務。

4. 任一會員認為另一會員未充分履行通知義務時，得向後者提出質疑；若未獲合理解決；其得向商品理事會提出相對通知，俾由依第5

項成立之工作小組予以採酌，但須同時知會該受質疑之會員。

5. 商品理事會應設立一工作小組以代其檢討通知及相對通知。在執行此項檢討及不損及第十七條第4項第C款下，商品理事會得就該通知是否已足夠，及需否提供進一步資料，作成建議。工作小組應就其所收到之通知，檢視前述國營事業問卷是否已充分及依本瞭解書第1項規定所通知之國營貿易事業之涵蓋範圍。工作小組同時應列一詳細清單，說明政府與國營貿易事業之關係，及國營貿易事業所從事可能與第十七條相關之業務種類。秘書處將就與國際貿易相關之國營貿易事業營運，向工作小組提供背景說明文件。工作小組應開放給有意願之會員參加；並於WTO協定生效後一年內召開會議，此後每年至少開會一次；其並應向商品理事會提出年度報告[1]。

---

[1] 此工作小組應與依1994年4月15日通過有關通知程序之部長會議決議第Ⅲ節所設之工作小組相互協調。

6.一九九四年關稅暨貿易總協定收支平衡條款瞭解書

會員：

　　鑒於GATT 1994第十二條、第十八條第B節及於一九七九年十一月廿八日通過為收支平衡目的之貿易措施之宣言（BISD 26S/205-205，本瞭解書以下簡稱一九七九宣言）等規定，並為闡明前述規定①：

　　茲同意如下：

措施之適用

1.　會員確認其承諾就基於收支平衡目的而採進口管制措施，儘速公布其廢除時間表。會員得視收支平衡變動情形而適當修改此一時間表。會員如未公布時間表，應提出正當理由。

2.　會員確認將優先採取具最低貿易扭曲效果之措施。此等措施（以下簡稱「價格基礎措施」），應包括進口附加捐、進口押金、或其他會影響進口貨品價格之同等貿易措施。縱有第二條之規定，會員為收支平衡所採用之價格基礎措施，得超過其減讓表上所載稅率；惟會員應將價格基礎措施所超過約束關稅之數額，依本瞭解書通知程序，明確且個別地標示。

3.　會員應避免為達成收支平衡目的而實施新數量限制，但因嚴重收支失衡，價格基礎措施無法遏止國際收支狀況急劇惡化者除外。會員於此情況下採取數量限制時，應就為何價格基準措施無法充分地處理收支平衡問題提出合理說明。採行數量限制之會員於後續協商中，應說明大幅減輕此種措施之影響與限制效果之進展情形。同一產品不得因收支平衡之目的而採行一種以上之進口限制措施。

4.　會員承諾為收支平衡目的而採行之進口限制措施，僅得適用於控

---

①　本瞭解書並無意修改會員在GATT 1994第十二條或第十八條第B節下之權利與義務。依爭端解決規則與程序瞭解書所解釋及適用之GATT 1994第二十二條及第二十三條之規定，得適用處理並收支平衡目的所採行進口限制措施之事件。

制整體之進口水準,且不得超過處理收支平衡問題之必要。為減少附帶之保護效果,會員應以透明方式執行限制措施。會員之進口當局應就決定何種產品須受限制之標準提出正當理由。第十二條第3項及第十八條第10項已規定,會員仍得對某些「基本產品」排除或限制其適用所有附加稅或其他為收支平衡之措施。所謂「基本產品」係指符合基本消費需求或有助於改善國際收支情況者,例如資本財及生產所需原料。為管理數量限制,會員應僅於無可避免之情況下方使用有行政裁量之簽審措施,且其應逐步廢除;會員應就決定進口數量或價值之標準提出正當理由。

收支平衡協商程序

5. 收支平衡限制委員會(以下簡稱委員會)應舉行諮商會議以檢視所有為收支平衡目的而採行之進口限制措施。委員會開放由有意願之會員參加。委員會應遵守於一九七〇年四月廿八日通過之收支平衡限制諮商程序(BISD 18S/48-53,在本瞭解書簡稱「完全諮商程序」),但須受以下規定之限制。

6. 會員採取新限制或藉實質強化措施以提高現有限制水準時,應於採行後四個月內,與委員會進行諮商。採行上述措施之會員得要求依第十二條第4項第(a)款或第十八條第12項第(a)款舉行諮商;若未請求諮商,則委員會主席應邀請該會員舉行諮商。諮商所檢視之事項,得包括說明為收支平衡目的而採行之新限制措施或增加之限制水準或擴大限制產品之範圍。

7. 任何因收支平衡而實施之限制,應由委員會依第十二條第4項第(b)款或第十八條第12項第(b)款規定作定期檢視;惟經諮商會員同意或總理事會另有特別檢視程序之建議時,得改變其諮商周期。

8. 對於低度開發國家會員或追求自由化(符合以往諮商提交委員會之時間表)之開發中國家會員,得以依一九七二年十二月十九日通過之簡易程序舉行諮商(BISD 202/47-49,在本瞭解書簡稱為「簡易諮商程序」)。當某一開發中國家會員之貿易政策檢討與諮商被排定於同曆年舉行時,亦得以簡易諮商程序舉行諮商,於此等情形,是否舉

行完全諮商，將視一九七九年宣言第8項所載各因素而定。除低度開發國家會員外，不得連續二次以上以簡易諮商程序進行諮商。

通知及文件製作

9. 若會員有為收支平衡目的而新採用或修改限制措施，以及若有修改依本瞭解書第1項公佈之廢除限制措施時間表之情形，應通知總理事；如係重大改變，應於公佈前或公佈後三十日內通知總理事會。任一會員每年應向WTO秘書處提交一份包括法令、政策聲明或公告之所有修正事項之合併通知，俾供會員檢視。該通知應儘可能包含充分資訊，包括關稅水準、所採行措施之類型、管理標準、產品範圍、及所影響之貿易流量。

10. 委員會得應任一會員之請求，對該等通知進行檢視；惟僅限於澄清通知所引起之特定問題，或檢討是否需要依第十二條第4項第(a)款或第十八條第12項第(a)款舉行諮商。會員有理由相信另一會員有為收支平衡目的而採取進口限制措施時，得提請委員會注意。委員會主席應要求就此措施提出資料，並將其送交各會員。諮商會員得預先提出問題，但此並不影響委員會之任一會員在諮商過程尋求適當澄清之權利。

11. 諮商會員應準備諮商基本文件；除其他相關資料外，應包括：(a)國際收支現況與展望（包括影響國際收支之內、外部因素及為使國際收支平衡、健全及長久而採行之國內政策措施）；(b)詳述採取收支平衡措施之理由、法律依據、及減少附帶保護效果之步驟；(c)前次諮商後，依委員會結論所採行之放寬進口限制措施；(d)廢除及逐步放寬尚存限制措施之計畫，會員亦得引用曾向WTO提出與本瞭解書相關之其他通知或報告。若係在簡易諮商程序下進行，則諮商會員應提交一份書面聲明，其中包括基本文件涵蓋項目之重要資訊。

12. 為使委員會之諮商順利進行，秘書處應備妥一份有關諮商各方面事實之背景文件。若為開發中國家會員，秘書處文件應包括諮商會員外貿環境影響收支平衡之現況與展望之相關背景及分析資料。倘經

開發中國家會員請求時，WTO秘書處應就準備諮商文件提供技術性協助。

收支平衡諮商結論

13. 委員會應向總理事會報告諮商情形。當採行充分協商時，報告應顯示該委員會對諮商各問題點所作之結論及其所根據之事實及理由。委員會應盡量於結論中，提案建議促進履行第十二條、第十八條第B節、一九七九年宣言及本瞭解書。倘為收支平衡目的所限制措施已提出廢除之時間表者，總理事會得建議在該會員遵守時間表之情形下，視為已履行其在 GATT 1994之義務。當總理事會作出特定建議，會員之權利與義務應依該建議認定；若總理事會並未作出特定建議，委員會之結論應載明委員會中所表達各種不同意見。如採簡易諮商程序時，報告中應包括委員會所討論主要項目之摘要，及是否需進行充分諮商之決議。

7.一九九四年關稅暨貿易總協定第二十四條釋義瞭解書

會員:

顧及GATT 1994第二十四條之規定;

咸認自GATT 1994成立後,關稅同盟和自由貿易區之數目及其重要性大幅增加,且現今已佔世界貿易量之相當比例;

咸認藉由簽署此等協定之經濟體間作更密切之整合可對世界貿易之拓展有所貢獻;

亦咸認,成員領域間對關稅及其他商業之限制規定之消除若能擴大至所有的貿易,則此貢獻將有所增加;且倘有任一主要產業之貿易未納入,則貢獻將因而減損;

確認此等協定之目的應為促進參與領域間之貿易,而非增加其他會員與此等領域間之貿易障礙;且在組成或擴增成員時,其成員應儘可能避免對其他會員之貿易造成負面影響;

確信強化商品貿易理事會於檢討依第二十四條所通知之協定時所扮演角色之需要,以便於評估新訂或擴大協定時釐清其標準及程序,並改善所有有關第二十四條之協定之透明度,

咸認有需要對第二十四條第12項之會員義務有一共同瞭解;

爰同意:

1.　關稅同盟、自由貿易區及為設立關稅同盟或自由貿易區之過渡協定,為符合第二十四條,特別必須符合本條第5、第6、第7及第8項之規定。

第二十四條第5項

2.　依據第二十四條第5項第(a)款,對關稅同盟組成之前與之後所適用之關稅及其他商業法令作評估,應分別按關稅及規費,基於加權平均關稅稅率及所收取之關稅稅額予以整體評估。此等評估應基於關稅同盟所提供之過去代表性期間進口統計值,依WTO原產國別,按個別關稅稅目,列出金額及數量。秘書處應按烏拉圭回合多邊貿易談判

中，用以評估關稅減讓之方法，計算加權平均關稅稅率及實收關稅稅額。為上述目的，所列入考量之關稅及規費應係現行稅（費）率。至於難予量化及加總之其他商業法令之整體評估，有可能需要藉檢討個別措施、法規、涉及之產品以及受影響之貿易流量等而完成。

3. 第二十四條第5項第(c)款所稱之「合理期間」，僅少數例外情形得超過十年。如過渡協定之會員認為十年時間不足時，可向商品貿易理事會提出需要較長期間之理由。

第二十四條第6項

4. 第二十四條第6項係對組成關稅同盟之會員準備提高關稅約束稅率時，所訂之處理程序。就此，會員重申，因組成關稅同盟或訂定未來將形成關稅同盟之過渡協定，而修正或取消關稅減讓前，必須先進行明定於第二十八條之程序，該程序於一九八○年十一月十日通過之解釋準則(BISD 27S/26-28)及GATT 1994第二十八條釋義瞭解書有詳細規定。

5. 談判應本於善意進行，以達成相互滿意之補償性調整。此等依照第二十四條第6項規定所舉行之談判，應考慮關稅同盟內其他盟員在該同盟成立時，對相同稅目產品所作之關稅減讓。若此等減讓不足以提供必要之補償性調整，該同盟將可能以削減其他稅目產品關稅之方式提供補償。對將遭修改或撤回之關稅約束具有談判權利之會員，應考慮同盟所提之補償方案。若所提補償性調整仍屬無法接受，談判仍應繼續。若雖經前述努力，而依照GATT 1994第二十八條釋義瞭解書所舉行有關補償性調整之談判，仍未能在談判展開後之合理期間內達成協議，則該關稅同盟將可自由修改或撤回其減讓；受損之會員亦得依照第二十八條之規定，自由取消其實質相當之減讓。

6. GATT 1994對於關稅同盟或未來將形成關稅同盟過渡協定因降低關稅而受惠之會員，並未課以對同盟成員提供補償之義務。

關稅同盟及自由貿易區之檢討

7. 所有按照第二十四條第7項第(a)款所作之通知，應由一工作小組依據GATT 1994之相關規定及本瞭解書第1項予以檢討。此工作小組

將向商品貿易理事會就上述檢討結果提交報告。商品貿易理事會得於其認為適當時間向會員提出建議。

8. 工作小組得於其報告中，對過渡協定完成關稅同盟或自由貿易區之時間表及必要措施，提出適當建議。工作小組必要時得規定對該過渡協定作進一步檢討。

9. 參與過渡協定之會員，應於該協定內之計畫及預訂進度表有相當之變更時，通知商品貿易理事會，該理事會並應於被請求時，檢討此等變更。

10. 若一按照第二十四條第7項第(a)款通知之過渡協定，未依第二十四條第5項第(c)款規定檢附計畫及進度表，工作小組應在其報告內就此等計畫及進度表提出建議。若該協定之成員未能依建議作相應修改，則不得維持或實施該過渡協定。另應就前述建議執行情形訂定後續檢討之規定。

11. 如同GATT 1947締約成員整體會員大會對GATT 1947理事會所作有關區域協定報告之要求(BISD 18S/38)，關稅同盟及自由貿易區之成員亦應定期向商品貿易理事會提交相關協定運作情形之報告。區域協定有任何重大改變或發展，亦應於發生時報告。

爭端解決

12. 依爭端解決規則與程序瞭解書所解釋及適用之GATT 1994第二十二條及第二十三條之有關規定，亦得適用於任何因援用第二十四條有關關稅同盟、自由貿易區或未來將形成關稅同盟或自由貿易區之過渡協定等條文所衍生之任何事件。

第二十四條第12項

13. 任一會員於GATT 1994下，對遵守所有GATT 1994條款之規定有完全之責任，並應採取可行之合理措施，俾確使其領域內區域性及地方政府與機構亦遵守規定。

14. 依爭端解決規則與程序瞭解書所解釋及適用之GATT 1994第二十二條及第二十三條之有關條文，亦得適用於一會員領域內影響其遵守規定區域性或地方政府或機構之措施。若爭端解決機構裁決該地方

政府機構未遵守GATT 1994之規定，則負有責任之會員應採取可行之合理措施以確保其遵守規定；若無法確保遵守規定，則可援引有關補償及暫停減讓或其他義務之規定。

15. 任一會員於另一會員就其領域內影響GATT 1994運作之措施提出建議時，應給予同情之考慮，並提供充分諮商之機會。

8.一九九四年關稅暨貿易總協定有關豁免義務瞭解書

會員茲同意：

1. 要求豁免或要求延長既存豁免時，應敍述會員擬採行之措施、會員欲追求之明確政策目標及該會員無法藉由符合GATT 1994義務之措施以獲致其政策目標實現之理由。

2. 任何在WTO協定生效之日仍為有效之豁免，除非依照上述程序和WTO協定第九條中之程序予以延長，否則應至其到期日或WTO協定生效日起二年終止，以較早者為準。

3. 任何會員認為其在GATT 1994下之利益將受剝奪或減損，係由於以下二個原因之一者：

　　(a)被授予豁免之會員未能遵守豁免之條款或條件，或

　　(b)採行符合豁免條款及條件之措施

　　得訴諸依爭端解決瞭解書所解釋及適用之GATT 1994第二十三條之規定。

9.一九九四年關稅暨貿易總協定第廿八條釋義瞭解書

會員茲同意：

1. 就減讓之修改或撤回而言，凡受此減讓影響之出口（即產品出口至修改或撤回減讓會員之市場）相較於其總出口量達最高比例之會員，即便尚未具有初始談判權或未依第廿八條第1項規定享有主要供應利益者，亦應視為具有主要供應利益。惟本項規定將於WTO協定生效後五年由商品貿易理事會檢討，以決定此準則是否確能重行分配談判權以利中小規模之出口會員。否則，應考慮包括可獲得足夠資料情形下，採行以受減讓影響產品出口至所有市場之比例為基礎之標準，以求儘可能改善。

2. 若一會員認為其依第1項規定而具有主要供應利益，則其應以書面方式並檢附證據向提議修改或撤回減讓之會員聲明其主張，同時並知會秘書處。此時，應適用於一九八〇年十一月十日通過之「第廿八條諮商程序」(BISD 27S/26-28)第4項之規定。

3. 於判斷何者會員具有主要供應利益（不論依前述第1項或第廿八條第1項規定所稱之主要供應利益）或實質利益時，僅有以最惠國待遇為基礎之受影響產品貿易列入考慮。倘不具契約性之優惠貿易於修改或撤回減讓諮商中或諮商結束時，決議終止且將轉為最惠國待遇貿易，則亦應將此種貿易列入考慮。

4. 當修改或撤回新產品（即未具三年貿易統計資料之產品）之關稅減讓時，對該產品目前被歸類或先前被歸類之關稅稅目具有初始談判權之會員，在系爭減讓中視為具有初始談判權。決定主要供應利益、實質供應利益及計算補償時，應考慮出口會員於受影響產品之產能與投資、預計出口成長，並預測進口會員對此產品之需求。就本款之目的而言，「新產品」包括由現存關稅稅目分列之關稅項目。

5. 若一會員認為其依第4項規定而具有主要供應利益或實質利益，則其應以書面方式並檢附證據向提議修改或撤回減讓之會員聲明其主

張，同時並知會秘書處。此時應適用前述「第廿八條諮商程序」第4
項規定。

6.　當以關稅配額取代無限制關稅減讓時，所提供之補償額應超過實
際受修改減讓影響之貿易額。計算補償之基準應為未來預期貿易額超
過配額水準之數量。咸認未來預期貿易額之計算宜由下列較高者為
準：

　　(a)最近具代表性之三年期年度平均貿易額，以該期間內年度平均
進口成長率或百分之十，取其較高者予以加成；或

　　(b)以最近年度貿易額加成百分之十。
會員之補償責任不得超過完全撤回減讓時之補償責任。

7.　不論係依據前述第1項或第廿八條第1項規定，而對受修改或撤回
之減讓具主要供應利益之任一會員，除其他形式之補償已為相關會員
所同意外，應就補償減讓授予初始談判權。

10.一九九四年關稅暨貿易總協定馬爾喀什議定書

各會員

依據烏拉圭回合部長宣言，於GATT 1947架構下進行談判後，茲同意以下各項：

1. 附於本議定書後之會員減讓表，應於WTO協定對該會員生效日起，成為該會員之GATT 1994減讓表。任何依據部長決議而提出之有利低度開發國家之減讓表，應視為附加於本議定書內。

2. 經由各會員同意之關稅減讓，除會員減讓表中有特別註明外，應分五次等比例執行減讓。首次減讓應自世界貿易組織協定生效日起實施，後續之減讓將自其後之每年一月一日實施；除會員減讓表中有特別註明外，而最終稅率生效日不得遲於世界貿易組織協定生效後四年。除會員減讓表中另有註明者外，自WTO協定生效後方接受協定之會員，自協定對其生效日起，應併同執行之稅率減讓及依本條前段所述每年一月一日應實施之減讓，一併履行，另後續之減讓亦應遵守本條前段之規定。減讓之稅率每階段應四捨五入至小數第一位。依農業協定第二條所定之農產品，其分段減讓應依減讓表有關部分之規定。

3. 附於本議定書之減讓與承諾表之履行，如經要求，應接受會員間之多邊審查。惟此並不損及會員於WTO協定附件1A有關協定之權利與義務。

4. 附於議定書後之會員減讓表，依本議定書第1項規定已成為GATT 1994減讓表後，倘會員減讓表內之任一產品主要供應者係任一烏拉圭回合之參與者，而其減讓表尚未成為GATT 1994減讓表時，則此一會員得自由在任何時間保留或撤回此表中所有或部分有關此產品之減讓。惟此種行為只可在此項減讓之保留或撤回之書面通知已送交商品貿易理事會，且如經要求，亦須與任一與此產品有關之減讓表已成為GATT 1994減讓表且對前述產品具相當程度利益之會員

諮商後始可施行。任何原保留或撤回之減讓，應於具有主要供應利益會員之減讓表納入GATT 1994減讓表時，對其適用。

5. (a)於不損及農業協定第四條第2項之規定下，應參酌GATT 1994第二條第1:(b)項及第1:(c)項有關於該協定日期之規定，有關附屬於本議定書之減讓表內之產品，其適用之日期為本議定書之日期。

   (b)應參酌GATT 1994第二條第6:(a)項有關該協定日期之規定，附屬於本議定書之減讓表之適用日期，應為本議定書之日期。

6. 當修改或撤回有關載於減讓表第Ⅲ部分非關稅措施之減讓時，應適用GATT 1994第二十八條及於一九八〇年十一月十日所通過之「第二十八條諮商程序」(BISD 27S/26-28)之規定。但不得損及會員於GATT 1994應有之權利及義務。

7. 若附屬於本議定書之減讓表比WTO協定較早生效之GATT 1947減讓表之同一產品所賦予之待遇更不利時，則該減讓表之會員應被視為已依GATT 1947或GATT 1994第二十八條相關規定，採取必要行動。惟本項之規定只適用於埃及、祕魯、南非及烏拉圭。

8. 附屬於議定書之減讓表不論係以英文、法文、或西班牙文記載，均為正本。

9. 本議定書之簽訂日期為一九九四年四月十五日。

11.農業協定

會員

　　決定奠定農產貿易改革進行之基礎，以配合東岬宣言所揭示的談判目標；

　　鑒於在烏拉圭回合期中檢討所同意之長期目標，「乃是要建立一個公平和市場導向的農產貿易體制，而此種改革程序應透過對支持及保護承諾的談判，及制定強而有效的GATT規範來進行」；

　　鑒於「上述長期目標就是要在一個共同決定的期間內，對農業支持和保護採取具體及漸進的削減方式，以改善並防止世界農產品市場所受到的限制及扭曲」；

　　咸欲就下列各項議題達成明確的承諾：市場開放；境內支持；出口競爭；及食品衛生檢驗與動植物檢疫措施協定；

　　同意在實施市場開放承諾時，已開發國家會員將藉著給予開發中國家會員之重要農產品較為改善的機會和開放條件，以充分顧及發展中國家會員特殊的需要和狀況，包括在期中檢討已達成協議的熱帶農產品貿易的完全自由化，以及對非法麻醉作物轉作特別重要之農產品；

　　鑒於各會員應以公平的方式，就改革計畫加以承諾，並應顧及非貿易方面的問題，這包括糧食安全和環境保護；就開發中國家之特別優惠待遇加以考慮，也是談判中的重要部分，此外尚需就改革計畫對低度開發及糧食淨進口發展中國家所可能產生的負面影響加以考量；

　　爰同意如下：

第一篇

第一條　名詞定義

本協定除另有規定外，依下列方式處理：

(a)「農業境內支持」及「AMS」係指以貨幣表示的每年支持水

準，這種支持係指對某一農產品的支持而有利於基本農產品生產者，或對非特定農產品支持而有利於一般農業生產者；惟符合本協定附件2之規定不需削減的支持者不在此限，此即：

(i)會員減讓表第四部分之減讓表附表中所述基期期間的支持；及

(ii)依照本協定附件3之規定，且引用會員減讓表第四部分之減讓表附表使用的資料及方法，所計算的執行期間各年及其後的支持水準。

(b)關於境內支持承諾中所述「基本農產品」之定義，為在可獲得資料之情況下，會員減讓表及減讓表附表中所述最接近第一次銷售點之產品。

(c)「預算支出」或「支出」，包括放棄的收入。

(d)「支持等量」係指經由一種或多種措施之採用，而對基本農產品生產者所提供的每年支持水準，並以貨幣表示，且這些措施無法依照AMS方法來計算者，但不包括符合本協定附件2不需削減的措施，並且其為：

(i)會員減讓表第四部分之減讓表附表中所述基期期間的支持；及

(ii)依照本協定附件4之規定，且引用會員減讓表第四部分之減讓表附表使用的資料及方法，所計算執行期間各年及其後的支持水準。

(e)「出口補貼」係指包括本協定第九條所列在內之以出口實績為授與條件之補貼。

(f)「執行期間」係指涵蓋1995年開始的六年期間，此外對第十三條而言，係指從1995年開始的九年期間。

(g)「市場開放減讓」包括根據本協定所採取的所有市場開放承諾。

(h)「農業境內總支持」係指所有有利於農業生產者境內支持的總和，其計算方式是將基本農產品的所有AMS、所有非特定農產品

AMS及農產品的所有支持等量予以加總，並且其為：

　　㈠關於會員減讓表第四部分中指明的基期期間所提供的支持（亦即基期總AMS），以及執行期間各年或其後可以提供的最大支持（亦即每年及最後約束承諾水準）；

　　㈡關於執行期間各年及其後的實際支持水準（亦即當期總AMS），此係依據本協定，包括第六條以及會員減讓表第四部分之減讓表附表所採用的方法和基本資料來計算者。

　　㈠上述第⒡項及會員的特定承諾中所述的「年」係指會員減讓表所指定的日曆年度、會計年度或運銷年度。

第二條　產品涵蓋範圍

　　本協定適用之產品係指本協定附件1所列之產品，以下均以農產品稱之。

第二篇

第三條　減讓與承諾之納入

1.　各會員減讓表第四部分中，境內支持和出口補貼承諾為限制補貼的一項承諾，因此為GATT 1994的重要部分。

2.　在本協定第六條規定下，會員不應該對境內生產者提供超過該會員減讓表第四部分第一節所承諾的水準。

3.　在本協定第九條第2⒝和第4項之規定下，會員對減讓表第四部分第Ⅱ節之農產品或同類產品，提供第九條第1項所述農產品的出口補貼，不得超過減讓表預算支出及數量承諾水準，且不應對減讓表中未指明之任何農產品實施出口補貼。

第三篇

第四條　市場開放

1.　會員減讓表中所涵蓋之市場開放減讓係有關關稅的約束及關稅削減，以及該減讓表中標明之其他市場開放承諾。

2.　除第五條及附件5另有規定外，會員不應維持、採取或回復任何

已被要求轉化為一般關稅①之原有非關稅措施。

第五條　特別防衛條款

1.　儘管GATT 1994中的第二條第1(b)項中有關減讓之規定，明定不得課徵額外之關稅，但任一會員亦可引用以下第4及第5項關於農產品進口之規定，課徵額外關稅。但這些產品除需係按第四條第2項中所述之措施轉化為一般關稅外，且需在會員減讓表中註用「SSG」。引用本條文之條件如下：

　　(a)當會員在減讓期間的任何一年，進入其關稅領域的產品，其進口量超過某一基準數量時，可引用本條文。此基準數量係按下列第4項的現行市場進口機會訂定；或，惟不得同時採用。

　　(b)當銷往減讓會員關稅領域產品之價格低於某一基準價格時可採用本條文，前項基準價格係根據c.i.f.進口價格並以國內幣值表示者，而基準價格等於該產品自1986年至1988年參考價格②之〔平〕均。

2.　為引用第1(a)款和第4項條文之目的所需決定的進口量，應包括上述第1項所述減讓中的現行和最低進口承諾之進口量，但這些承諾下的進口量不受第1(a)款及下述第4項或第1(b)款及第5項所提課徵額外關稅之影響。

3.　在上述第1(a)款和第4項下，任何課徵額外關稅之前即已簽約且已在運輸途中的產品，若計入次年進口量，則該年引用第1(a)款條文時，此部分之進口量，應免徵任何額外關稅。

4.　符合上述第1(a)款之情況所課徵的任何額外關稅僅能維持到當年年終，且僅能課徵到某一特定水準，即不能超過該年所實施的一般關稅的三分之一。

---

① 這些措施包括數量上進口限制、變動差異金、最低進口價格、進口允許之行政裁量、國營貿易方式所維持的非關稅措施、自動出口設限以及除了一般關稅以外的類似邊境措施，不論這些措施是否為GATT 1947允許某些國家保留的措施，均應予以關稅化。但依據收支平衡條款或GATT 1994一般性、非農業特定條文或WTO附件1A其他多邊貿易協定內之措施不在關稅化之列。

② 引用此款所用之參考價一般應為該項產品平均c.i.f.單位價格，或考慮該項產品之品質和其加工層次給予適當的價格。此一參考價格在最初使用時宜明確敍明，並儘可能讓其他會員評估可能被課徵的額外關稅。

此基準數量應根據下列所謂市場進口機會，即進口量占過去三年國內消費量③的百分比來訂定，條件如下：

(a)若進口量占過去三年國內消費量之百分比低於或等於10%，基準率應等於125%；

(b)若進口量占過去三年國內消費量之百分比大於10%，但小於或等於30%，基準率應等於110%；

(c)若進口量占過去三年國內消費量之百分比大於30%，則基準率應等於105%。

只要減讓產品進入該會員關稅領域的絕對進口量超過基準數量，即可在任何一年課徵額外關稅；而基準數量為上述各項基準率與前三年平均進口量之乘積及最近一年國內消費量絕對變動量之合計，不過基準數量不應小於上述平均進口量的105%。

5. 符合上述第1(b)項之情況所課徵的額外關稅應根據下列方式計算：

(a)若以國內幣值計算之c.i.f.進口價格（以下即稱為進口價格）及在此款下所定義的基準價格之間的差額小於或等於基準價格的10%，則不得課徵額外關稅；

(b)若進口價格和基準價格之間的差額（以下即稱為差額）大於基準價格的10%，但小於或等於基準價格的40%，則就超過基準價格10%的部分課徵30%的額外關稅；

(c)若差額超過40%，但小於或等於基準價格的60%，則就超過40%的部分課徵50%的額外關稅，再加上第(b)款的額外關稅。

(d)若差額超過60%，但小於或等於基準價格的75%，則就超過60%的部分課徵70%的額外關稅，再加上第(b)與(c)款的額外關稅。

(e)若差額超過基準價格的75%，則就超過75%的部分課徵90%的額外關稅，再加上(b)、(c)與(d)的額外關稅。

6. 對於易腐性和季節性產品所設定的條件，應考慮這些產品的特

---

③ 若不考慮國內消費，則下述第(a)款之基準率應適用。

性；尤其是在第1(a)款及第4項下，可採用與基期相對之較短期間，如一年中之某時段，而在第1(b)款下亦可採用不同期間的不同參考價格。

7. 特別防衛條款之運作應以透明化方式為之，任何會員採取上述第1(a)款下的行動，應以書面通知，包括相關資料應儘可能預先及在採取此項行動後十日內通知農業委員會。在採取第4項之措施時，必須將各項消費量的變動分派給各項關稅項目，附上的資料必須包括分配這些變動時所採用的相關資料和方法。任何會員採取上述第1(b)款下的行動或對易腐性和季節性產品，在任何期間的第一次行動時，應以書面包括相關資料，在行動後十日內，通知農業委員會。若相關產品進口量逐漸遞減，會員應儘可能不要採取第1(b)款措施。凡會員採取此類行動應給予有關國家諮商適用這些行動與條件的機會。

8. 若採取的措施符合以上第1至第7項所述，會員不得再採取GATT 1994中第十九條第1(a)項及第3項條文或有關防衛協定第八條第2項之規定。

9. 本條款各項規定在本協定第二十條所決定的執行期間內應屬有效。

第四篇

第六條　境內支持承諾

1. 各會員減讓表第四部分中的境內支持削減承諾應適用於所有有利於農業生產者的境內支持措施，但符合本條及本協定附件2所述不須削減準則的境內措施除外。這些承諾是以AMS和「每年及最後約束承諾水準」來表示。

2. 依照期中檢討協定，政府所提供的措施，不論係屬直接或間接，凡能鼓勵農業和鄉村發展的協助性措施均是發展中國家發展計畫中的重要部分，開發中國家會員一般均可獲得之農業投資補貼，及開發中國家會員低所得或資源貧乏的生產者一般均可獲得之農業生產因素補貼，不應列入境內支持削減項目；例如開發中國家會員鼓勵生產者不

去種植非法麻醉性作物之境內支持不應列入削減項目。凡符合本段準則的境內支持不應列入會員當期總AMS計算範圍內。

3. 會員有利於農業生產者的境內支持（以當期總AMS表示），若不超過會員減讓表第四部分所標示的每年或最後約束承諾，視為遵守境內支持每年應削減之承諾。

4. (a)會員不應被要求將下列各項包括在當期總AMS之計算內，並被要求加以削減：

(i)若特定產品之境內支持未超過該會員在相關年間基本產品生產總值之5%，則〔毋〕需列在該會員AMS計算範圍；及

(ii)若非特定產品之境內支持未超過該會員在相關年間農業生產總值的5%，則〔毋〕需列在該會員AMS計算範圍。

(b)就開發中國家會員而言，本項之微量百分比應為10%。

5. (a)限制生產計畫之直接給付若符合下列規定則〔毋〕需納入境內支持削減承諾中：

(i)此類給付係根據固定的面積和產量；或

(ii)此類給付係根據基期年產量的85%或85%以下的方式計算，或

(iii)依據固定的牲畜頭數之牲畜給付。

(b)符合上述標準豁免削減的直接給付將不計入會員當期總AMS中。

第七條　境內支持一般規範

1. 各會員應確保，那些不列入削減而有利於農業生產者的境內支持措施能符合本協定附件2之準則。

2. (a)任何有利於農業生產者的境內支持措施，包括此類措施的任何修正，及任何以後所採取的無法證明符合本協定附件2準則的措施，或無法依據本協定任何其他條款不豁免削減的措施均應〔含〕在會員當期總AMS內。

(b)若會員減讓表第四部分中未有總AMS承諾，則會員不得對農業生產者提供超過第六條第4項所規定相關微量水準的支持。

第五篇

第八條　出口競爭承諾

會員承諾不採取本協定所規定以及會員減讓表中所述承諾以外之出口補貼。

第九條　出口補貼承諾

1.　在本協定下，下列的出口補貼應予削減：

　　(a)政府或其機構，對廠商、產業、農產品的生產者、合作社或其他此類生產者協會、或運銷協議會，根據其出口實績所給予的直接補貼，而實物補貼亦包括在內；

　　(b)政府或其機構在銷售或處理其非商業性庫存農產品出口時，其價格低於同類產品在國內市場銷售之價格；

　　(c)因政府干預而致對某一農產品之出口實施給付，不論該給付是否由公共帳戶所負擔，而運用對該出口農產品或其原料農產品課稅之收入所為之給付亦包括在內；

　　(d)為降低出口農產品運銷成本（出口拓銷與顧問服務除外）而給予之補貼，包括處理、提昇品級和其他加工成本，以及國際運輸成本等；

　　(e)政府對出口產品實施較內銷產品為優惠之境內運輸費率；

　　(f)對出口產品中所含農產品原料的補貼。

2.　(a)除本項第(b)款之規定外，會員減讓表中在執行期間每一年補貼之承諾就本條第1項中所述的有關出口補貼而言，係代表：

　　　(i)在預算支出削減承諾下，該年可實施此類補貼支出的上限，及

　　　(ii)在出口數量削減承諾下，該年可獲得出口補貼之某農產品或某類農產品出口量的上限。

　　(b)在執行期間的第二年至第五年，只要符合以下條件，會員在某一年內，對於上述第1項所列的出口補貼可超過該會員減讓表第四部分中有關產品或同類產品之承諾水準：

　　⒤自執行期間開始至該年，此類出口補貼累計預算支出未超過該會員完全遵守減讓表所指明的預算承諾時之累計預算支出，或其超出部分佔基年此類補貼預算支出之3%以下；

　　⒤⒤自執行期間開始至該年，受惠於此類出口補貼之累計出口數量未超過該會員完全遵守減讓表指明的數量承諾時之累積數量，或其超出部分佔基期數量的1.75%以下；

　　⒤⒤⒤整個執行期間受惠於此類出口補貼的累計出口數量及受惠於此類出口補貼的累計預算支出，未超過該會員完全遵守減讓表所指明的承諾時之累計總數，且

　　⒤v會員之出口補貼預算支出及受惠於此類補貼的數量，在執行期間結束時，分別未超過1986～1990年基期的64%及79%。至於開發中國家會員，此等比率則分別應為76%及86%。

3.　有關限制出口補貼範圍之承諾均列在會員減讓表。

4.　開發中國家會員在執行期間，不應被要求對上述第1(d)及(e)款所列之出口補貼作出承諾，但需這些出口補貼不致造成削減承諾之規避。

第十條　規避出口補貼承諾之防止

1.　非本協定第九條第1項所列之出口補貼，不應被引用以致造成有規避出口補貼承諾之實，或有規避之虞，亦不得以非商業性的交易方式來規避此項承諾。

2.　會員承諾努力制定國際上同意之規範以管理出口貸款、出口信用保證或保險計畫，而且在此規範達成協議後，只能依照規範來提供出口貸款、出口信用保證或保險計畫。

3.　會員如主張其超過削減承諾之出口數量未接受補貼，必須證明確實未對該出口量給予第九條所列之出口補貼或其他出口補貼。

4.　捐贈國際糧食援助之會員應確保：

　　(a)國際糧援與商業性出口至受援國之農產品無直接或間接的關係；

　　(b)國際糧援交易，包括雙邊國際糧援以貨幣方式交易者，均應依

照FAO「過剩處理與諮商義務之原則」處理，一般行銷要求體制
(UMRs)之有關規定亦包括在內，且

　　(c)此類援助應儘可能的以完全贈與或不低於1986年糧食援助公約
第四條規定之條件為之。

第十一條　納入產品

　　對納入之產品中的初級農產品之每單位補貼不可超過該初級農產
品出口之每單位出口補貼。

第六篇

第十二條　出口禁止和限制之規範

1.　任一會員依GATT 1994第十一條第2(a)款之規定對糧食出口實施
禁止或限制措施時，應遵守以下規定：

　　(a)實施禁止出口或限制出口之會員應適度考慮該禁止或限制措施
對進口會員糧食安全的影響；

　　(b)任何會員實施禁止出口或限制出口之前，應儘可能的事先以書
面通知農業委員會，內容包括此措施的性質和期間，且亦應接受要求
與任何遭受該項措施相當影響的進口國諮商。實施禁止出口或限制出
口措施的會員應提供必要之資訊給要求諮商的會員。

2.　本條規定不適用於任何開發中國家會員，除非該開發中國家會員
為某種糧食之淨出口國，並對該種糧食實施禁止出口或限制出口。

第七篇

第十三條　適當的約束

　　儘管有GATT 1994及補貼暨平衡措施協定（以下稱補貼協定）
之規定，但在執行期間內：

　　(a)完全符合本協定附件2規定之境內支持措施，應：

　　　(i)就平衡稅之目的而言④應屬不可控訴類的補貼；

---

④　本條所述平衡稅係指GATT 1994第六條及補貼暨平衡措施協定第五篇中所涵蓋者。

(ii)免除GATT 1994第十六條與補貼協定第Ⅲ篇之控訴；及

(iii)免除受到GATT 1994第二十三條第1(b)項意義之下，會員依GATT 1994第二條關稅減讓之利益被剝奪或被減損之非違反總協定之控訴。

(b)會員減讓表中所示的完全符合本協定第六條規定之境內支持措施，包括符合該條第5項要件之直接給付，以及在微量範圍內之直接給付及符合第六條第2項之境內支持措施，應：

(i)免除平衡稅之課徵，除非依GATT 1994第六條及補貼協定第五篇規定，認定有損害或有損害之虞者；在發動平衡稅調查時應顯示「適當約束」。

(ii)免除依GATT 1994第十六條第1項或補貼協定第五條和第六條規定之控訴，但需此類措施對某一特定產品的支持不超過已確定的1992運銷年度之支持；且

(iii)免除受到GATT 1994第二十三條第1(b)項意義之下，會員依GATT 1994第二條關稅減讓之利益被剝奪或被減損之非違反總協定之控訴。但需此類措施對某一特定產品的支持不超過已確定的1992運銷年度的支持。

(c)會員減讓表中完全符合本協定第五篇規範的出口補貼，應該：

(i)只有在依GATT 1994第六條和補貼協定第五篇，根據數量、對於價格的影響或導致之衝擊認定確有損害或有損害之虞時，始能課徵平衡稅，在發動平衡稅調查時應顯示「適當約束」；

(ii)免於受到GATT 1994第十六條或補貼協定第三、五和六條之控訴。

第八篇

第十四條　食品衛生檢驗與動植物檢疫措施

會員同意實施食品衛生檢驗與動植物檢疫措施協定。

第九篇

第十五條　特殊及差別待遇

1.　鑒於給予開發中國家會員較優惠的待遇是談判的一部分,故應於本協定相關條文規定設置有關承諾方面的特殊及差別待遇,並應具體表現在減讓和承諾表中。

2.　開發中國家在實施削減承諾的時間為10年,而低度開發國家會員不需作削減承諾。

第十篇

第十六條　低度開發國家和糧食淨進口開發中國家

1.　已開發國家會員應採取部長決策宣言架構中,有關改革方案對低度開發國家和糧食淨進口開發中國家可能產生負面影響一節中規定之措施。

2.　農業委員會對此項決定之後續發展應予適當的監督。

第十一篇

第十七條　農業委員會

茲此設立一農業委員會。

第十八條　承諾執行的檢討

1.　農業委員會應就烏拉圭回合改革方案中承諾的執行進度加以檢討。

2.　檢討過程應根據會員所通報之有關事項,以及秘書處被要求準備的文件來進行。

3.　除第2項所提出的通報資料外,對於任何新的境內支持、或現行措施的修正,主張不必削減者,都應迅速的通報。此項通報應包括該項新的或修正措施及其在本協定第六條或附件2中所適用之標準。

4.　在檢討過程中,會員應就過高的通貨膨脹率對任何遵守境內支持承諾會員的影響給予適當的考量。

5.　會員同意,農業委員會每年應就各會員依本協定有關出口補貼承諾架構與世界農產品貿易正常成長事項進行諮商。

6. 檢討過程中，應讓各會員有機會對有關本協定改革計畫中各項承諾之執行提出質疑。

7. 任何會員認為其他會員有應通報而未通報之措施，得促請農業委員會注意。

第十九條　諮商及爭端解決

依爭端解決瞭解書所解釋及適用之GATT 1994第二十二條及第二十三條之規定，應適用本協定下之諮商及爭端解決。

第十二篇

第二十條　改革的持續性

鑑於具體、漸進地削減支持和保護以達根本改革的長期目標是一持續性的過程，會員同意在執行期間結束之前一年，就此項改革是否繼續舉行談判，談判時並應考慮：

(a)執行削減承諾過程中的經驗；

(b)削減承諾對世界農產貿易的影響；

(c)非貿易因素、對開發中國家會員之特別優惠待遇、建立公平及市場導向的農產貿易體制之目標、以及本協定前言中所述之目標與關切；及

(d)為達成上述長期目標所必須之進一步承諾。

第十三篇

第二十一條　最終條款

1. GATT 1994及WTO協定附件1A中之其他多邊貿易協定之相關規定在受本協定之限制之前提下應予適用。

2. 本協定之所有附件均屬本協定不可分之部分。

附　件　1

產品涵蓋範圍

1. 本協定應包括下列產品：

〔i〕H.S.第1章至第24章漁產除外之產品，並加上＊

〔ii〕H.S.第290543目，（甘露醇）

H.S.第290544目，（山梨醇）

H.S.第3301節，（精油）

H.S.第3501節至3505節，（蛋白、改質澱粉、膠）

H.S.第380910目，（整理劑）

H.S.第382360目，（山梨醇）

H.S.第4101節至4103節，（生皮）

H.S.第4301節，（生毛皮）

H.S.第5001節至5003節，（生絲與廢絲）

H.S.第5101節至5103節，（羊毛與動物毛）

H.S.第5201節至5203節，（棉花）

H.S.第5301節，（生亞麻）

H.S.第5302節，（生大麻）

2. 前述之產品範圍不應限制食品衛生檢驗與動植物衛生檢疫措施協定所涵蓋的產品範圍。

附　件　2

境內支持：免於削減承諾之基礎

1. 凡主張〔毋〕需列入削減承諾之境內支持措施，應符合基本要件，即此等措施不會對生產和貿易造成扭曲效果，或扭曲甚微。基此，凡不須削減之所有此類措施，應符合下列標準：

　　(a)支持應透過政府財政計畫進行（包括政府放棄的收入），並且不得涉及消費者之移轉；及

　　(b)支持不應對生產者產生價格支持效果；並符合下列一些特定政策之準則與條件。

政府提供之服務性計畫

＊　下列括號內之品名並不一定完整。

2. 一般性服務

此類政策包括有關對農業或農村所提供的服務或利益上的支出（或放棄的收入）。但這些政策不應涉及對生產者或加工業者的直接給付。此類計畫所涵蓋的項目包括（但不只限於）下列各項，而且應符合上述第1項之一般準則和下列特定政策條件者：

(a)研究類，包括一般性研究，與環境計畫相關的研究及與特定產品有關的研究計畫。

(b)病蟲害防治，包括一般的及與特定產品有關之病蟲害防治計畫，例如早期預警制度、檢疫和撲殺。

(c)訓練性服務，包括一般的及專業性訓練設備。

(d)推廣與諮商服務，包括提供工具促進資訊傳播及將研究結果提供給生產者與消費者。

(e)檢驗服務，包括一般性的檢驗服務及為健康、安全、分級或標準化目的所為特定產品之檢驗。

(f)運銷及促銷服務，包括市場資訊與特定產品有關的顧問與促銷，但補助銷售者以低價方式銷售或給予購買者直接經濟利益之支出則除外。

(g)基層建設服務，包括電力系統、馬路和其他交通工具、市場和港口設備、供水設施、水壩灌溉計畫和環境計畫有關的基層建設工作。在所有情況下，這些支出應只限於基礎工程之建設，而且除公用設施外，不得對農場上設備加以補貼，亦不應包括對因素投入或營運成本之補貼，或對使用者採優惠價格。

3. 糧食安全目的所為之公共儲糧⑤

在一國的法案中明定為糧食安全計畫中之一項重要部分，其與產品庫存之累積與保管有關之支出（或放棄的收入）。此亦包括政府對

---

⑤ 鑒於本附件第3項規定，開發中國家基於糧食安全所為之政府儲糧計畫（其運作是透明的，而且也依照公開的標準來實施）應可視為符合本項之規定，此亦包括以行政管理價格所獲得及售出之以糧食安全為目的之儲糧計畫，不過此項獲取價格與外在參考價格間的差額亦在AMS中加以計算方可。

該計畫中產品私人儲藏之協助。此庫存數量應與完全為糧食安全所預先設定的目標相關,其儲存及處理過程在財務上應完全透明。政府購買糧食應以當前市價為之,且對糧食安全庫存之銷售價格不得低於當前與該產品相同品質之市價。

4. 國內糧食援助[6]

有關提供國內糧食援助給急需之人之支出(或放棄的收入)。獲得糧食援助之資格應受營養標準明確之規範,此類援助應以直接的糧食援助方式為之,或提供一些工具使受援助的人能在市場上或以補貼之價格來購買糧食。政府購買糧食應以當前市價為之,而此項援助之融資和管理方式應透明化。

5. 生產者的直接給付

凡〔毋〕需納入削減承諾而以直接給付(或放棄的收入,包括實物給付)方式支持生產者的措施,除應符合上述第1項之基本準則外,各種直接給付需適用以下第6項至第13項之特定準則。對於除了第6項至第13項所指之直接給付型態外,任何現行或新的且〔毋〕需削減的直接給付措施,除了應符合第1項的一般性準則外,尚應符合第6項中第(b)至(e)款的標準。

6. 分離所得支持

(a)獲得此類給付之資格應由明確之準則來決定,諸如生產者或地主之所得、身分、明確且固定基期時生產因素的使用或產量。

(b)任何一年之此類給付額不應與生產者產量(包括根據牲畜頭數)或種類有關,或根據基期年以後生產者產量或種類計算。

(c)任何一年此類的給付額不應與基期後任何一年的國內或國際價格有關,或根據基期後任何一年的國內或國際價格計算。

(d)任何一年的此類給付額不應與基期後任何一年的生產因素使用量有關,或根據基期後任何一年之生產因素使用量計算。

---

⑥ 鑒於本附件第3項和第1項之規定,為使開發中國家都市和農村之窮人能以合理的價格獲得所需糧食,以補貼的價格提供糧食應視為符合本項之規定。

(e)不得要求以生產作為獲得此類給付之條件。

7. 所得保險及所得安全計畫之政府財政支出

(a)此類給付之資格應由來自農業所得之損失來決定,此項損失需超過過去三年或過去五年剔除最高與最低平均毛所得或等量淨所得30%。符合此一條件之任何生產者應有資格獲得此項給付。

(b)此類給付額至多只能補償有資格獲得此項協助之生產者在該年所得損失的70%。

(c)任何此類給付額應僅與所得有關;其不應與生產者之產量(包括牲畜單位)或種類有關;或與該產品之國內或國外價格有關;或與生產因素之使用量相關。

(d)生產者在同年所獲得本項及下列第8項(自然災害救濟)之總給付額不應超過生產者總損失的100%。

8. 自然災害救濟給付(直接或經由政府對作物保險計畫之融資)

(a)此類給付須經政府有關單位的正式認定,其自然災害或類似災害(包括疾病之發生、疾病流行、核子事件及戰爭)已經發生或正在發生,而且應根據產量損失來決定,此損失必須超過前三年的平均產量,或前五年剔除最高與最低之三年平均量的30%。

(b)災害給付應僅適用於因自然災害所造成之所得、牲畜(包括有關獸醫處理給付)、土地或其他生產因素之損失。

(c)給付不應超過取代這項損失的總成本,也不應要求或指定未來生產之產量或產品種類。

(d)災害期間之給付不應超過為防止或減輕上述第(b)款所界定的損失。

(e)生產者在同年獲得本項及第7項所述給付(所得保險及所得安全計畫)之總額不應超過生產者總所得損失的100%。

9. 經由生產者退休計畫所提供之結構調整給付

(a)獲得此類給付之資格應透過明確界定之標準以為認定,此類計畫目的須能促進農民之退休,或移往非農業部門就業。

(b)全面且永久性的退出農業生產方可獲得給付。

10.　資源移出計畫項下的結構調整給付

　　(a)給付資格應透過明確定義之準則以為認定,亦即計畫目的在將土地或其他資源,包括牲畜等自農業生產中移出。

　　(b)將農地移出農業使用之期限至少須三年方可獲得給付,牲畜則須全面屠宰和永久性的處理方可獲得給付。

　　(c)此種給付不應要求或指定此類原用於上市農產品之生產之農地或資源轉用於任何其他用途。

　　(d)給付不應與國外產品價格或產量有關,更不可以此給付將土地與資源用於生產。

11.　投資協助之結構調整給付

　　(a)此類給付應透過明確的準則以為認定,亦即該項計畫目的在協助財務結構或經營環境不佳的生產者;為了使農地私有化亦可適用。

　　(b)除了後述第(e)款之規定外,任何一年之此類給付不應與基期以後任何一年生產者的產量或種類(包括牲畜單位)有關。

　　(c)任何一年之給付不應與基期年以後任何一年之國內或國外價格有關。

　　(d)給付應僅限於實現投資所需要之期間內。

　　(e)除了要求生產者不可生產某一特定產品外,給付亦不應要求受益者生產指定之農產品。

　　(f)給付額應限於補償結構上不利所需要的數額。

12.　環境計畫下之給付

　　(a)此類給付應為政府環境或保育計畫之一部分,同時亦須符合政府計畫之特定條件,包括有關的生產方法或因素投入條件。

　　(b)給付額應限於依政府計畫所造成的額外成本或所得損失。

13.　區域性協助計畫下之給付

　　(a)獲得此類給付的資格應限於不利地區的生產者,此類地區必須在經濟和行政上可以清楚界定的相毗鄰的地理區,而且其不利是根據在法規上中性及客觀之規定者,且區域性的困境非由於暫時性之情況所造成。

(b)任何一年此類給付額，除了減少其產量外，不應與基期年後任何一年生產者之產量（包括牲畜單位在內）有關。

(c)任何一年之此類給付額不應與國內外價格有關。

(d)給付應只適用於合格地區之生產者，但必須係普遍適用於此地區之所有生產者。

(e)若給付係與生產因素相關連，則其超過相關生產因素之門檻以上部分之給付，應以遞減之比例為之。

(f)給付應限於該地區從事農業生產所遭受之額外成本，或所得上的損失。

附 件 3

境內支持：AMS之計算

1. 在受第六條拘束之前提下，AMS應就每項基本產品（定義為在可獲得資料之情況下，最接近第一次銷售點之產品）所獲得的市場價格支持、必須削減的直接給付、或任何其他不能免於削減承諾的補貼（其他非豁免政策）加以計算。而非產品別之支持應納入非產品別AMS中計算。

2. 上述第1項所述補貼，包括政府或其機構之預算支出及放棄的收入。

3. 全國性及國家級以下的支持均應包括在內。

4. 生產者所支付之特定農業稅捐和規費應自AMS中扣除。

5. 如下列說明所計算之基期AMS，應構成實施境內支持削減承諾之基準。

6. 每項產品應建立其特有之AMS，且應以貨幣總值來計算。

7. AMS應在可獲得資料之情況下，以最接近該產品第一次銷售時之金額來計算。至於目的在補助農產加工業者的措施，應將其對基本農產品之生產者所產生之利益涵蓋在內。

8. 市場價格支持：市場價格支持應以固定的外在參考價格和行政管理價格間之差額乘上有資格獲得此項行政管理價格的生產數量而為計

算。而為了維持此項差額所支付的預算給付,諸如收購或儲藏成本,則不應列入AMS中。

9. 固定之外在參考價格應以1986年至1988年為基礎,且一般為淨出口國家該項產品的f.o.b.平均價格,及淨進口國家該項產品的c.i.f.平均價格。此項固定的外在參考價格必要時可根據品質上的差異加以調整。

10. 必須削減的直接給付:根據價差為給付基礎之必須削減之直接給付,應以價差(固定參考價格與行政管理價格之差)乘上有資格獲得此行政管理價格的生產量,或採用預算支出而為計算。

11. 固定參考價格應根據1986年至1988年的資料,且一般為決定給付額所採用的實際價格。

12. 凡依據非價格因素為給付基礎之必須削減之直接給付,應以預算支出來計算。

13. 其他必須削減的措施,包括投入因素補貼和其他諸如降低運銷成本的措施:此類措施之價值應以政府預算支出來計算,若預算支出無法反映補貼程度,則其計算應以受到補貼產品或勞務之價格和同類產品或勞務之代表性市價之差額,乘上產品或勞務數量而為計算。

附　件　4

境內支持:支持等量之計算

1. 根據第六條之規定,若某些基本農產品亦有如附件3所定義的市場價格支持存在,但其AMS無法計算,則需計算其支持等量。此類產品境內支持削減承諾之基期水準應包括下列第2項,以支持等量表示之市場價格支持部分,以及下列第3項必須計算之非豁免之任何直接給付與其他非豁免之支持。而全國性和國家級以下之支持均應包括在內。

2. 上述第1項所述之支持等量應按產品別計算。這包括凡接受市場價格支持但無法計算AMS市場價格支持之基本農產品。對於此等基本農產品,有關市場價格支持等量之計算,應以行政管理價格及有資

格獲得此項價格之生產數量計算；若無法計算，則以維持生產者價格之預算支出做為計算依據。

3. 歸為上述第1項之基本農產品，若為需削減之直接給付或任何其他必須削減之特定產品補貼項目，則這些措施支持等量基礎之計算，應與相對應的AMS部分之計算相同（附件3第10至13項所指者）。

4. 支持等量應就該產品在獲得資料之情況下，最接近第一次銷售點所獲補貼量加以計算。目的在補貼農產品加工業者的措施，應將其對基本農產品的生產者所產生之利益涵蓋在內。生產者所支付的農業稅捐或規費，應自支持等量中扣除。

附 件 5
第4條第2項下之特別處理

第 A 節

1. WTO協定生效後，本協定第4條第2項規定，不適用於符合下列條件之任何初級農產品及其加工品（簡稱該產品），（以下稱特別處理）：

　(a)該產品於基期1986年～1988年（以下簡稱基期）之進口量低於當年國內消費量之 3%；

　(b)該產品自基期期初以來未曾實施出口補貼；

　(c)對該初級產品採取有效的生產限制措施；

　(d)該產品在1994年Marrakesh議定書所附之會員減讓表第一部分第I-B節內以符號"ST-Annex 5"標明，表示這些產品係基於非貿易因素，諸如糧食安全和環境保護之考量，而受到特別處理；及

　(e)會員減讓表第一部分第I-B節所指明的有關該產品最低進口機會，在執行期間第一年為該產品基期國內消費量的4%，其餘各年每年以基期國內消費量的0.8%增加。

2. 執行期間任一年開始時，會員可停止該項產品之適用特別處理，但需依照下列第6項的規定辦理。在此情況下，該會員應維持當時已實施之最低進口機會，其餘各年之最低進口機會必須以基期國內消費

量的0.4%增加。此後，根據此公式所訂的執行期間最後一年之最低
進口機會應維持在該會員國減讓表中。

3. 有關執行期間結束後是否要繼續實施上述第1項所述特別處理之
任何談判應在執行期間內完成，以作為本協定第20條所述談判之一部
分。

4. 如果上述第3項所述之談判，同意該會員可繼續適用特別處理，
則該會員應依談判之決定，給予額外且可接受的減讓。

5. 若執行期間結束後不再繼續適用特別處理，則該會員應實施下列
第6項的規定。在此種情況下，執行期間結束之後，該項產品之最低
進口機會應維持在該會員減讓表中基期國內消費量的8%。

6. 特別處理停止適用當年開始，該項產品之一般關稅以外之邊境措
施應受本協定第4條第2項之規範。此類產品應採行一般關稅稅率，稅
率必須列入會員減讓表中，並自停止適用當年開始實施。各年之稅率
為該會員在執行期間依規定削減15%關稅稅率，並且每年以等額度削
減的稅率。此等稅率的設定應依本附件所附「關稅等量計算準則」所
計算的關稅等量為基礎。

第　B　節

7. WTO協定生效後，本協定第4條第2項規定亦不適用於作為開發
中國家會員傳統主食之初級農產品，且該產品除了要符合上述第1項
第(a)至(d)款各項規定外，尚須遵守以下條件：

　　(a)該開發中國家會員減讓表第一部分第I-B節下所指明的該項產
品之最低進口機會在執行期間第一年為其基期國內消費量的1%，其
後各年需以等額度增加，至第五年為基期國內消費量的2%，第六年
亦維持在2%，其後各年亦以等額度方式增加，至第十年為4%。依此
方式所計算的第十年最低進口量應在該會員減讓表中註明。

　　(b)對於本協定中之其他產品已提供適當的市場進口機會。

8. 有關是否在第十年結束後繼續上述第7項所述特別處理之談判，
應在執行期第十年時進行並完成談判。

9. 前述第8項之談判結果若同意該會員可以繼續實施特別處理，則

此會員應依談判之決定給予額外且可接受之減讓。

10.　若執行期第十年結束後，上述第7項所述之特別處理不再繼續時，該類產品應採行一般關稅，稅率之設定應依照本附件所附之關稅等量計算準則計算之關稅等量為基礎，且必須列入會員減讓表。

附件5之附錄

附件5第6項與第10項所指之關稅等量計算準則

1.　關稅等量之計算，不論係從價或從量，均應以透明方式採用國內外價格之價差計算。所用資料應為1986年至1988年，關稅等量：

(a)應以H.S.四位碼產品為主；

(b)必要時應以H.S.六位碼或更細分的H.S.碼表示；

(c)計算加工產品時，應以其初級農產品原料的關稅等量乘上該初級農產品在此加工品中所佔的價值比例或實物比例，若有必要則需考量現行對該產業的其他保護情形。

2.　境外價格一般係指進口國實際的c.i.f.平均單價，若c.i.f.單價無法取得或不適當，則境外價格應：

(a)為某一鄰近國家適當的平均c.i.f.價格；或

(b)以一個或數個適當的主要出口國之平均f.o.b.價，再加上至該進口國的保險、運費和其他相關成本而為估計。

3.　境外價格一般應以同期間平均市場匯率轉換為國內幣值。

4.　境內價格一般係指國內市場中具代表性的批發價，如無適當的價格資料則用估計價格替代。

5.　必要時，則可考慮品質的差異或利用適當之係數調整初始關稅等量。

6.　若依本準則計算之關稅等量為一負數或低於現行稅率，則初始關稅等量可以該產品之現行稅率或該國減讓的稅率為基礎。

7.　根據上述準則計算之關稅等量若有調整，該會員應基於要求，給予充分諮商機會，以便商議適當之解決方式。

關於執行1982年12月10日《聯合國海洋法公約》第十一部分的協定*

(Agreement relating to the Implementation of Part XI of the United Nations Convention on the Law of the Sea of 10 December 1982)

(一九九四年七月二十九日)**

關於執行1982年12月10日《聯合國海洋法公約》第十一部分的協定

大會,

　　本著使1982年12月10日《聯合國海洋法公約》①(以下稱"公約")得到普遍參加並促使其所設立的各個機構具有適當代表性的願望,

　　重申國家管轄範圍以外的海床和洋底及其底土(以下稱"區域".)以及"區域"的資源為人類的共同繼承財產②,

---

* 英文本刊在聯合國文件A/RES/48/263(August 17, 1994),也複印在 *International Legal Materials*, Vol.33, No.5 (September 1994), pp.1311-1327。中文刊在聯合國大會文件A/RES/48/263 (Chinese) (August 17, 1994)。

** 協定中並無簽署日期,但根據 *International Legal Materials*, Vol.33, No.5 (September 1994), pp.1310,開放簽署日為一九九四年七月二十九日,該日有丹麥、歐洲聯盟(European Union,前稱European Community)、斐濟、芬蘭、法國、德國、希臘、愛爾蘭、印度、印尼、義大利、牙買加、日本、盧森堡、馬爾他、納米比亞、荷蘭、紐西蘭、巴拉圭、波蘭、葡萄牙、塞舌爾(Seychelles)、西班牙、斯里蘭卡(Sri Lanka,前稱錫蘭,Ceylon)、蘇丹、瑞典、英國、美國、烏拉圭、瓦努阿圖(Vanuatu)等簽署。

① **第三次聯合國海洋法會議的正式記錄**,第十七卷(聯合國出版物,出售品編號:E.84. V.3),A/CONF.62/122號文件。

② 大會1970年12月17日第2749(XXV)號決議;**聯合國海洋法公約第一三六條**。

〔408〕

回顧《公約》第十一部分及有關規定（以下稱"第十一部分"）為"區域"及其資源確立了一種制度。

注意到國際海底管理局和國際海洋法法庭籌備委員會的綜合臨時最後報告③，

回顧其1993年12月9日關於海洋法的第48/28號決議，

認識到各種政治及經濟上的變化，包括特別是對市場原則的依賴日增，已使得有必要重新評價關於"區域"及其資源的制度的某些方面，

注意到秘書長自1990年開始採取主動促進對話，以期使《公約》得到普遍參加，

歡迎秘書長關於其非正式協商結果的報告④，包括一項關於執行第十一部分的協定草案，

認為使普遍參加《公約》的目標得到實現的最佳方式，可能是通過一項關於執行第十一部分的協定，

認識到有必要作出規定，以便這樣一項協定能從《公約》於1994年11月16日生效之日起臨時適用，

1. **表示贊賞**秘書長所提出的關於非正式協商的報告；
2. **重申**1982年12月10日《聯合國海洋法公約》的統一性質；
3. **通過**《關於執行1982年12月10日〈聯合國海洋法公約〉第十一部分的協定》（以下稱"協定"），其案文附在本決議後面；
4. **確認**該協定應與第十一部分一起作為單一文書來解釋和適用；
5. **認為**將來批准、正式確認或加入《公約》應亦即表示同意接受協定的拘束，且任何國家或實體除非先前已確立或亦同時確立其同意接受《公約》的拘束，否則不可以確立其同意接受協定的拘束；
6. **籲請**同意通過協定的國家不要採取任何違背其目標與宗旨的行動；

---

③　LOS/PCN/130 和 Add.1號文件。
④　A/48/950。

7.　**表示高興**《公約》於1994年11月16日開始生效;

8.　**決定**按照協定附件第1節第14段的規定,提供經費支付國際海底管理局的行政開支;

9.　**請**秘書長立即將協定的核證無誤的副本送交協定第3條所述的國家和實體,以便促使《公約》和協定得到普遍參加,並提請它們注意協定第4和第5條;

10.　**並請**秘書長立即依照協定第3條將其開放簽署;

11.　**敦促**協定第3條所述的所有國家和實體同意協定從1994年11月16日起臨時適用,並盡早確立它們同意接受協定的拘束;

12.　**並敦促**尚未批准、正式確認或加入《公約》的所有上述國家和實體採取一切適當的步驟,盡早批准、正式確認或加入《公約》,以確保《公約》得到普遍參加;

13.　**籲請**國際海底管理局和國際海洋法法庭籌備委員會在撰寫最後報告時考慮到協定的條款。

1994 年 7 月 28 日

第101次全體會議

〔附　　件〕

《關於執行1982年12月10日〈聯合國海洋法公約〉第十一部分的協定》

　　本協定的締約國,

　　認識到1982年12月10日《聯合國海洋法公約》①(以下稱"《公約》")對於維護和平、正義和全世界人民的進步的重要貢獻,

　　重申國家管轄範圍以外的海床和洋底及其底土(以下稱"區域")以及"區域"的資源為人類的共同繼承財產,

　　考慮到公約對保護和保全海洋環境的重要性,以及人們對全球環境的日益關切,

　　審議了聯合國秘書長關於各國從1990至1994年就公約第十一部分及有關規定（以下稱"第十一部分"）所涉及的未解決問題進行非正式協商的結果的報告④，

　　注意到影響執行第十一部分的各種政治和經濟上的變化，包括各種面向市場的做法，

　　希望促使《公約》得到普遍參加，

　　認為一項關於執行第十一部分的協定是達到此一目標的最佳方式，

　　茲協議如下：

第1條　第十一部分的執行

　1.　本協定的締約國承諾依照本協定執行第十一部分。

　2.　附件為本協定的組成部分。

第2條　本協定與第十一部分的關係

　1.　本協定和第十一部分的規定應作為單一文書來解釋和適用。本協定和第十一部分如有任何不一致的情況，應以本協定的規定為準。

　2.　《公約》第三〇九至第三一九條應如適用於《公約》一樣適用於本協定。

第3條　簽　字

　　本協定應從通過之日起十二個月內，在聯合國總部一直開放供《公約》第三〇五條第1款(a)、(c)、(d)、(e)、和(f)項所述的國家和實體簽字。

第4條　同意接受拘束

　1.　本協定通過後，任何批准、正式確認或加入《公約》的文書應亦即表示同意接受本協定的拘束。

　2.　任何國家或實體除非先前已確立或亦同時確立其同意接受《公約》的拘束，否則不可以確立其同意接受本協定的拘束。

　3.　第3條所述的國家或實體可通過下列方式表明其同意接受本協定的拘束：

　　(a)不須經過批准、正式確認或第5條所規定程序的簽字；

⒝須經批准或正式確認的簽字，隨後加以批准或正式確認；

⒞按照第5條所規定程序作出的簽字；或

⒟加入。

4.　《公約》第三○五條第1款⒡項所述實體的正式確認應依照《公約》附件九的規定進行。

5.　批准書、正式確認書或加入書應交存於聯合國秘書長。

第5條　簡化程序

1.　一個國家或實體如在本協定通過之日前已交存了批准、正式確認或加入《公約》的文書，並已按照第4條第3款⒞項的規定簽署了本協定，即應視為已確立其同意在本協定通過之日起十二個月後接受其拘束，除非該國或實體在該日之前書面通知保管者，表示不想利用本條所規定的簡化程序。

2.　如作出了上述通知，則應依照第4條第3款⒝項的規定確立同意接受本協定的拘束。

第6條　生　　效

1.　本協定應在已有四十個國家依照第4和第5條的規定確立其同意接受拘束之日後三十天生效，但須在這些國家之中包括至少七個是第三次聯合國海洋法會議決議二⑤（以下稱"決議二"）第1⒜段所述的國家，且其中至少有五個是發達國家。如果使協定生效的這些條件在1994年11月16日之前已得到滿足，則本協定應於1994年11月16日生效。

2.　對於在第1款所訂要求得到滿足後確立其同意接受本協定拘束的每個國家或實體，本協定應在其確立同意接受拘束之日後第三十天生效。

第7條　臨時適用

1.　本協定如到1994年11月16日尚未生效，則在其生效之前，由下

---

⑤　**第三次聯合國海洋法會議的正式記錄**，第十七卷（聯合國出版物，出售品編號：E. 84. V.3），A/CONF. 62/121號文件，附件一。

述國家和實體予以臨時適用：

　　(a)在聯合國大會中同意通過本協定的國家，但在1994年11月16日之前書面通知保管者其將不臨時適用本協定，或者僅在以後作了簽字或書面通知之後才同意臨時適用本協定的任何國家除外；

　　(b)簽署本協定的國家和實體，但在簽字時書面通知保管者其將不臨時適用本協定的任何國家或實體除外；

　　(c)書面通知保管者表示同意臨時適用本協定的國家和實體；

　　(d)加入本協定的國家。

　2.　所有上述國家和實體應依照其本國或其內部的法律和規章，從1994年11月16日或簽字、通知同意或加入之日（如果較遲的話）起，臨時適用本協定。

　3.　臨時適用應於本協定生效之日終止。但無論如何，如到1998年11月16日，第6條第1款關於至少須有七個決議二第1(a)段所述的國家（其中至少五個須為發達國家）同意接受本協定拘束的要求尚未得到滿足，則臨時適用應於該日終止。

第8條　締約國

　1.　為本協定的目的，"締約國"指已同意接受本協定拘束且本協定對其生效的國家。

　2.　本協定比照適用於《公約》第三〇五條第1款(c)、(d)、(e)和(f)項所述並已按照與其各自有關的條件成為本協定締約方的實體；在這種情況下，"締約國"也指這些實體。

第9條　保管者

　聯合國秘書長應為本協定的保管者。

第10條　有效文本

　本協定的原本應交存於聯合國秘書長，其阿拉伯文、中文、英文、法文、俄文和西班牙文文本具有同等效力。

　　為此，下列全權代表，經正式授權，在本協定上簽字，以資證明。

　　一九九四年七月————日訂於紐約。

〔附　件〕

第1節　締約國的費用和體制安排

1.　國際海底管理局（以下稱“管理局”）是公約締約國按照第十一部分和本協定為“區域”確立的制度組織和控制“區域”內活動，特別是管理“區域”資源的組織。管理局應具有《公約》明示授予的權力和職務。管理局應有為行使關於“區域”內活動的權力和職務所包含的和必要的並符合公約的各項附帶權力。

2.　為盡量減少各締約國的費用，根據《公約》和本協定所設立的所有機關和附屬機構都應具有成本效益。這個原則也應適用於會議的次數、會期長短和時間安排。

3.　考慮到各有關機關和附屬機構在職務上的需要，管理局各機關和附屬機構的設立和運作應採取漸進的方式，以便能在“區域”內活動的各個發展階段有效地履行各自的職責。

4.　管理局在《公約》生效後初期的職務應由大會、理事會、秘書處、法律和技術委員會和財務委員會執行。經濟規劃委員會的職務應由法律和技術委員會執行，直至理事會另作決定，或直至第一項開發工作計畫獲得核准時為止。

5.　在《公約》生效至第一項開發工作計畫獲得核准之間的期間，管理局應集中於：

(a)按照第十一部分和本協定的規定，處理請求核准勘探工作計畫的申請；

(b)按照《公約》第三〇八條第5款和決議二第13段，執行國際海底管理局和國際海洋法法庭籌備委員會（以下稱“籌備委員會”）所作出的關於已登記的先驅投資者及其證明國、包括它們的權利和義務的決定；

(c)監測以合同形式核准的勘探工作計畫的履行；

(d)監測和審查深海底採礦活動方面的趨勢和發展，包括定期分析

〔414〕

世界金屬市場情況和金屬價格、趨勢和前景；

(e)研究"區域"內礦物生產對可能受到最嚴重影響的這些礦物的發展中陸上生產國經濟可能產生的影響，以期盡量減輕它們的困難和協助它們進行經濟調整，其中考慮到籌備委員會在這方面所做的工作；

(f)隨著"區域"內活動的開展，制定為進行這些活動所需要的規則、規章和程序。雖有《公約》附件三第十七條第2款(b)和(c)項的規定，這些規則、規章和程序仍應考慮到本協定的條款、商業性深海底採礦的長期推延和"區域"內活動的可能進度；

(g)制定保護和保全海洋環境的包含適用標準的規則、規章和程序；

(h)促進和鼓勵進行關於"區域"內活動的海洋科學研究，以及收集和傳播關於這些研究和分析的可以得到的結果，特別強調關於"區域"內活動的環境影響的研究；

(i)取得與"區域"內活動有關的科學知識和監測這方面的海洋技術的發展情況，特別是與保護和保全海洋環境有關的技術；

(j)評估可以得到的關於探礦和勘探的數據；

(k)適時地擬訂關於開發、包括與保護和保全海洋環境有關的規則、規章和程序。

6.(a)請求核准勘探工作計畫的申請，應由理事會在收到法律和技術委員會就該項申請作出的建議後加以審議。請求核准勘探工作計畫的申請應根據《公約》（包括其附件三）和本協定的規定並依照以下各分段來處理：

㈠以決議二第1(a)㈡或㈢段所述的國家或實體或此種實體的任何組成部分（但非已登記的先驅投資者）的名義、或以其利益繼承者的名義提出的勘探工作計畫，若其在《公約》生效前已在"區域"內進行大量活動，而且其一個或一個以上擔保國證明申請者至少已將相當於三千萬美元的數額用來進行研究和勘探活動，並且至少已將該數額的百分之十用來勘定、調查和評價工作計畫內所指的區域，即應視

為已符合核准工作計畫所需具備的財政和技術條件。如果該工作計畫在其他方面都符合《公約》的要求和按照《公約》制定的任何規則、規章和程序，理事會應以合同形式予以核准。本附件第3節第11段的規定應相應地加以解釋和適用；

（二）雖有決議二第8(a)段的規定，一個已登記的先驅投資者仍可在《公約》生效後三十六個月內請求核准勘探工作計畫。勘探工作計畫應包括在登記前後提交籌備委員會的文件、報告和其他數據，並應隨附籌備委員會依照決議二第11(a)段發出的符合規定證明書，即一份說明先驅投資者制度下各項義務履行情況的實際情況報告。這樣的工作計畫應視為得到核准。這樣核准的工作計畫應依照第十一部分和本協定，採取管理局與已登記的先驅投資者簽訂的合同的形式。按照決議二第7(a)段繳付的二十五萬美元規費，應視為本附件第8節第3段所規定的勘探階段的規費。本附件第3節第11段應相應地加以解釋和適用；

（三）根據不歧視的原則，同(a)（一）分段中所述的國家或實體或此種實體的任何組成部分訂立的合同，應類似而且不低於同(a)（二）分段中所述的任何已登記的先驅投資者議定的安排。如果給予(a)（一）分段中所述的國家、實體或此種實體的任何組成部分較有利的安排，理事會應對(a)（二）分段中所述的已登記的先驅投資者所承擔的權利和義務作出類似和一樣有利的安排，但這些安排須不影響或損害管理局的利益；

（四）依照(a)（一）或（二）分段的規定為申請工作計畫作擔保的國家，可以是締約國，或是根據第7條臨時適用本協定的國家，或是根據第12段作為管理局臨時成員的國家；

（五）決議二第8(c)段應根據(a)（四）分段加以解釋和適用。

（b）勘探工作計畫應按照《公約》第一五三條第3款的規定加以核准。

7. 請求核准工作計畫的申請，應按照管理局所制定的規則、規章和程序，附上對所提議的活動可能造成的環境影響的評估，和關於海洋學和基線環境研究方案的說明。

8. 請求核准勘探工作計畫的申請，在符合第6(a)㈠或㈡段的情況下，應按照本附件第3節第11段所規定的程序來處理。

9. 核准的勘探工作計畫應為期十五年。勘探工作計畫期滿時，承包者應申請一項開發工作計畫，除非承包者在此之前已經這樣做，或者該項勘探工作計畫已獲延展。承包者可以申請每次不超過五年的延期。如果承包者作出了真誠努力遵照工作計畫的要求去做，但因承包者無法控制的原因而未能完成進入開發階段的必要籌備工作，或者如果當時的經濟情況使其沒有足夠理由進入開發階段，請求延期的申請應予核准。

10. 按照《公約》附件三第八條指定保留區域給管理局，應與核准勘探工作計畫的申請或核准勘探和開發工作計畫的申請一起進行。

11. 雖有第9段的規定，對於由至少一個臨時適用本協定的國家擔保的已獲核准的勘探工作計畫，如果該國停止臨時適用本協定，又沒有根據第12段成為臨時成員，也沒有成為締約國，則該項工作計畫應予終止。

12. 本協定生效後，本協定第3條所述的國家和實體如果已在按照第7條的規定臨時適用本協定，而本協定尚未對其生效，則在本協定對其生效之前，這些國家和實體仍可依照以下各分段的規定，繼續作為管理局的臨時成員：

(a)如果本協定在1996年11月16日之前生效，這些國家和實體應有權通過向本協定的保管者作出通知，表示該國或該實體有意作為臨時成員參加，而繼續作為管理局臨時成員參加。這種成員資格應於1996年11月16日或在本協定和《公約》對該成員生效之時（以較早者為準）終止。理事會經有關國家或實體請求，可將這種成員資格在1996年11月16日之後再延期一次或若干次，總共不得超過兩年，但須理事會確信有關國家或實體一直在作出真誠努力成為本協定和公約的締約方；

(b)如果本協定在1996年11月15日之後生效，這些國家和實體可請求理事會給予它們在1998年11月16日之前一段或若干段期間內繼續作

為管理局臨時成員的資格。如果理事會確信該國或該實體一直在作出真誠努力成為本協定和《公約》的締約方，就應給予它這種成員資格，有效期從它提出請求之日開始；

(c)按照(a)或(b)分段作為管理局臨時成員的國家和實體，應依照其本國或其內部的法律、規章和年度預算撥款，適用第十一部分和本協定的條款，並應具有與其他成員相同的權利和義務，包括：

㈠按照會費分攤比額表向管理局的行政預算繳付會費的義務；

㈡為請求核准勘探工作計畫的申請作擔保的權利。對於其組成部分是具有超過一個國籍的自然人或法人的實體，除非構成這些實體的自然人或法人所屬的所有國家是締約國或臨時成員，否則其勘探工作計畫應不予核准；

(d)雖有第9段的規定，如果一個作為臨時成員的國家的這種成員資格停止，而該國或該實體又未成為締約國，則由該國根據(c)㈡分段作擔保並以合同形式獲得核准的勘探工作計畫應予終止；

(e)如果這種成員不繳付分攤會費，或在其他方面未依照本段履行其義務，其臨時成員資格應予終止。

13.　《公約》附件三第十條所提到的工作成績不令人滿意，應解釋為是指雖經管理局一次或多次向承包者發出書面警告。要求它遵守已核准的工作計畫中的要求，但承包者仍不履行。

14.　管理局應有其自己的預算。到本協定生效之年以後那一年的年底為止，管理局的行政開支應由聯合國預算支付。其後，管理局的行政開支應根據《公約》第一七一條(a)項和第一七三條及本協定的規定，由其成員、包括任何臨時成員繳付的分攤會費支付，直到管理局從其他來源得到足夠的資金來支付這些開支為止。管理局應不行使《公約》第一七四條第1款所述的權力來借款充作行政預算經費。

15.　管理局應按照《公約》第一六二條第2款(o)項(2)目，並依照以下各分段的規定，擬訂和通過以本附件第2、第5、第6、第7和第8節內各項原則為根據的規則、規章和程序，以及為便利勘探或開發工作計畫的核准所需要的任何其他規則、規章和程序：

(a)理事會可隨時在它認為為了在"區域"內進行活動而需要所有或任何這些規則、規章和程序的時候，或在它判定商業性開發即將開始時，或經一個其國民打算申請核准開發工作計畫的國家的請求，著手進行擬訂工作；

(b)如果(a)分段內所述的國家提出請求，理事會應按照《公約》第一六二條第2款(o)項，在請求提出後兩年內完成這些規則、規章和程序的制定；

(c)如果理事會未在規定時間內完成關於開發的規則、規章和程序的擬訂工作，而已經有開發工作計畫的申請在等待核准，理事會仍應根據《公約》中的規定和理事會可能已暫時制定的任何規則、規章和程序，或根據《公約》內所載的準則和本附件內的條款和原則以及對承包者不歧視的原則，審議和暫時核准該工作計畫。

16. 管理局在根據第十一部分和本協定制定規則、規章和程序時，應考慮到籌備委員會的報告和建議中所載的與第十一部分的規定有關的規則、規章和程序草案及任何建議。

17. 《公約》第十一部分第四節的有關規定應根據本協定加以解釋和適用。

第2節　企業部

1. 管理局秘書處應履行企業部的職務，直至其開始獨立於秘書處而運作為止。管理局秘書長應從管理局工作人員中任命一名臨時總幹事來監督秘書處履行這些職務。

這些職務應為：

(a)監測和審查深海底採礦活動方面的趨勢和發展，包括定期分析世界金屬市場情況和金屬價格、趨勢和前景；

(b)評估就"區域"內活動進行海洋科學研究的結果，特別強調關於"區域"內活動的環境影響的研究；

(c)評估可以得到的關於探礦和勘探的數據，包括這些活動的準則；

　　(d)評估與"區域"內活動有關的技術發展情況，特別是與保護和保全海洋環境有關的技術；

　　(e)評價關於保留給管理局的各個區域的資料和數據；

　　(f)評估聯合企業經營的各種做法；

　　(g)收集關於有多少受過培訓的人力資源的資料；

　　(h)研究企業部在各個不同業務階段的行政管理上各種可供選擇的管理政策。

　　2.　企業部初期的深海底採礦業務應以聯合企業的方式進行。當企業部以外的一個實體所提出的開發工作計畫獲得核准時，或當理事會收到同企業部經營聯合企業的申請時，理事會即應著手審議企業部獨立於管理局秘書處而運作的問題。如果同企業部合辦的聯合企業經營符合健全的商業原則，理事會應根據《公約》第一七〇條第2款發出指示，允許企業部進行獨立運作。

　　3.　《公約》附件四第十一條第3款所規定締約國向企業部一個礦址提供資金的義務應不予適用；締約國應無任何義務向企業部或在其聯合企業安排下的任何礦址的任何業務提供資金。

　　4.　適用於承包者的義務應適用於企業部。雖有《公約》第一五三條第3款和附件三第三條第5款的規定，企業部工作計畫的核准應採取由管理局和企業部訂立合同的形式。

　　5.　將某一個區域作為保留區域提供給管理局的承包者，對於與企業部訂立勘探和開發該區域的聯合企業安排有第一選擇權。如果企業部在獨立於管理局秘書處開始執行其職務後的十五年內，或在將一個區域保留給管理局之日起的十五年內（以較晚者為準），沒有提交在該保留區域進行活動的工作計畫申請，則提供該區域的承包者應有權申請該區域的工作計畫，但它須真誠地提供機會讓企業部參加為聯合企業的合夥人。

　　6.　《公約》第一七〇條第4款、附件四和關於企業部的其他規定，應根據本節加以解釋和適用。

第3節　決　　策

1.　管理局的一般政策應由大會會同理事會制定。

2.　作為一般規則，管理局各機關的決策應當採取協商一致方式。

3.　如果為以協商一致方式作出決定竭盡一切努力仍未果，大會進行表決時，關於程序問題的決定應以出席並參加表決的成員過半數作出，關於實質問題的決定應按照《公約》第一五九條第8款的規定，以出席並參加表決的成員三分之二多數作出。

4.　對於也屬於理事會主管範圍的任何事項，或對於任何行政、預算或財務事項，大會應根據理事會的建議作出決定。大會若是不接受理事會關於任一事項的建議，應交回理事會進一步審議。理事會應參照大會所表示的意見重新審議該事項。

5.　如果為以協商一致方式作出決定竭盡一切努力仍未果，理事會進行表決時，關於程序問題的決定應以出席並參加表決的成員過半數作出，關於實質問題的決定，除《公約》規定由理事會協商一致決定者外，應以出席並參加表決的成員三分之二多數作出，但須第9段所述的任一分組沒有過半數反對該項決定。理事會在作決定時，應設法促進管理局所有成員的利益。

6.　如果看來還沒有竭盡一切努力就某一問題達成協商一致，理事會可延遲作決定，以便利進一步的談判。

7.　大會或理事會所作具有財政或預算影響的決定應以財務委員會的建議為根據。

8.　《公約》第一六一條第8款(b)和(c)項的規定應不適用。

9.(a)為在理事會進行表決的目的，按照第15(a)至(c)段選出的每一組國家應視為一分組。為在理事會進行表決的目的，按照第15(d)和(e)段選出的發展中國家應視為單一分組。

　(b)大會在選舉理事會成員之前，應訂出符合第15(a)至(d)段各組國家成員標準的國家名單。一個國家如果符合不止一組的成員標準，只能由其中一組提名參加理事會選舉，並且在理事會表決時只應代表該

組國家。

10.　第15(a)至(d)段的每一組國家應由該組提名的成員作為在理事會內的代表。每一組應只提名數目與按規定該組應占的席位相等的候選人。當第15(a)至(e)段所述每一組的可能候選人數目超過各該組可以占有的席位數目時，作為一般規則，應適用輪換原則。每一組的成員國應決定如何在本組內適用此項原則。

11.(a)理事會應核准法律和技術委員會關於核准某項工作計畫的建議，除非理事會以出席並參加表決的成員三分之二多數，包括理事會每一分組出席並參加表決的成員過半數，決定不核准該項工作計畫。如果理事會沒有在規定的期間內就核准工作計畫的建議作出決定，該建議應在該段期間終了時被視為已得到理事會核准。規定的期間通常應為六十天，除非理事會決定另訂一個更長的期限。如果委員會建議不核准某項工作計畫，或沒有提出建議，理事會仍可按照其就實質問題作決策的議事規則核准該項工作計畫。

(b)《公約》第一六二條第2款(j)項的規定應不適用。

12.　如果由於不核准工作計畫而引起爭端，應將爭端提交《公約》所規定的解決爭端程序。

13.　法律和技術委員會表決作決定時，應以出席並參加表決的成員過半數作出。

14.　《公約》第十一部分第四節B和C分節應根據本節加以解釋和適用。

15.　理事會應由大會按照下列次序選出的三十六個管理局成員組成：

(a)四個成員來自在有統計資料的最近五年中，對於可從"區域"取得的各類礦物所產的商品，那些消費量以價值計超過世界總消費量百分之二，或者淨進口量以價值計超過世界總進口量百分之二的締約國，但此四個成員中應包括一個東歐區域經濟實力以國內總產值計最大的國家和在公約生效之日經濟實力以國內總產值計最大的國家，如果這些國家願意代表這一組的話；

(b)四個成員來自直接或通過其國民對"區域"內活動的準備和進行作出了最大投資的八個締約國；

(c)四個成員來自締約國中因在其管轄區域內的生產而為可從"區域"取得的各類礦物的主要淨出口國，其中至少應有兩個是出口這些礦物對其經濟有重大關係的發展中國家；

(d)六個成員來自發展中國家締約國，代表特別利益。所代表的特別利益應包括人口眾多的國家、內陸國或地理不利國、島嶼國、可從"區域"取得的各類礦物的主要進口國、這些礦物的潛在生產國以及最不發達國家的利益；

(e)十八個成員按照確保理事會的席位作為一個整體做到公平地域分配的原則選出，但每一地理區域至少應有一名根據本分段選出的成員。為此目的，地理區域應為非洲、亞洲、東歐、拉丁美洲和加勒比〔海〕及西歐和其它國家。

16.　《公約》第一六一條第1款的規定應不適用。

第4節　審查會議

《公約》第一五五條第1、第3和第4款有關審查會議的規定應不適用。雖有《公約》第三一四條第2款的規定，大會可根據理事會的建議，隨時審查《公約》第一五五條第1款所述的事項。對本協定和第十一部分的修正應依照《公約》第三一四、第三一五和第三一六條所載的程序，但《公約》第一五五條第2款所述的原則、制度和其他規定應予維持，該條第5款所述的權利應不受影響。

第5節　技術轉讓

1.　除《公約》第一四四條的規定外，為第十一部分的目的而進行的技術轉讓還應遵照下列原則：

(a)企業部和希望獲得深海底採礦技術的發展中國家應設法按公平合理的商業條件，從公開市場或通過聯合企業安排獲取這種技術；

(b)如果企業部或發展中國家無法獲得深海底採礦技術，管理局可

以請所有或任何承包者及其一個或多個擔保國提供合作,以便利企業部或其聯合企業、或希望取得深海底採礦技術的發展中國家按公平合理的商業條件,在符合知識產權的有效保護的情況下取得這種技術。締約國承諾為此目的與管理局充分而有效地合作,並確保它們所擔保的承包者也與管理局充分合作;

(c)作為一般規則,締約國應促進有關各方在"區域"內活動上進行國際技術和科學合作,或通過制訂海洋科學和技術及海洋環境的保護和保全方面的培訓、技術援助和科學合作方案來促進這種合作。

2. 《公約》附件三第五條的規定應不適用。

第6節 生產政策

1. 管理局的生產政策應以下列原則為根據:

(a)"區域"的資源應按照健全的商業原則進行開發;

(b)《關稅和貿易總協定》、其有關守則和後續協定或替代協定的規定,應對"區域"內的活動適用;

(c)特別是,除了(b)分段所述的協定許可的情況外,"區域"內的活動不應獲得補貼。為這些原則的目的,補貼應依照(b)分段所述的協定加以定義;

(d)對於從"區域"和從其他來源取得的礦物,不應有區別待遇。對於此種礦物或用此種礦物生產的進口商品,不應給予進入市場的優惠,特別是:

㈠不應運用關稅或非關稅壁壘;並且

㈡締約國不應對本國國營企業、或具有其國籍或受它們或其國民控制的自然人或法人所生產的此種礦物或商品給予這種優惠;

(e)管理局核准的每一採礦區域的開發工作計畫,應指明預計的生產進程,其中應包括按該工作計畫估計每年生產的礦物最高產量;

(f)對於與(b)分段所述協定的規定有關的爭端,應適用以下辦法予以解決:

㈠如果有關的締約國都是上述協定的締約方,應利用上述協定

的爭端解決程序；

　　㈡如果一個或多個有關的締約國不是上述協定的締約方，應利用《公約》所規定的爭端解決程序；

　　(g)如果按照(b)分段所述的協定判定某一締約國違禁提供了補貼，或補貼對另一締約國的利益造成了損害，而有關的一個或多個締約國並未採取適當步驟，則締約國可請求理事會採取適當措施。

2.　在作為第1(b)段所述的協定以及有關的自由貿易和關稅同盟協定締約方的締約國之間的關係上，第1段所載的原則應不影響那些協定的任何條款所規定的權利和義務。

3.　承包者接受第1(b)段所述的協定許可範圍以外的補貼，即違反了構成在"區域"內進行活動的工作計畫的合同的基本條款。

4.　任何締約國如果有理由相信第1(b)至(d)段或第3段的規定遭到破壞，可按照第1(f)或(g)段提起解決爭端的程序。

5.　締約國可在任何時候提請理事會注意它認為與第1(b)至(d)段不符的活動。

6.　管理局應擬訂規則、規章和程序，以確保本節的規定得到執行，其中包括關於工作計畫核准的有關規則、規章和程序。

7.　《公約》第一五一條第1至第7款和第9款、第一六二條第2款(q)項、第一六五條第2款(n)項以及附件三第六條第5款和第七條應不適用。

第7節　經濟援助

1.　管理局向那些出口收益或經濟因某一受影響礦物的價格或該礦物的出口量降低而遭受嚴重不良影響（但以此種降低是由於"區域"內活動造成的為限）的發展中國家提供援助的政策應以下列原則為根據：

　　(a)管理局應從其經費中超出管理局行政開支所需的部分撥款設立一個經濟援助基金。為此目的的撥出的款額，應由理事會不時地根據財務委員會的建議訂定。只有從承包者（包括企業部）收到的付款和自

願捐款才可用來設立經濟援助基金；

(b)經確定其經濟因深海底礦物生產而受到嚴重影響的發展中陸上生產國應從管理局的經濟援助基金得到援助；

(c)管理局用該基金向受影響的發展中陸上生產國提供援助時，應斟酌情況，同現有的具有執行此種援助方案的基礎結構和專門知識的全球性或區域性發展機構合作；

(d)此種援助的範圍和期限應在個案基礎上作出決定。作決定時，應適當地考慮到受影響的發展中陸上生產國所面臨問題的性質和嚴重程度。

2. 《公約》第一五一條第10款應以第1段所述的經濟援助措施加以執行。《公約》第一六〇條第2款(l)項、第一六二條第2款(n)項、第一六四條第2款(d)項、第一七一條(f)項和第一七三條第2款(c)項應相應地加以解釋。

第8節　合同的財政條款

1. 制訂有關合同財政條款的規則、規章和程序應以下列原則為根據：

(a)向管理局繳費的制度應公平對待承包者和管理局雙方，並應提供適當方法來確定承包者是否遵守此一制度；

(b)此一制度下的繳費率應不超過相同或類似礦物的陸上採礦繳費率的一般範圍，以避免給予深海底採礦者人為的競爭優勢或使其處於競爭劣勢；

(c)此一制度不應該複雜，且不應該使管理局或承包者承擔龐大的行政費用。應該考慮採用特許權使用費制度或結合特許權使用費與盈利分享的制度。如果決定採用幾種不同的制度，則承包者有權選擇適用於其合同的制度。不過，以後如要改變在幾種不同制度之間的選擇，應由管理局和承包者協議作出；

(d)自商業生產開始之日起應繳付固定年費。此一年費可以用來抵免按照(c)分段所採用制度應繳付的其他款項。年費數額應由理事會確

定；

(e)繳費制度可視情況的變化定期加以修訂。任何修改應不歧視地適用。對於已有的合同，這種修改只有承包者自行選擇方可適用。以後如要改變在幾種不同制度之間的選擇，應由管理局和承包者協議作出；

(f)關於根據這些原則制定的規則和規章在解釋或適用上的爭端，應按照《公約》所規定的爭端解決程序處理。

2. 《公約》附件三第十三條第3至第10款的規定應不適用。

3. 關於《公約》附件三第十三條第2款的執行，當工作計畫只限於勘探階段或開發階段兩者中之一時，申請核准的規費應為二十五萬美元。

第9節　財務委員會

1. 特此設立財務委員會。此委員會應由財務方面具有適當資格的十五名委員組成。締約國應提名具備最高標準的能力和正直的候選人。

2. 財務委員會應無任何兩名委員為同一締約國的國民。

3. 財務委員會的委員應由大會選舉，選舉時應適當顧及公平地域分配和特殊利益得到代表的需要。本附件第3節第15(a)、(b)、(c)和(d)段所述的每一組國家在委員會內至少應有一名委員作為代表。在管理局除了分攤會費以外有足夠資金應付其行政開支之前，委員會的委員應包括向管理局行政預算繳付最高款額的五個國家的代表。其後，應根據每一組的成員所作的提名，從每一組選舉一名委員，但不妨礙從每一組再選其他委員的可能性。

4. 財務委員會委員的任期應為五年，連選可連任一次。

5. 財務委員會委員若在任期屆滿以前死亡、喪失行為能力或辭職，大會應從同一地理區域或同一組國家中選出一名委員任滿所餘任期。

6. 財務委員會委員不應在同委員會有職責作出建議的事項有關的

任何活動中有財務上的利益。各委員不應洩漏因其在管理局任職而得悉的任何秘密資料，即使在職務終止以後，也應如此。

7.　大會和理事會關於下列問題的決定應考慮到財務委員會的建議：

　　(a)管理局各機關的財務規則、規章和程序草案，以及管理局的財務管理和內部財務行政；

　　(b)按照《公約》第一六〇條第2款(e)項決定各成員對管理局的行政預算應繳的會費；

　　(c)所有有關的財務事項，包括管理局秘書長按照公約第一七二條編制的年度概算，和秘書處工作方案的執行所涉及的財務方面問題；

　　(d)行政預算；

　　(e)締約國因本協定和第十一部分的執行而承擔的財政義務，以及涉及管理局經費開支的提案和建議所涉的行政和預算問題；

　　(f)公平分配從“區域”內活動取得的財政及其他經濟利益的規則、規章和程序，以及為此而作的決定。

8.　財務委員會關於程序問題的決定應以出席並參加表決的成員過半數作出。關於實質問題的決定應以協商一致方式作出。

9.　在按照本節設立財務委員會之後，《公約》第一六二條第2款(y)項設立附屬機關來處理財務事項的規定應視為已得到遵行。

聯合國第四次婦女問題世界大會通過的 《北京宣言》與《行動綱要》*

("Beijing Declaration" and "Action Program"Adopted by Fourth Woman Conference of the United Nations)

（一九九五年九月十五日）

北京宣言

1. 我們參加第四次婦女問題世界會議的各國政府，

2. 於1995年9月，聯合國成立五十周年的這一年，聚集在北京，

3. 決心為了全人類的利益，為世界各地的所有婦女促進平等、發展與和平的目標，

4. 聽悉世界各地所有婦女的呼聲，並注意到婦女及其作用和情況的多種多樣，向開路奠基的婦女致敬，並受到世界青年所懷希望的鼓舞，

5. 確認過去十年來婦女在某些重要方面的地位有所提高，但進展並不均衡，男女仍然不平等，重大障礙仍然存在，給所有人的福祉帶來嚴重後果，

6. 還確認源於國家和國際範圍的貧窮日增，影響到世界上大多數人民、尤其是婦女和兒童的生活，使這種情況更加惡化，

7. 毫無保留地致力於克服這些限制和障礙，從而進一步提高世界

---

* 英文全文刊在聯合國文件 A/CONF.177/20 (October 17, 1996)(English)，中文刊在同一編號之中文本(Chinese)。《北京宣言》全文刊出，見該號聯合國文件中文本，頁5-9，《行動綱要》因全文太長，只摘刊一部分，見該號聯合國文件中文本，頁6-69，96-105，108-117。

各地婦女的地位並賦予她們權力，並同意這需要本著決心、希望、合作和團結的精神，現在就採取緊急行動，把我們帶進下一個世紀。

我們重申承諾：

8.　致力於男女的平等權利和固有的人的尊嚴以及《聯合國憲章》所揭示的其他宗旨和原則，並奉行《世界人權宣言》和其他國際人權文書、尤其是《消除對婦女一切形式歧視公約》和《兒童權利公約》以及《消除對婦女的暴力行為宣言》和《發展權利宣言》；

9.　確保充分貫徹婦女和女童的人權，作為所有人權和基本自由的一個不可剝奪、不可缺少、不可分割的部分；

10.　在聯合國歷次專題會議和首腦會議——1985年在內羅畢舉行的婦女問題會議、1990年在紐約舉行的兒童問題首腦會議、1992年在里約熱內盧舉行的環境與發展會議、1993年在維也納舉行的人權會議、1994年在開羅舉行的人口與發展會議和1995年在哥本哈根舉行的社會發展問題首腦會議——所取得的協商一致意見和進展的基礎上再接再厲，以求實現平等、發展與和平；

11.　使《提高婦女地位內羅畢前瞻性戰略》得到充分和有效的執行；

12.　賦予婦女權力和提高婦女地位，包括思想、良心、宗教和信仰自由的權利，從而滿足男女個人或集體的道德、倫理、精神和思想需要，並且因此保證他們有可能在社會上發揮其充分潛力，按照自己的期望決定其一生。

我們深信：

13.　賦予婦女權力和她們在平等基礎上充分參加社會所有領域，包括參加決策進程和掌握權力的機會，是實現平等、發展與和平的基礎；

14.　婦女的權利就是人權；

15.　平等權利、機會和取得資源的能力，男女平等分擔家庭責任和他們和諧的伙伴關係，對他們及其家庭的福祉以及對鞏固民主是至關重要的；

16. 在持續的經濟增長、社會發展、環境保護和社會正義的基礎上消滅貧窮,需要婦女參加經濟和社會發展、男女有平等的機會並作為推動者和受益者充分和平等地參加以人為中心的可持續發展;

17. 明白確認和重申所有婦女對其健康所有方面特別是其自身生育的自主權,是賦予她們權力的根本;

18. 地方、國家、區域和全球的和平是可以實現的,是與提高婦女地位不可分開地聯繫在一起的,因為婦女是在所有各級領導、解決衝突和促進持久和平的基本力量;

19. 必須在婦女充分參加下,設計、執行和監測在所有各級實施的、有利於賦予婦女權力和提高婦女地位的切實有效而且相輔相成的對性別問題敏感的政策和方案;

20. 民間社會所有行動者,特別是婦女團體和網絡以及其他非政府組織和社區組織,在其自主獲得充分尊重的情況下,與各國政府合作作出參與和貢獻,對有效執行《行動綱要》並採取後續行動十分重要;

21. 《行動綱要》的執行需要各國政府和國際社會作出承諾。各國政府和國際社會作出國家和國際行動承諾,包括在世界會議上作出承諾,就是確認有必要為賦予婦女權力和提高婦女地位採取優先行動。

我們決心:

22. 加強努力和行動,以期在本世紀末前實現《提高婦女地位內羅畢前瞻性戰略》的目標;

23. 確保婦女和女童充分享有一切人權和基本自由,並且採取有效行動,防止這些權利和自由受到侵犯;

24. 採取一切必要措施,消除對婦女和女童的一切形式歧視,並移除實現兩性平等、提高婦女地位和賦予婦女權力的一切障礙;

25. 鼓勵男子充分參加所有致力於平等的行動;

26. 促進婦女經濟獨立,包括就業,並通過經濟結構的變革針對貧窮的結構性原因,以消除婦女持續且日益沉重的貧窮負擔,確保所

有婦女、包括農村地區的婦女作為必不可少的發展推動者,能平等地獲得生產資源、機會和公共服務;

27. 通過向女孩和婦女提供基本教育、終生教育、識字和培訓及初級保健,促進以人為中心的可持續發展,包括持續的經濟增長;

28. 採取積極步驟,確保提高婦女地位有一個和平的環境,認識到婦女在和平運動中發揮的領導作用,積極致力在嚴格和有效國際監督下實現全面徹底裁軍,支持進行談判,以便無拖延地締結一項有助於核裁軍和防止核武器所有方面擴散的普遍的、可以多邊和有效核查的全面核禁試條約;

29. 防止和消除對婦女和女孩的一切形式歧視;

30. 確保男女在教育和保健方面機會均等和待遇平等,並增進婦女的性健康和生殖健康以及性教育和生殖教育;

31. 促進和保護婦女和女孩的所有人權;

32. 加強努力以確保在權力賦予和地位提高方面由於種族、年齡、語言、族裔、文化、宗教或殘疾或由於是土著人民而面對重重障礙的所有婦女和女孩平等享有一切人權和基本自由;

33. 確保尊重國際法包括人道主義法,以保護婦女和尤其是女孩;

34. 使女孩和所有年齡的婦女發展最充分的潛能,確保她們充分、平等地參加為人人建立一個更美好的世界,並加強她們在發展進程中的作用。

我們決心:

35. 確保婦女有平等機會取得經濟資源,包括土地、信貸、科技、職業培訓、信息、通訊和市場,作為進一步提高婦女和女孩地位並賦予她們權力的手段,包括特別是以國際合作方式,增強她們享有以平等機會取得這些資源的利益的能力;

36. 確保《行動綱要》取得成功,這將需要各國政府、各國際組織和機構在所有各級作出強有力的承諾。我們深信,經濟發展、社會發展和環境保護是可持續發展的相互依賴和相輔相成的組成部分,而

可持續發展是我們致力為所有人民取得更高生活素質的框架。公平的社會發展承認必須賦予貧窮人民、尤其是生活於貧窮之中的婦女權力，使其可持續地利用環境資源，這種社會發展乃是可持續發展的一個必要基礎。我們還承認，在可持續發展範圍內實現基礎廣泛的持續經濟增長，是維持社會發展和社會正義所不可少的。《行動綱要》若要成功，還將需要在國家和國際兩級調集足夠資源以及從所有現有供資機制，包括多邊、雙邊和私人來源，向發展中國家提供新的、更多的資源，用以提高婦女地位；為加強國家、分區域、區域和國際機構的能力提供財政資源；對平等權利、平等責任和平等機會以及對男女平等參加所有國家、區域和國際機構和政策制訂進程作出承諾；在所有各級設立或加強對全世界婦女負責的機制；

37. 還確保《行動綱要》在轉型期經濟國家取得成功，這將需要國際繼續合作和給予援助；

38. 我們以各國政府的名義特此通過和承諾執行以下《行動綱要》，確保在我們所有的政策和方案之中體現性別觀點。我們敦促聯合國系統、為區域和國際金融機構、其他有關區域和國際機構和所有男女、非政府組織在其自主獲得充分尊重的情況下、以及民間社會所有部門，與各國政府合作，作出充分承諾，協助執行本《行動綱要》。

行動綱要

D. 對婦女的暴力行為

112. 對婦女的暴力行為阻礙實現平等、發展與和平的目標。對婦女的暴力行為破壞並妨礙或抵消婦女享有她們的人權和基本自由。所有國家都應關注並處理長期以來在對婦女的暴力行為方面未能給予保護和增進這些權利與自由的問題。自內羅畢會議以來，對此種暴力的原因和後果以及發生率和遏制暴力的措施的認識已經大大提高。在各個社會中，婦女和女孩都多少受到身心和性方面的虐待，這種情況不

分收入、階層和文化。婦女的社會和經濟地位低下既可以是對婦女的
暴力行為的起因，也可以是其後果。

113.　"對婦女的暴力行為"一語是指公共生活或私人生活中發生
的基於性別原因的任何暴力行為，這種暴力行為造成或可能造成婦女
受到身心或性方面的傷害或痛苦，也包括威脅採用此種行為，脅迫或
任意剝奪自由。因此，對婦女的暴力行為包括但並不僅限於下列現
象：

　　(a)家庭中發生的身心和性方面的暴力行為，包括毆打、對家庭中
女孩的性虐待、與嫁妝問題有關的暴力、配偶強〔姦〕、切割女性生
殖器官和對婦女有害的其他傳統習俗、非配偶的暴力行為以及與剝削
有關的暴力行為；

　　(b)一般社區中發生的身心和性方面的暴力行為，包括工作場所、
教育機關和其他地方發生的強〔姦〕、性凌虐、性騷擾和脅迫、販賣
婦女和強迫賣淫；

　　(c)國家所施行或容忍的身心和性方面的暴力行為，不論在何處發
生。

114.　對婦女的其他暴力行為，包括在武裝衝突情況下侵犯婦女的
人權，尤其是謀殺、有步驟的強〔姦〕、性奴役和強迫懷孕。

115.　對婦女的暴力行為還包括強迫絕育和強迫墮胎、脅迫／強迫
使用避孕藥具、溺殺女嬰和產前性別選擇。

116.　某些婦女群體，諸如屬於少數群體的婦女、土著婦女、難民
婦女、移徙婦女、包括移徙女工、農村或邊遠地區的貧窮婦女、赤貧
婦女、收容所的婦女或被拘留的婦女、女童、殘疾婦女、老年婦女、
流離失所婦女、遣返婦女、生活於貧窮之中的婦女以及處於武裝衝
突、外國占領、侵略戰爭、內戰、恐怖主義包括劫持人質等局勢中的
婦女也特別容易遭受暴力行為。

117.　暴力行為或暴力威脅，不論在家中或社區中發生，不論由國
家施行或容忍，都會給婦女的生活帶來恐懼和不安全感，並且阻礙實
現平等，阻礙發展與和平。對暴力行為的恐懼，包括對騷擾的恐懼，

長期阻礙著婦女的流動性，限制了她們獲得資源和參加基本活動的機會。個人和社會付出的社會、保健和經濟代價偏高與對婦女的暴力行為也有關係。對婦女的暴力行為是迫使婦女對男子處於從屬地位的重要社會機制之一。對婦女和女孩的暴力行為多數在家庭或家裡發生，因為家庭或家裡的暴力往往被容忍。家庭成員和家中其他成員對女童和婦女的忽視、身體和性虐待及強〔姦〕以及對配偶和非配偶的虐待事件，往往都不為外人所知，並且難以發現。即使對此種暴力行為作出申報，也往往未能保護受害者或懲辦犯罪者。

118. 對婦女的暴力行為反映了歷史上男女權力不平等的關係，這種關係導致了男子對婦女的控制和歧視，阻礙了婦女的充分發展。在生命周期各階段對婦女的暴力行為主要源於文化形態，尤其是某些傳統習俗或習慣做法的不良影響以及與種族、性別、語言或宗教有關的所有極端主義行為，這些影響和行為使婦女在家庭、工作場所、社區和社會中長期處於低下地位。各種社會壓力使得對婦女的暴力日趨嚴重，尤其是因為譴責對婦女的某些行為時具有羞恥感；婦女無法得到法律資料、法律幫助或法律保障；缺乏有效禁止對婦女的暴力行為的法律；未能改革現行法律；公共當局未作出充分努力以求增進對現行法律的認識和執行；缺乏解決暴力根源和後果的教育手段和其他手段。傳播媒體中對婦女使用暴力的形象、尤其是描述強〔姦〕或性奴役以及婦女和女孩作為性工具的形象 —— 包括色情製品，都是促成這種暴力持續存在的因素，對整個社區、尤其是兒童和青年人造成有害影響。

119. 必須制訂一種整體和多學科的對策，以促成家庭、社區和國家不存在對婦女的暴力行為，這一艱鉅任務是可以做到的。在社會化進程的所有階段必須維持男女平等和伙伴關係以及尊重人的尊嚴的意識。教育系統必須促進自尊、相互尊重以及男女合作。

120. 由於按性別分列的關於暴力頻度的統計數據不夠充分，因此難以制訂方案和監測變化情況。對家庭暴力、性騷擾和針對婦女和女孩的暴力，無論私下的或公開的，包括在工作場所中進行的，都缺乏

充分的記錄和研究，因而妨礙了制訂具體干預戰略的努力。若干國家的經驗顯示，可以動員婦女和男子克服一切形式的暴力，並且可以採取有效的公共措施來解決暴力的根源和後果。動員起來反對針對性別的暴力的男性團體是促進改變革新所需的同盟者。

121.　婦女在衝突和非衝突局勢下均可能易受當權者暴力行為的傷害。對所有官員進行人道主義法和人權法方面的培訓，懲辦對婦女施加暴力行為的人將有助於確保婦女應可信任的公共官員、包括警察和監獄人員及保安部隊不會施行暴力。

122.　有效禁止販賣婦女和女孩從事性交易是國際所關注的緊迫事項。有必要審查和加強1949年《禁止販賣人口及取締意圖營利使人賣淫的公約》以及其他有關文書的執行情況。在國際賣淫和販賣網中利用婦女已成為國際有組織犯罪集團的一個主要重點。人權委員會關於對婦女暴力行為問題特別報告員已探討這些行為，視其為侵犯婦女和女孩人權和自由的又一個原因，已請她在其任務範圍內緊急處理國際販賣人口從事性交易問題以及強迫賣淫、強〔姦〕、性虐待和性旅遊等問題。成為這種國際交易的犧牲者的婦女和女孩遭受進一步暴力、意外懷孕和感染性傳染疾病、包括HIV／愛滋病的危險更大。

123.　各國政府和其他行動者在處理對婦女的暴力行為問題時，應推行將性別觀點納入所有政策和方案的積極和明顯的政策，以便在作出決定之前，可以就各項政策和方案對男女的影響分別進行分析。

戰略目標D.1.　採取綜合措施預防和消除對婦女的暴力行為

應採取的行動

124.　各國政府：

(a)譴責對婦女的暴力行為，並且不以習俗、傳統、宗教為考慮來逃避其按照《消除對婦女的暴力行為宣言》的規定消除對婦女的暴力行為的義務；

(b)不對婦女施加暴力行為，盡力預防、調查及根據國家法律懲罰對婦女的暴力行為，不論此種行為是國家或個人所為；

(c)頒布和／或加強國內立法中在刑事、民事、勞工、行政等方面的處罰，使不論在家中、工作場所、社區或社會上對婦女及女孩施加任何形式的暴力行為的人都受到懲處，使受冤屈者得到昭雪；

(d)通過和／或執行並定期審查和分析立法，以確保其確能消除對婦女的暴力行為並強調防止暴力行為的發生和起訴違法者；採取措施確保遭到暴力的婦女得到保護，取得公正、有效的補救辦法，包括補償和賠償並治療受害者，改造施加暴力者；

(e)積極努力批准和／或執行所有與對婦女的暴力行為有關的國際人權規範和文書，包括《世界人權宣言》、《公民權利和政治權利國際盟約》、《經濟、社會、文化權利國際盟約》、《禁止酷刑和其他殘忍、不人道或有辱人格的待遇或處罰公約》所載的規範；

(f)考慮到消除對婦女歧視委員會第十一屆會議通過的第19號一般性建議，落實《消除對婦女一切形式歧視公約》；

(g)提倡積極和鮮明的政策，推行將性別觀點納入所有有關對婦女的暴力行為問題的政策和方案；積極鼓勵、支持和執行這樣的措施和方案，使負責執行這些政策的人諸如執法人員、警察、司法、醫療及社會工作人員以及負責少數群體、移徙及難民問題的人，對婦女遭受暴力的原因、後果和機制有較多的認識和了解，並制訂戰略確保遭受暴力的婦女受害者不致因為對性別問題缺乏敏感認識的法律或司法慣例和執法行為而再次受害；

(h)為受到暴力摧殘的婦女提供渠道，使她們能夠向司法機關申訴，並按照國家立法規定，讓她們所受的傷害能夠得到公正及有效的補救，並使婦女知道有權通過此種機制尋求補救昭雪；

(i)頒布和執行立法，懲治對婦女施加暴力行徑和行為的人，諸如切割女性性生殖器官、溺殺女嬰、產前性別選擇及與嫁妝問題有關的暴力行為等，並大力支持非政府組織和社區組織掃除此種行徑的努力；

(j)在所有適當級別制訂和實施行動計畫，以消除對婦女的暴力行為；

⒦採取一切適當措施,特別是在教育領域的措施,以改變男女的社會和文化行為形態,消除基於兩性之間的自卑感或優越感和基於男女陳規定型作用偏見、習俗及所有其他實踐;

⑴設立或加強制度機制,使婦女和女孩能夠在安全保密、不懼懲處或報復的環境中報告她們所受暴力行為和提出申控;

⒨確保殘疾婦女能夠得到有關對婦女的暴力行為方面的資料和服務;

⒩設立酌情、改進或發展並資助司法、法律、醫療、社會、教育、警察和移民事務人員的培訓,以避免由於濫用權力引致對婦女施加暴力並使這些人員敏銳地認識到基於性別的暴力行為和暴力威脅的本質,從而確保公平對待女性受害者;

⒪必要時通過法律,並加強現有法律中有關懲處在執行任務時對婦女施加暴力的警察、保安部隊或國家任何其他人員的條文;審查現有立法,採取有效措施打擊犯下此種暴行的人;

⒫在政府預算範圍內撥出足夠資源和調集社區資源,以進行與消除對婦女的暴力行為有關的活動,包括在所有適當級別實施行動計畫的資源;

⒬按照聯合國有關人權文書的規定提出報告時,列出有關對婦女的暴力行為以及已採取什麼措施來執行《消除對婦女的暴力行為宣言》的資料;

⒭與人權委員會關於對婦女的暴力行為問題特別報告員合作,並協助她履行任務,向她提供所要求的一切資料;在關於對婦女的暴力行為問題上,與其他主管機制諸如人權委員會關於酷刑問題特別報告員和人權委員會關於即決處決、法外處決和任意處決問題特別報告員合作;

⒮建議人權委員會在關於對婦女的暴力行為問題特別報告員的任期於1997年屆滿時予以延長,如有必要,並更新和加強她的任務。

125. 各國政府、包括地方政府,以及社區組織、非政府組織、教育機構、公共部門和私營部門——特別是企業界——以及大眾傳媒酌

情：

(a)向遭受暴力的女孩和婦女提供經費充足的收容所和救助，並提供醫療、心理和其他諮詢服務，在必要時提供免費或費用低廉的法律援助，並而且酌情協助她們取得謀生手段；

(b)為受基於性別的暴力之害的移徙婦女和女孩、包括移徙女工，開辦配合其語言和文化的服務；

(c)確認移徙婦女、包括移徙女工易受暴力及其他形式虐待的傷害，她們在所在國的合法身分要依靠雇主，這一處境可能會被雇主利用；

(d)支持世界各地的婦女組織和非政府組織的倡議，使人們進一步認識到對婦女的暴力行為問題，並協助消除這種暴力行為；

(e)組織、支持和資助以社區為基礎的教育和培訓運動，使人們進一步認識到對婦女的暴力行為是侵犯婦女人權的行為，並動員當地社區採用適當的對性別問題有敏感認識的傳統和創新的解決衝突辦法；

(f)確認、支助和促進中間機構，諸如初級保健中心、計畫生育中心、現有的學校保健服務、母嬰保護服務、移徙家庭中心等機構，在有關虐待問題的宣傳和教育領域所發揮的基本作用；

(g)組織和資助宣傳運動以及教育和培訓方案，使男孩和女孩、婦女和男子都能敏感地認識到在家、社區和社會上的暴力行為對個人和社會的有害影響；教導他們如何以非暴力的方式進行溝通，倡導為受害者和可能受害者提供培訓，使他們能夠保護自己和他人免受此種暴力；

(h)傳播關於受暴力之害的婦女和家庭可獲得援助的資料；

(i)提供、支助並鼓勵對施加暴力者進行輔導和改造方案，並促進研究，推動這種輔導和改造努力，從而防止這種暴力行為再次發生；

(j)提高傳播媒體對其責任的認識，以宣傳非陳規定型的男女形象消除造成暴力的媒體表達方式，鼓勵負責傳播媒體新聞內容的人制訂專業準則和行為守則；還要提高人們認識媒體在宣傳和教育人們了解對婦女的暴力行為的原因和影響以及在鼓勵大眾對這個題目進行討論

方面的重要作用。

126.　各國政府、雇主、工會、社區和青年組織以及非政府組織酌情：

　　(a)制訂旨在消除所有教育機構、工作場所和其他地方的性騷擾和對婦女其他形式暴力行為的方案和程序；

　　(b)制訂旨在教育和提高人們認識對婦女的暴力行為是一項罪行並且是侵犯婦女人權的行為的方案和程序；

　　(c)為曾受虐待或陷於虐待關係中的女孩、少女和青年婦女、特別是那些住在發生虐待事件的家庭或教養院中的女孩、少女和青年婦女制訂輔導、康復和支助方案；

　　(d)採取特別措施，消除對婦女、尤其是青年婦女、難民婦女、流離失所婦女和國內流離失所婦女、殘疾婦女和移徙女工等處於易受傷害境況的婦女的暴力行為，包括執行任何現行立法，並酌情遣送國和接受國境內的移徙女工制訂新的立法。

127.　聯合國秘書長：

　　向人權委員會關於對婦女的暴力行為問題特別報告員提供一切必要的協助尤其是在履行其任務範圍內的所有職責方面，特別是執行以及對單獨進行或與其他特別報告員和工作組共同進行的任務採取後續行動所需的工作人員和資源，並提供充分協助以便同消除對婦女歧視委員會和所有條約機構定期進行協商。

128.　各國政府、國際組織和非政府組織：

　　鼓勵難民專員辦事處的《關於保護難民婦女的準則》和難民專員辦事處的《關於預防和處理對難民的性暴力行為的準則》的傳播和執行。

戰略目標D.2.　研究對婦女的暴力行為的原因和後果以及各種預防措施的效力

應採取的行動

129.　各國政府、區域組織、聯合國、其他國際組織、研究機構、

婦女組織和青年組織及政府間組織應酌情:

(a)促進研究、收集數據和編制統計數字,特別是關於在普遍存在的對婦女的不同形式暴力行為家庭暴力行為方面,並鼓勵研究對婦女的暴力行為的原因、性質、嚴重程度和影響,為預防和補救對婦女的暴力行為而採取的措施的效力;

(b)廣泛傳播研究成果;

(c)支持和倡導諸如強〔姦〕等暴力行為對婦女和女童的影響的研究,並將所獲資料和統計公諸大眾;

(d)鼓勵傳播媒體審查陳規定型的性別角色所造成的影響,包括商業廣告所助長基於性別的暴力行為和不平等現象,以及審查這些陳規定型觀念在生命周期中是如何傳遞的和採取措施來消除這種負面形象,以期提倡沒有暴力的社會。

戰略目標D.3. 消除販賣婦女活動並援助賣淫和 販賣婦女所造成的暴力受害者

應採取的行動

130. 原籍國、過境國和目的地國政府以及區域組織和國際組織應酌情:

(a)考慮批准和執行關於禁止販賣人口和奴隸制的各項國際公約;

(b)採取適當措施以解決根本問題,包括促成販賣婦女和女童並迫使她們從事淫業和其他形式的性交易、強迫婚姻和強迫勞動的各種外在因素從而消除販賣婦女活動,包括加強現有立法以期進一步保護婦女和女孩的權利並通過刑事和民事措施來懲處犯罪者;

(c)各有關執法當局和機構加強合作並採取一致行動,以期粉碎國內、區域和國際販賣網絡;

(d)撥出資源辦理旨在通過職業培訓、法律協助和隱密醫護來協助販賣行為受害者康復並恢復社會生活的綜合方案,並採取措施同非政府組織合作,以便為販賣行為受害者提供社會、醫療和心理方面的照料;

(e)制訂教育和培訓方案和政策,並考慮頒布立法,禁止性旅遊和販賣人口,特別強調保護青年婦女和兒童。

180. 各國政府、私營部門以及和非政府組織、工會和聯合國酌情:

(a)採取涉及有關政府機構以及雇主和雇員協會的適當措施,使婦女和男子得以請臨時假,享有可轉移的就業福利金和養恤金,並作出安排,在不妨礙其工作和職業上的發展和晉升的情況下改變工作時間;

(b)通過創新的宣傳運動以及學校和社區教育方案,設計和提供教育方案,以提高對於男女平等和男女在家中非陳規定型的作用的認識,提供服務和設施,例如在工作場所就地提供托兒所及靈活的工作時間安排;

(c)頒布並執行法律,禁止一切工作場所的性騷擾和其他形式的騷擾。

G. 婦女參與權力和決議

181. 《世界人權宣言》規定人人享有參與本國政府的權利。賦予婦女權力、婦女獨立自主和改善婦女的社會、經濟和政治地位是實現公開透明和負責任的政府以及在生活的各個領域進行行政管理和可持續發展所必不可少的。使婦女不能過充實生活的權力關係,在社會各級從最私人的方面至最高的公職都在發揮作用。實現男女平等參與決策的目標將提供一個更準確地反映社會的組成的平衡,而且是加強民主並促進其適當運作所必需的。政治決策中的平等起著促進的作用,沒有這種平等,在政府決策中就極不可能真正地結合平等問題。在這方面,婦女平等參與政治生活,在提高婦女地位的整個進程中起著關鍵性作用。婦女平等參與決策,不僅是要求單純的公平或民主,也可視為是使婦女利益得到考慮的一項必要條件。如果各級決策進程沒有婦女的積極參與並且沒有吸納婦女的觀點,就不可能實現平等、發展與和平的目標。

182.　儘管大多數國家開展了廣泛的民主化運動，但婦女在政府各級特別是在部級和其他執行機關中任職的人數不足，並且在獲得立法機構的政治權力或實現經濟及社會理事會核可的到1995年實現婦女占30%決策職位的指標方面進展甚微。全球各國立法機構成員中只有10%是婦女，婦女擔任部級職位的百分比更低。事實上，在一些國家，包括正在經歷基本的政治、經濟和社會變化的國家裡，參與立法機構的婦女人數大為減少。儘管幾乎所有國家的選民中至少有一半是婦女，而且幾乎所有聯合國會員國中的婦女都已取得投票權和擔任公職的權利，但成為公職候選人的婦女人數仍然嚴重不足。許多政黨和政府的傳統運作形態〔是〕繼續成為妨礙婦女參與公共生活的障礙。歧視性態度和做法、家庭和照顧子女的責任、爭取和擔任公職所需付出的高昂代價，都可能使婦女不願意爭取擔任政治職位。婦女參政和在政府及立法機關中處於決策地位，有助於重新確定政治優先事項，將新的項目放到政治議程上，反映和正視女性關注的問題、價值和經驗，並提出關於主流政治問題的新觀點。

183.　婦女在社區和非正規組織中以及在擔任公職時表現出相當的領導才幹。然而，社會化以及男女陳規定型的消極觀念，包括通過媒體傳播的陳規定型觀念，強化了政治決策仍是男性領域的傾向。同樣地，由於藝術、文化、體育、媒體、教育、宗教和法律領域擔任決策職位的婦女人數不足，使婦女不能對許多關鍵的機構產生重大的影響。

184.　由於婦女進入政黨、雇主組織和工會的決策機構等傳統的通向權力之路的機會不多，她們通過其他的機構獲得了權力，尤其是在非政府組織部門。通過非政府組織和基層組織，婦女能夠有力地表達其利益和關切，並把婦女問題納入國家、區域和國際議程。

185.　公共領域的不平等，往往始於上面第29段所界定的家庭的內歧視性態度和實踐以及男女權力關係的不平等。家庭內基於不平等的權力關係而實行的不平等分工和責任分配，也限制了婦女爭取時間和發展必需技能以參與更廣泛的公共論壇決策的潛力。男女更公平地分

擔家庭責任，不僅提高婦女及其女兒的生活素質，也加強其塑造和擬訂公共政策、做法和支出的機會，使其利益得到確認和照顧。地方社區一級決策的非正規網絡和方式反映出男性占主導地位的社會特徵，限制了婦女平等參與政治、經濟和社會生活的能力。

186.　婦女在地方、國家、區域和國際各級經濟和政治決策層中所占比例偏低，說明了體制上和態度上存在障礙，必須採取積極措施加以解決。各國政府、跨國公司和全國性公司、大眾傳媒、銀行、學術和科學機構、區域和國際組織，包括聯合國系統各組織，都沒有充分利用婦女擔任高級管理人員、決策人員、外交人員和談判人員的才能。

187.　各級公平分配權力和決策取決於政府及其他行動者在政策制訂和方案執行中進行統計上的性別分析以及將婦女觀點納入主流。決策中的平等對於賦予婦女權力是必不可少的。在一些國家裡，肯定行動導致地方和全國政府中有33.3%或以上的婦女任職。

188.　國家、區域和國際統計機構對如何說明關於在經濟和社會領域平等對待男女的問題的知識仍然不足。特別是沒有充分利用重要的決策領域的現有數據基和方法學。

189.　在正視各級分享權力和決策中的男女不平等現象時，各國政府和其他行動者應提倡一項積極鮮明的政策，將性別觀點納入所有政策和方案的主流，以便在作出決定之前，分析對婦女和男子各有什麼影響。

戰略目標G.1.　採取措施確保婦女平等進入並充分　　　　　　　　　參加權力結構和決策

應採取的行動

190.　各國政府：

(a)承諾在政府機構和委員會、以及在公共行政單位和司法部門，制定性別均衡的目標，制訂具體指標和執行措施，大量增加所有政府和公共行政職位的婦女人數以期達成男女人數均等，必要時通過採取

積極的行動；

(b)採取措施，包括適當時在選舉制度中鼓勵政黨按與男性同樣的比例和同樣的級別吸納婦女擔任民選和非民選的公職；與男子相同的比例和級別任用婦女；

(c)保護和促進男女有平等的權利從事政治活動和享有結社自由，包括加入政黨和工會；

(d)審查選舉制度對婦女在民選機構中政治代表權的不同影響，並酌情考慮調整或改革這些制度；

(e)通過定期收集、分析和散發公私營部門所有級別各個不同決策職位男女人員的質量和數量方面的數據，每年散發關於政府各不同級別男女雇員人數的數據，監測和病人婦女人數方面的進展；確保男女有同等機會獲得所有各公共職位的任用，並在政府結構內設立監測這方面進展的機制；

(f)支助研究婦女參與決策及其對決策和決策環境的影響的非政府組織和研究機構；

(g)鼓勵土著婦女更多地參與各級的決策；

(h)鼓勵和酌情確保政府供資的組織採取非歧視的政策和措施，以便增加其組織內婦女的人數，並提高其職位；

(i)承認男女分擔工作和養育子女的責任可以促進婦女更多地參與公共生活，並採取適當措施實現這一點，包括協調家庭和職業生活的措施；

(j)提名競選或任用於聯合國各機構、專門機構和聯合國系統其他自主組織的國家候選人名單時力求性別均衡，特別是高級別的職位。

191. 各政黨：

(a)考慮審查政黨的結構和程序，取消一切直接或間接不利於婦女參與的障礙。

(b)考慮擬訂倡議，使婦女能夠充分參與所有內部政策制訂結構以及任用和選舉提名過程；

(c)考慮將性別問題納入政治議程，並採取措施，確保婦女與男子

平等地參與政黨的領導階層。

192.　各國政府、國家機關、私營部門、政黨、工會、雇主組織、研究和學術機構、分區域和區域機構、非政府組織和國際組織：

(a)應採取積極行動，在具有戰略意義的決策職位集結一批婦女領導人、主管和經理人員；

(b)酌情設立或加強各級機制，以監測婦女進入高級決策層的情況；

(c)審查諮詢和決策機構的徵聘和任用以及晉升至高級職位的標準，確保此種標準切合實際並且不歧視婦女；

(d)鼓勵非政府組織、工會和私營部門致力使其男女成員實現平等，包括平等參與它們的決策機構以及各領域、各級別的談判；

(e)研擬宣傳戰略，促進公眾就男女在社會上和在上面第29段所界定的家庭中的新的角色任務進行辯論；

(f)調整徵聘和職業發展方案，以確保所有婦女特別是青年婦女有平等機會獲得管理、企業、技術和領導方面的培訓，包括在職培訓；

(g)為所有年齡的婦女擬訂職業發展方案，包括職業規劃、分軌制、指導、輔導、培訓和再培訓；

(h)鼓勵和支持非政府婦女組織參與聯合國各專題會議及其籌備過程；

(i)爭取和支持出席聯合國和其他國際論壇代表團的組成達到性別均衡。

193.　聯合國：

(a)執行現有的並採取新的徵聘政策和措施，以便到2000年實現總的性別平等，特別是在專業人員及以上一級，同時應根據《聯合國憲章》第一百零一條第三項的規定，於可能範圍內充分注意地域上的普及；

(b)制訂機制，提名婦女候選人供擔任聯合國、各專門機構和聯合國系統內其他組織和機構的高級職位；

(c)繼續收集和傳播關於男女參與決策的質量和數量方面的數據，

並分析他們對決策產生的不同影響，監測到2000年朝實現秘書長提出的婦女擔任管理和決策職位50%的指標方面所取得的進展。

194.　婦女組織、非政府組織、工會、社會伙伴、生產者、工業和專業組織；

　　(a)通過宣傳、教育和提高敏感認識的活動，建立和加強婦女之間的團結；

　　(b)在所有各級進行宣傳，使婦女能影響政治、經濟和社會決策、進程和制度，並致力使民選代表承諾對性別問題負起責任；

　　(c)在符合數據保密立法的原則下，建立有關婦女及其資格的數據庫，向各國政府、區域和國際組織及私營企業、政黨及其他有關機關獲發，供任命婦女擔任高級決策和諮詢職位使用。

戰略目標G.2.　提高婦女參加決策和領導的能力

應採取的行動

195.　各國政府、國家機構、私營部門、政黨、工會、雇主組織、分區域和區域機構、非政府組織、國際組織和教育機構；

　　(a)提供領導和自尊方面的培訓，協助婦女和女孩特別是有特殊需要的婦女和女孩、殘疾婦女和屬於少數民族和族裔的婦女，加強自尊和鼓勵她們擔任決策職位；

　　(b)為決策職位制訂透明的標準，並確保甄選機構的組成達到性別平衡；

　　(c)建立一個制度來指導沒有經驗的婦女，特別是提供培訓，包括領導和決策、演講和自信以及政治競選等方面的培訓；

　　(d)向婦女和男子提供對性別問題敏感的培訓，以促進無歧視的工作關係並尊重不同的工作和管理方式；

　　(e)擬訂機制和培訓，鼓勵婦女參與選舉過程、政治活動和其他的領導領域。

H. 提高婦女地位的機制

196. 幾乎所有會員國都成立了全國性的提高婦女地位機構，特別是為了設計、促進執行、實施、監測、評價、宣傳和調動支持促進提高婦女地位的政策。國家機構形式各異，效力不同，有的已經退化。這些機制往往處於國家政府體制的邊緣地位，常因任務不明、人手不夠、培訓、數據和資源不足，並得不到國家政治領導的大力支持而工作受到妨礙。

197. 在區域一級和國際一級，作為主流政治、經濟、社會和文化發展的組成部分，作為發展與人權倡議的組成部分，促進提高婦女地位的機制與體制也因缺乏最高級別的承諾而遇到同樣的問題。

198. 連續召開的各次國際專題會議均強調，在進行政策和方案規劃時，必須考慮到性別因素。但在許多情況下尚未做到。

199. 提高婦女地位的區域性組織以及婦女地位委員會和消除對婦女歧視委員會等國際性機構已經得到加強。但由於可以動用的資源有限，因此繼續阻礙它們充分執行任務。

200. 許多組織已制訂各種方法，用以對政策和方案進行基於性別的分析，以及用於處理政策對男女產生的不同影響，這些方法現在已可以應用，但往往沒有應用，或沒有一貫應用。

201. 提高婦女地位的國家機構是政府內部的中央政策協調單位，其主要任務為支持政府各部門將性別平等的觀點納入所有政策領域的主流。這種國家機構有效運作的必要條件包括：

(a)盡可能設置在政府最高級別，直屬一位內閣部長；

(b)組織機制或進程應斟酌情況便利下放規劃、執行和監測權力，以期帶動自下而上各非政府組織和社區組織的參與；

(c)預算和專業能力方面具有足夠資源；

(d)有機會影響所有政府政策的制訂。

202. 在處理建立提高婦女地位的機制問題時，各國政府和其他行動者應提倡一項積極鮮明的政策，將性別觀點納入所有政策和方案的主流，以便在作出決定以前分析對婦女和男子各有什麼影響。

戰略目標H.1. 設立或加強國家機構及其他政府機構

應採取的行動

203. 各國政府：

(a)確保由盡可能最高的政府級別負責提高婦女地位；在許多情況下，可以由內閣部長一級負責；

(b)在強有力的政治承諾基礎上，如不存在這種機構，則應在政府盡可能高的級別上設立提高婦女地位的國家機構，並酌情加強現有國家機構；機構應有明確規定的任務權限；重要的條件包括擁有影響政策和制訂及審查立法的適當資源以及能力和職權；除〔此〕外，機構應進行政策分析，並從事倡導、傳播、協調和監測執行情況的工作；

(c)為工作人員提供培訓，以便從性別觀點設計和分析數據；

(d)制訂各種程序，使機構能早日收集關於整個政府的政策問題的有關資料，並在政府內部制訂政策和審查進程中不斷利用這種資料；

(e)考慮到《行動綱要》的執行情況，酌情將性別關切的問題納入主流方面的進展定期向立法機關提出報告；

(f)鼓勵和促進廣泛而不同的體制行動者積極參與公私部門和志願部門致力於男女平等的工作。

戰略目標H.2. 將性別觀點納入所有立法、公共政策方案和項目

應採取的行動

204. 各國政府：

(a)設法確保在作出政策決定以前，進行一次關於這些決定對婦女和男子各有什麼影響的分析；

(b)定期審查國家政策、方案和項目及其執行情況，評價就業和收入政策的影響，以保證婦女是發展的直接受益者，並在經濟政策和規劃中考慮到婦女對發展的全面貢獻，包括有酬的和無酬的貢獻；

(c)促進致力於男女平等的國家戰略和目標，以求消除婦女行使權

利的障礙和消除一切形式對婦女的歧視;

(d)酌情同立法機關的成員合作,促進在所有立法與政策中納入性別觀點;

(e)賦予所有部門從性別觀點並參照《行動綱要》審查政策和方案的職權;將執行此職權的責任放在最高級次;設立和/或加強部門間協調結構,以執行此職權和監測進展,並同有關機構建立網絡。

205. 國家機構:

(a)為制訂和執行男女平等的政府政策提供便利,擬訂適當的戰略和方法,以及促進中央政府內部的協調與合作,確保所有決策進程都將性別觀點納入主流;

(b)促進或建立同下列各方面的合作關係:政府有關部門、婦女問題和研究中心、學術和教育機構、私營部門、媒體、非政府組織特別是婦女組織、以及民間社會的所有其他行動者;

(c)從事特別是下列各方面的法律改革活動:家庭、就業條件、社會保障、所得稅、教育機會平等、促進提高婦女地位的積極措施、有利於平等的態度和文化的觀點,以及在法律政策和方案編製的改革中提倡性別觀點;

(d)促使更多婦女作為積極份子和受益者參與提高所有人的生活素質的發展進程;

(e)同提高婦女地位領域中的國家、區域和國際機關建立直接聯繫;

(f)向政府機構提供培訓和諮詢服務,以便在將性別觀點納入它們的政策和方案中。

戰略目標H.3.　　製作並傳播按性別分列的數據和資信息〔即資訊〕以便用於規劃和評價

應採取的行動

206. 國家、區域和國際統計單位以及有關的政府機構和聯合國機構在各自的職司領域與研究和文獻資源組織合作:

　(a)確保照性別和年齡收集、彙編、分析和列出與個人有關的統計資料，並反映出社會上與婦女和男子有關的困難和問題；

　(b)定期收集、彙編、分析和編製按年齡、性別、社會經濟和其他有關指標分類的數據，包括受撫養人數目，以供政策和方案的規劃執行用；

　(c)使婦女問題研究中心以及研究組織參與編製和測試有關指標和研究方法，以期加強性別分析以及監測和評價實現《行動綱要》各項目標的情況；

　(d)指派或任命工作人員加強性別統計資料方案，確保同各統計工作領域的協調、監測和聯繫，並編製歸納不同主題領域統計資料的產出；

　(e)改善收集婦女和男子對經濟的全面貢獻的數據，包括他們參與非正規部門的情況；

209.　多邊發展機構和雙邊捐助者：

　鼓勵和支持發展中國家和轉型期經濟國家發展國家能力，向它們提供資源和技術援助，以期這些國家能充分衡量婦女和男子所做的工作，包括有酬和無酬工作，並酌情對無酬工作使用附屬核算或其他官方核算。

I.　婦女的人權

210.　人權和基本自由是人人與生俱來的權利；保護和促進人權和基本自由是各國政府的首要責任。

211.　世界人權會議重申所有國家莊嚴承諾按照《聯合國憲章》、有關人權的其他文書和國際法，履行其促進對於全體人類的一切人權和基本自由的普遍尊重、奉行和保護的義務。這些權利和自由的普遍性不容置疑。

212.　按照聯合國的宗旨和原則、特別是國際合作的宗旨，必須將促進和保護一切人權和基本自由視為聯合國的一個優先目標。在這些宗旨和原則的框架內，促進和保護一切人權是國際社會正當的關切事

項。國際社會必須在同等基礎上，以相同重點在全球公正平等地對待
人權。《行動綱要》重申，在審議人權問題時，必須確保普遍性、客
觀地和無選擇性。

213.　《行動綱要》重申，如世界人權會議通過的《維也納宣言和
行動綱領》所述，一切人權——公民、文化、經濟、政治和社會權
利，包括發展權利——都是普遍、不可分割、相互依賴和相互聯繫
的。世界人權會議重申，婦女和女童的人權是普遍人權中不可剝奪、
不可分割的一個組成部分。婦女和女孩充分和公平享有一切人權和基
本自由是各國政府和聯合國的優先事項，對提高婦女地位至為重要。

214.　《聯合國憲章》的序言明白提到男女權利平等。所有主要國
際人權文書均規定各國不得以性別作為歧視的理由之一。

215.　各國政府不僅不得侵犯所有婦女的人權，而且必須積極增進
及保護這些權利。聯合國四分之三的會員國簽署了《消除對婦女一切
形式歧視公約》的事實，反映出人們承認婦女人權的重要性。

216.　世界人權會議明確重申，婦女生命周期中的人權是普遍人權
中不可分割、不可剝奪的一個組成部分。國際人口與發展會議重申了
婦女的生殖權利和發展權利。《兒童權利宣言》和《兒童權利公約》
都保證兒童權利並維護無基於性別歧視原則。

217.　權利的存在與其有效的享受之間存在差距，這是由於各國政
府對增進和保護這些權利缺乏承諾，而且沒有向男女都宣告這些權
利。在國家和國際兩級缺乏適當的申訴機制，而二者都短缺資源，使
問題更為嚴重。大多數國家已經採取措施，通過國家法律體現《消除
對婦女一切形式歧視公約》所保證的權利。一些國家已經設立機制，
以求加強婦女行使其權利的能力。

218.　為了保護婦女的人權，必須盡可能避免提出保留意見，並且
保證這種保留意見不會與《公約》的目標和宗旨不符或者與國際條約
法有抵觸。除非國家法律和依據家庭法、民法、刑法、勞工法和商法
以及行政規章條例的國家慣例充分確認以及切實保護、適用執行並實
施國際人權文書內所界定的婦女人權，否則只是一紙空文。

219. 在尚未簽署《消除對婦女一切形式歧視公約》及其他國際人權文書的國家，或者已提出與《公約》的目標和宗旨不符的保留意見或國家立法尚未依照國際規範和準則予以修訂的國家，婦女在法律上的平等地位仍未得到保障。由於一些國內立法與關於人權的國際法和國際文書不一致，婦女無法充分享有平等權利。行政程序過於複雜，在司法程序內部缺乏認識，未能充分監察侵犯所有婦女人權的情事，加上婦女在司法系統內的人數不多，關於現有權利的資料不足，以及頑固的態度和習俗等，都使婦女事實上的不平等維持下去。旨在確保婦女充分享有人權和基本自由的家庭法、民法、刑法、勞工法、商務法或法典或行政規則和條例等的執法工作不足，也助長了事實上的不平等。

220. 人人都有權參與、促進和享受文化、經濟、政治和社會的發展。婦女和女孩在經濟和社會資源的分配上時常受到歧視。這種情況直接侵犯她們的經濟、社會和文化權利。

221. 所有婦女和女童的人權必須構成聯合國人權活動的一個組成部分。必須加緊努力，將所有婦女和女童的平等地位和人權問題納入聯合國整個系統的活動主流，並在有關機關和機制定期和有系統地處理這些問題。這方面特別須要加強婦女地位委員會、聯合國人權事務高級專員、人權委員會（包括其特別報告員和專題報告員、獨立專家、工作組及其防止歧視及保護少數小組委員會）、可持續發展委員會、社會發展委員會、預防犯罪和刑事司法委員會、消除對婦女歧視委員會及其他人權條約機構以及聯合國系統所有有關實體（包括各專門機構）之間的合作和協調。還必須進行合作，加強和精簡聯合國人權系統，使其合理化，提高其效力和效率，同時考慮到必須避免任務和工作的方面不必要重複和重疊。

222. 如要達到充分實現所有人的人權的目標，適用國際人權文書時必須更明確地考慮到性別分析清楚顯示的情況，即對婦女的歧視是一貫的，而且是體制性的。

223. 考慮到國際人口與發展會議的《行動綱領》和世界人權會議

的《維也納宣言和行動綱領》，第四次婦女問題世界會議重申，生殖權利的依據是承認所有夫婦和個人均享有基本權利，自由、負責地決定生育次數、間隔和時間，並有權獲得這樣做的信息和方法，有權實現性健康和生殖健康方面的最高標準。此外，如各項人權文件所闡明，還包括他們在沒有歧視、強迫和暴力的情況下作出有關生育的決定的權利。

224.　對婦女的暴力行為破壞和妨礙或勾銷婦女對人權和基本自由的享受。考慮到《消除對婦女的暴力行為宣言》和特別報告員的工作，針對性別的暴力行為，例如毆打和其他家庭暴力、性虐待、性奴役和性剝削、國際販賣婦女和兒童、強迫賣淫和性騷擾、以及由於文化偏見、種族主義和種族歧視、仇外心理、色情製品、種族清洗、武裝衝突、外國占領、宗教和反宗教極端主義和恐怖主義造成的對婦女暴力行為，都不符合人的尊嚴和價值，必須加以打擊和剷除。某些傳統、習俗或現代習慣中侵犯婦女權利的任何有害方面，均應予禁止和剷除。各國政府應採取緊急行動打擊和剷除私人和公共生活中對婦女一切形式的暴力行為，不論是國家或個人所犯或容忍的行為。

225.　許多婦女由於其種族、語言、民族、文化、宗教、殘疾或社會經濟階級等因素，或由於她們是土著居民、移徙者（包括移徙女工）、流離失所婦女或難民，在享受人權時更是障礙重重。她們還可能由於普遍不了解和沒有認識到自己的人權，以及在權利受侵犯時在獲得信息和求助於申訴機制方面遇到障礙，從而處於不利和邊緣地位。

226.　導致難民婦女、其他需要國際保護的流離失所婦女和國內流離失所婦女外逃的原因可能與影響男子的原因不同。這些婦女的人權在她們外逃期間和外逃之後繼續容易受到侵犯。

227.　雖然婦女越來越多地利用法律制度來行使自己的權利，然而在許多國家，由於不了解這些權利的存在，從而妨礙婦女充分享受人權和獲得平等地位。許多國家的經驗表明，可以賦予婦女權力，並使其積極行使自己的權利，而不論其受教育程度或社會經濟地位如何。

掃除法盲方案和宣傳媒體戰略已有效地幫助婦女了解她們的權利與生活其他方面的聯繫，而且表明可以採取符合成本效益的倡議幫助婦女取得這些權利。必須開展人權教育，促進人們了解婦女的人權，包括了解處理侵犯婦女權利的申訴機制。所有人、尤其是處於易受傷害環境中的婦女，都必須充分認識到自己的權利以及對侵犯其權利的行為進行法律申訴的機會。

228. 參與捍衛人權的婦女必須得到保護。各國政府有責任保障以個人或組織身分並以和平方式為增進和保護人權而展開工作的婦女充分享受《世界人權宣言》、《公民權利和政治權利國際盟約》和《經濟、社會、文化權利國際盟約》規定的所有權利。非政府組織和婦女組織以及女權主義團體通過基層活動、網絡工作和宣傳活動，在增進婦女人權方面發揮了促進作用，她們需要得到各國政府給予鼓勵、支持以及獲得信息的機會，以便開展這些活動。

229. 各國政府和其他行動者在正視人權的享受時，應該推行一項積極鮮明的政策，將性別觀點納入所有政策和方案，以便在作出決定之前，分別研究對婦女和男子的影響。

戰略目標 I.1.　通過充分執行所有人權文書，尤其執行《消除對婦女一切形式歧視公約》，促進和保護婦女的人權

應採取的行動

230. 各國政府：

(a)積極從事批准或加入並執行國際和區域人權條約；

(b)批准或加入並確保執行《消除對婦女一切形式歧視公約》，以便到2000年該《公約》能得到普遍批准；

(c)限制對《消除對婦女一切形式歧視公約》作出任何保留的程度，盡可能精確和嚴謹地制定任何保留，確保任何保留不會與《公約》的目標與宗旨不相容或與國際條約法相抵觸，並經常審查各項保留，以便予以撤銷；撤銷與《消除對婦女一切形式歧視公約》的目標

與宗旨不相容或與國際條約法相抵觸的各項保留；

　　(d)按照世界人權會議的建議，考慮擬訂國家行動計畫，確定加緊促進和保護人權、包括婦女人權在內的步驟；

　　(e)按照世界人權會議的建議，創立或加強保護和促進人權、包括婦女人權內的獨立的國家機構；

　　(f)制定一項全面的人權教育方案，以提高婦女對其人權的認識，並提高別人對婦女人權的認識；

　　(g)如屬締約國，應審查本國所有法律、政策、慣例和程序，務使其符合《公約》規定的義務，以便履行《公約》；所有國家應審查本國所有法律、政策、慣例和程序，確保其符合這方面的國際人權義務；

　　(h)根據所有其他人權公約和文書、包括勞工組織各項公約提出報告時，應包括性別的各方面，以確保對婦女人權作出分析和審查；

　　(i)就《公約》的執行情況定期向消除對婦女歧視委員會提出報告，充分遵循委員會所定的準則，並酌情使非政府組織參與編寫報告工作或考慮到其所作的貢獻；

　　(j)使消除對婦女歧視委員會能夠充分履行其任務，辦法是廣泛批准1995年5月22日《消除對婦女一切形式歧視公約》締約國會議就第20條第1款通過的訂正，允許委員會有充分的會議時間，並推動有效的工作方法；

　　(k)考慮到秘書長關於任擇議定書的報告，包括關於其可行性的各種看法，支持婦女地位委員會為擬訂《消除對婦女一切形式歧視公約》任擇議定書草案提出的進程，以便請願權程序可盡快生效；

　　(l)採取緊急措施，在1995年底前實現普遍批准或加入《兒童權利公約》，使該《公約》獲得充分執行，確保女孩和男孩的平等權利，敦促尚未成為《公約》締約國的國家成為締約國，以便到2000年實現《兒童權利公約》的普遍執行；

　　(m)正視嚴重的兒童問題，尤其是通過在聯合國系統範圍內作出支助努力，目的在於採取有效的國際措施，以防止和根除溺殺女嬰、有害的童工、販賣兒童及其器官、兒童賣淫、兒童色情製品和其他形式

性虐待，並考慮對《兒童權利公約》任擇議定書的草擬作出貢獻；

(n)加強執行所有的有關人權文書，以便打擊和消滅（包括通過國際合作）有組織的以及其他形式的販賣婦女與兒童活動，包括為性剝削、色情製品、賣淫和性旅遊目的等販賣活動，並為受害者提供法律服務和社會服務；其中應包括提供國際合作，以起訴並懲罰應對有組織地剝削婦女和兒童的人；

(o)考慮到必須確保充分尊重土著婦女的人權，研擬一項土著人民權利宣言，供大會在世界土著人民國際十年內予以通過，並按照讓土著人民組織參加的規定，鼓勵土著婦女參加草擬世界宣言草案的工作組。

231.　聯合國系統各有關機關和機構、聯合國系統所有人權機構、以及聯合國人權事務高級專員和聯合國難民事務高級專員，在考慮到必須避免其職責和任務有不必要的重疊和重複情況下，通過更好地協調不同機構、機制和程序，促進更高效率和效能：

(a)在行使其各自職權時，充分、平等和持續地注意婦女人權，以期促進普遍尊重和保護一切人權──公民、文化、經濟、政治和社會權利，其包括發展權利；

(b)確保執行世界人權會議的建議，充分納入婦女人權並使其成為主流；

(c)擬訂一項全面的政策方案，在整個聯合國系統內將婦女權利納入主流，其中包括關於諮詢服務、技術援助、報告方法、性別影響評估、協調、新聞和人權教育的活動，並在方案的執行方面發揮積極的作用；

(d)確保使婦女作為推動者和受益者，投入和充分參與發展進程，並重申《關於環境與發展的里約熱內盧宣言》提出的為促進婦女邁向可持續和平等發展的全球行動而規定的目標；

(e)將有關基於性別的侵犯人權行為的資料列入其活動，並將調查結果納入其所有方案和活動中；

(f)確保所有人權機構和機制展開工作時合作與協調，以期確保婦

女的人權獲得尊重；

　　(g)加強婦女地位委員會、人權委員會、社會發展委員會、可持續發展委員會、預防犯罪和刑事司法委員會、聯合國人權條約監測機構——包括消除對婦女歧視委員會、聯合國婦女發展基金、提高婦女地位國際研究訓練所、聯合國開發計畫署、聯合國兒童基金會和聯合國系統的其他組織之間的合作與協調，以便它們在其職責範圍採取行動，促進婦女的人權並改善提高婦女地位司與人權事務中心之間的合作；

　　(h)使聯合國人權事務高級專員、聯合國難民事務高級專員以及其他有關機構根據它們各自的任務規定開展有效合作，考慮到大規模侵犯人權的行為，特別是以種族滅絕、種族清洗、戰爭期間有計畫地強〔姦〕婦女等形式出現的行為，與難民逃亡和其他流離失所現象相互之間有密切關係，並考慮到難民婦女、流離失所婦女和婦女回返者的人權可能特別受到侵犯；

　　(i)鼓勵在人權諮詢服務方案的範圍內，將性別觀點納入國家行動綱領以及人權機構和國家機構；

　　(j)向所有聯合國工作人員和官員，尤其是從事人道主義救濟活動的人員和官員，提供婦女人權方面的培訓，協助他們了解婦女人權，使他們認識和處理侵犯婦女人權的行為，並能在其工作中充分顧及性別問題；

　　(k)審查聯合國人權教育十年行動計畫（1995年至2004年）的執行情況時，考慮到第四次婦女問題世界會議的結果。

戰略目標I.2.　　確保法律面前和實際上人人平等和不受歧視

應採取的行動

　232.　各國政府：

　　(a)優先促進和保護婦女和男子充分而平等地享有一切人權和基本自由，不分種族、膚色、性別、語言、宗教、政見或其他見解、國籍或出身、財產、出生或其他身分等任何區別；

(b)提供憲法保障和／或頒布適當法律，禁止對所有年齡的全部婦女和女孩實行基於性別的歧視，並保證所有年齡的婦女擁有平等權利和得以充分享受這些權利；

(c)在其立法中體現男女平等原則，並通過法律和其他適當途徑確保實際落實這一原則；

(d)審查國家法律，包括在家庭、民事、刑事、勞工和商務領域的習慣法和法律慣例，以期通過國家法律確保所有有關國際人權文書的原則和程序得以執行，廢除基於性別的歧視的任何現行法律，並在司法工作中消除性別偏見；

(e)加強和鼓勵諸如人權委員會或監察專員辦事處等執行方案的國家人權機構擬訂保護婦女人權的方案，使其擁有適當地位、資源和同政府接觸的機會，以便向個人、尤其是婦女提供協助，並確保這些機構充分注意涉及侵犯婦女人權的問題；

(f)採取行動，確保充分尊重和保護婦女的人權，包括上面第94至96段所述的權利；

(g)採取緊急行動，與對婦女的暴力行為進行鬥爭，並消除這種暴力行為，因為這種暴力行為是一種侵犯人權的行為，是有害的傳統和習慣做法、文化偏見以及極端主義所造成；

(h)在任何存在切割女性生殖器的地方禁止此種習俗，並積極支持非政府組織、社區組織和宗教機構消除這種習俗的努力；

(i)向公務員，其中特別包括警察和軍事人員、教養院人員、衛生和醫療人員、社會工作者——包括處理移徙和難民問題的人員——以及教育系統各級教師，提供對性別問題敏感的人權教育和培訓，此外還向司法機關和議員提供這種教育和培訓，使他們能夠更好地履行公職；

(j)促進婦女成為工會以及其他專業和社會組織成員的平等權利；

(k)設立有效機制，調查任何公務員侵犯婦女人權的行為，並根據國家法律採取必要的法律懲罰措施；

(l)視需要審查和修訂刑法和程序，消除對婦女的任何歧視，以期

確保刑法和程序能保證婦女受到有效保護，防止針對婦女或對婦女影響特別大的罪行，無論肇事者與受害者之間是何種關係，均須對所犯罪行提出起訴，並確保在調查和起訴此種罪行的過程中不使女被告、女受害者和／或女證人重新受害或受到歧視；

　　㎜確保婦女和男子具有同樣的權利，擔任法官、律師或法庭其他官員以及警官、監獄和拘留所的官員等職務；

　　㈮加強現有的或設立隨時可用、免費或負擔得起的備選行政機制和法律援助方案，以幫助權利受到侵犯的處境不利的婦女要求昭雪冤屈；

　　㈯確保所有婦女以及保障和促進一切人權——公民、文化、經濟、政治和社會權利，包括發展權利——的非政府組織及其成員充分享有《世界人權宣言》和所有其他人權文書規定的一切人權和自由，並受到國家法律的保護；

　　㈰加強和鼓勵執行《殘疾人機會均等標準規則》所載的建議，特別注意確保殘疾婦女和女孩不受歧視和充分享受一切人權和基本自由，包括有機會獲得關於對婦女的暴力行為方面的資料和服務，同時能積極參與社會的各方面活動，並作出經濟貢獻；

　　㈱鼓勵擬訂對性別問題敏感的人權方案。

執行1982年12月10日《聯合國海洋法公約》有關養護和管理跨界魚類和高度洄游魚類種群的規定的協定*

（Agreement for the Implementation of the Provisions of the United Nations Convention on the Law of Sea of 10 December 1982 Relating to the Conservation and Management of Straddling Fish Stocks and Highly Migratory Fish Stocks）

（一九九五年十二月四日）

執行1982年12月10日 《聯合國海洋法公約》有關養護和管理 跨界魚類種群和高度洄游魚類種群的規定的協定

本協定締約國，

回顧1982年12月10日《聯合國海洋法公約》的有關規定，

決議確保跨界魚類種群和高度洄游魚類種群的長期養護和可持續利用，

決心為此目的改善各國之間的合作，

要求船旗國、港口國和沿海國更有效地執行為這些種群所制定的養護和管理措施，

謀求處理特別是聯合國環境與發展會議通過的《21世紀議程》第17章方案領域C所指出的各種問題，即對公海漁業的管理在許多方面

---

* 英文本見*International Legal Materials*, Vol. 34, No.6 (November, 1995), pp. 1547-1580; 中文本見聯合國文件A/CONF. 164/37 (Chinese) (September 8, 1995).

存在不足及有些資源被過分利用的問題；注意到存在著漁業未受管
制、投資過度、船隊規模過大、船隻改掛船旗以規避管制、漁具選擇
性不夠、數據庫不可靠及各國間缺乏充分合作等問題，

　　承諾負責任地開展漁業，

　　意識到有必要避免對海洋環境造成不利影響，保存生物多樣性，
維持海洋生態系統的完整，並盡量減少捕魚作業可能產生長期或不可
逆轉影響的危險，

　　承認需要特定援助，包括財政、科學和技術援助，以便發展中國
家可有效地參加養護、管理和可持續利用跨界魚類種群和高度洄游魚
類種群，

　　深信一項執行《公約》有關規定的協定最有利於實現這些目的，
並且有助於維持國際和平與安全，

　　確認《公約》或本協定未予規定的事項，應繼續以一般國際法的
規則和原則為準據，

　　經協議如下：

第一部分　一般規定

第1條　用語和範圍

1.　為本協定的目的：

　　(a) "《公約》"是指1982年12月10日《聯合國海洋法公約》；

　　(b) "養護和管理措施"是指為養護和管理一種或多種海洋生物資
源物種而制定和適用，符合《公約》和本協定所載示的國際法有關規
則的措施；

　　(c) "魚類"包括軟體動物和甲殼動物，但《公約》第七十七條所
界定的定居種除外；和

　　(d) "安排"是指兩個或兩個以上國家根據《公約》和本協定制訂
的，目的在於除其他外在分區域或區域為一種或多種跨界魚類種群或
高度洄游魚類種群制訂養護和管理措施的合作機制。

2.(a) "締約國"是指已同意接受本協定約束且本協定對其生效的國

家。

(b)本協定比照適用於：

㈠《公約》第三〇五條第1款(c)、(d)和(e)項所指並成為本協定締約方的實體和

㈡在第47條限制下，《公約》附件九第一條稱為"國際組織"並成為本協定締約方的實體，

在這種情況下，"締約國"也指這些實體。

3.本協定比照適用於有船隻在公海捕魚的其他捕魚實體。

第2條　目　標

本協定的目標是通過有效執行《公約》有關規定，以確保跨界魚類種群和高度洄游魚類種群的長期養護和可持續利用。

第3條　適　用

1.　除另有規定外，本協定適用於國家管轄地區外跨界魚類種群和高度洄游魚類種群的養護和管理，但第6和第7條也適用於國家管轄地區內這些種群的養護和管理，然須遵守《公約》所規定，在國家管轄地區內和國家管轄地區外適用的不同法律制度。

2.　沿海國為勘查和開發、養護和管理國家管轄地區內的跨界魚類種群和高度洄游魚類種群的目的行使其主權權利時，應比照適用第5條所列舉的一般原則。

3.　各國應適當考慮到發展中國家各自在國家管轄地區內適用第5、第6和第7條的能力及他們對本協定規定的援助的需要。為此目的，第七部分比照適用於國家管轄地區。

第4條　本協定和《公約》之間的關係

本協定的任何規定均不應妨害《公約》所規定的國家權利、管轄權和義務。本協定應參照《公約》的內容並以符合《公約》的方式予以解釋和適用。

第二部分
跨界魚類種群和高度洄游魚類種群的養護和管理

第5條 一般原則

為了養護和管理跨界魚類種群和高度洄游魚類種群,沿海國和在公海捕魚的國家應根據《公約》履行合作義務:

(a)制定措施確保跨界魚類種群和高度洄游魚類種群的長期可持續能力並促進最適度利用的目的;

(b)確保這些措施所根據的是可得到的最佳科學證據,目的是在包括發展中國家的特別需要在內的各種有關環境和經濟因素的限制下,使種群維持在或恢復到能夠產生最高持續產量的水平,並考慮到捕魚方式、種群的相互依存及任何普遍建議的分區域、區域或全球的國際最低標準;

(c)根據第6條適用預防性做法;

(d)評估捕魚、其他人類活動及環境因素對目標種群和屬於同一生態系統的物種或與目標種群相關或依附目標種群的物種的影響;

(e)必要時對屬於同一生態系統的物種或與目標種群相關或依附目標種群的物種制定養護和管理措施,以維持或恢復這些物種的數量,使其高於會嚴重威脅到物種繁殖的水平;

(f)採取措施,包括在切實可行的情況下,發展和使用有選擇性的、對環境無害和成本效益高的漁具和捕魚技術,以盡量減少污染、廢棄物、遺棄漁具撈獲物、非目標物種(包括魚種和非魚種)(下稱非目標物種)的捕獲量及對相關或依附物種特別是瀕於滅絕物種的影響;

(g)保護海洋環境的生物多樣性;

(h)採取措施防止或消除漁撈過度和捕魚能力過大的問題,並確保漁獲努力量不高於與漁業資源的可持續利用相稱的水平;

(i)考慮到個體漁民和自給性漁民的利益;

(j)及時收集和共用完整而準確的捕魚活動數據,包括附件一列出

的船隻位置、目標物種和非目標物種的捕獲量和漁獲努力量，以及國家和國際研究方案所提供的資料；

(k)促進並進行科學研究和發展適當技術以支助漁業養護和管理；和

(l)進行有效的監測、管制和監督，以實施和執行養護和管理措施。

第6條　預防性做法的適用

1.　各國對跨界魚類種群和高度洄游魚類種群的養護、管理和開發，應廣泛適用預防性做法，以保護海洋生物資源和保全海洋環境。

2.　各國在資料不明確、不可靠或不充足時應更為慎重。不得以科學資料不足為由而推遲或不採取養護和管理措施。

3.　各國在實施預防性做法時應：

(a)取得和共用可獲得的最佳科學資料，並採用關於處理危險和不明確因素的改良技術，以改進養護和管理漁業資源的決策行動；

(b)適用附件二所列的準則，並根據可獲得的最佳科學資料確定特定種群的參考點，及在逾越參考點時應採取的行動；

(c)特別要考慮到關於種群大小和繁殖力的不明確情況、參考點、相對於這些參考點的種群狀況、漁撈死亡率的程度和分布、捕魚活動對非目標和相關或依附物種的影響，以及現存的和預測的海洋、環境、社會經濟狀況等；和

(d)制定數據收集和研究方案，以評估捕魚對非目標和相關或依附物種及其環境的影響，並制定必要計畫，確保養護這些物種和保護特別關切的生境。

4.　如已接近參考點，各國應採取措施確保不致逾越參考點。如已逾越參考點，各國應立即採取第3(b)款確定的行動以恢復種群。

5.　如目標種群或非目標或相關或依附物種的狀況令人關注，各國應對這些種群和物種加強監測，以審查其狀況及養護和管理措施的效力。各國應根據新的資料定期修訂這些措施。

6.　就新漁業或試捕性漁業而言，各國應盡快制定審慎的養護和管理措施，其中應特別包括捕獲量與努力量的極限。這些措施在有足夠

數據允許就該漁業對種群的長期可持續能力的影響進行評估前應始終生效，其後則應執行以這一評估為基礎的養護和管理措施。後一類措施應酌情允許這些漁業逐漸發展。

7. 如某種自然現象對跨界魚類種群或高度洄游魚類種群的狀況有重大的不利影響，各國應緊急採取養護和管理措施，確保捕魚活動不致使這種不利影響更趨惡化。捕魚活動對這些種群的可持續能力造成嚴重威脅時，各國也應緊急採取這種措施。緊急採取的措施應屬臨時性質，並應以可獲得的最佳科學證據為根據。

第7條　養護和管理措施的互不抵觸

1. 在不妨害沿海國根據《公約》享有的在國家管轄地區內勘查和開發、養護和管理海洋生物資源的主權權利，及所有國家根據《公約》享有的可由其國民在公海上捕魚的權利的情況下：

(a)關於跨界魚類種群，有關沿海國和本國國民在毗鄰公海區內捕撈這些種群的國家應直接地或通過第三部分所規定的適當合作機制，設法議定在毗鄰公海區內養護這些種群的必要措施；

(b)關於高度洄游魚類種群，有關沿海國和本國國民在區域內捕撈這些種群的其他國家應直接地或通過第三部分所規定的適當合作機制進行合作，以期確保在整個區域，包括在國家管轄地區內外，養護這些種群並促進最適度利用這些種群。

2. 為公海訂立的和為國家管轄地區制定的養護和管理措施應互不抵觸，以確保整體養護和管理跨界魚類種群和高度洄游魚類種群。為此目的，沿海國和在公海捕魚的國家有義務進行合作，以便就這些種群達成互不抵觸的措施。在確定互不抵觸的養護和管理措施時，各國應：

(a)考慮到沿海國根據《公約》第六十一條在國家管轄地區內為同一種群所制定和適用的養護和管理措施，並確保為這些種群訂立的公海措施不削弱這些措施的效力；

(b)考慮到有關沿海國和在公海捕魚的國家以前根據《公約》為同一種群訂立和適用的議定公海措施；

(c)考慮到分區域或區域漁業管理組織或安排以前根據《公約》為同一種群訂立和適用的議定措施；

(d)考慮到種群的生物統一性和其他生物特徵及種群的分布、漁業和有關區域的地理特徵之間的關係，包括種群在國家管轄地區內出現和被捕撈的程度；

(e)考慮到沿海國和在公海捕魚的國家各自對有關種群的依賴程度；和

(f)確保這些措施不致對整體海洋生物資源造成有害影響。

3. 各國在履行合作義務時，應盡力在一段合理時間內就互不抵觸的養護和管理措施達成協議。

4. 如未能在一段合理時間內達成協議，任何有關國家可援引第八部分所規定的解決爭端程序。

5. 在就互不抵觸的養護和管理措施達成協議以前，有關國家應本著諒解和合作精神，盡力作出實際的臨時安排。如有關國家無法就這種安排達成協議，任何有關國家可根據第八部分規定的解決爭端程序，為取得臨時措施將爭端提交一個法院或法庭。

6. 按照第5款達成或規定的臨時安排或措施應考慮到本部分各項規定，應妥為顧及所有有關國家的權利和義務，不應損害或妨礙就互不抵觸的養護和管理措施達成最後協議，並不應妨害任何解決爭端程序的最後結果。

7. 沿海國應直接地或通過適當的分區域或區域漁業管理組織或安排，或以任何其他適當方式，定期向在分區域或區域內公海捕魚的國家通報他們就其國家管轄地區內跨界魚類種群和高度洄游魚類種群制定的措施。

8. 在公海捕魚的國家應直接地或通過適當的分區域或區域漁業管理組織或安排，或以任何其他適當方式，定期向其他有關國家通報他們為管制懸掛本國國旗，在公海捕撈這些種群的船隻的活動而制定的措施。

第三部分　關於跨界魚類種群和高度洄游
魚類種群的國際合作機制

第八條　養護和管理的合作

1.　沿海國和在公海捕魚的國家應根據《公約》，直接地或通過適當的分區域或區域漁業管理組織或安排，就跨界魚類種群和高度洄游魚類種群進行合作，同時考慮到分區域或區域的具體特性，以確保這些種群的有效養護和管理。

2.　各國應毫不遲延地本著誠意進行協商，特別是在有證據表明有關的跨界魚類種群或高度洄游魚類種群可能受到捕撈過度的威脅或受到一種新興的捕魚業捕撈時。為此目的，經任何有關國家的請求即可開始進行協商，以期訂立適當安排，確保種群的養護和管理。在就這種安排達成協議以前，各國應遵守本協定各項規定，本著誠意行事，並妥為顧及其他國家的權利、利益和義務。

3.　如某一分區域或區域漁業管理組織或安排有權就某些跨界魚類種群或高度洄游魚類種群訂立養護和管理措施，在公海捕撈這些種群的國家和有關沿海國均應履行其合作義務，成為這種組織的成員或安排的參與方，或同意適用這種組織或安排所訂立的養護和管理措施。對有關漁業真正感興趣的國家可成為這種組織的成員或這種安排的參與方。這種組織或安排的參加條件不應使這些國家無法成為成員或參加；也不應以歧視對有關漁業真正感興趣的任何國家或一組國家的方式適用。

4.　只有屬於這種組織的成員或安排的參與方的國家，或同意適用這種組織或安排所訂立的養護和管理措施的國家，才可以捕撈適用這些措施的漁業資源。

5.　如沒有分區域或區域漁業管理組織或安排就某種跨界魚類種群或高度洄游魚類種群訂立養護和管理措施，有關沿海國和在分區域或區域公海捕撈此一種群的國家即應合作設立這種組織或達成其他適當安排，以確保此一種群的有效養護和管理，並應參加組織或安排的工

作。

6. 任何國家如有意提議有權管理生物資源的政府間組織採取行動，且這種行動將重大影響某一分區域或區域漁業管理主管組織或安排已訂立的養護和管理措施，均應通過該組織或安排同其成員或參與方協商。在切實可行的情況下，這種協商應在向該政府間組織作出提議之前舉行。

第9條　分區域和區域漁業管理組織和安排

1. 各國在為跨界魚類種群和高度洄游魚類種群設立分區域或區域漁業管理組織或訂立分區域或區域漁業管理安排時，應特別議定：

(a)養護和管理措施適用的種群，顧及有關種群的生物特徵和所涉漁業的性質；

(b)適用地區，考慮到第7條第1款和分區域或區域的特徵，包括社會經濟、地理和環境因素；

(c)新的組織或安排的工作與任何有關的現有漁業管理組織或安排的作用、目標和業務之間的關係；和

(d)組織或安排獲得科學諮詢意見並審查種群狀況的機制，包括酌情設立科學諮詢機關。

2. 合作組成分區域或區域漁業管理組織或安排的國家應通知他們知道對提議的這種合作組織或安排的工作真正感興趣的其他國家。

第10條　分區域和區域漁業管理組織和安排的職能

各國通過分區域或區域漁業管理組織或安排履行合作義務時應：

(a)議定和遵守養護和管理措施，以確保跨界魚類種群和高度洄游魚類種群的長期可持續能力；

(b)酌情議定各種參與權利，如可捕量的分配或漁獲努力量水平；

(c)制定和適用一切普遍建議的關於負責任進行捕魚作業的最低國際標準；

(d)取得和評價科學諮詢意見，審查種群狀況，並評估捕魚對非目標和相關或依附種的影響；

(e)議定收集、彙報、核查和交換關於種群的漁業數據的各項標

準；

　　(f)如附件一所述，收集和傳播準確而完整的統計數據，以確保獲得最佳科學證據，同時酌情保守機密；

　　(g)促進和進行關於種群的科學評估和有關研究，並傳播其結果；

　　(h)為有效的監測、管制、監督和執法建立適當的合作機制；

　　(i)議定辦法照顧組織的新成員或安排的新參與方的漁業利益；

　　(j)議定有助於及時和有效制定養護和管理措施的決策程序；

　　(k)根據第八部分促進和平解決爭端；

　　(l)確保其有關國家機構和行業在執行組織或安排的建議和決定方面給予充分的合作；和

　　(m)妥為公布組織或安排訂立的養護和管理措施。

第11條　新成員或參與方

　　在決定一個分區域或區域漁業管理組織的新成員或一個分區域或區域漁業管理安排的新參與方的參與權利的性質和範圍時，各國應特別考慮到：

　　(a)跨界魚類種群和高度洄游魚類種群的狀況和漁業現有的漁獲努力量水平；

　　(b)新的和現有的成員或參與方各自的利益、捕魚方式和習慣捕魚法；

　　(c)新的和現有的成員或參與方各自對養護和管理種群、收集和提供準確數據及進行關於種群的科學研究所作出的貢獻；

　　(d)主要依賴捕撈這些種群的沿海漁民社區的需要；

　　(e)經濟極為依賴開發海洋生物資源的沿海國的需要；和

　　(f)種群也在其國家管轄地區內出現的分區域或區域發展中國家的利益。

第12條
分區域和區域漁業管理組織和安排的活動的透明度

　　1.　各國應規定分區域和區域漁業管理組織和安排的決策程序及其他活動應具有透明度。

2. 關心跨界魚類種群和高度洄游魚類種群的其他政府間組織代表和非政府組織代表應有機會作為觀察員，或酌情以其他身分根據有關分區域或區域漁業管理組織或安排的程序，參加這些組織和安排的會議。參加程序在這方面不應過分苛刻。這些政府間組織和非政府組織應可及時取得這些組織和安排的記錄和報告，但須遵守有關取得這些記錄和報告的程序規則。

第13條　加強現有的組織和安排

各國應合作加強現有的分區域和區域漁業管理組織和安排，以提高其效力，訂立和執行跨界魚類種群和高度洄游魚類種群的養護和管理措施。

第14條　收集和提供資料及科學研究方面的合作

1. 各國應確保懸掛本國國旗的漁船提供必要的資料，以履行本協定規定的義務。為此目的，各國應根據附件一：

(a)收集和交換跨界魚類種群和高度洄游魚類種群漁業方面的科學、技術和統計數據；

(b)確保收集的數據足夠詳細以促進有效的種群評估，並及時提供這種數據，以履行分區域或區域漁業管理組織或安排的規定；和

(c)採取適當措施以核查這種數據的準確性。

2. 各國應直接地或通過分區域或區域漁業管理組織或安排進行合作，以便：

(a)議定數據的技術要求及將這種數據提供給這些組織或安排的形式，同時考慮到種群的性質和這些種群的漁業；和

(b)研究和共用分析技術和種群評估方法，以改進跨界魚類種群和高度洄游魚類種群的養護和管理措施。

3. 在符合《公約》第十三部分的情況下，各國應直接地或通過主管國際組織進行合作，加強漁業領域的科學研究能力，促進有關養護和管理跨界魚類種群和高度洄游魚類種群的科學研究，造福大眾。為此目的，在國家管轄地區外進行這種研究的國家或主管國際組織，應積極促進發表和向任何有興趣的國家傳播這種研究的成果，及有關這

種研究的目標和方法的資料，並在切實可行的情況下方便這些國家的
科學家參與這種研究。

第15條　閉海和半閉海

　　各國在閉海或半閉海執行本協定時，應考慮到有關閉海或半閉海
的自然特徵，並應以符合《公約》第九部分和《公約》其他有關規定
的方式行事。

第16條

完全被一個國家的國家管轄地區包圍的公海區

　　1.　在完全被一個國家的國家管轄地區包圍的公海區內捕撈跨界魚
類種群和高度洄游魚類種群的國家和該國應進行合作，就該公海區內
這些種群制定養護和管理措施。在顧及該地區的自然特徵的情況下，
各國應按照第7條特別注意制定養護和管理這些種群的互不抵觸措
施。就公海制定的措施應考慮到《公約》規定的沿海國權利、義務和
利益，應以可得到的最佳科學證據為根據，還應考慮到沿海國在國家
管轄地區內根據《公約》第六十一條就同一種群制定和適用的任何養
護和管理措施。各國也應議定監測、管制、監督和執法措施，以確保
就公海制定的養護和管理措施獲得遵守。

　　2.　各國應按照第8條毫不遲延地本著誠意行事，盡力議定適用於
在第1款所指地區進行的捕魚作業的養護和管理措施。如有關捕魚國
和沿海國未能在一段合理時間內議定這些措施，他們應根據第1款適
用關於臨時安排或措施的第7條第4、第5和第6款。在制定這些臨時安
排或措施以前，有關國家應對懸掛本國國旗的船隻採取措施，使其不
從事可能損害有關種群的捕魚作業。

第四部分　非成員和非參與方

第17條　非組織成員和非安排參與方

　　1.　不屬於某個分區域或區域漁業管理組織的成員或某個分區域或
區域漁業管理安排的參與方，且未另外表示同意適用該組織或安排訂
立的養護和管理措施的國家並不免除根據《公約》和本協定對有關跨

界魚類種群和高度洄游魚類種群的養護和管理給予合作的義務。

2. 這種國家不得授權懸掛本國國旗的船隻從事捕撈受該組織或安排所訂立的養護和管理措施管制的跨界魚類種群或高度洄游魚類種群。

3. 分區域或區域漁業管理組織的成員國或分區域或區域漁業管理安排的參與國，應個別或共同要求第1條第3款所指，在有關地區有漁船的捕魚實體，同該組織或安排充分合作，執行其訂立的養護和管理措施，以期使這些措施盡可能廣泛地實際適用於有關地區的捕魚活動。這些捕魚實體從參加捕撈所得利益應與其為遵守關於種群的養護和管理措施所作承諾相稱。

4. 這些組織的成員國或安排的參與國應就懸掛非組織成員國或非安排參與國國旗，並從事捕魚作業，捕撈有關種群的漁船的活動交換情報。他們應採取符合本協定和國際法的措施，防阻這種船隻從事破壞分區域或區域養護和管理措施效力的活動。

第五部分　船旗國的義務

第18條　船旗國的義務

1. 本國漁船在公海捕魚的國家應採取可能必要的措施，確保懸掛本國國旗的船隻遵守分區域和區域養護和管理措施，並確保這些船隻不從事任何活動，破壞這些措施的效力。

2. 國家須能夠對懸掛本國國旗的船隻切實執行根據《公約》和本協定對這些船隻負有的責任方可准其用於公海捕魚。

3. 一國應對懸掛本國國旗的船隻採取的措施包括：

　　(a)根據在分區域、區域或全球各級議定的任何適用程序，採用漁撈許可證、批准書或執照等辦法在公海上管制這些船隻；

　　(b)建立規章以：

　　　　㈠在許可證、批准書或執照中適用足以履行船旗國一切分區域、區域或全球義務的規定和條件；

　　　　㈡禁止未經正式許可或批准捕魚的船隻在公海捕魚，和禁止船

隻不按許可證、批准書或執照的規定和條件在公海捕魚;

　　㈢規定在公海捕魚的船隻始終隨船攜帶許可證、批准書或執照,並在經正式授權人員要求檢查時出示;和

　　㈣確保懸掛本國國旗的船隻不在其他國家管轄地區內未經許可擅行捕魚;

　　(c)建立國家檔案記錄獲准在公海捕魚的漁船的資料,並根據直接有關的國家的要求提供利用檔案所載資料的機會,考慮到船旗國關於公布這種資料的一切國內法律;

　　(d)規定根據《聯合國糧食及農業組織漁船標誌和識別標準規格》等國際公認的統一漁船和漁具標誌系統,在漁船和漁具上作標記,以資識別;

　　(e)規定按照收集數據的分區域、區域和全球標準,記錄和及時報告船隻位置、目標物種和非目標物種捕獲量、漁獲努力量及其他有關漁業數據;

　　(f)規定通過觀察員方案、檢查計畫、卸貨報告、轉運監督、監測上岸漁獲和市場統計等辦法,核查目標物種和非目標物種的捕獲量;

　　(g)監測、管制和監督這些船隻、其捕魚作業和有關活動,方式包括:

　　㈠執行國家檢查計畫及第21條和第22條規定的分區域和區域執法合作辦法,包括規定這些船隻須允許經正式授權的其他國家檢查員登船;

　　㈡執行國家觀察員方案及船旗國為參與國的分區域和區域觀察員方案,包括規定這些船隻須允許其他國家的觀察員登船執行方案議定的職務;和

　　㈢按照任何國家方案和經有關國家議定的分區域、區域或全球方案發展和執行船隻監測系統,適當時包括衛星傳送系統;

　　(h)管制公海上的轉運活動,以確保養護和管理措施的效力不受破壞,和

　　(i)管制捕魚活動以確保遵守分區域、區域或全球措施,包括旨在

盡量減少非目標物種捕獲量的措施。

4. 如已有生效的分區域、區域或全球議定監測、管制和監督辦法，國家應確保對懸掛本國國旗的船隻所規定的措施符合該套辦法。

第六部分 遵守和執法

第19條 船旗國的遵守和執法

1. 一國應確保懸掛本國國旗的船隻遵守養護和管理跨界魚類種群和高度洄游魚類種群的分區域和區域措施。為此目的，該國應：

(a)執行這種措施，不論違法行為在何處發生；

(b)立即對一切涉嫌違反分區域或區域養護和管理措施的行為全面進行調查，包括對有關船隻進行實際檢查，並迅速將調查進展和結果報告指控國和有關分區域或區域組織或安排；

(c)規定任何懸掛其國旗的船隻向調查當局提供關於船隻位置、漁獲、漁具、在涉嫌發生違法行為地區的捕魚作業和有關活動的資料；

(d)如認為已對涉嫌違法行為掌握足夠證據，即將案件送交本國當局，以毫不遲延地依其法律提起司法程序，並酌情扣押有關船隻；和

(e)如根據本國法律確定船隻嚴重違反了這些措施，確保該船不在公海從事捕魚作業，直至船旗國對違法行為所定的，但尚未執行的所有制裁得到執行時為止。

2. 所有調查和司法程序應迅速進行。適用於違法行為的制裁應足夠嚴厲，以收守法之效和防阻違法行為在任何地方發生，並應剝奪違法者從其非法活動所得到的利益。適用於漁船船長和其他職務船員的措施應包括除其他外可予拒發、撤銷或吊銷批准在這種船隻上擔任船長或職務船員的證書的規定。

第20條 執法的國際合作

1.各國應直接地或通過分區域或區域漁業管理組織或安排合作，以確保養護和管理跨界魚類種群和高度洄游魚類種群的分區域和區域措施的遵守和執法工作。

2. 船旗國對涉嫌違反跨界魚類種群或高度洄游魚類種群的養護和

管理措施的行為進行調查時，可向提供合作可能有助於進行這種調查的任何其他國家請求協助。所有國家應盡力滿足船旗國就這種調查提出的合理要求。

3. 船旗國可直接地，同其他有關國家合作，或通過有關分區域或區域漁業管理組織或安排進行這種調查。應向所有與涉嫌違法行為有關或受其影響的國家提供關於調查進展和結果的資料。

4. 各國應相互協助查明據報曾從事破壞分區域、區域或全球養護和管理措施效力的活動的船隻。

5. 各國應在國家法律和規章許可的範圍內作出安排，向其他國家的司法當局提供關於涉嫌違反這些措施的行為的證據。

6. 如有合理理由相信，一艘在公海上的船隻曾在一沿海國管轄地區內未經許可進行捕魚，該船的船旗國在有關沿海國提出請求時，應立即充分調查事件。船旗國應同沿海國合作，就這種案件採取適當執法行動，並可授權沿海國有關當局在公海上登臨和檢查船隻。本款不妨害《公約》第一一一條。

7. 屬於分區域或區域漁業管理組織的成員或分區域或區域漁業管理安排的參與方的締約國可根據國際法採取行動，包括訴諸為此目的訂立的分區域或區域程序，以防阻從事破壞該組織或安排所訂立的養護和管理措施的效力，或以其他方式違反這些措施的船隻在分區域或區域公海捕魚，直至船旗國採取適當行動時為止。

第21條　執法的分區域和區域合作

1. 在分區域或區域漁業管理組織或安排所包括的任何公海區，作為這種組織的成員或這種安排的參與方的締約國可通過經本國正式授權的檢查員根據第2款登臨和檢查懸掛本協定另一締約國國旗的漁船，不論另一締約國是否為該組織的成員或該安排的參與方，以確保該組織或安排為養護和管理跨界魚類種群和高度洄游魚類種群所訂立的措施獲得遵守。

2. 各國應通過分區域或區域漁業管理組織或安排制定按照第1款登臨和檢查的程序，以及執行本條其他規定的程序。這種程序應符合

本條規定和第22條列舉的基本程序，且不應歧視非組織成員或非安排
參與方。登臨和檢查以及其後任何執法行動應按照這種程序執行。各
國應妥為公布根據本款制定的程序。

3. 如任何組織或安排未在本協定通過後兩年內訂立這種程序，在
訂立這種程序以前，根據第1款進行的登臨和檢查，以及其後的任何
執法行動，應按照本條和第22條列舉的基本程序執行。

4. 在根據本條採取行動以前，檢查國應直接地或通過有關分區域
或區域漁業管理組織或安排，將其發給經正式授權的檢查員的身分證
明式樣通告船隻在分區域或區域公海捕魚的所有國家。用於登臨和檢
查的船隻應有清楚標誌，識別其執行政府公務地位。在成為本協定締
約國時，各國應指定適當當局以接受按照本條發出的通知，並應通過
有關分區域或區域漁業管理組織或安排妥為公布作出的指定。

5. 如在登臨和檢查後有明確理由相信船隻曾從事任何違反第1款
所指的養護和管理措施的行為，檢查國應酌情搜集證據並應將涉嫌違
法行為迅速通知船旗國。

6. 船旗國應在收到第5款所指的通知的三個工作日內，或在根據
第2款訂立的程序所規定的其他時間內，對通知作出答覆，並應：

　　(a)毫不遲延地履行第19條規定的義務進行調查，如有充分證據，
則對船隻採取執法行動，在這種情況下船旗國應將調查結果和任何執
法行動迅速通知檢查國；或

　　(b)授權檢查國進行調查。

7. 如船旗國授權檢查國調查涉嫌違法行為，檢查國應毫不遲延地
將調查結果通知船旗國。如有充分證據，船旗國應履行義務對船隻採
取執法行動。否則，船旗國可按照本協定規定的船旗國權利和義務，
授權檢查國執行船旗國對船隻規定的執法行動。

8. 如在登臨和檢查後有明顯理由相信船隻曾犯下嚴重違法行為，
且船旗國未按照第6或第7款規定作出答覆或採取行動，則檢查員可留
在船上搜集證據並可要求船長協助作進一步調查，包括在適當時立即
將船隻駛往最近的適當港口，或按照第2款訂立的程序所規定的其他

港口。檢查國應立即將船隻駛往的港口地名通知船旗國。檢查國和船旗國,及適當時包括港口國,應採取一切必要步驟確保船員的安好,而不論船員的國籍為何。

9. 檢查國應將任何進一步調查的結果通知船旗國和有關組織或有關安排的參與方。

10. 檢查國應規定其檢查員遵守有關船隻和船員的安全的公認國際條例、程序和慣例,盡量減少對捕魚活動的干預,並在切實可行的範圍內避免採取不利地影響船上漁獲質量的行動。檢查國應確保登臨和檢查不以可能對任何漁船構成騷擾的方式進行。

11. 為本條目的,嚴重違法行為是指:

(a)未有船旗國按照第18條第3(a)款頒發的有效許可證、批准書或執照進行捕魚;

(b)未按照有關分區域或區域漁業管理組織或安排的規定保持準確的漁獲量數據和有關漁獲量的數據,或違反該組織或安排的漁獲量報告規定,嚴重誤報漁獲量;

(c)在禁漁區,在禁漁期,或在未有有關分區域或區域漁業管理組織或安排訂立的配額的情況下或在配額達到後捕魚;

(d)〔一〕直捕受暫停捕撈限制或禁捕的種群;

(e)使用違禁漁具;

(f)偽造或隱瞞漁船的標誌、記號或登記;

(g)隱瞞、篡改或銷毀調查涉及的證據;

(h)多重違法行為,綜合視之構成嚴重違反養護和管理措施的行為;或

(i)有關分區域或區域漁業管理組織或安排訂立的程序所可能規定的其他違法行為。

12. 雖有本條其他規定,船旗國可隨時就涉嫌違法行為採取行動履行第19條規定的義務。如船隻在檢查國的控制下,經船旗國的請求,檢查國應釋放船隻,連同關於其調查進展和結果的全部資料交給船旗國。

13. 本條不妨害船旗國按照本國法律採取任何措施，包括提起加以處罰的司法程序的權利。

14. 本條比照適用於締約國的登臨和檢查，如締約國為某個分區域或區域漁業管理組織的成員或某個分區域或區域漁業管理安排的參與方，有明確理由相信懸掛另一締約國國旗的漁船在這個組織或安排所涉的公海區內從事任何違反第1款所指的有關養護和管理措施的活動，而且此漁船其後在同一捕魚航次中進入檢查國國家管轄地區內。

15. 如分區域或區域漁業管理組織或安排另立機制，有效履行其成員或參與方根據本協定所負義務，確保該組織或安排訂立的養護和管理措施獲得遵守，則這種組織的成員或這種安排的參與方可協議在為有關公海區訂立的養護和管理措施方面，將第1款的適用範圍限於彼此之間。

16. 船旗國以外的國家對從事違反分區域或區域養護和管理措施的活動的船隻採取的行動，應同違法行為的嚴重程度相稱。

17. 如有合理理由懷疑公海上的漁船沒有國籍，一國可登臨和檢查該船。如有充分證據，該國可根據國際法採取適當行動。

18. 各國須對其根據本條採取行動所造成的破壞或損失負賠償責任，如這些行動為非法的行動，或根據可得到的資料為超過執行本條規定所合理需要的行動。

第22條　根據第21條進行登臨和檢查的基本程序

1. 檢查國應確保經其正式授權的檢查員：

(a)向船長出示授權證書，並提供有關的養護和管理措施的文本或根據這些措施在有關公海區生效的條例和規章；

(b)在登臨和檢查時向船旗國發出通知；

(c)在進行登臨和檢查期間不干預船長與船旗國當局聯絡的能力；

(d)向船長和船旗國當局提供一份關於登臨和檢查的報告，在其中註明船長要求列入報告的任何異議或聲明；

(e)在檢查結束，未查獲任何嚴重違法行為證據時迅速離船；和

(f)避免使用武力，但為確保檢查員安全和在檢查員執行職務時受

到阻礙而必須使用者除外，且應以必要程度為限。使用的武力不應超過根據情況為合理需要的程度。

2. 經檢查國正式授權的檢查員有權檢查船隻、船隻執照、漁具、設備、記錄、設施、漁獲和漁產品及任何必要的有關證件，以核查對有關養護和管理措施的遵守。

3. 船旗國應確保船長：

　(a)接受檢查員並方便其迅速而安全的登臨；

　(b)對按照這些程序進行的船隻檢查給予合作和協助；

　(c)在檢查員執行其職務時不加阻撓、恫嚇或干預；

　(d)允許檢查員在登臨和檢查期間與船旗國和檢查國當局聯絡；

　(e)向檢查員提供合理設施，包括酌情提供食宿；和

　(f)方便檢查員安全下船。

4. 如船長拒絕接受按照本條和第21條進行的登臨和檢查，除根據有關海上安全的公認國際條例、程序和慣例而必須推遲登臨和檢查的情況下，船旗國應指令該船長立即接受登臨和檢查，如該船長不按指令行事，船旗國則應吊銷船隻的捕魚批准書並命令船隻立即返回港口。本款所述情況發生時，船旗國應將其採取的行動通知檢查國。

第23條　港口國採取的措施

1. 港口國有權利和義務根據國際法採取措施，提高分區域、區域和全球養護和管理措施的效力。港口國採取這類措施時不得在形式上或事實上歧視任何國家的船隻。

2. 港口國除其他外，可登臨自願在其港口或在其岸外碼頭的漁船檢查證件、漁具和漁獲。

3. 各國可制定規章，授權有關國家當局禁止漁獲上岸和轉運，如漁獲經證實為在公海上以破壞分區域、區域或全球養護和管理措施效力的方式所捕撈者。

4. 本條絕不影響國家根據國際法對其領土內的港口行使其主權。

第七部分　發展中國家的需要

第24條　承認發展中國家的特殊需要

1.　各國應充分承認發展中國家在養護和管理跨界魚類種群和高度洄游魚類種群和發展這些種群的漁業方面的特殊需要。為此目的，各國應直接或通過聯合國開發計畫署、聯合國糧食及農業組織和其他專門機構、全球環境融資、可持續發展委員會及其他適當國際和區域組織與機構，向發展中國家提供援助。

2.　各國在履行合作義務制定跨界魚類種群和高度洄游魚類種群的養護和管理措施時，應考慮到發展中國家的特殊需要，尤其是：

(a)依賴開發海洋生物資源，包括以此滿足其人口或部分人口的營養需要的發展中國家的脆弱性；

(b)有必要避免給發展中國家，特別是小島嶼發展中國家的自給、小規模和個體漁民及婦女漁工以及土著人民造成不利影響，並確保他們可從事捕魚活動；和

(c)有必要確保這些措施不會造成直接或間接地將養護行動的重擔不合比例地轉嫁到發展中國家身上。

第25條　與發展中國家合作的形式

1.　各國應直接地或通過分區域、區域或全球組織合作以：

(a)提高發展中國家，特別是其中的最不發達國家和小島嶼發展中國家的能力，以養護和管理跨界魚類種群和高度洄游魚類種群和發展本國捕撈這些種群的漁業；

(b)協助發展中國家，特別是其中的最不發達國家和小島嶼發展中國家，使其能參加公海捕撈這些種群的漁業，包括提供從事這種捕魚活動的機會，但以不違背第5和第11條為限；和

(c)便利發展中國家參加分區域和區域漁業管理組織和安排。

2.　就本條規定的各項目標同發展中國家合作應包括提供財政援助、人力資源開發方面的援助、技術援助、包括通過合資安排進行的技術轉讓及諮詢和顧問服務。

3.　這些援助除其他外應特別著重於：

(a)通過收集、彙報、核查、交換和分析漁業數據和有關資料的辦

法改進跨界魚類種群和高度洄游魚類種群的養護和管理；

　　(b)種群評估和科學研究；和

　　(c)監測、管制、監督、遵守和執行工作，包括地方一級的培訓和能力建設，擬訂和資助國家和區域觀察員方案，及取得技術和設備。

　　　　第26條　　為執行本協定提供特別援助

　　1.　各國應合作設立特別基金協助發展中國家執行本協定，包括協助發展中國家承擔他們可能為當事方的任何爭端解決程序的所涉費用。

　　2.　國家和國際組織應協助發展中國家設立新的分區域或區域漁業管理組織或安排，或加強現有的組織或安排，以養護和管理跨界魚類種群和高度洄游魚類種群。

第八部分　　和平解決爭端

　　　　第27條　　以和平方式解決爭端的義務

　　各國有義務通過談判、調查、調停、和解、仲裁、司法解決、訴諸區域機構或安排或自行選擇的其他和平方式解決爭端。

　　　　第28條　　預防爭端

　　各國應合作預防爭端。為此目的，各國應在分區域和區域漁業管理組織和安排內議定迅速而有效的作出決定的程序，並應視需要加強現有的作出決定的程序。

　　　　第29條　　技術性爭端

　　如爭端涉及技術性事項，有關各國可將爭端提交他們成立的特設專家小組處理。該小組應與有關國家磋商，並設法在不採用具有約束力的解決爭端程序的情況下迅速解決爭端。

　　　　第30條　　解決爭端程序

　　1.　《公約》第十五部分就解決爭端訂立的各項規定比照適用於本協定締約國之間有關本協定的解釋或適用的一切爭端，不論他們是否也是《公約》的締約方。

　　2.　《公約》第十五部分就解決爭端訂立的各項規定比照適用於本

協定締約國之間有關他們為締約方的，關於跨界魚類種群和高度迴游魚類種群的分區域、區域或全球漁業協定的解釋或適用的一切爭端，包括任何有關養護和管理這些種群的爭端，不論他們是否也是《公約》的締約方。

3. 本協定和《公約》締約國根據《公約》第二八七條接受的任何程序應適用於解決本部分所列的爭端，除非該締約國在簽署、批准或加入本協定時，或在其後任何時間，接受第二八七條規定的另一種程序解決本部分所列的爭端。

4. 不屬於《公約》締約國的本協定締約國在簽署、批准或加入本協定時，或在其後任何時候，均可以書面聲明方式，任選《公約》第二八七條第1款所列的一種或多種方式解決本部分所列爭端。第二八七條應適用於這種聲明，也適用於這些身為當事方，但非有效聲明所包括的國家的爭端。為根據《公約》附件五、附件七和附件八進行調解和仲裁的目的，這些國家有權提名調解員、仲裁員和專家，列入附件五第二條、附件七第二條和附件八第二條所指的名單內，以解決本部分所列的爭端。

5. 接獲根據本部分提出的爭端的任何法院或法庭應適用《公約》、本協定和任何有關分區域、區域或全球漁業協定的有關規定，以及養護和管理海洋生物資源方面的公認標準和其他同《公約》無抵觸的國際法規則，以確保有關的跨界魚類種群和高度迴游魚類種群的養護。

第31條　臨時措施

1. 在按照本部分解決爭端以前，爭端各方應盡量達成切實可行的臨時安排。

2. 在不妨害《公約》第二九〇條的情況下，接獲根據本部分提出的爭端的法院或法庭可規定其根據情況認為適當的臨時措施，以保全爭端各方的各自權利，或防止有關種群受到損害，也可以在第7條第5款和第16條第2款所述情況下規定臨時措施。

3. 不屬於《公約》締約國的本協定締約國可聲明，雖有《公約》

第二九〇條第5款的規定，國際海洋法法庭無權未經該國同意即規定、修改或撤銷臨時措施。

第32條　對解決爭端程序適用的限制

《公約》第二九七條第3款也適用於本協定。

第九部分　非本協定締約方

第33條　非本協定締約方

1.　締約國應鼓勵非本協定締約方成為本協定締約方和制定符合本協定各項規定的法律和規章。

2.　締約國應採取符合本協定和國際法的措施，防阻懸掛非締約方國旗的船隻從事破壞本協定的有效執行的活動。

第十部分　誠意和濫用權利

第34條　誠意和濫用權利

締約國應誠意履行根據本協定承擔的義務並應以不致構成濫用權利的方式行使本協定所承認的權利。

第十一部分　賠償責任

第35條　賠償責任

締約國須就本協定根據國際法對其造成的破壞或損失負賠償責任。

第十二部分　審查會議

第36條　審查會議

1.　聯合國秘書長應在本協定生效之日後四年召開會議，評價本協定在確保跨界魚類種群和高度洄游魚類種群的養護和管理方面的效力。秘書長應邀請所有締約國和有資格成為本協定締約方的國家和實體以及有資格作為觀察員參加會議的政府間組織和非政府組織參加會議。

2. 會議應審查和評價本協定各項規定的適當性，必要時提出加強本協定各項規定的實質性內容和執行方法的辦法，以期更妥善地處理在養護和管理跨界魚類種群和高度洄游魚類種群方面繼續存在的問題。

第十三部分 最後條款

第37條 簽 字

本協定應開放供所有國家和第1條第2(b)款所指的其他實體簽字，並應從1995年12月4日起十二個月內在聯合國總部一直開放供簽字。

第38條 批 准

本協定須經國家和第1條第2(b)款所指的其他實體批准。批准書應交存於聯合國秘書長。

第39條 加 入

本協定應一直開放給國家和第1條第2(b)款所指的其他實體加入。加入書應交存於聯合國秘書長。

第40條 生 效

1. 本協定應自第三十份批准書或加入書交存之日後30天生效。

2. 對於在第三十份批准書或加入書交存以後批准或加入協定的每一國家或實體，本協定應在其批准書或加入書交存後第三十天起生效。

第41條 暫時適用

1. 書面通知保存人同意暫時適用本協定的國家或實體暫時適用本協定。暫時適用自接到通知之日起生效。

2. 對一國或實體的暫時適用應在本協定對該國或實體生效之日終止或在該國或實體書面通知保存人其終止暫時適用的意思時終止。

第42條 保留和例外

不得對本協定作出保留或例外。

第43條 聲明和說明

第42條不排除國家或實體在簽署、批准或加入本協定時，作出不

論如何措詞或用何種名稱的聲明或說明，目的在於除其他外使其法律和規章同本規定相協調，但此種聲明或說明無意於排除或修改本協定規定適用於該國或實體的法律效力。

第44條　同其他協定的關係

1.　本協定不應改變締約國根據與本協定相符合的其他協定而產生的權利和義務，但以不影響其他締約國根據本協定享有其權利或履行其義務為限。

2.　兩個或兩個以上締約國可締結僅在各該國相互關係上適用的協定，以修改或暫停適用本協定的規定，但這種協定不得涉及本協定中某項規定，如對該規定予以減損就與本協定的目的及宗旨的有效執行不相符合，而且這種協定不應影響本協定所載各項基本原則的適用，同時這種協定的規定不影響其他締約國根據本協定享有其權利或履行其義務。

3.　有意訂立第2款所指協定的締約國應通過本協定保存人通知其他締約國其訂立協定的意思和該協定中有關修改或暫停適用本協定的規定。

第45條　修　　正

1.　締約國可給聯合國秘書長書面通知，對本協定提出修正案，並要求召開會議審議這種提出的修正案。秘書長應將這種通知分送所有締約國。如果在分送通知之日起六個月以內，不少於半數的締約國作出答覆贊成這一要求，秘書長應召開會議。

2.　按照第1款召開的修正會議所適用的作出決定的程序應與聯合國跨界魚類種群和高度洄游魚類種群會議所適用的程序相同，除非會議另有決定。會議應作出各種努力以協商一致方式就任何修正案達成協議，且除非為謀求協商一致已用盡一切努力，否則不應就其進行表決。

3.　本協定的修正案一旦通過，應自通過之日起十二個月內在聯合國總部對締約國開放簽字，除非修正案本身另有規定。

4.　第38、第39、第47和第50條適用於本協定的所有修正案。

5. 本協定的修正案，應在三分之二締約國交存批准書或加入書後第三十天對批准或加入修正案的締約國生效。此後，對於在規定數目的這類文書交存後批准或加入修正案的每一締約國，修正案應在其批准書或加入書交存後第三十天生效。

6. 修正案規定的其生效所需的批准書或加入書的數目可少於或多於本條規定的數目。

7. 在修正案按照第5款生效後成為本協定締約方的國家，應在該國不表示其他意思的情況下：

(a)視為經如此修正後的本協定的締約國；並

(b)在其對不受修正案約束的任何締約國的關係上，視為未修正的本協定的締約國。

第46條 退 出

1. 締約國可給聯合國秘書長書面通知退出本協定，並可說明其理由。未說明理由不應影響退出的效力。退出應在接到通知之日後一年生效，除非通知中指明一個較後的日期。

2. 退出絕不影響任何締約國按照國際法而無須基於本協定即應履行的本協定所載任何義務的責任。

第47條 國際組織的參加

1. 如《公約》附件九第一條所指的一個國際組織對本協定所涉整個主題事項缺乏權限，則《公約》附件九應比照適用於該國際組織對本協定的參加，但該附件下列各項規定不予適用：

(a)第二條，第一句；和

(b)第三條，第1款。

2. 如《公約》附件九第一條所指的一個國際組織對本協定所涉整個主題事項具有權限，該國際組織適用下列各項規定參加本協定：

(a)這些國際組織應在簽署或加入時聲明：

㈠對本協定所涉整個主題事項具有權限；

㈡因此，其成員國不會成為締約國，但不在這些國際組織職權範圍內的成員國領土不在此列；並

㈢接受本協定規定的國家權利和義務；

(b)這些國際組織的參加絕不使國際組織成員國享有本協定規定的任何權利；

(c)如一個國際組織根據本協定承擔的義務與成立該國際組織的協定或任何與其有關的文件所規定的義務發生衝突時，本協定規定的義務應予適用。

第48條　附　件

1.　各附件為本協定的組成部分，除另有明文規定外，凡提到本協定或其一個部分也就包括提到與其有關的附件。

2.　締約國可間或修訂各附件。這些修訂應以科學和技術理由為根據。雖有第45條的規定，如對附件的修訂在締約國會議上以協商一致方式通過，則應列入本協定，自修訂通過之日起生效，或自修訂規定的其他日期起生效。如對附件的修訂未在這種會議上以協商一致方式通過，則應適用第45條所規定的修正程序。

第49條　保存人

聯合國秘書長應為本協定及其各項修正案或修訂案的保存人。

第50條　有效文本

本協定阿拉伯文、中文、英文、法文、俄文和西班牙文文本具有同等效力。

為此，下列全權代表，經正式授權，在本協定上簽字，以資證明。

一九九五年十二月四日以阿拉伯文、中文、英文、法文、俄文和西班牙文單一正本形式於紐約開放簽字。

〔附件一〕

收集和共用數據的標準規定

第1條　一般原則

1.　及時收集、編彙和分析數據為有效養護和管理跨界魚類種群和

高度洄游魚類種群的基本條件。為此目的，須具備這些種群的公海捕撈數據和國家管轄地區內的捕撈數據，並應以有助於為漁業資源的養護和管理進行有意義的統計分析的方式收集和編彙數據。這些數據包括捕獲量和漁獲努力量統計和其他同漁業有關的資料，如旨在使漁獲努力量標準化的有關船隻的數據和其他數據。收集的數據也應包括關於非目標和相關或依附物種的資料。必須核實一切數據，以確保準確性。非總量數據應予保密。這種數據的傳播應按照其提供條件進行。

2. 應向發展中國家提供援助，其中包括培訓以及財政和技術援助，以建立在養護和管理海洋生物資源方面的能力。援助應集中於提高能力，以落實數據收集和核實、觀察員方案、數據分析和支持種群評估的研究項目。應促使發展中國家的科學家和管理人員盡可能充分參與跨界魚類種群和高度洄游魚類種群的養護和管理。

第2條　收集、編彙和交換數據的原則

在確定收集、編彙和交換跨界魚類種群和高度洄游魚類種群的捕魚作業數據的參數時，應考慮下列一般原則：

(a)各國應確保按照每種捕魚方法的作業特性（如拖網按網次、延繩釣和圍網按組、竿釣按魚群、曳繩釣按作業天數）從懸掛本國國旗的船隻收集捕魚活動的數據，其詳細程度足以作有效的種群評估；

(b)各國應確保以適當辦法核實漁業數據；

(c)各國應編彙有關漁業和其他輔助性科學數據，並以議定格式及時將數據提交現有的有關分區域或區域漁業組織或安排。否則，各國應直接地或通過各國間議定的其他合作機制合作交換數據；

(d)各國應在分區域或區域漁業管理組織或安排的框架內，或以其他方式，按照本附件並考慮到區域內種群的性質和這些種群的漁業，就各國提供的數據的技術要求和格式達成協議。這些組織或安排應該要求非成員或非參與方提供懸掛本國國旗的船隻的有關捕魚活動的數據；

(e)這些組織或安排應編彙數據，並及時以議定格式根據組織或安排所訂的規定和條件供所有有關國家使用；和

(f)船旗國科學家和來自有關分區域或區域漁業管理組織或安排的科學家應酌情分別或共同地分析數據。

第3條　基本漁業數據

1.　各國應收集足夠詳細的下列各種數據，提供有關分區域或區域漁業管理組織或安排，以便按照議定程序進行有效的種群評估：

(a)漁業和船隊按時間分列的捕獲量和努力量統計數；

(b)按每一漁業的適當物種（包括目標物種和非目標物種）分類以數目、標稱重量或數目與標稱重量分列的總捕獲量。〔聯合國糧食及農業組織對標稱重量的定義是：上岸漁獲的活重等量〕；

(c)按每一漁業的適當物種分類，以數目或標稱重量報告的丟棄統計數，必要時包括估計數；

(d)適合每一種捕魚方法的努力量統計數；和

(e)捕魚地點、捕魚日期和時間及其他適當的捕魚作業統計數。

2.　各國還應酌情收集並向有關分區域或區域漁業管理組織或安排提供有助於種群評估的資料，包括：

(a)按長度、重量和性別列出的漁獲組成；

(b)有助於種群評估的其他生物資料，如關於年齡、生長、補充量、分布和種群特徵的資料；和

(c)其他有關研究，包括豐量調查、生物量調查、水聲學調查、影響種群豐量的環境因素的研究，及海洋地理學和生態學研究。

第4條　船隻數據和資料

1.　各國應收集以下有關船隻的數據，用於標準化船隊組成和船隻捕魚能力，及在分析捕獲量和努力量數據時對努力量的不同測算方法進行轉換：

(a)船隻標誌、船旗和登記港；

(b)船隻類型；

(c)船隻規格（如建造材料、建造日期、登記長度、總登記噸位、主機功率、船艙容量、漁獲貯藏方法等）；和

(d)漁具說明（如類別、漁具規格和數量）。

2. 船旗國將收集下列資料：

　(a)助航和定位設備；

　(b)通訊設備和國際無線電呼號；和

　(c)船員人數。

第5條　報　　告

　　國家應確保懸掛本國國旗的船隻將航海日誌的捕獲量和努力量數據，包括關於公海捕魚作業的數據，相當經常地提交本國漁業管理當局，和在有協議時提交有關分區域或區域漁業管理組織或安排，以履行國家規定及區域和國際義務。這種數據應酌情以無線電、用戶電報、電傳或衛星傳送或其他方式傳送。

第6條　數據核實

　　國家或適當的分區域或區域漁業組織或安排應設立核實漁業數據的機制，例如：

　(a)以船隻監測系統核實位置；

　(b)以科學觀察員方案監測捕獲量、努力量、漁獲組成（目標物種和非目標物種）和其他捕魚業務的詳細資料；

　(c)船隻航行、靠岸和轉運報告；和

　(d)港口取樣。

第7條　數據交換

1. 船旗國收集的數據必須通過適當的分區域或區域漁業管理組織或安排同其他船旗國和有關沿海國共用。這些組織或安排應編彙數據，並及時以議定格式按照這些組織或安排訂立的規定和條件向有關各國提供，同時保持非總量數據的機密性，並應盡可能開發數據庫系統，以便有效利用數據。

2. 在全球一級，數據的收集和傳播應通過聯合國糧食及農業組織進行。如未有分區域或區域漁業管理組織或安排，該組織也可以同有關國家作出安排在分區域或區域一級進行同樣的工作。

〔附件二〕

在養護和管理跨界魚類種群和高度洄游魚類
種群方面適用預防性參考點的準則

1. 預防性參考點是通過議定的科學程序推算得出的估計數值，該數值代表資源和漁業的狀況，可用為漁業管理的標準。

2. 應使用兩種預防性參考點：養護或極限參考點和管理或指標參考點。極限參考點制定界限，以便將捕撈量限制於種群可產生最高可持續產量的安全生物限度內。指標參考點用以滿足管理目標。

3. 預防性參考點應當針對具體種群制訂，考慮到除其他外每一種群的繁殖能力、其恢復力、捕撈該種群的漁業的特點，以及其他死亡原因和不定因素的主要來源。

4. 管理戰略應謀求維持或恢復被捕撈種群的數量，和在有必要時相關或依附物種的數量，使其水平符合原來議定的預防性參考點。應利用這些參考點觸發事先議定的養護和管理行動。管理戰略應包括接近預防性參考點時可以執行的措施。

5. 漁業管理戰略應確保逾越極限參考點的危險非常低。如一種群降至或有危險降至低於極限參考點，應著手採取養護和管理行動以促進種群的恢復。漁業管理戰略應確保指標參考點通常不被逾越。

6. 如用以決定某漁業參考點的資料欠佳或缺乏，則應訂立臨時參考點。臨時參考點可根據類似或比較普遍的種群比擬制定。在這種情況下，應對該漁業進行更密切的監測，以便在得到較佳資料時修訂臨時參考點。

7. 應該視產生最高可持續產量的捕魚死亡率為極限參考點的最低標準。對沒有被過度捕撈的種群，漁業管理戰略應確保捕魚死亡率不超過符合最高可持續產量的水平，並確保生物量不降至低於事先確定的限度。對被過度捕撈的種群，可利用產生最高可持續產量的生物量作為重建種群的目標。

乙、涉外法律與行政規則

修正條約及協定處理準則*

中華民國八十三年三月十一日
外　交　部　發　布

第 一 條　為釐定條約及協定之處理程序，特訂定本準則。

第 二 條　中央各機關或其授權之機構或團體與外國政府、國際組織
　　　　　或外國政府授權之機構簽訂條約或協定，依本準則之規定
　　　　　處理。

第 三 條　本準則所稱條約，係指〔下〕列國際書面協定：

　　　　　一、具有條約或公約之名稱者。

　　　　　二、定有批准條款者。

　　　　　三、內容直接涉及國家重要事項且具有法律上之效力者。

　　　　　四、內容直接涉及人民權利義務且具有法律上之效力者。

　　　　　本準則所稱協定，係指前項條約以外之國際書面協定，不
　　　　　論其名稱及方式為何。

第 四 條　條約內容如涉及領土之變更，應依憲法第四條規定辦理。

第 五 條　條約及協定由外交部主辦。

　　　　　條約或協定之內容具專門性、技術性，以主管機關簽訂為
　　　　　宜者，得經行政院同意，由其主辦。

第 六 條　由外交部主辦之條約或協定，其內容涉及其他機關之業務
　　　　　者，外交部應就該案件隨時與有關機關聯繫，或請其派員
　　　　　參與。

---

*　修正前之「準則」，見本年報第七卷（民國八十年至八十二年），頁341～342。

前條第二項之主辦機關於研擬草案或對案及談判過程中，應與外交部密切聯繫，必要時並得請外交部派員協助。

其正式簽署時，外交部得派員在場並注意約本文字、格式及簽名是否正確合宜。

第 七 條 主辦機關於條約草案內容獲致協議前，得先就談判之總方針及原則，與立法院相關委員會協商。

第 八 條 條約或協定草案內容獲致協議時，除事先獲行政院授權或時機緊迫者外，主辦機關應先報請行政院核可，始得簽訂。

第 九 條 條約案經簽署後，主辦機關應於三十日內報請行政院核轉立法院審議。但條約案未具有條約或公約名稱，且未定有批准條款，而有〔下〕列情形之一者，依第十條規定程序辦理。

一、經法律授權簽訂者。

二、事先經立法院同意簽訂者。

三、內容與國內法律相同者。

第 十 條 協定應於簽署後三十日內報請行政院核備；除內容涉及國家機密或有外交顧慮者外，並應於生效後，送立法院查照。

第十一條 定有批准條款之條約案，經立法院審議通過，咨請總統批准時，主辦機關應即送外交部報請行政院轉呈總統頒發批准書，完成批准手續。

條約完成批准手續並互換或存放批准書生效後，由總統公布施行。

第十二條 條約或協定之約本，應同時以中文及締約他方之官方文字作成，兩種文本同等作準。必要時，可附加雙方同意之第三國文字作成之約本，並得約定於條約或協定之解釋發生歧異時，以第三種文本為準。

專門性及技術性之條約或協定約本，締約各方得約定僅使用某一國際通用文字作成。

第十三條　條約或協定之附加議定書、附加條款、簽字議定書、解釋換文、同意紀錄或附錄等文件，均屬構成條約或協定之一部分，應予併同處理。

第十四條　條約及協定生效後，外交部應彙整正本逐一編列號碼，並應刊登公報及定期出版，以利查考。

第五條第二項之主辦機關應會同外交部製作條約或協定備簽正本，正本經簽署後，屬我方保存者應送外交部保存。

前項主辦機關致送對方簽約國之換文正本，應於簽署後攝製影印本並註明「本件與簽字正本無異」後，連同我方之簽字正本，於三十日內送外交部保存。

條約或協定之批准書、接受書或加入書，其須交存國外機關保存者，應將經認證之該項文書影印本，於三十日內送交外交部保存。

第十五條　中央各機關或其授權之機構或團體與外國政府、國際組織、外國政府授權之機構、民間團體或私人就商業交易簽訂重要契約，必要時應先通知外交部，並於簽訂後將有關文件資料送外交部存查。

中央各機關或其授權之機構或團體，對於簽訂之國際書面協議係屬協定或契約之性質發生疑義時，由外交部會同法務部及相關主管機關認定之。

第十六條　第五條第二項所定之條約或協定生效後，外交部得請主辦機關提供實施情況之有關資料；其有修訂、廢止或發生爭議時，主辦機關應會同外交部處理之。

第十七條　辦理及參與條約案、協定案草擬、協商、談判或簽署之人員，應依規定保守秘密；違反者，依法懲處；其涉有刑責者，並移送司法機關處理。

第十八條　條約及協定處理作業應注意事項，由外交部定之。

第十九條　本準則自發布日施行。

〔**法務部公報**，第一六六期，民國八十三（一九九四）年四月三十日，頁19～20。〕

經濟部貿易調查委員會組織規程

中華民國八十三年三月十一日
經　濟　部　發　布

第 一 條　本規程依貿易法第十八條第二項規定訂定之。

第 二 條　經濟部貿易調查委員會（以下簡稱本會）掌理事項如〔下〕：

一、關於貿易法第十八條第一項規定產業受害之調查。

二、關於前款調查之審議、受害之認定及擬採救濟措施之建議等事項。

三、關於貿易法第十九條規定損害之調查事項。

四、關於貨品進口救濟之諮詢事項。

五、關於貨品進口救濟事務之研究事項。

第 三 條　本會設調查組及法務室，分掌前條所列事項；調查組並得分科辦事。

第 四 條　本會設秘書室，掌理文書、印信、議事、事務、出納及不屬其他各組室事項。

第 五 條　本會置主任委員一人，由經濟部部長兼任，委員十人至十二人，由主任委員就〔下〕列人員聘兼之：

一、財政部次長一人。

二、行政院經濟建設委員會副主任委員一人。

三、行政院農業委員會副主任委員一人。

四、行政院勞工委員會副主任委員一人。

五、對產業、經貿、財稅或法律等富有研究與經驗之學者、專家六人至八人。

前項第五款聘兼委員任期三年，期滿得續聘一次。

本會聘兼委員為無給職，但得依規定支領交通費。

第 六 條　本會每月召開委員會議一次，必要時得召開臨時會，由主

　　　　　　任委員召集之。

　　　　　　主任委員因故不能召集時，由主任委員指定委員一人召集
　　　　　　之。

　　　　　　委員會召開時，得邀請有關機關派員或專家列席。

第　七　條　本會置執行秘書、副執行秘書、組長、室主任、副組長、
　　　　　　科長、視察、技正、專員、組員、技士、辦事員。

第　八　條　本會人事、會計業務分別由經濟部人事處、會計處派員兼
　　　　　　任。

第　九　條　本會得聘請兼任顧問，隨時向本會提供意見並備諮詢。

第　十　條　本會職員之職等及員額，另以編制表定之。

第十一條　本會分層負責明細表另定之。

第十二條　本規程發布日施行。

經濟部貿易調查委員會編制表			
職　　稱	官　　等	員　　額	備　　註
主 任 委 員		（一）	由經濟部部長兼任
委　　員		（十至十二）	由主任委員聘兼
執 行 秘 書	簡　　任	一	簡任第十一職等至第十二職等
副執行秘書	簡　　任	一	簡任第十一職等
組　　長	簡　　任	一	簡任第十一職等
室　主　任	簡　　任	二	本職稱之職等在「甲、中央機關職務列等表之十二」未規定前，暫以薦任第九職等至簡任第十職等列用。
副　組　長	薦任至簡任	一	薦任第九職等至簡任第十職等
科　　長	薦　　任	二	薦任第九職等
視　　察	薦　　任	三	薦任第八至第九職等，其中一人得列簡任
技　　正	薦　　任	三	薦任第八至第九職等，其中一人得列簡任
專　　員	薦　　任	四	薦任第七至第八職等
組　　員	委　　任	三	委任第四至五職等，其中一人得列薦任
技　　士	委　　任	三	委任第四至五職等，其中一人得列薦任
辦 事 員	委　　任	三	委任第三至四職等
人事管理員		（一）	由經濟部人事處派員兼任

會　計　員		（一）	由經濟部會計處派員兼任
合　　　計		二十七（十三～十五）	

附註：本編制表各職稱之職等，適用「甲、中央機關職務列等表之十二」之規定；該職務列等表修正時亦同。

〔**法務部公報**，第一六六期，民國八十三（一九九四）年四月三十日，頁25～26。〕

役齡前在國外就學男子放寬返國服役年齡限制處理原則 附入出境管理局之新聞資料

役齡前在國外就學男子放寬返國服役年齡限制處理原則

國防部 83.7.2 (83) 仰依字第四六七三號函
內政部 臺(83)內役字第八三〇一一七七號函 會衛發布

一、接近役齡男子部分:

　　㈠接近役齡男子出國後取得當地國政府教育主管機關立案之學歷學校正式在學學生在學相關證明文件,並經我駐外機構查證屬實者,申請護照延期加簽,准每次核予一至三年效期,惟就讀大學(專科)者,准延期至二十四歲之年十二月三十一日止;繼續就讀研究所碩士班者,准延期至二十七歲之年十二月三十一日止;繼續就讀研究所博士班者,准延期至三十歲之年十二月三十一日止。但不得再就讀相同等級或低於原等級之學位。畢業或因故離校須立即返國履行兵役義務。

　　㈡〔上〕項人員在學期間,憑其持有外國政府核發六個月以上有效再入境許可簽證,與當地我駐外機構驗證合格之在學相關證明文件,一年內准返國短期停留兩次,合計不超過四個月,申請再出境,准免辦役政手續。若其返國前未及辦理有關手續,由內政部警政署入出境管理局依其所持相關證明文件逕予核定,如有疑義則送請駐外機構查證後再據以辦理。

二、十五歲以前出境男子部分:

　　㈠護照之核發按現行規定辦理。

　　㈡在學期間返國短期停留申請再出境,按前述一㈡項處理原則辦

　　理。

　　㈢接近役齡時返國再出境，應按「接近役齡男子申請出境作業規
　　　定」辦理。

〔附　件〕

新 聞 資 料

八十四年七月廿八日
入出境管理局

　　自國防部
內政部 83.7.2 會銜發布「役齡前在國外就學男子放寬返國服役年
齡限制處理原則」後，少部分役齡前出境在國外就學男子因誤解該項
規定，持用日本語文學校或大學附設先修班在學證明或外國政府所核
發再入出境許可簽證效期不足六個月等相關證明文件返國後向境管局
申請再出境，遭不予許可，滋生困擾，為避免上述情形發生，境管局
依據教育部84.6.16臺(84)文二八二二七及國防部人力司84.6.30(84)鍊
銷字第五八六三字號函釋，說明如下：

一、日本語文學校或大學附設先修班之在學證明，該班次因非正常學
　　歷學制，不屬上述處理原則學歷學校認定範圍，如其持該證明返
　　國即無法依規定申請再出境。

二、關於外國政府所核予再入境簽證，如其核發再入境許可簽證效期
　　不足六個月，因非屬長期簽證，亦不符上述處理原則規定，不同
　　意其辦理再出境。

　　凡欲回國尚在兵役年齡之小留學生，回國前可寫信給境管局問明
法令規定再回國，以免回國後無法出境。

國籍變更申請程序

國籍變更申請程序

內政部中華民國八十三年七月十三日
臺(83)內戶字第八三八二八五五號函公布

一、為辦理各項國籍變更之申請案件，特訂定本程序。

二、國籍變更之申請，由本人或其法定代理人向住居地戶政事務所提出，層轉內政部備案或核准。住居國外者向最近我國駐外館處申請，陳轉外交部函送內政部。但依國籍法第三條至第五條歸化、第十六條回復國籍者，應於國內申請。

三、依國籍法第二條第一款至第四款申請取得國籍備案者，須檢附下列證件：

　㈠申請書（附件一）〔略〕。

　㈡經外交部及駐外館處驗證之喪失原因有國籍證明文件正本及中譯本。

　㈢國內申請者，應檢附外僑合法居留或停留證明文件。

　㈣夫辦妥結婚登記、認領人辦妥認領登記、收養人辦妥收養登記之戶籍謄本；無法提憑戶籍謄本者，檢附結婚證明文件、符合我國及外國法律認領有效成立之證件或我國法院收養裁定及確定證明書。

　㈤兩吋半身照片三張。

四、依國籍法第二條第五款申請許可歸化取得國籍者，須檢附下列證件：

　㈠申請書（附件二）〔略〕。

　㈡經外交部及駐外館處驗證之喪失原有國籍證明文件正本及中譯本。

㈢有效之外僑居留證及在國內居住年限證明書。

㈣警察紀錄證明書。

㈤財產或藝能（服務）證明書正本（未成年人免附）。

㈥未成年者附繳生父同意書或由生母監護證明。

㈦兩吋半身照片三張。

依國籍法第六條規定歸化者，須附特殊功勳證明、喪失原有國籍證明文件。

前二項經核准後，由內政部核發歸化者國籍許可證書（附件三）〔略〕。

五、依本程序第三點、第四點申請取得國籍者，如無法提出喪失原有國籍合法證明文件者，應附經外交部或駐外館處驗證之未具有外國國籍證明文件或無國籍證明文件。

六、依國籍法第十條第一項第一款及第十一條申請許可喪失國籍者，須檢附下列證件：

㈠申請書（附件四）〔略〕。

㈡退伍或免服兵役證明。

㈢納稅及無違章欠稅證明。

㈣兩吋半身照片三張。

前項經核准後，由內政部核發喪失國籍者國籍許可證書（附件五）〔略〕。

七、依國籍法第十條第一項第二款及第三款申請喪失國籍備案者，須檢附下列證件：

㈠申請書（附件四）〔略〕。

㈡辦妥認領登記並註銷戶籍之戶籍謄本；無法提憑戶籍謄本者，檢附符合我國及外國法律認領有效成立之證件。

㈢兩吋半身照片三張。

八、依國籍法第十五條及第十六條申請許可回復國籍者，須檢附下列證件：

㈠申請書（附件六）〔略〕。

㈡因婚姻關係消滅者，檢附婚姻關係消滅證明文件。

㈢因自願喪失國籍者，檢附有效之外僑居留證、警察紀錄證明書及財產、藝能（服務）證明文件（未成年人免繳）。

㈣兩吋半身照片三張。

前項經核准後，由內政部核發回復國籍者國籍許可證書（附件七）〔略〕。

九、經許可喪失我國國籍，未取得他國國籍者，得檢附下列證件，申請撤銷喪失國籍：

㈠申請書（附件四）〔略〕。

㈡喪失國籍許可證書正本。

㈢兩吋半身照片三張。

前項未取得他國國籍之事實，駐外館處於受理申請時須逕為查明或案經戶政事務所層送內政部函請外交部轉行查明。

喪失國籍許可證書遺失或損毀者，得依本程序第十二點規定，併同申請補發國籍許可證書，該補發之證書，由內政部存檔。

十、依國籍法第九條及內政部審核取得國籍人解除限制規則第二條申請解除限制者，須檢附下列證件：

㈠申請書（附件八）〔略〕。

㈡取得國籍備案函或國籍許可證書。

㈢警察紀錄證明書。

㈣財產或藝能（服務）證明書正本。

住居所在地戶政事務所須層送內政部報請行政院解除之。

十一、依本程序第三點、第四點檢附證件申請取得國籍者，欠缺喪失原有國籍證明文件時，得一併檢附申請取得我國國籍證明申請書（附件九）〔略〕，層轉省（市）政府或逕由駐外館處核發申請取得我國國籍證明（附件十）〔略〕。

前項證明僅供持憑向外國政府申辦喪失原有國籍，有效期限一年。

十二、依內政部發給國籍許可證書規則第六條申請補發國籍許可證書

　　　者，須檢附下列證件：

　　　㈠申請書（附件十一）〔略〕並敍明事由。

　　　㈡兩吋半身照片三張。

十三、依國籍法施行條例第八條申請撤銷或註銷原國籍變更案者，須
　　　檢附下列證件：

　　　㈠申請書（附件十二）〔略〕。

　　　㈡不合國籍法情事之證件。

十四、國籍變更申請案件，經核准，備案或撤（註）銷者及經核准解
　　　除限制者，由內政部逐案函請總統府第三局刊登總統府公報。

十五、本程序未規定檢附證件為正本者，得檢附影本，但須由受理機
　　　關或駐外館處加蓋「核與正本相符」章戳。

十六、依國籍法第八條規定隨同歸化及第十七條隨同回復者，須以一
　　　人一案方式辦理。

〔**法務部公報**，第一七一期，民國八十三（一九九四）年九月三十日，頁61～
　　63。〕

鼓勵民間業者赴有邦交國家投資補助辦法

中 華 民 國 八 十 三 年 七 月 十 五 日
外交部令外(83)經貿二字第八三三一八〇〇八號

第 一 條　為鼓勵民間業者前往有邦交國家投資，特訂定本辦法。

第 二 條　民間業者依對外投資及技術合作審核處理辦法申請，經核
　　　　　准或核備赴有邦交國家從事有助外交工作之拓展及具經濟
　　　　　效益之投資，得依本辦法之規定申請考察、投資融資及保
　　　　　險之補助。

第 三 條　合於前條規定條件，在有邦交國家實際投資金額十萬美元
　　　　　以上者，得於投資後檢附機票票根及單據，向外交部申請
　　　　　補助其於投資前派員考察之旅費。

　　　　　前項旅費，包括經濟級機票款及在當地暨旅程地點停留期
　　　　　間之生活費。但每一不同性質之投資案件最高以補助二人
　　　　　次，每人次以七天為限。

第 四 條　政府因實際需要遴派專家前往有邦交國家實地考察，得由
　　　　　外交部全數負擔其機票及生活費。

　　　　　民間業者參加政府所組成投資考察團赴有邦交國家考察，
　　　　　得由外交部補助每家廠商一名之機票費用，最高為新臺幣
　　　　　三萬五千元。

　　　　　申請前項補助之業者，須在中華民國設有戶籍並持用中華
　　　　　民國護照，且其全部考察期間不得少於七個工作日。

第 五 條　民間業者前往有邦交國家投資，得依中國輸出入銀行或其
　　　　　他金融機構有關規定向各該機構申請融資。但融資金額不
　　　　　得超過經核准或核備對外投資總額之百分之八十。

第 六 條　前條融資利率，按融資時中國輸出入銀行或其他金融機構
　　　　　所訂利率減百分之二點五計息。

　　　　　　前項融資利息之差額，由政府補助。

第 七 條　民間業者前往有邦交國家投資，得依中國輸出入銀行有關
　　　　　規定向該行申請投資保險，其保險費由政府及民間業者各
　　　　　負擔半數。

第 八 條　經外交部同意補助者，其政府負擔之保險費及融資利息差
　　　　　額，由銀行函外交部按期支付。

第 九 條　實施本辦法所需經費，由外交部編列預算支應。

第 十 條　外交部為評估及審核申請補助之案件，設補助案件審查小
　　　　　組。
　　　　　補助案件審查小組由外交部經貿事務司、財政部金融局、
　　　　　中央銀行外匯局、經濟部投資業務處、經濟部投資審議委
　　　　　員會各指派一員代表組成，並以外交部經貿事務司代表為
　　　　　召集人，不定期會議。開會時得請中國輸出入銀行或中國
　　　　　國際商業銀行指派代表列席。

第十一條　本辦法自發布日施行。

〔司法院公報，第三十六卷，第九期，民國八十三（一九九四）年九月，頁
　65。〕

修正外國人免簽證入境停留辦法

中華民國八十三年十二月三十日
內政部令臺(83)內警字第八三八二〇三九號

第 一 條　為配合外國人免簽證入境之實施，特訂定本辦法；本辦法
　　　　　未規定者，依外國人入出國境及居留停留規則及其他法令
　　　　　之規定辦理。

第 二 條　經外交部核定公告之國家，其人民入境得免辦簽證，停留
　　　　　期間自入境之翌日起十四日為限。

第 三 條　免簽證入境停留之外國人應於入境時繳驗〔下〕列證件，
　　　　　並填寫入（出）境登記表，經機場、港口警察機關查驗相
　　　　　符，加蓋准許停留期間戳記後，始准入境。

　　　一、有效期間六個月以上之護照。

　　　二、回程機（船）票或次一目的地之機（船）票及有效簽
　　　　　證，其機（船）票並應訂妥離境日期班（航）次之機
　　　　　（船）位。

第 四 條　外國人有〔下〕列情形之一者，得拒絕其免簽證入境。

　　　一、未攜帶護照或抗不繳驗或護照效期未滿六個月者。

　　　二、護照係偽造或變造者。

　　　三、冒用或冒領他人護照者。

　　　四、所持護照不為我國政府承認者。

　　　五、未具備回程機（船）票或次一目的地之機（船）票及
　　　　　有效簽證，或其機（船）票未訂妥離境班（航）次之
　　　　　機（船）位者。

　　　六、在中華民國境內或境外曾有犯罪紀錄或曾被中華民國
　　　　　政府拒絕入境、限令出境或驅逐出境者。

　　　七、在華曾逾期停留、逾期居留或非法工作者。

八、有妨害公共秩序或善良風俗之虞者。

九、精神病患，或經檢疫機關認為有染疫或染疫之虞者。

十、攜帶違禁物品者。

十一、有事實足證其在中華民國境內無力維持生活或有非
　　　法工作之虞者。

十二、其行為有違反我國法令之虞者。

十三、經有關機關依法令限制入境者。

第 五 條　前條被拒絕入境之外國人，其搭乘之航空（輪船）公司應
　　　　　安排最近航次之機（船）離境。

第 六 條　免簽證入境之外國人應於停留期間屆滿前離境。但因罹患
　　　　　急性重病、遭遇天災或其他不可抗力事故致無法於停留期
　　　　　間屆滿前離境者，得檢據相關證明文件，向外交部領事事
　　　　　務局或其所屬分支機構申辦適當期限之停留簽證。

第 七 條　免簽證入境之外國人逾期停留者，警察機關得隨時逕行強
　　　　　制其出境。

第 八 條　本辦法自發布日施行。

〔**司法院公報**，第三十七卷，第二期，民國八十四（一九九五）年二月，頁
　37。〕

臺灣地區漁船船主在臺灣地區離岸十二浬以外海域僱用大陸地區船員暫行措施

中華民國八十四年七月二十九日
農　委　會　公　布

一、為因應目前臺灣漁船船主（以下簡稱漁船船主）在臺灣地區離岸
　　十二浬以外海域僱用大陸地區船員（以下簡稱大陸船員）作業需
　　要，特訂定本暫行措施（以下簡稱本措施）。

二、受僱大陸船員應持有大陸地區勞務公司發給之勞務證。

三、受僱之大陸船員上船前，應由其所屬勞務公司與漁船船主簽訂書
　　面勞動契約。
　　前項勞動契約，應包括船員勞動條件、終止勞動契約事由、職業
　　災害補償等，並由漁會或相關漁業團體與漁船船主協商統籌定
　　之。

四、漁船船主應自大陸船員受僱上船之日起七日內，將大陸船員之個
　　人基本資料及上船時間，報請漁船所屬漁會登記。作業期滿或因
　　故離船時，應自事實發生之日起四日內，將離船時間及原因報請
　　漁船所屬漁會登記。
　　漁會應自接獲前項大陸船員上船或離船資料之日起三日內，轉報
　　省（市）漁業主管機關備查，並副知相關機關。

五、受僱大陸船員不得隨漁船進入臺灣地區離岸十二浬以內。但因急
　　病、災難或其他特殊事故，必須進入臺灣地區離岸十二浬以內
　　時，准用外國人入出境及居留停留規則第五章規定辦理。

六、大陸船員受僱期間，漁船船長應對其工作勤惰、品德等加以考
　　核，並將考核資料送所屬漁會登記建檔。其若發現品德欠佳或有
　　安全顧慮者，列入紀錄不再僱用。

七、漁船船主於每一船期結束返港，應將所僱用大陸船員之名冊、身

分證明、勞務證影本及勞動契約等資料，送漁船所屬漁會建檔備查。

八、漁會或相關漁業團體辦理本措施規定事務，應接受各級漁業主管機關之督導。其有前往大陸地區處理事務之必要者，應會同政府指定大陸事務之民間團體辦理。

九、漁船船主或船長違反本措施規定者，依漁業法、漁船船員管理規則及其他相關法令規定處理。

十、依本措施應填具表件之格式，由中央漁業主管機關定之。

〔**兩岸經貿通訊**，第四十四期，民國八十四（一九九五）年八月十日，頁44。〕

丙、行政或司法機關涉外法令解釋

行政院公平交易委員會舉辦討論「與我國無平等互惠關係亦未互訂保護著作權條約或協定國家之著作物在我國遭受侵害應否予以保護」座談會會議紀錄

一、時間：八十二年三月十八日（星期四）上午九時三十分

二、地點：本會十一樓大會議室

三、出席者：

　　　洪委員禮卿

　　　呂委員榮海

　　　內政部著作權委員會：張玉英

　　　外交部：黃敏境

　　　行政院新聞局：王更陵

　　　經濟部查禁仿冒商品小組：王忻

　　　臺北市出版商業同業公會：曾繁潛　徐則鈺

　　　陳律師家駿

　　　陳律師哲宏

　　　謝教授銘洋

　　　中央圖書出版社：林在高　陳文卿

　　　華泰文化事業有限公司：張淑端

　　　敦煌書局股份有限公司：黃楹凱

　　　藝術圖書公司：葉秀玉

　　　本會法務處：陳科長惠平

　　　本會第三處：葉副處長惠青　郭科長淑貞　王榮菁　謝杞森
　　　　　　　　　駱志豪　胡明華　胡鵬年　賴妙雲　林昭吟

四、主席：廖副主任委員義男　記錄：林昭吟

五、主席致辭：略

六、報告事項：略

七、討論事項：

內政部著作權委員會：

㈠就討論項目一有關著作權法保護外國人的現況作個別說明：
　　根據著作權法規定，外國著作物在我國要受到著作權法保護，
　　有兩種情形，一是著作在我國首次發行，或是三十日內來我國
　　首次發行；另一種情形是著作權人所屬國家與我國有互惠關
　　係，即今天著作權互惠關係之問題。若外國著作人所屬之國家
　　與我國無互惠關係，但符合首次發行或三十日內發行，一樣可
　　能取得著作權法保護。是以不可因其國家與我國無互惠關係，
　　就肯定其國家著作人之著作物就不受我國著作權法保護。只要
　　其符合首次發行規定，一樣有著作權侵害的責任存在。一個外
　　國著作有無符合首次發行或三十天內發行則需視具體事實來認
　　定。

㈡目前外國人著作與我國有互惠關係之國家有美、英、香港地
　　區、西班牙僑民以及韓僑，所以目前與我國有著作權互惠國家
　　有上述五個地方。外國人著作若不符合首次發行之規定，又非
　　屬上述著作權互惠關係之國家，則該國著作物不可能取得我國
　　著作權之保護。

㈢本部正在推動的著作權互惠保護有兩方面，一個是正在推動的
　　雙邊互惠國家，有澳洲、歐市、日本、泰國、法國、德國、加
　　拿大、瑞士、荷蘭等國家，因受困於我國之外交環境，於業務
　　的推動上並不是那麼的容易。另一方面是未來推動的多邊互惠
　　關係，一個是希望能加入有關著作權的國際公約「伯恩公
　　約」，另一個是希望加入GATT。以上為目前著作權互惠關係

的現況及正在推動互惠關係之情形。

㈣民國七十六年時曾有一位申請人要求解釋無互惠關係國家，亦即不受著作權法保護之著作，是否屬一種公共所有的著作。就此問題，本部於七十六年九月二十二日時以臺(76)內著第五三二九五八號函復，略以，無互惠關係國家國民之著作物僅依著作權法目前為不受保障之標的，若將來此國與我國締結互惠關係則這些著作即可能受到保護，只是現在使用不需負著作權侵害之責任，但其亦非屬著作權法所稱公共所有大家均可自由利用之著作。因為自由利用係指無論現在或以後之利用均沒有問題，而互惠關係是可變之因素，一旦與我國有著作權互惠關係，則其使用行為即構成侵害。在無互惠關係締結前用他的著作，不必負著作權侵害之責任，但是否權利人在這著作上仍有一定利益存在，是否可用民法或其他法律去尋求救濟，有值得斟酌之處。又若利用外國之著作屬違反公平〔交易〕法規定，將來設該國與我國締結互惠關係，此著作是否仍為違反公平〔交易〕法之規定，違反著作權法責任與公平〔交易〕法責任是否會競合，這些問題均需加以一併探討。

外交部：

㈠基本上此問題是屬於著委會主管，但因牽涉到互惠之關係，以目前來講，誠如著委會代表所言，可以經由兩種方式尋求保護，首次發行這方面與著委會一直保持密切的合作也陸續查證世界上一百多個國家，這方面資訊的提供目前還在進行中。互惠關係依外交部立場而言基本上是充分尊重互惠關係中條約或協定之安排，若個案不同或有將來的變動性者亦會全力配合主管機關。

㈡目前因為外交處境之不同，在推動互惠關係上有其困難，目前恐怕訂定條約是不可能的；但如訂的是行政協定或經由政府授權某個機關去訂定的契約關係或其他的協定，還是可以達到互惠的關係，所以並不盡然須有邦交的國家，才能達到互惠關係

的保護。簡而言之，有沒有外交關係並不盡然構成著作權能不能互相保護的問題，所以主管機構若願意與其他國家在這方面達成協定的安排或其他的互惠關係，本部亦會全力的配合。

㈢目前外國人至本部抱怨其著作物遭受侵害者多半是大的國家，如：歐洲、美國等先進國家，但此情況並不多；小國雖有制訂相關法令，但執行不嚴，故此問題不會發生。

主席：

假設現在我國與外國並未訂定任何條約，亦未加入公約，若公平〔交易委員〕會或其他機構馬上以其他法規來加以保護，會不會使外國認為沒有必要與我國建立互惠關係，對著委會或外交部將來要簽訂條約時造成一種障礙？

內政部著作權委員會：

有可能，若外國人可以取得此管道尋求保護，則其可能比較不在意著作權，本部的立場是純粹從著作權法的觀點來看，至於其他法律，若解釋是公平〔交易〕法的問題，則本部亦會尊重主管機關的意見。

行政院新聞局：

討論題綱第五點有關這樣的發展會不會對我國的出版業產生正面或負面的影響，在此僅提供一些背景資料作為參考，以下分兩點報告：

㈠第一點是近幾年來國內出版業發展的情形，我國已慢慢擺脫海盜王國的形象。新聞局近幾年來陸續編列相當的預算協助國內出版業去參加世界各〔國〕的書展，目的一方面協助出版業超脫國內市場，進軍國際；二方面希望國內業者能夠藉此瞭解國際上對智慧財產權之尊重與發展的情形。在臺北這方面，每兩年舉辦一次臺北國際書展，其意義同樣的包含上述兩點，同時也希望邀請國際上的出版業來到國內瞭解一下此地出版發行的狀況。近年來與出版業接觸時發現此地出版業相當有心且有意願遵守國際間對著作權及版權之間的協定，所以針對此問題，

　　我想提出的是此地的出版業絕大部分對國際間的著作權持有一
　　分相當的尊重。

㈡就本議題提供國內出版業者與日本業者接觸所瞭解的情形作為
　參考。此地出版業與日本接觸希望取得其授權時，遭遇到相當
　大的困難。一方面是沒有接觸的管道；另一方面我們接到許多
　個案表示日本方面根本不理我們，可能是因為我們的市場太小
　了。所以此地業者想取得日本方面的合法授權，的確有其困難
　存在。

臺北市出版商業同業公會：

㈠若以公平〔交易〕法加以保護不受著作權法保護之外國著作，
　則往後有意走此漏洞之業者只要不使用相同的產品外觀、相同
　的包裝、相同的開本大小，不會讓一般消費者有混淆之虞，則
　既不會有混淆之虞，是否公平〔交易〕法可以規範到他們，若
　不能規範到他們，現在走這條路似乎也是行不通，是不是還是
　從著作權法上面建立互惠關係來保護外國人之著作比較可行。

㈡目前外國人的著作以原文在臺灣出版的可能性較小，大部分均
　是翻譯成中文後出版，翻譯成中文後事實上與原來之著作亦不
　太類似，此種情形是否有公平〔交易〕法保護的必要，就很值
　得探討。

陳律師家駿：

㈠今天若把此題目界定在根本沒有任何途徑受到保護的著作與公
　平〔交易〕法之間的關係，個人以公平〔交易〕法觀點觀之，
　此時是否是侵害？有兩個途徑，第一個是公平〔交易〕法第二
　十條，立法上一般人觀看其條文時多半會傾向於商標。若以現
　在的條文來看，上面講到包裝、容器、外觀，還有其他表徵，
　這條不單純只在商標部分，即使專利或著作權上之圖形亦有可
　能適用，尤其著作權的美術部分或專利的新式樣部分都有可能
　構成。易言之，若外觀包裝上有美術的東西存在，即使沒有註
　冊登記，此種情況下亦可能可以適用公平〔交易〕法第二十

條，但也有幾個條件，必須符合條文上所講，譬如作一個相同類似的使用，做出來的東西本身一定要商品化，而且會跟別的商品產生混淆，此時才有可能構成。若僅是一個單純的圖樣卻沒有被商品化，就不符合第二十條第一項第一款之一些要件，此時就要看情形，個人覺得有美術的部分且符合商品化的條件，就有可能適用公平〔交易〕法第二十條的規範。

㈡接著探討公平〔交易〕法第二十四條，我個人認為第二十四條不管顯失公平或欺罔行為，前提均需影響到交易秩序，二十四條規範應有一個前提就是在法律範圍之外的，易言之，若法律已經規定的，譬如著作權法第四條中規定只有兩種情形之下才給予著作權，在此情形下若不符合就是沒有著作權，此時你去印、你去做，不見得會違反著作權，可是是否會違反第二十四條呢？就須視情況而定，既然二十四條的成立要受到其他法律的制約，著作權亦認為這不是一個侵害，不管你去印或是去翻譯出來，本身此行為不受著作權法之規範，但是否在交易上真正會受到一種侵害呢？那麼需就個案而論，假設今天我把東西翻譯了之後，還主張這是我的著作，不是翻譯的，完全沒有註明這是從那裡來的，此種情況並非沒有二十四條之適用；然若只是單純看到一個東西把它印過來，或把它翻譯出來之後註明是從那裡將它翻譯出來的，此時我個人傾向認為沒有二十四條之適用，因為智慧財產權並不只有商標、專利、著作權，還有很多東西我們現在都沒有保護，譬如工業設計、半導體、晶片的保護法，現在都尚未制定，那麼是否只要它是個智慧財產權就非得急急忙忙透過法去保護它？在現行的法律架構之下，既然著作權法上有互惠的原則，若只是單純的翻譯或是單純影印，我個人認為除非有欺騙的行為存在，否則不當然適用公平交易法。

陳律師哲宏：

㈠今天的重點是遭受侵害時保護的問題，可分幾方面來談：第一

點是外國人的著作物若已經符合我國著作權法之規定，依我國
著作權法享有著作權，按照著作權法來保護。比較有爭議的是
無平等互惠關係國家著作人之著作物，在我國尚未取得著作權
時，同時還有個前提就是此著作人之著作物在那個國家有取得
著作權或其他法律的保護，才會發生今天題目上所要討論「侵
害」的問題，因為侵害必須有權利受到侵害，以法律的觀點而
言，此權利必須在中華民國所承認的一種權利受到侵害，如果
是其他侵害狀況，必須是著作人本身對著作物有某種利益存
在，我們要保護他的利益，才能夠談到侵害的問題。在此我認
為要討論的前提有二，第一個前提是在中華民國境內未取得著
作權，第二個前提是該著作物在其他國家取得著作權或取得其
他權利的保護，在此情形下，我們來討論這個問題。

㈡我們可將侵害的類型作如下之分類，第一種情形，該外國的著
作人在臺灣到底有沒有授權代理？假設有授權代理，那麼他在
臺灣可能有某個人經過合法授權的管道而取得合法的代理權在
臺進行印刷或銷售，若有銷售，則非常有可能會發生公平交易
法保護的問題。如果在臺灣無合法的代理，又有很多人未經授
權翻譯該國著作物，則因國外著作權人在臺灣沒有合法的代理
人，此時翻譯者是否要用公平交易法來保護就值得商榷。在臺
灣沒有合法代理之情形可分二者來討論，一種情況是某人只是
從國外拿著作物進來，純粹在臺灣翻譯，然後專作出口，若剛
好出口到國外著作人的國家，那是在當地國侵害當地的著作
權，與國內的公平交易法較無關係。另一種情形是在臺翻印亦
在臺灣銷售的情形，此時是否需用公平交易法來保護？我覺得
這也是一個疑問，若今天把重點放在一個國際互惠關係來講，
我覺得在這方面的保護應該慎重，因為若在這方面談到互惠關
係，應該是雙邊互惠的關係，完全要看相對國法律保護的狀態
來決定我們因應的狀況，這樣對國家利益的保護較為周到，而
不只是從出版或翻印者個人權益保護的觀點出發。

謝教授銘洋：

㈠此問題從兩個層面觀之，一個是那種著作物在著作權法的層面上，另一個層面是就那種著作物受到公平交易法保護的可能性。就那種與我國沒有任何互惠關係亦未在我國首次發行的著作物，處理上世界各國著作權法都奉行一個原則就是屬地主義的原則，亦即一個外國人必須符合本國法律的規定才能取得本國著作權法的保護，一個外國的著作雖然未來有可能透過互惠的協定得到保護，但目前畢竟還在未受保護的狀態之下，依照屬地主義應依我國的法律來決定，此時根本不享有任何著作的權利，基本上其地位我個人是傾向接近於公共所有的著作，別人將它翻印或翻譯都不會構成侵害，亦無所謂盜印的問題，在我國既無受到任何的保護，本來就不可以主張任何的權利。

㈡若考慮將來加入國際公約或與別人簽訂互惠關係，此時，加入如伯恩公約或世界著作權公約之前，並無溯及既往的效力，只是加入後若無獲得外國著作權人同意則不得仿製，簽約或訂定互惠關係前已經做好的東西如何處理？那就不得再印，以前已經印好的東西則可以賣完，但此時要確保外國人的權益時則必須繳一些適當的版稅給外國人。基本上我個人是傾向於認為一個著作物保護期間已經過了，是一個公共所有大家均可以自由去使用。

㈢外國的著作權人授權國內的一個總代理來總經銷國內著作物的發行、銷售或甚至於印刷，此時國內的總代理似乎是取得一個權利，但問題是此時的外國人是那一國的外國人，如果是美國人，則該國的著作和我國一樣是受到國民待遇的原則，所以美國人的著作我們要保護他，當美國人把他在美國的著作權授權給我國一個總代理商的時候，在定義上應不是美國人把他在美國的著作權授權給臺灣的一個總代理商，而是美國人把他在臺灣所享受到的著作權授權給他在臺灣的總代理商。若換成日本等不受到保護的國家，此時若要授權給國內的總代理商，則他

有什麼權可以授予？因為他在國內並沒有著作權，他所授的權
利我們頂多只能說他授予一個債權，此時國內其他的廠商或其
他的出版商若覺得他的書銷售得不錯，對他的書翻印或翻譯，
並沒有侵害到他任何的權利，不僅國內的代理商無法主張任何
權利，國外的著作權人亦無法主張任何權利，因為他在國內並
沒有享有任何著作權的保護，這是從著作權法的層面來看。

㈣關於著作權與公平交易法的關係，亦即沒有受到著作權保護之
著作物，基本上我個人是傾向於原則上若在國內沒有受到任何
特殊權利之保護，本質上就等於是一種普通的商品，此時，有
無受到公平交易法之適用，就跟一般商品一樣，有無引起一般
消費大眾混淆的情形，就把它當作一般商品的地位來處理。德
國在不公平競爭防制法上亦談到與一般特殊權利之關係，譬如
與著作權方面的關係，它亦明白表示，若一個物不受到著作權
保護的話，對它去進行重製的這樣一個行為，基本上它並不違
反不公平競爭法，只有在非常特殊的情形，譬如一個出版社為
要打擊另一個外國的出版社，對外國出版社所出版的著作物全
部進行仿冒或以低價傾銷打擊這家外國出版社使其無法在國內
立足，此時就有可能屬於公平交易法所要規範之對象。若單純
只是把外國沒有受到著作權法保護的期刊雜誌或書翻譯或翻印
成中文，則基本上並不會產生任何的問題，而翻印的行為並不
一定當然就違反公平交易法，還需視整個具體的情形來作認
定，這是著作權與公平交易法的關係。

㈤另一層是著作權與其他法律的關係，特別是與民法的關係，智
慧財產權的保護基本上有財產權及人格權的情形。對財產權這
部分基本上是採取屬地主義。但對人格權的保護原則上在德國
或其他許多國家是採取世界主義。若外國人沒有將其著作物拿
到臺灣首次發行，你將它拿來臺灣首次發行或篡改著作物之內
容以配合國情需要，此時就有可能構成對其人格權之侵害，雖
其著作在臺灣沒有受到保護，但其人格權還是受到保護的，基

本上在德國是採取此見解，在臺灣是否亦採此見解則有待學者再討論，但有這種可能性。

㈥綜合上述，我個人認為，比較好的處理方式是在智慧財產權的保護上，應該盡力透過與其他國家訂定協定的方式來處理或積極的加入公約，這樣彼此之間有個互惠的關係保護外國之著作物才不致因此損及本國人的權益。本人有個較為偏激的想法，對於那些沒有受到我國保護的外國著作，因為它沒有受到保護，國內對其翻印的行為，主管機關根本無權去管，此時，外國人若認情形茲事體大，則會要求簽定雙邊互惠協定。

敦煌書局股份有限公司：

若與我國無互惠關係之國家，本公司認為無保護之必要。若外國認其在臺灣之商業利益夠大，影響到他們的貿易利益，他們亦會主動要求互訂互惠協定，沒有必要我們先保護他們。

陳律師家駿：

今天的主要關鍵在於現今有一定的法律制度在規範，若可以以公平〔交易〕法第二十四條來解決此問題，是否就牽涉到一個超國民不公平待遇的現象，本國人民在國外不見得會受到保護，若外國人來到國內就可以用公平〔交易〕法第二十四條來作一個基礎，我認為這相當有問題。第一點是法律體系架構的問題，我們著作權法第四條已有規範，有關智慧財產權的問題，個人的淺見是，公平交易法不見得一定要類似像捕手或備胎的位置，可是在判斷是否為仿冒或侵害時，還是要從各個商標專利權先開始，若無規範再查閱公平〔交易〕法第二十四條或其他法條，在層次上應有此一次序，如我先前所言，二十四條還是需要受到一個相當法律的制約，如果很籠統就用公平〔交易〕法第二十四條來保護外國人的著作，那麼很明顯就把著作權先有的架構全部推翻了。但在另一面也並非完全都不可以，若回到公平〔交易〕法第二十條，當然在圖書翻印方面是不可能，但是在美術商品方面，只要條件符合它是一個相關大

眾所共知的圖形而且符合商品化各方面的條件，我認為還是有可能構成。

謝教授銘洋：

基本上我個人並不排除翻印國外的書籍出版物在國內會適用公平〔交易〕法第二十條的可能性，但是用二十條去規範考慮的層面是交易秩序的問題，而不是著作權保護的問題，因此在二十條的適用上觀其法條，第一款第二款都定「大眾所共知之他人的……」，如果一個沒有受到國內著作權保護的外國著作其著作在國內根本不具有知名度，國人將其翻印基本上不構成違反公平〔交易〕法第二十條，若此著作物在國內已為相關大眾所共知，你為了要去分享他的利益而去翻印就有可能受到第二十條的規範，但這是從整個交易秩序的觀點觀之，在此規定之下可以適用公平〔交易〕法第二十條加以規範的情形並不很多，一定要清晰具體到足夠認定其行為對交易秩序產生影響才會構成。

陳律師家駿：

㈠有關利益方面保護誰的問題，感覺上國外著作權人就是因為在國內找了一位代理商，此代理商對其繳付了權利金就需考慮到該代理商的利益，否則若有他人與其競爭則會產生不當競爭搭便車的問題，故要回歸到商業利益方面加以考量。關於要保護誰的問題，此時代理商好像付了費就要保護他，但有時獨家代理商價格也有偏高的情形，此時要在消費者之間如何平衡它的利益點當然就是一個很重要的課題。

㈡至於商業利益方面，以我目前代理一家日本公司的例子，他就要來申請著作權方面的保護，因為只要符合三十天內發行的條件即可受到保護。亦即，法律上是有途徑的，既有此途徑就應循此途徑，法律並非不保護外國人，現今臺灣既有如此大的商業利益，而且法律在此規範下是可能可以受到保護，外國人要來這邊做生意就要入境問俗，看看這個國家的法律怎麼規範。

　　　　若是在二十幾個可以受此規範保護國家以外的地方，此時本地
　　　的代理商就應該與國外授權者好好談判，因為在我國現行的法
　　　規制度下，沒有一個制度規範在保護其著作，所以權利金是不
　　　是就不該太高，以及廣告費等等各方面應該均從商業上的觀點
　　　來談，所以這部分我是從一個比較商業的立場來看。基本上我
　　　認為商業上的事情其實有一部分應該由他們商業上的人來考量
　　　這些狀況。

八、主席結論：

　　　各位與會人士之意見將納入參考。

九、散會：上午十一時五十分。

法務部函覆大陸繼承人如何取得在臺被繼承人不動產價額疑義

中華民國八十二年四月十二日
法 82 律字第〇六八二九號

受文者：本部法律事務司
行文單位：
　　正本：行政院大陸委員會
　　副本：本部法律事務司
主旨：關於臺灣地區與大陸地區人民關係條例施行後，臺灣地區人民死亡，在臺無繼承人，而僅有大陸地區之繼承人，其不動產價額如何取得疑義乙案，復如説明二，請　查照參考。
説明：
一、復　貴會八十二年二月十九日(82)陸法字第〇七七二號函。
二、案經轉准司法院秘書長八十二年三月三十一日（八二）秘臺廳民三字第〇四二六三號函略以：「按現役軍人或退除役官兵死亡，繼承人因故不能管理遺產者，由主管機關（國防部或行政院退除役官兵輔導委員會）分別依其訂定之『現役軍人死亡無人繼承遺產管理辦法』或『退除役官兵死亡無人繼承遺產管理辦法』管理其遺產，臺灣地區與大陸地區人民關係條例第六十八條第一、三項定有明文。又繼承人因故不能管理遺產，或未委任遺產管理人，被繼承人亦無遺囑指定者，非訟事件法第七十九條第一項復規定得由利害關係人聲請法院指定遺產管理人。來文所提有關大陸地區繼承人如何取得在臺不動產價額之事例，除被繼承人具有現役軍人或退除役官兵身分，應按首揭規定分由主管機關依『現役軍人死亡無人繼承遺產管理辦法』或『退除役官兵死亡無人繼承遺產管理辦法』等相關規定管理

處分遺產外,如符合非訟事件法第七十九條第一項所定之情形,其利害關係人自得依法聲請法院指定遺產管理人,並向該管地政機關申辦不動產遺產管理人登記(登記○○○遺產,管理人○○○)後,再由遺產管理人本其管理遺產之法定職責及該不動產不適於提存之性質(參照民法第一千一百七十九條第一項第五款、第三百三十一條及非訟事件法第七十九條第三項等規定),進而為不動產之變價處分,使大陸地區人民繼承取得其應得之法定價額」。

三、檢附司法院秘書長前開函影本乙份〔略〕。

部長　馬　英　九

法務部函覆陸委會關於臺灣地區與大陸地區人民關係條例第三十三條所稱「締結聯盟」是否包括兩岸學校所簽訂之學術交流協議疑義

中華民國八十二年十一月十六日
法務部法(82)律字第二三九七八號函

主旨：關於臺灣地區與大陸地區人民關係條例第三十三條所稱「締結聯盟」是否包括兩岸學校所簽訂之學術交流協議乙案，復如說明二，請　查照參考。

說明：

一、復　貴會八十二年十月十二日82陸文字第八二一四七二一號函。

二、臺灣地區與大陸地區人民關係條例（以下簡稱「兩岸人民關係條例」）第三十三條規定，臺灣地區人民、法人、團體或其他機構，非經主管機關許可不得與大陸地區人民、法人、團體或其他機構締結聯盟。其中所謂「聯盟」在法律上固乏定義，惟參究其固有語意及今日一般冠以「聯盟」二字之組織（例如：國際聯合會盟約（俗稱：國際聯盟）及西歐聯盟等國際性聯盟、萬國郵政聯盟等技術性聯盟、中華職業棒球聯盟等民間性聯盟）觀之，稱聯盟者，均有其特定之成立目的暨為達成該目的及執行相關事務而設有之獨立性機構。又查，兩岸人民關係條例第三十三條係以避免「落入中共統戰之圈套、影響臺灣地區之安全與安定」為立法目的。從而，兩岸學校所簽訂之學術交流協議是否屬該條所稱之「締結聯盟」，似宜視有無具備上

開聯盟之特性及違背立法目的而定，請　貴會本於職權自行審認之。

〔**法令月刊**，第四十五卷，第三期，民國八十三(一九九四)年三月一日，頁42。〕

法務部函示各級檢察機關檢察官辦理
智慧財產權案件應注意事項

法務部函

中華民國八十三年三月七日
法83檢字第○四四五五號

受文者：臺灣高等法院檢察署、福建高等法院金門分院檢察署、福建
金門地方法院檢察署

副　本
收受者：司法院秘書長、最高法院檢察署、臺灣高等法院檢察署所屬
各級法院及其分院檢察署、經濟部、經濟部國際貿易局、經
濟部查禁仿冒商品小組、經濟部中央標準局、內政部警政
署、內政部著作權委員會、行政院新聞局、本部調查局、本
部檢察司

主　旨：為加強保護智慧財產權，以維護國家形象，今後各級檢察機
關檢察官辦理侵害智慧財產權案件應切實依說明所提示之事
項辦理，檢察長並應加強督導。請照辦。

說明：

一、為加強保護智慧財產權，以遏止仿冒歪風，維護國家形象，
本部曾以八十一年五月六日法81檢字第○六六七七號函示各
級檢察機關檢察官應從嚴、從速偵辦侵害著作權、商標專用
權或專利權案件，並應從重求刑，妥速運用強制處分權，對
量刑過輕之判決，應依法上訴及審酌宜乎准予易科罰金，檢
察長並應加強督導。

二、茲商標法業經修正，並於八十二年十二月二十二日經總統公
布施行，有關修正後第六十二條之刑事罰則雖由最重本刑有

期徒刑五年改為三年，惟檢察官辦理侵害商標專用權之刑事案件時，仍應切實依〔下〕列各點辦理，檢察長並應加強督導。

㈠於提起公訴時，應體認侵害商標權案件嚴重破壞國家形象，不利經濟正常發展，於起訴書內或蒞庭執行職務時，請求法院審酌案情從重量刑。

㈡對於得上訴之判決，應詳為審核，如認為有量刑過輕之不當情形，應依法提起上訴，以資救濟。

㈢該類刑事案件經裁判諭知得易科罰金時，檢察官是否准予易科，應本刑法第四十一條之立法精神，詳就被告之身體、教育、職業或家庭情況審酌執行是否顯有困難，以為准駁之依據。

三、專利法亦經修正，並於八十三年一月二十一日經總統公布實施，對於侵害發明專利權之刑罰雖廢除自由刑而改為提高罰金刑，惟檢察官辦理侵害專利權之刑事案件亦應瞭解專利法修正之立法本旨及侵害專利權犯罪對國家不利之影響，積極妥適辦理此類案件，並於起訴時，在起訴書內或蒞庭執行職務時，請求法院審酌案情，從重量刑，以期有效遏止侵害專利權之不法情事。

部長　馬　英　九

〔**法務部公報**，第一六六期，民國八十三（一九九四）年四月三十日，頁52。〕

法務部函示各級檢察機關受理違反著作權法案件時，不應因內政部正在處理該案中而停止偵查或審判

法務部函

中華民國八十三年三月十六日
法83檢字第○五二六九號
附件：如說明二

受文者：本部檢察司、臺灣高等法院檢察署、福建高等法院金門分院檢察署、福建金門地方法院檢察署

副　本
收受者：內政部、本部檢察司（無附件）

主　旨：有關各檢察機關受理違反著作權法案件，如撤銷著作權註冊（登記）案正由內政部處理中，內政部往例均俟司法機關受理之案件偵查終結或裁判確定後，再依司法機關認定之事實處理，請各偵辦機關勿因此而停止偵查或審判，請參考辦理。

說明：

一、依內政部八十三年二月二十八日臺（八十三）內著字第八三七六六○三號函辦理。

二、檢附內政部〔上〕開函及附件影本各一件。（附件從略）

部長　馬　英　九

〔法務部公報，第一六六期，民國八十三（一九九四）年四月三十日，頁52。〕

司法院函復關於趙繼堯以經驗證之大陸地區人民法院民事調解書單方申請離婚戶籍登記應否先經臺灣地區法院裁定認可疑義

中華民國八十三年十一月十九日
司法院（八三）秘臺廳民三字第二〇五二四號函

主　旨：關於趙繼堯以經驗證之大陸地區人民法院民事調解書，單方申請離婚戶籍登記，應否先經臺灣地區法院裁定認可疑義一案，復如說明二。請　查照參考。

說明：

一、復　貴部八十三年十一月九日法（83）律字第二四三一二號函。

二、按臺灣地區與大陸地區人民關係條例第七十四條所定得聲請法院裁定認可而取得執行名義者，應以在大陸地區作成之民事確定裁判或民事仲裁判斷，並以給付為內容者為限，該條法文規定甚明。而得為執行名義之訴訟上調解，強制執行法第四條第一項第三款係以專款明定，與民事裁判分屬不同款別。就上述兩種法律參互以觀，該條例第七十四條所指民事確定裁判，宜解為不包括「民事調解書」在內。惟究竟立法原意如何，仍請　貴部查閱當時起草討論紀錄卓酌。

〔法令月刊，第四十六卷，第三期，民國八十四（一九九五）年三月一日，頁42。〕

行政法院庭長評事聯席會議有關在臺公務員死亡後，其居住在大陸地區之遺族可否來臺請領撫卹金紀錄

會議日期：八十四年六月十四日

決議文：

法律如無禁止規定，並非不得適用現行在臺灣地區施行之法令，請領撫卹金。理由如〔下〕：

按憲法增修條文第十條規定：「自由地區與大陸地區間人民權利義務關係及其他事務之處理，得以法律為特別之規定」，並未限制「應」以法律為特別規定。是大陸地區人民權利義務關係之處理，法律如無特別規定，並非當然不得適用現行在臺灣地區施行之法令，而其如何適用，自仍應以確保臺灣地區安全與民眾福祉為前提，依個案情形認定之。查公務人員撫卹法施行細則第二十五條僅規定：「公務人員之遺族居住不能領受撫卹金地區者，得由服務機關聲請保留其遺族領卹權」，乃為保障居住不能領卹地區公務人員遺族之請卹權，不致因事實上不能行使而罹於時效喪失請卹權之規定，不能解釋為此項請卹權一經服務機關保留，無論嗣後事實上能否行使，除法令有特別規定外，概不得行使之禁止規定。是則居住大陸地區之公務人員遺族，於事實上得行使其請卹權時，自得依法行使。

相關法條：

公務人員撫卹法第十二條。

公務人員撫卹法施行細則第二十五條。

參考資料：

行政法院八十四年六月份第二次庭長評事聯席會議原法律問題。

院長提案：

臺灣地區之公務員身亡，其居住大陸地區之遺族可否來臺向政府請領被繼承人之撫卹金？本院曾有相異見解：

甲說：因有公務人員撫卹法施行細則第二十五條規定，不得請領撫卹金。理由如〔下〕：

按公務人員之遺族向國家請求給與撫卹金之權利，自請卹事由發生之次月起，經過五年不行使而消滅。為公務人員撫卹法第十二條前段所明定。公務人員之遺族居住大陸地區者，雖非不能向國家為請卹之意思表示，惟大陸地區非我中華民國統治權所及，國家既不能在大陸地區發給公務人員之遺族撫卹金，且大陸地區人民也不能自由出入我管轄領域內，難以在我管轄領域內領受撫卹金。若使居住大陸地區之公務人員遺族因事實上居住在不能領受撫卹金地區之故，致請卹權因時效而消滅，殊失國家對公務人員遺族撫卹之本意，亦非上開時效期間規定之旨趣。考試院基於其掌理撫卹之職權，本於公務人員撫卹法第十八條之授權，訂頒公務人員撫卹法施行細則，於第二十五條規定：「遺族居住不能領受撫卹金地區者，得由服務機關聲請保留其遺族領卹權。」無違公務人員撫卹法之規定，自足資以適用。凡公務人員之遺族，其請卹權經依上開施行細則保留者，苟其現在仍居住大陸地區，不能自由出入我管轄領域內，其請卹權依然保留，自無申請發給撫卹金之可言。在相關法律未制定，或修正該施行細則第二十五條規定前，主管機關對居住於大陸地區之公務員遺族，亦無發給撫卹金之依據。

乙說：法律如無禁止規定，並非不得適用現行在臺灣地區施行之法令，請領撫卹金。理由如〔下〕：

按憲法增修條文第十條規定：「自由地區與大陸地區間人民權利義務關係及其他事務之處理，得以法律為特別之規定」，並未限制「應」以法律為特別規定。是大陸地區人民權利義務關係之處理，法律如無特別規定，並非當然不得適用現行在臺灣地區施行之法令，而其如何適用，自仍應以確保臺灣地區安全

與民眾福祉為前提，依個案情形認定之。查公務人員撫卹法施行細則第二十五條僅規定：「公務人員之遺族居住不能領受撫卹金地區者，得由服務機關聲請保留其遺族領卹權」，乃為保障居住不能領卹地區公務人員遺族之請卹權，不致因事實上不能行使而罹於時效喪失請卹權之規定，不能解釋為此項請卹權一經服務機關保留，無論嗣後事實上能否行使，除法令有特別規定外，概不得行使之禁止規定。是則居住大陸地區之公務人員遺族，於事實上得行使其請卹權時，自得依法行使。

以上提請

討論公決

決議：多數採乙說。

〔 **司法院公報**，第三十七卷，第八期，民國八十四（一九九五）年八月，頁85～86。〕

丁、我國法院涉外判決

最高法院關於日據時代依日本「敵產管理法」土地所有權歸屬之民事判決

最高法院民事判決

八十年度臺上字第六五七號

上　訴　人　英商亞細亞火油有限公司（SHELL COMPANY OF CHINA LIMITED）

　　　　　　設英國倫敦東南區一號硯殼中心（SHELL CENTER, LONDON SE1 7NA, ENGLAND）

法定代理人　麥爾柯・大衛・邱其（MALCOLM. DAVID. CHURCH）　住同〔上〕

訴訟代理人　柯約翰（J. D. CROSSMAN）

　　　　　　住臺北市基隆路一段三三三號二十樓二〇〇一室

複　代理人　黃靜嘉律師

　　　　　　黃智絹律師

被上訴人　　財政部國有財產局　設臺北市光復南路一一六巷十八號

法定代理人　劉金標　住同〔上〕

訴訟代理人　郭武博　住同〔上〕路一四八號

複　代理人　王寶輝律師

〔上〕當事人間請求塗銷登記事件，上訴人對於中華民國七十九年九月十七日臺灣高等法院第二審更審判決（七十九年度重上更㈠字第十三號），提起上訴，本院判決如〔下〕：

主　文

上訴駁回。

第三審訴訟費用由上訴人負擔。

理　由

本件上訴人主張：其於日據時期，自訴外人ライジングサン石油株式會社(THE RISING SUN PETROLEUM CO., LTD.)受讓坐落臺北縣淡水鎮竿蓁林段庄子內小段三六號土地所有權，雖即於臺灣光復後辦理土地總登記時，以受讓人之名義，在民國三十六年間，向臺灣省政府申請重新辦理上開土地權利登記，但近二年之久，迄未完成登記。嗣因中英斷交，行政院乃於三十九年三月廿四日以三九㈠字第一〇六四號代電指示「……關於英國政府、人民、公司……在我國已取得之土地永租權或所有權，在未制定任何新規章前，准予暫維現狀。」詎現今土地登記簿上竟登記系爭土地為國有，交被上訴人管理，顯屬錯誤。而依日據時期之日本民法規定，不動產權利之移轉既不以登記為生效要件，上訴人自仍為土地所有人等情，爰基於所有權之關係先位聲明求為確認系爭土地為上訴人所有，被上訴人應將以中華民國為所有人及由其為管理人之登記予以塗銷之判決。並依不當得利之法律關係，備位聲明求為命被上訴人移轉系爭土地所有權予上訴人之判決。（按：上訴人另對坐落同所三四及一〇二號等二筆土地之請求部分，已由本院七十九年度臺上字第四二七號判決駁回其上訴確定。）

被上訴人則以：上訴人提出之證據，既不能證明其確已受讓系爭土地之所有權，又未於臺灣光復後，為國有登記之公告期間內，依法異議或訴請確認其權利，自不得再為本件之請求，況其所有權登記請求權及不當得利返還請求權，早罹於時效而消滅等語資為抗辯。

原審以：系爭三六號土地，於日據時期之昭和六年六月二十三日，登記業主權屬ライジングサン石油株式會社，於昭和十七年七月六日，經日本政府以敵產管理，任命板垣邦器為敵產管理人，並於昭和十九年四月一日改由筒井友太郎為管理人，以迄民國三十四年（昭和二十

年）八月十五日臺灣光復，該敵產及管理人之登記，未有任何變更。
旋於民國三十六年七月一日登記為國庫所有，六十年三月十一日變更
登記為中華民國所有，以被上訴人為管理機關等事實，有兩造不爭執
之土地登記簿謄本及土地台帳可稽。上訴人雖提出不動產所有權宣誓
書、土地權利變更登記申請案卷、董事經理人宣誓書等件，主張其於
日據時期已合法受讓系爭土地之所有權，但一九八七年九月十七日之
不動產所有權宣誓書係訴外人SHELL INTERNATIONAL PET-
ROLEUM CO., LTD.之法律顧問維比恩·安東尼·韋漢(VIVIAN
ANTHONY WADHAM)在英國倫敦公證人前宣誓：「其研究過去
紀錄資料，得知上訴人已受讓取得系爭土地所有權之事實為真正。」
再由訴外人SHELL TRANSPORT AND TRADING CO., LTD.之助
理司庫蘇珊·梅洛·瑞蕾(SUSAN MERLE RIPLEY)宣誓：「系爭
土地之權利為上訴人所有」；而一九八八年九月二十八日董事經理人
宣誓書係SHELL INTERNATIONAL PETROLEUM COMPANY
LTD.及SHELL TRANSPORT AND TRADING COMPANY董事經
理人大衛·理查·緯漢(DAVID RICHARD WELHAM)就閱讀維比
恩·安東尼·韋漢於一九八七年九月十七日簽署之宣誓書後所為之陳
述，並均經英國公證人之公證，其取證程序尚無瑕疵，固有形式證據
力，然性質上僅屬私文書，被上訴人既予否認，仍無從為上訴人合法
受讓或繼受系爭土地所有權之證明，難認有實質之證據力。次查系爭
土地於日據時期，由日本政府依當時施行之敵產管理法列入敵產管
理，為兩造不爭執之事實，又有土地登記簿謄本足憑，是原土地所有
人，已因土地被列入敵產管理而喪失其管理及處分權，縱上訴人主
張：其經「殼殼」(SHELL)集團一九四四年之董事會決議，取得中
國地區之業務及受讓系爭土地等語，係屬不虛，惟迄臺灣光復為止，
上開土地登記簿上並無准由原所有人或上訴人回復系爭土地私權之記
載，要無允許原所有人「讓與」上訴人之餘地。此與行政院於三十四
年十一月二十三日公布之收復區敵偽產業處理辦法第四條所稱：「產
業原屬本國盟國及友邦人民…由日方強迫接收」之情形有間，上訴人

於未提出其在日據時期經日本政府核可受讓系爭土地之證明前，謂依前述辦法，其得為本件之請求亦屬無據。至其持相同之文件是否向主管機關申請取得坐落嘉義市車店段四五三之二號及臺北市延平區永樂段一小段四〇號等二筆土地之所有權，均不影響其未能就合法受讓系爭土地，為完足舉證之事實，難以類推認定其對系爭土地已享有合法權源。從而上訴人基於所有權及不當得利之法律關係，所為之先備位聲明，皆非有理，並敍明兩造其餘之攻擊防禦方法，毋庸再予論述之理由，因認第一審判決上訴人敗訴，為無不當，乃予維持，經核於法洵無違背。且查上訴人提出由維比恩‧安東尼‧韋漢所具之宣誓書上明載：「……很遺憾地，營業移轉之文件，逾四十年之久，現今已不存在……所有原始土地權利之權狀，均在二次大戰中毀損或遺失……」等語，日據時期之土地登記簿及土地台帳上又無上訴人「受讓」系爭土地之登載，上訴人更提不出由原所有人出具「讓與」系爭土地之書面，於臺灣光復後，政府為國有登記之公告期間內，復未為異議，尚難認上訴人對系爭土地有合法權源，則原業主（所有人）ライジングサン石油株式會社，究係依何國法律成立之公司以及系爭土地於日據時期列入敵產管理時，臺灣是否視為日本國土之「本邦」，該株式會社於臺灣光復後，得否依條約或其他行政命令請求返還系爭土地，均與上訴人無關，行政院三十六年二月廿五日令行之「各地方政府辦理外人地權案件應注意事項」並其三十六年內字第二七〇三九號令，三十九年㈠字第一〇六四號代電乃至臺灣省政府三十七年辰文府綱地甲字第五五七號函，亦以「真正所有權人」為辦理之前提，上訴人無從為「真正所有權人」之證明，猶執臺灣於日據時期，非屬日本國土之「本邦」，ライジングサン石油株式會社係依日本法律設立，由英資控股之公司，於臺灣光復後，仍得依相關法令請求返還被列入敵產管理之系爭土地等陳詞，指摘原審採證認事之職權行使為違法，求予廢棄原判決，非有理由。

據上論結，本件上訴為無理由。依民事訴訟法第四百八十一條、第四百四十九條第一項、第七十八條，判決如主文。

中華民國八十年四月八日

　　　　　　　　　　　　最高法院民事第二庭

　　　　　　　　　　　審判長法官　楊　秉　鉞

　　　　　　　　　　　　　法官　羅　建　臺

　　　　　　　　　　　　　法官　蕭　亨　國

　　　　　　　　　　　　　法官　蘇　茂　秋

　　　　　　　　　　　　　法官　葛　浩　坡

〔上〕正本證明與原本無異

　　　　　　　　　　　　書記官

中華民國八十年四月十九日

最高法院關於外國政府發給入漁證書後更改漁區範圍當事人責任問題之民事判決

最高法院民事判決

八十二年度臺上字第九四號

上　訴　人　翁聰安　住臺北市羅斯福路三段二四四巷九弄一號
　　　　　　　天利漁業有限公司
　　　　　　　設臺灣省基隆市中正路六四〇巷十四之二號
兼〔上〕一人
法定代理人　林榮宗　住同〔上〕
被　上　訴　人　汲漁有限公司　設高雄市前鎮區后平路一〇七號四樓
法定代理人　林俊雄　住同〔上〕
被　上　訴　人　林石旺　住同〔上〕
〔上〕當事人間請求損害賠償事件，上訴人對於中華民國八十一年四月二十日臺灣高等法院高雄分院第二審判決（八十年度重上字第一九號），提起上訴，本院判決如〔下〕：

主　文

上訴駁回。
第三審訴訟費用由上訴人負擔。

理　由

本件上訴人主張：上訴人天利漁業有限公司（下稱天利公司）所有鴻利五〇一號、翁聰安所有宏昇六十八號及八十六號、林榮宗所有鴻利七號、及第一審共同原告林清溪所有逢祐三號、廖金郎所有逢祐七號、全陽漁業股份有限公司（下稱全陽公司）所有泉陽三號漁船共七艘及另外三艘漁船於民國七十八年六月二十六日以廖金郎為共同代表

人與被上訴人汲漁有限公司（下稱汲漁公司）簽訂合約書委託汲漁公司代為辦理與緬甸政府簽訂在緬甸經濟海域拖網捕魚之漁業合作事項，約定由汲漁公司負責取得伊等所有十艘漁船在緬甸全部經濟海域拖網捕魚之漁業合作准證。詎汲漁公司僅取得緬甸政府准許在該國經濟海域Ｃ區作業之准證，且擅自於影印時變造該合作捕漁准證為可以在全部經濟海域捕魚之准證交伊。翁聰安宏昇六十八號及天利公司鴻利五〇一號漁船持該准證影本駛抵緬甸報到，取得合作捕魚准證正本，始發現准許合作捕魚之經濟海域為Ｃ區海域，並非全部六區經濟海域。該二艘漁船在Ｃ區試行作業，根本無法獲得基本之漁獲。經伊與汲漁公司協商，汲漁公司僅退還赴緬甸之鴻利五〇一號、宏昇六十八號船所繳納之定金各新臺幣（下同）六十萬元，其餘未出海之五艘僅各退還定金四十萬元，各尚欠二十萬元定金未退還，翁聰安及林榮宗自得請求汲漁公司返還尚未退還之定金各二十萬元。又鴻利五〇一號及宏昇六十八號船前往緬甸捕魚，未能獲得漁獲，其餘五艘漁船滯留基隆港準備出港，因汲漁公司未取得在緬甸全部經濟海域合作捕魚之准證，致無法前往捕魚遭受損失，亦得依債務不履行及侵權行為之規定請求損害賠償等情。求為命被上訴人汲漁公司返還翁聰安、林榮宗定金各二十萬元並賠償天利公司三百四十四萬一千九百八十四元，翁聰安三百七十萬九千八百三十五元（連定金共請求給付三百九十萬九千八百三十五元），林榮宗七十萬五千五百七十一元（連定金共請求給付九十萬五千五百七十一元），並均加付法定遲延利息如執行無效果時應由保證人林石旺給付之判決（第一審共同原告林清溪、廖金郎、全陽公司請求給付部分，除定金十萬元外，其餘經原審判決其敗訴，未據提起上訴）。

被上訴人則以：伊受託代為向緬甸政府申請在該國經濟海域捕魚之漁業合作後，即委託伊新加坡代理商華元企業有限公司（下稱華元公司）向緬甸政府申請，取得緬甸政府核准之合作准證，已交付上訴人。上訴人鴻利五〇一號及宏昇六十八號漁船亦持該合作准證前往緬甸報到作業。因緬甸政府原核准全部經濟海域，事後政策變更，限定

特定漁區作業，但只要提出申請交換或選擇特定漁船作業區，均可核准重新劃定新區域，不影響上訴人之作業。伊並無變造合作准證情事。縱認合作准證尚有爭議，依兩造所訂合約，伊亦僅負退還保證金責任。況雙方業已於七十八年十一月間成立和解，前往緬甸捕魚之漁船由伊退還定金六十萬元，未去捕魚之漁船各退還四十萬元分別由上訴人具領完畢，上訴人實不得再有任何請求等語，資為抗辯。

原審以：上訴人主張，伊於七十八年六月二十六日以廖金郎為代表人與被上訴人汲漁公司訂立合約書，委託汲漁公司代為向緬甸政府申請在該國經濟海域捕魚之漁業合作事宜之事實，業據提出被上訴人所不爭執之合約書附卷為證。查兩造所訂合約書記載：「立合約書人汲漁公司（下稱甲方），基隆區單拖網漁船逢祐三號等十艘各船船主共同代表人廖金郎（下稱乙方）因與緬甸政府簽訂在該國經濟海域拖網捕魚之漁業合作事項（下稱本合作事項），乙方委託甲方辦理本合作事項有關事宜。雙方共同訂立此合約書，條款如〔下〕：1. 本漁業合作之合作金訂為每艘每年二百五十元正。2. 合作書定立後乙方每艘船先繳交六十萬元於甲方作為定金，餘款於收到緬甸政府合作准證後分三期付清，第一期……，第二期……第三期……。3.甲方應負責申請行政院農業委員會之同意書〔。〕4.本合約書成效日起四十五天內，若甲方仍無法取得緬甸政府之合作准證時，甲方應立即退還乙方原付之定金，每艘船六十萬元正。5.本合約書甲方覓得保證人一名，若甲方無法取得緬甸政府合作准證時，負責甲方定金之退還乙方，若甲方無法退還乙方預繳之定金時，甲方保證人應負責退還，不得異議〔。〕6. ……」。由甲方負責人林俊雄及乙方廖金郎，甲方保證人林石旺同簽名於契約書末，並附記該十艘漁船之號碼，有該合約書在卷可稽（見一審卷六三頁、六四頁）。至於汲漁公司應負責取得之捕魚合作准證，究竟為緬甸經濟海域之全區域或其中一部分區域，該合約書並未特別約定，上訴人主張汲漁公司應負責申請緬甸全部經濟海域之捕魚合作准證，自不足取（按汲漁公司僅負責申請，至於准與不准，以及其核准者為全部海域或其中之某一海域，權操在主權國之緬

甸，並非汲漁公司所能操控）。而被上訴人汲漁公司交付上訴人之緬甸政府核發之執照（准證）影本，其捕魚區域載明「專用經濟海域區內」與上訴人翁聰安鴻利五○一號持上開准證前往作業，向緬甸政府報到時，緬甸政府所交付之准證，所載捕魚區域為「北緯十六度○分，東經九十五度二十分領海外之水域」（即所謂Ｃ區海域）雖有不同，但據汲漁公司新加坡代理人華元公司函稱：「緬甸政府原完全開放特別經濟區……，但因顧慮國家安全及特別經濟區內外籍漁船之管理作業，緬甸當局漁業部修改該項政策，只准許持有執照漁船進入特定作業區，但如當事人提出交換區域作業申請，該國當局即重新劃定另一新區域給申請人」云云。準此，華元公司代汲漁公司申請核准交付上訴人之執照正本載明Ｃ區海域，係因緬甸政府政策改變所致，上訴人進入該區作業後，亦得另申請交換其他區域，自不影響上訴人之作業。自難謂汲漁公司違約。次查汲漁公司交付上訴人之准證影本與上訴人前往緬甸報到取得之准證正本所載內容，除捕魚區域外，船長姓名、漁船總噸數、有效期間各欄之記載均有差異，如影本記載日期為一九八九年八月十日，正本記載日期為一九八九年九月十四日，漁船噸位亦相差一百噸，並非僅捕魚區域之記載不同而已。而上訴人持有之准證正本，既係漁船前往緬甸報到時，由該國政府另行核發，自不能謂汲漁公司有變造准證之事實（按汲漁公司請華元公司代為申請緬甸政府核發而交付上訴人之准證影本，上訴人漁船既須持以向緬甸政府報到，如有變造情事，將立即被發現）。兩造合約既僅約定，汲漁公司未能於限期內取得緬甸政府之合作准證時，應將所收定金每船六十萬元返還上訴人，茲汲漁公司既已履行契約，代上訴人申請緬甸政府核發捕魚合作准證，並無違約情事，有如前述，從而上訴人請求被上訴人損害賠償，即屬於法無據。又查兩造發生爭執後，翁聰安、林榮宗、廖金郎及汲漁公司林俊雄在（七十八年）十月五日已談妥已去緬甸海域捕魚者退六十萬元，未去捕魚者退五十萬元，林俊雄想將金額壓低，於同年十一月六日又邀證人黃漢泉及李世昌、廖金郎在荷蘭咖啡廳再談。當天林俊雄要求去捕魚者退五十萬元，未去者退四十

萬元，但未為廖金郎所同意等情，業據證人李世昌結證明確，核與廖
金郎所陳，林清溪及全陽公司均由伊代表簽約及談判，十月五日伊與
翁聰安、林榮宗與林俊雄談妥，去捕魚者退六十萬元，未去者退五十
萬；十月六日林俊雄又邀我及李世昌在荷蘭咖啡廳談，林俊雄要求去
捕魚者退五十萬元，未去者退四十萬元（按即各壓低十萬元），伊未
同意而無結果。第二天伊與翁聰安、林榮宗到林俊雄汲漁公司再表示
不同意降低十萬元，林俊雄即叫伊及翁聰安等先取回四十萬元，其餘
等其與新加坡合作事宜談妥再說等情相符（見原審卷八十三頁、八十
四頁）。顯然兩造就本件爭執曾於七十八年十月五日達成和解，汲漁
公司同意曾赴緬甸海域捕魚者退還定金六十萬元，未前往捕魚者退還
定金五十萬元應無庸疑。至其後汲漁公司擬將此退還之金額壓低，未
為上訴人及廖金郎所同意，與該和解之成立，不生影響。被上訴人辯
稱兩造成立和解，係去捕魚者退六十萬元，未去者退四十萬元云云，
自不足取。而上訴人翁聰安、林榮宗、天利公司業已向被上訴人汲漁
公司領回定金，即前往緬甸海域作業之漁船（天利公司鴻利五○一
號、翁聰安宏昇六十八號）各六十萬元，未前往捕魚之漁船（翁聰安
宏昇八十六號、林榮宗鴻利七號）各四十萬元，有被上訴人所提出轉
帳傳票三張，電匯回條一張、收據一張為證，且為上訴人所不爭執，
從而翁聰安、林榮宗請求被上訴人汲漁公司應再退還定金各十萬元
（即宏昇八十六號、鴻利七號不足之部分）並均加付法定遲延利息
（執行無效果時，應由保證人林石旺給付），洵屬正當。上訴人其餘
部分之請求不應准許，爰將第一審所為上訴人全部敗訴之判決，就上
訴人翁聰安、林榮宗請求返還定金十萬元本利部分廢棄，改判如其聲
明，其餘則予以維持，駁回上訴人之上訴。
查兩造合約既僅約定，由被上訴人汲漁公司代上訴人及其他七艘漁船
向緬甸政府申請在該國經濟海域捕魚之合作准證，如未能如期取得該
合作准證，被上訴人即應將定金六十萬元退還，該合約並未特別約
定，汲漁公司須取得緬甸全海域之捕魚合作准證，被上訴人於訂約後
即依約代向緬甸政府申請，業已取得准在緬甸海域捕魚之合作准證，

為原判決合法確定之事實，則無論其所取得者為緬甸全海域或部分海域之捕魚合作准證，被上訴人均無違約之可言。被上訴人實無變造該合作准證之必要。原審因而認定被上訴人並無違約，亦無變造捕魚合作准證之事實，除定金部分，依兩造事後之和解，判〔決〕被上訴人汲漁公司應給付翁聰安、林榮宗各十萬元本利，執行無效果時由保證人林石旺給付外，其餘部分則判決上訴人敗訴，經核於法並無違背。上訴意旨仍執陳詞，並以原審取捨證據認定事實之職權行使，並依職權解釋契約，指摘原判決其敗訴部分不當，聲明廢棄，難謂有理由。據上論結，本件上訴為無理由，依民事訴訟法第四百八十一條、第四百四十九條第一項、第七十八條，判決如主文。

中華民國八十二年一月十八日

最高法院民事第五庭

審判長法官　曾　桂　香

法官　張　福　安

法官　洪　根　樹

法官　劉　延　村

法官　謝　正　勝

〔上〕正本證明與原本無異

最高法院有關涉外案件雖以英國法為準據法但其程序事項（時效期間）應以法庭地中華民國法律為準之民事判決

最高法院民事判決

八十二年度臺上字第七九三號

上　訴　人　日商東京海運株式會社

　　　　　　　設日本國東京都中央區日本橋室町三丁目四番四號

　　　　　　　(4-4,3-CHOME, NIHONBASI-MUROMA CHI, CHUO-KU, TOKYO, JAPAN)

法定代理人　中村和生　住同〔上〕

訴訟代理人　柯　君　重律師

被　上訴人　太平產物保險股份有限公司

　　　　　　　設臺北市忠孝東路四段五五〇號

法定代理人　陳　楚　菊　住同〔上〕

〔上〕當事人間請求損害賠償事件，上訴人對於中華民國八十一年十月五日臺灣高等法院高雄分院第二審更審判決（八十一年度海商上更㈠字第一號），提起上訴，本院判決如〔下〕：

主　文

原判決廢棄，發回臺灣高等法院高雄分院。

理　由

本件被上訴人主張：伊承保訴外人合迪化學股份有限公司（下稱合迪公司）於民國七十七年六月間，採購進口液態C-14 C16乙烷烴乙批、計一、〇〇〇點二七五公噸，經議定小組所議定公告之匯率，以新臺幣折付之判決（被上訴人請求巴商東日公司與上訴人連帶給付部

分，已受敗訴判決確定。）

上訴人則以：本件運送契約係在英國倫敦所簽訂，應適用英國法。依載貨證券所載併入條款(INCORPORATION CLAUSE)約定，因傭船合約所發生之任何糾紛，均應交付倫敦仲裁，乃被上訴人逕行起訴，伊自得援用妨訴抗辯。本件載貨證券係由巴商東日公司所僱用之船長所簽發，運送關係成立於被上訴人與巴商東日公司間，與伊無涉。且依英國國際私法規定，英國法若為外國法院採為準據法時，就程序事項適用該外國法。依英國法消滅時效為程序事項，故本件有關時效問題應適用我國法律。系爭貨物於七十七年七月十六日完成卸載，迄被上訴人於七十八年十月十四日起訴時，已逾一年，其請求權已罹於時效而消滅。又被上訴人就短卸之損害賠償，亦應依卸載時及卸載地貨物之交易價格或市價為準。就污染之損害請求賠償，則應依貨物卸載時卸載地貨物之交易價格或市價，與該貨物受損後價值之差額為依據。被上訴人以重行析離、倉儲及清潔費用為請求之標準，亦非有理等語，資為抗辯。

原審維持第一審所為上訴人敗訴之判決，無非以：被上訴人主張之事實，業據提出上訴人簽發之載貨證券二份，託運人ENICHEM AUGUSTA S. P. A. MILANO公司簽發之商業發票及包裝明細表各二份、傑信公證有限公司之公證報告、補充報告、暨載貨證券記載與船舶實載貨品數量之差異報告各二份，中國石油股份有限公司高雄煉油總廠石油品儲運站「儲運設備租賃收費明細表」各二紙、日宏企業商行污染品處理費統一發票四紙、合迪公司致太平產險公司之代位求償收據等為證。經對照載貨證券所載，可證該貨載數量短少與受污染之損害，確係發生於運送人即上訴人接貨後運往目的港高雄途中。兩造間關於系爭運送契約涉訟，應準據適用英國法律，為兩造所不爭執。系爭貨物運送事件，係由上訴人根據其與訴外人即系爭貨物原始託運人義大利商ENICHEM AUGUSTA S. P. A. MILANO於一九八八年三月二十四日，在英國倫敦所簽訂之傭船運送契約進行運送，有傭船合約書、載貨證券之記載可稽。而被上訴人根據保險法第五十三

條所取得代位權則源自訴外人合迪公司。合迪公司則係由託運人將上
訴人所簽發之系爭載貨證券以背書轉讓方式，經由買賣押匯銀行讓與
而來。此為兩造不爭之事實。則被上訴人及訴外人合迪公司均非傭船
契約之當事人，是該傭船契約雖有「依本傭船合約所肇之任何糾紛均
應交付倫敦仲裁」之約定，被上訴人並不受拘束。又載貨證券係上訴
人之船長所簽發，為單方所表示之意思，載貨證券雖載有「本件貨物
係按東京海運株式會社與託運人ENICHEM AUGUSTA S. P. A.
MILANO公司於西元一九八八年三月二十四日所簽訂傭船合約內所
約定之條款進行運送」之字樣，上訴人亦不能執以主張本件訴訟應先
經仲裁。本件既準據英國法，為兩造所不爭。被上訴人曾於七十八年
二月二十一日，及七十八年六月二十六日先後二次向上訴人請求給
付，並獲上訴人回函，同意延長追訴時效至七十八年十月十六日，有
同意延長時效函附卷可證，該函上訴人承認為真正。依英國現行一九
七一年海上貨物運送條例第三條之規定，被上訴人之請求權，未罹於
時效消滅。系爭貨載於運抵高雄港卸載後，發現數量較載貨證券所載
短少一二點〇〇三公噸，並有遭海水污染之情形，該短少之損害，經
合迪公司與被上訴人所訂貨物保險契約中約定，由合迪公司自行負擔
按提單所載數量千分之五計算之損失，被上訴人已依保險契約約定賠
付合迪公司短少七點〇〇二噸部分之貨價計美金三千三百十九點九五
元，及將該受污染貨物重行離析、淨化之再處理費用及污染貨物倉儲
及槽清洗等費用計新臺幣二百六十一萬五千三百二十九元，有商業發
票、傑信公證公司之公證報告、補充報告、及日宏企業商行污染品處
理統一發票四紙可證，上訴人對此部分亦不爭執。該系爭貨物既因污
染無復使用，被上訴人支出費用，將系爭貨物重予處理淨化，俾供正
常使用，依誠信原則，被上訴人請求上訴人賠償系爭貨物短少部分之
損害及淨化處理費用，核屬有理。被上訴人本其保險代位關係，就保
險人即合迪公司所受損害金額美金三千三百十九點九五元及新臺幣二
百六十一萬五千三百二十九元及自起訴狀繕本送達翌日即七十九年一
月十日起算之法定遲延利息，其中美金按實際給付之日，臺北市之市

價以新臺幣給付之，應予准許云云，為其判斷之基礎。惟查，上訴人於原審陳稱：關於被上訴人之請求權是否罹於時效，依本件準據法即英國法之規定，因屬程序事項，故應依法庭地即中華民國法律為準。系爭貨物係於七十七年七月十六日完成卸載，並交付予受貨人，故一年時效期間應於七十八年七月十六日屆滿，依我國民法第一百四十七條之規定，時效期間，不得以法律行為加長或減短之。則被上訴人於七十八年十月十六日始提起本件訴訟，其請求權已罹於時效而消滅，上訴人自得行使拒絕給付抗辯權云云（見原審卷第二〇四頁至二〇五頁），自係重要之防禦方法，原審恝置不論，有判決不備理由之違法。上訴論旨，指摘原判決欠當，求予廢棄，非無理由。

據上論結，本件上訴為有理由，依民事訴訟法第四百七十七條第一項、第四百七十八條第一項，判決如主文。

中華民國八十二年四月十二日

　　　　　　　　　　　　　最高法院民事第六庭

最高法院有關當事人就外國法院裁判所認定請求權之存否顯無即受確認判決法律上之利益之民事判決

最高法院民事判決

八十二年度臺上字第九三五號

上　訴　人　和和機械股份有限公司
　　　　　　設臺灣省臺中市臺中工業區十四路七號
法定代理人　林志遠　住同〔上〕
訴訟代理人　陳長文律師
　　　　　　馮博生律師
　　　　　　陳品秀律師
被上訴人　　傑米・雷明利（Jaime Ramirez）
　　　　　　籍設美國490 SO. Bonnie Beach, Los Angeles, CA 90063, U.S.A.
　　　　　　住美國 642 Moulton Avenue, Los Angeles, CA 90031, U.S.A.
　　　　　　美商法蘭茲公司（Flands, Inc.）
　　　　　　設美國6823 1/2 Bear Ave. Bell, CA 90201, U.S.A.
〔上〕一人
法定代理人　大衛・沙隆（David Shalom）　住同〔上〕
被上訴人　　楊邁可（Michael K.Young）
　　　　　　住美國11139 GARVEY AVENUE, EL MONTE, CALIF. 91733, U.S.A.
　　　　　　美商梭克公司（Soco Saws Corporation, U.S.A.）

　　　　　　　　設美國11139 GARVEY AVENUE, EL MONTE
　　　　　　　　CALIF. 91733, U.S.A.
〔上〕一人
法定代理人　楊邁可（Michael K.Young）　住同〔上〕
〔上〕當事人間請求損害賠償事件，上訴人對於中華民國八十一年十一
月十一日臺灣高等法院臺中分院第二審判決（八十一年度國貿上字第
三號），提起上訴，本院判決如〔下〕：

　　主　文
上訴駁回。
第三審訴訟費用由上訴人負擔。

　　理　由
本件上訴人主張：被上訴人傑米・雷明利在美國洛杉磯州高級法院起
訴主張，其為被上訴人美商法蘭茲公司之受僱人，於民國七十九年二
月六日在公司工作時，因操作圓鋸機不慎受傷。該圓鋸機由上訴人及
被上訴人楊邁可及被上訴人美商梭克公司所製造銷售，應負損害賠償
責任。而被上訴人楊邁可及美商梭克公司則以該圓鋸機係上訴人所製
造為由，於八十年三月十九日，在上開法院併案對上訴人提起訴訟，
主張上訴人應負擔賠償責任。惟被上訴人對上訴人之損害賠償請求權
並不存在，乃求為確認被上訴人對上訴人於美國洛杉磯州高級法院以
案號BC 019242起訴或併案起訴及其相關上訴程序所主張之損害賠償
請求權不存在之判決。

原審以：依上訴人主張之事實，對上訴人起訴者不包括美商法蘭茲公
司，上訴人亦對之提起本件訴訟，此部分顯無即受確認判決之法律上
利益。次查據上訴人陳明，美國洛杉磯州高級法院之訴訟如為不利上
訴人之判決，上訴人之財產即有受強制執行之危險。其提起本件訴訟
之目的，在於避免此不利之結果。是上訴人所請求確認者，乃被上訴
人於上開案件所主張之損害賠償請求權。而該請求權既係依美國法律
向美國法院起訴主張，其請求權之存否，應由美國法律決之，顯不能
以本國法院之確認判決予以除去上述危險狀態。又民事訴訟法第四百

零二條及強制執行法第四十三條之規定，為外國法院之確定判決，是否承認其效力，許可其強制執行之準據，無須就同一事實另取得我國法院之確定判決。則上訴人之訴，顯無即受確認判決之法律上利益。綜上所述，上訴人聲明上訴之事項，在法律上顯無理由，爰依民事訴訟法第四百六十三條、第二百四十九條第二項，不經言詞辯論，逕以判決維持第一審所為上訴人敗訴之判決，駁回上訴。經核於法並無違背。上訴論旨，仍執陳詞，並以其就聲明上訴之事項，能否為有利於己之證明，係屬事實問題，與上訴在法律上顯無理由者不同，不在得不經言詞辯論，逕以判決駁回上訴之列等詞，及原判決贅引之理由為不當，求予廢棄，非有理由。

據上論結，本件上訴為無理由。依民事訴訟法第四百八十一條、第四百四十九條第一項、第七十八條，判決如主文。

中華民國八十二年四月二十六日

　　　　　　　　　　最高法院民事第六庭

最高法院關於以香港法律為準據法之契約，其履行應參酌英美法系衡平理念之民事判決

最高法院民事判決

八十二年度臺上字第一〇三八號

上　訴　人　高仕電影股份有限公司
　　　　　　　設臺北市安和路二段六〇號四樓
法定代理人　張國良　住同〔上〕
訴訟代理人　高進福律師
　　　　　　　高涌源律師
被　上　訴　人　影藝顧問有限公司
　　　　　　　設香港九龍窩打老道一五四號B座地下
法定代理人　陳自強　住同〔上〕
被　上　訴　人　王祖賢　住臺北市士林區德行東路三五八巷二九弄五號
共　　　　同
訴訟代理人　李新興律師

〔上〕當事人間請求損害賠償事件，上訴人對於中華民國八十一年九月二十九日臺灣高等法院第二審判決（八十一年度上字第五一五號），提起上訴，本院判決如〔下〕：

主　文

原判決關於駁回上訴人其餘上訴及該訴訟費用部分廢棄，發回臺灣高等法院。

理　由

本件上訴人主張：伊為拍攝電影「阿嬰」一片，於民國七十九年四月二十八日與被上訴人王祖賢及其經紀人影藝顧問有限公司（簡稱影藝

公司）簽約。王祖賢應於七十九年八月一日起至同年十月三十一日止，為伊工作至多四十個工作天，由伊分期支付報酬合計港幣八十萬元。嗣因王祖賢參與其他影片之拍攝及其個人事故，在該約定之三個月內，僅為伊拍戲十六個工作天，使「阿嬰」影片遲至同年十二月十七日始告殺青，致伊受有新臺幣（下同）五百零七萬三千三百八十二元之損害等情。求為命被上訴人連帶給付伊五百零七萬三千三百八十二元及自訴狀繕本送達之翌日起至清償日止，按週年利率百分之十二點五加付利息之判決。

被上訴人則以：兩造契約並未約定影藝公司應於七十九年十月三十一日以前，安排王祖賢為上訴人拍戲四十天，亦未約定「阿嬰」影片應於七十九年十月三十一日以前完成。王祖賢均已按上訴人之通告拍片，伊不負賠償責任云云，資為抗辯。影藝公司並提起反訴，主張：依約上訴人應給付伊第四期之報酬港幣二十萬元，迄未給付等情。求為命上訴人如數給付，並自七十九年十月三十一日起，按週年利率百分之十二點五加付遲延利息之判決。

原審以：影藝公司係依香港法律設立之法人，兩造係在香港簽訂契約，同意以香港法律為準據法（契約第十四條），依涉外民事法律適用法第六條第一項規定，本件兩造間債之關係應適用香港法律。次查影藝公司為王祖賢之經紀人，代王祖賢接受通告，安排拍片事〔宜〕。拍片通告均先由上訴人與影藝公司協商，決定拍片時間後，再由影藝公司安排王祖賢拍片。拍片日之拍戲時間則由上訴人以電話通知王祖賢等情，為兩造所不爭。上訴人雖主張：依契約第一條第二項約定，王祖賢應於七十九年十月三十一日前提供四十個工作天之服務，完成拍片工作，否則即係違約云云，惟為被上訴人否認。查契約第一條第二項之加註，中文應譯為「以下簡稱借用」，足證兩造簽約時，王祖賢尚有其他片約，上訴人與影藝公司洽商借用上開期間內，由王祖賢為上訴人拍攝「阿嬰」影片四十個工作天，並未約定王祖賢不得拍攝其他影片。契約第一條第二項無非約定王祖賢提供服務時間最多四十工作天，借用期間為七十九年八月一日起至同年十月三十一

日止。並非王祖賢在七十九年十月三十一日以前必須提供四十個工作天之工作。又依契約第二條第一項約定，影藝公司保證王祖賢參加演出，但若錄影時間相衝突，影藝公司有優先決定權，通知上訴人更改拍片日程。此項約定，再度強調借用王祖賢之意旨。依此約定，上訴人通告拍戲須先徵得影藝公司同意，若王祖賢因拍戲時間衝突，影藝公司有權更改上訴人之拍片日程，並得延至同年十月三十一日以後。再依契約第一條第三項約定，若王祖賢準備就緒參與演出，而上訴人在七十九年十月一日以前仍未能開始拍製時，影藝公司得終止契約，並得依契約第三條約定沒收定金。準此以觀，若自同年十月一日開始拍片，則王祖賢提供四十個工作天之工作，必然逾越十月三十一日。從而上訴人主張，依香港法律，此項至七十九年十月三十一日之期限約定為「重要事項」，王祖賢不能逾期提供工作云云，即非可取。又依契約第三條有關費用（報酬）給付之約定，其第四期款應於拍攝第四十個工作天或影片完成時給付，但不得遲於七十九年十月三十一日，此項約定亦足以證明王祖賢參與拍戲，非必於七十九年十月三十一日以前完成。綜上〔所〕述，本件契約雖約定王祖賢應於七十九年十月三十一日前，提供四十日工作天之拍片工作，惟於拍戲時間衝突時，影藝公司仍有權決定於七十九年十月三十一日以後，安排王祖賢拍戲之日程，尤不容上訴人主張，伊已函催被上訴人於七十九年十一月二日以前完成，即謂被上訴人須於其片面所定期限內完成其拍片工作。系爭契約並未約定影片上檔日期。上訴人主張被上訴人明知伊預留一個半月時間準備，以便於上檔時間放映云云，既為被上訴人所否認，契約亦未約明影片應在上檔時間前一個半月殺青。上訴人之主張自不足採。按私權契約取決於當事人間之意思表示，除有違反善良風俗或誠信原則外，不容當事人事後反悔。本件契約對於王祖賢拍戲及給付報酬之約定，雖予王祖賢相當之保障，不容上訴人執此主張契約不公平而請求被上訴人賠償。被上訴人對於上訴人提出之工作報告表所載王祖賢拍片日期雖自認確與上訴人協議訂定，惟辯稱王祖賢已依該表所示日期拍戲。關於上訴人提出之傳真資料，被上訴人除承認收

到七十九年十月六日之資料，並稱王祖賢已依約拍戲外，否認收到其餘傳真資料。上訴人亦自認上開傳真資料係經由香港關錦鵬工作室通知被上訴人，因該工作室搬遷，無從證明被上訴人已收到傳真而拒絕通告拍片情事。證人馬臺生證稱，伊發通告，王祖賢並無無故遲到情形，影片遲至十二月才殺青，除因王祖賢及訴外人單玄文軋戲外，王祖賢來臺期間均已事先安排回程時間，有時遇天氣不佳，數日不能拍戲，因王祖賢須按原定時間回香港，祇得將檔期延後云云。嗣雖翻異前詞，指稱王祖賢未應約拍戲，因其不能配合，致使延誤拍片作業云云，惟馬臺生並不能提出王祖賢延誤拍戲之證明資料，所稱要難採信。又證人周迺忠證稱：影片應於七十九年十月三十一日以前拍攝完成，依合約意旨，王祖賢不可遲至同年十一月以後提供服務云云。惟與兩造契約所訂內容不符，亦不足採。上訴人既不能證明王祖賢於七十九年十二月十七日以前提供服務完成影片之拍攝，有違約情事，其請求被上訴人連帶賠償損害五百零七萬三千三百八十二元之損害及其遲延利息，即屬不應准許。其次，影藝公司依契約第三條第三項約定，提起反訴，請求上訴人給付第四期款港幣二十萬元部分，查上訴人對於「阿嬰」影片業於七十九年十二月十七日殺青之事實並不爭執，雖辯稱：王祖賢遲延給付，使伊造成損害，得與第四期款二十萬元港幣債務抵銷云云，然查王祖賢並無違約情事，對上訴人不負損害賠償債務，上訴人自無從主張抵銷。依約上訴人即有給付影藝公司第四期款港幣二十萬元之義務，又香港法院就有關遲延利息之判決，係以週年利率百分之十二點五計算，則影藝公司請求上訴人給付港幣二十萬元及自七十九年十月三十一日起按週年利率百分之十二點五計付遲延利息，為有理由，應予准許，因而維持第一審所為駁回上訴人請求，並命上訴人給付影藝公司港幣二十萬元及自七十九年十月三十一日起按週年利率百分之十二點五加付遲延利息之判決。

惟查兩造既約定王祖賢演出時間最多為四十工作天，「參加時間為從一九九〇年八月一日開始，至同年十月三十一日截止」，所稱一九九〇年十月三十一日倘非為兩造約定期限之終期，則兩造逕予約定王祖

賢為上訴人工作四十個工作天即可，何須訂定工作期限？依原審認定，被上訴人不受期限約定之拘束，則兩造關於期限約定之意義何在？亟待澄清。次查兩造契約約定，王祖賢於上開期限內為上訴人拍片，上訴人即應支付影藝公司港幣八十萬元，若因製片需要，須在超過前開期限外拍片，上訴人須再給付影藝公司每日港幣二萬元。準此以觀，則兩造於期限內履行契約，對上訴人有利。上訴人似無故意使王祖賢在期間內僅拍片十六個工作天，徒增額外開支之理？從而上訴人主張因被上訴人違約，致延誤期日云云，是否毫無可採？即不無斟酌餘地。再查上訴人一再主張：本件準據法為香港法律，解釋契約及履行責任之認定，須依香港法律。香港法律屬英美法系，著重衡平理念。契約之履行，原則上須依照契約所特別限定之日期為之，除非該約定之期限對契約之一方有失公平，或該期限並非契約之重要事項，法院始得例外決定其非契約之要素云云。提出香港律師之法律意見書及所附法學論著並法院案例為證（見外放證物），指摘王祖賢未於期限內應其要求拍片為違反契約之行為，應負損害賠償責任，不失為重要之攻擊方法，何以不足採？未〔見〕原審於判決理由項下說明其理由，遽為上訴人不利之判決，亦有判決不備理由之違法。上訴論旨，指摘原判決對其不利部分為不當，求予廢棄，非無理由。

據上論結，本件上訴為有理由，依民事訴訟法第四百七十七條第一項、第四百七十八條第一項，判決如主文。

中華民國八十二年五月七日

最高法院民事第二庭

審判長法官　孫　森　焱
　　法官　朱　錦　娟
　　法官　蘇　達　志
　　法官　許　朝　雄
　　法官　徐　璧　湖

〔上〕正本證明與原本無異

最高法院有關認領涉外案件依各該認領人被認領人之本國法為準據法之民事判決

最高法院民事判決

八十二年度臺上字第一八三五號

上　訴　人　安齊魯・阿瑪迪（Angelo Amadei）

　　　　　　　住Via Comerio, No. 14-16, P. O. Box 150, Faenza,

　　　　　　　Italy 48018 Faenza（RA）, Italy

　　　　　　　指定劉敏卿律師為送達代收人

被上訴人　戴笑仙

　　　　　　　住臺北市南京東路四段一二〇巷二九弄三〇之三號

〔上〕當事人間請求交付子女事件，上訴人對於中華民國八十一年十月十九日臺灣高等法院第二審更審判決（八十年度家上更㈠字第二九號），提起上訴，本院判決如〔下〕：

　　主　文

上訴駁回。

第三審訴訟費用由上訴人負擔。

　　理　由

本件上訴人主張：伊為義大利國人，被上訴人為中華民國人，兩造在中華民國境內同居，而於民國七十年五月廿四日產下一女戴丹妮（Daniela Amadei），由被上訴人監護中。伊於七十七年十二月三日經義大利國法院判決認領戴丹妮，因此戴丹妮於七十八年八月十五日喪失中華民國國籍。依中華民國涉外民事法律適用法第二十條規定，兩造對於戴丹妮之監護權，應依戴丹妮之本國法。戴丹妮為義大利國人，依照義大利國之法律戴丹妮應由伊監護等情，求為命被上訴人將戴丹妮交付與伊之判決。

被上訴人則以：依照義大利國之國際私法，對於非婚子女之認領，係採認領人之本國法主義，伊認領戴丹妮，應依中華民國之法律定之。依中華民國民法規定，伊無庸認領，當然與戴丹妮發生母女關係，享有監護權，兩造曾簽訂協議書，約定戴丹妮由伊監護，上訴人不得請求交付戴丹妮等語，資為抗辯。

原審以：戴丹妮係兩造在中華民國境內同居之七十年五月廿四日所生，嗣上訴人於七十七年十二月三日經義大利國法院判決認領戴丹妮，戴丹妮因而喪失中華民國國籍。在上訴人未認領戴丹妮之前，因戴丹妮係中國人，依中華民國民法第一千零六十五條第二項規定，戴丹妮與其生母即被上訴人之關係，視為婚生子女，無須認領。兩造曾於七十五年八月十四日訂立協議書，約定戴丹妮由被上訴人監護，撫養至成年，該協議書經臺灣臺北地方法院認證在案。雖依義大利國民法之規定，父母對監護人之協議本身不具任何效力，惟可由法官（未介入協議）視為裁決時之一項有用因素；又未婚生子女倘經父母雙方承認，而父母未共同生活者，其對未成年子女之權利，應由與子女共同生活之一方行使，此有司法院(81)臺廳一字第〇七三九四號函檢送我國駐義大利代表處義(81)字第〇九〇號復函可稽。被上訴人與戴丹妮共同生活達七年之久，彼此親情極為深厚，無法須臾分離，自應認戴丹妮以歸由被上訴人監護為適當。上訴人雖謂：伊接獲義大利國法院之命令，應將戴丹妮帶回義大利國入學，且戴丹妮已喪失中華民國國籍，不能在中華民國接受教育，應准將戴丹妮送還義大利國接受教育云云。惟義大利國法院之命令，對被上訴人無拘束力，且證人黃秀玉（原屬中華民國國籍，現已歸化取得義大利國國籍）證稱：外國人得以居留證在我國申請入學，且有義大利政府發給之補助金等語。上訴人自不得以教育問題為藉口，請求交付戴丹妮。爰就此維持第一審所為上訴人敗訴之判決。查非婚生子女與其生父或生母之關係之發生，義大利國民法與我國民法規定不盡相同。依義大利國民法之規定，無論生父或生母均須辦理認領手續，始與其非婚生子女成立親子關係，而我國民法規定，非婚生子女經生父認領者視為婚生子女；至

於生母與非婚生子女間，因出生之事實，視為婚生子女，無須認領。又非婚生子女認領之成立要件，依各該認領人被認領人認領時之本國法，為我國涉外民事法律適用法第十七條第一項所明定。準此以觀，戴丹妮在未經其生父即上訴人認領，取得義大利國籍之前，自應適用我國民法之規定，認戴丹妮與其生母即被上訴人間之關係，因出生之事實而視為婚生子女，無須認領。此一母女關係，不因戴丹妮嗣後經上訴人認領或被上訴人未依義大利國民法規定辦理認領手續，而歸於消滅。上訴人謂被上訴人與戴丹妮未發生母女關係，不無誤會。戴丹妮經上訴人認領後取得義大利國籍，而喪失中華民國國籍，其監護，依我國涉外民事法律適用法第二十條前段規定，依受監護人之本國法，亦即以義大利國之法律為準據法。原審根據義大利國法律有關規定，並參酌兩造曾訂立協議書，約定戴丹妮由被上訴人監護，撫養至成年，以及被上訴人為與戴丹妮共同生活之一方，應由被上訴人行使親權等情事，認戴丹妮以歸由被上訴人監護為適當，因而為上訴人敗訴之判決，所持理由容有未盡，或其他贅論部分欠妥，但於裁判之結果無影響，仍應維持。上訴論旨，聲明廢棄原判決，不能認為有理由。

據上論結，本件上訴為無理由。依民事訴訟法第四百八十一條、第四百四十九條第一項、第七十八條判決如主文。

中華民國八十二年八月四日

〔**法令月刊**，第四十五卷，第三期，民國八十三（一九九四）年三月一日，頁35～36。〕

最高法院有關涉外子女監護權準據法疑義之民事判決

最高法院民事判決

八十二年度臺上字第一八八八號
八 十 二 年 八 月 十 一 日

(1)裁判要旨：

㈠關於判決離婚後酌定及改任監護人之訴，均屬離婚效力之一部分，其涉外事件所應適用之準據法自應依我國涉外民事法律適用法第十五條規定決之。

㈡判決離婚後關於未成年子女之監護權如何分配及其分配之方法如何，係附隨離婚而生之效果，自應依離婚效力之準據法決定之。所謂關於未成年子女之監護權如何分配，不僅指夫妻經法院判決離婚後，對於其未成年子女所為應由何方監護之酌定而言，嗣後因情事變更而聲請變更任監護之人即改定監護人者，亦包含在內。至於監護人指定後，監護人與受監護人之法律關係，則屬監護問題，應依受監護人之本國法決定之。上訴論旨，謂改定監護人非屬離婚效力之問題，而係有關監護之範圍，應依我國涉外民事法律適用法第二十條規定，以受監護人之本國法為準據法云云，不無誤解。又法院為准許離婚之判決時，對於未成年子女之監護人雖已為酌定，但嗣後情事有變更者，當事人非不得聲請法院變更任監護之人，此就我國民法第一千零五十五條但書規定觀之，應為當然之解釋。

(2)參考法條：

㈠涉外民事法律適用法第十五條。

〔560〕

㈡民法第一千零五十五條。

上　訴　人　毛思迪（STEVEN WESTLEY MOSHER）
　　　　　　　　　住1588 CLOVER DALE, UPLAND,〔CA〕
　　　　　　　　　91786, U. S. A.
訴訟代理人　林清源律師
被　上　訴　人　黃惠雅　住臺灣省宜蘭縣頭城鎮金面路三十之十六
　　　　　　　　　號

〔上〕當事人間請求離婚（監護）事件，上訴人對於中華民國八十二年三月二十二日臺灣高等法院第二審更審判決（八十一年度家上更㈠字第二九號），提起上訴，本院判決如〔下〕：

　　主　文

上訴駁回。

第三審訴訟費用由上訴人負擔。

　　理　由

本件被上訴人主張：伊於民國七十一年一月二十一日與美國籍之上訴人結婚。七十二年八月間隨上訴人赴美定居，七十六年四月二十日生子黃大信（STEVEN HUANG MOSHER）。嗣後被上訴人不堪同居之虐待，乃攜子返臺。雖美國加州聖伯納狄諾郡高等法院RFL〇三四七五號判決（下稱美國加州法院判決）准兩造離婚，黃大信之監護權歸上訴人。但上訴人既與他女結婚，又任職在外，現子女眾多，需其扶養，情事已有變更，不適於擔任黃大信之監護人，自應改由伊監護等情，求為准伊監護黃大信之判決（被上訴人另請求離婚、辦理離婚之戶籍登記及損害賠償部分，已經判決被上訴人敗訴確定）。

上訴人則以：上開美國加州法院之判決已確定，兩造應受其拘束，被上訴人提起本件訴訟違反一事不再理之原則。何況被上訴人強將黃大信攜出美國國境，進而主張情事變更，要求改定監護人，亦為法所不容等語，資為抗辯，並反訴求為命被上訴人將黃大信交付與伊之判決。

原審以：關於判決離婚後酌定及改任監護人之訴，均屬離婚效力之一

部分，其涉外事件所應適用之準據法自應依我國涉外民事法律適用法第十五條規定決之。本件被上訴人為外國人妻，未喪失中華民國國籍，為兩造所不爭執，則其離婚之效力即應以中華民國法律為準據法。上訴人抗辯應適用美國法一節，尚無可取。被上訴人係在上開美加州法院判決准兩造離婚及黃大信歸上訴人監護確定後，主張因情事變更，上訴人有不適於擔任監護人之情形，請求法院為黃大信之利益，變更任監護之人，要無違背一事不再理原則之可言。上訴人於判決離婚後，已與墨西哥國籍女子維拉·克瑞絲結婚，婚後生有二子，一名麥瑟·馬歇爾，另一名不詳，並收養維拉·克瑞絲與他人所生之女茱麗·克瑞絲，有警局報告及上訴人家居生活照片簿等件可稽。上訴人既與他女結婚生子，復在外任職，自無從善加照顧監護黃大信。反觀被上訴人有自有之房屋可供居住，又任教於國立宜蘭農工專科學校，月入新臺幣三萬餘元，足以扶養黃大信，有房屋稅繳款書及學校在職證明書等件可憑。是被上訴人主張因情事已有變更，依我國民法第一千零五十五條但書規定，請求法院另行酌定黃大信之監護人，自無不合。審酌兩造之職業、經濟狀況、監護能力及其子女之多寡等一切情況，認黃大信以改由被上訴人監護為適當。爰將第一審對監護本訴及交付子女反訴所為上訴人勝訴之判決廢棄，改判黃大信由被上訴人監護，並駁回上訴人在第一審之反訴。查判決離婚後關於未成年子女之監護權如何分配及其分配之方法如何，係附隨離婚而生之效果，自應依離婚效力之準據法決定之。所謂關於未成年子女之監護權如何分配，不僅指夫妻經法院判決離婚後，對於其未成年子女所為應由何方監護之酌定而言，嗣後因情事變更而聲請變更任監護之人即改定監護人者，亦包含在內。至於監護人指定後，監護人與受監護人之法律關係，則屬監護問題，應依受監護人之本國法決定之。上訴論旨，謂改定監護人非屬離婚效力之問題，而係有關監護之範圍，應依我國涉外民事法律適用法第二十條規定，以受監護人之本國法為準據法云云，不無誤解。又法院為准許離婚之判決時，對於未成年子女之監護人雖已為酌定，但嗣後情事有變更者，當事人非不得聲請法院變更任

監護之人，此就我國民法第一千零五十五條但書規定觀之，應為當然之解釋。原審係根據上訴人於判決離婚後再婚，生子多人，均賴其撫育，而認上訴人已不適於擔任黃大信之監護人，在比較兩造之職業、經濟狀況、監護能力及其子女之多寡等一切情況後，認黃大信以改由被上訴人監護為適當，而為不利於上訴人之判決。既未以黃大信目前與何方共同生活為酌定之標準，則被上訴人攜帶黃大信自美返臺，其行為無論是否出於不法，於裁判之結果均不生影響，原審雖未於判決理由中加以論斷，有欠周延，但結果並無二致。上訴論旨，執以指摘，聲明廢棄原判決，不能認為有理由。

據上論結，本件上訴為無理由。依民事訴訟法第四百八十一條、第四百四十九條第一項、第七十八條，判決如主文。

〔 **司法院公報**，第三十六卷，第四期，民國八十三（一九九四）年四月，頁58～
　　60。〕

最高法院關於法律行為發生債之關係者，不同國籍且行為地不同之當事人意思不明時，準據法疑義之民事判決

最高法院民事判決

八十二年度臺上字第二四六一號

上　訴　人　德商德塔艾夫・逢・雅偏航運公司
SCHIFFAHRTSGESEL LSCHAFT DETLEF VON HPPEN M. B. H.
　　　　　　　設德國漢堡市二〇・二〇〇蕭歐偏・史帖爾廿號
法定代理人　瑞格納・撲卡斯 RAGNAR PUKAS　住同〔上〕
　　　　　　　瑞福邦加頓 RALF BAUMGARTNER　住同〔上〕
訴訟代理人　陳　長律師
複代理人　劉貞鳳律師
被上訴人　昭洋船務代理股份有限公司
　　　　　　　設臺北市長安東路二段卅一號三樓三〇五室
法定代理人　石國禎　住同〔上〕
〔上〕當事人間請求返還代墊款事件，上訴人對於中華民國八十一年十一月十六日臺灣高等法院高雄分院第二審更審判決（八十一年度上更㈠字第四〇號），提起上訴，本院判決如〔下〕：
　　主　文
原判決關於命上訴人給付，及該訴訟費用部分廢棄，發回臺灣高等法院高雄分院。
　　理　由
按法律行為發生債之關係者，其成立要件及效力，依當事人意思定其

應適用之法律。當事人意思不明時，同國籍者依其本國法，國籍不同者，依行為地法，行為地不同者，以發要約通知地為行為地，如相對人於承諾時不知其發要約通知地者，以要約人之住所地視為行為地。涉外民事法律適用法第六條第一、二項定有明文。查本件上訴人係自德國漢堡以電報指示在我國之被上訴人代為處理「瑪莉亞輪」及「格力輪」碇泊臺灣港口卸貨等事宜，被上訴人承諾允予處理，有電報文二紙附一審卷可稽，亦為被上訴人在起訴狀內所載明。則依上述法律行為發生債之關係，其準據法固應依當事人意思定之；但本件當事人之意思並不明白，且國籍又不同，自應依行為地法，惟上訴人發要約通知之行為地係在德國漢堡；被上訴人為承諾之行為地，則在我國，依前開條文之規定，似應以發要約通知地之德國漢堡為行為地而適用該地之法律。茲原審誤為本件行為地係兼跨二國以上，而依履行地法即我國法律為裁判，判命上訴人給付被上訴人新臺幣壹佰伍拾柒萬貳仟玖佰拾陸元及其利息，自難謂合。上訴論旨，執此指摘原判決對其不利部分為不當，求予廢棄，非無理由。

據上論結，本件上訴為有理由，依民事訴訟法第四百七十七條第一項、第四百七十八條第一項，判決如主文。

中華民國八十二年十月八日

最高法院民事第三庭

審判長法官　李　錦　豐

法官　吳　啟　賓

法官　朱　建　男

法官　楊　鼎　章

法官　楊　隆　順

〔上〕正本證明與原本無異

書記官

中華民國八十二年十月二十六日

最高法院關於航空託運單之民事判決

最高法院民事判決

八十二年度臺上字第二八一九號

上　訴　人　交通部民用航空局
　　　　　　　設臺北市敦化北路三四〇號
法定代理人　孫兆良　住同〔上〕
訴訟代理人　楊鴻基律師
被　上訴　人　中國產物保險股份有限公司
　　　　　　　設臺北市吉林路一〇〇號十樓
法定代理人　劉勝彥　住同〔上〕
訴訟代理人　李家慶律師

〔上〕當事人間請求損害賠償事件，上訴人對於中華民國八十二年一月十八日臺灣高等法院第二審更審判決（八十一年度重上更㈡字第四八號），提起上訴，本院判決如〔下〕：

主　文

上訴駁回。

第三審訴訟費用由上訴人負擔。

理　由

本件上訴人法定代理人已於民國八十二年二月三日改由孫兆良擔任，有其提出交通部令影本一份為憑，其法定代理人之變更雖在原審判決後、送達前，惟因其訴訟代理人在原審受有得提起上訴之特別委任，且已將依法承受訴訟之聲明載於上訴聲明狀繕本送達被上訴人，有送達證書在卷可稽。本件訴訟程序即臻完備，合先說明。

次查被上訴人主張：伊承保訴外人交通部國際電信管理局（下稱國際電信局）購自美國之數位測試儀一批，該批器材託由訴外人中華航空

股份有限公司（下稱華航公司）於民國七十七年九月六日運抵中正國
際機場，儲放於上訴人所屬臺北航空貨運站之倉庫內。進倉前並無破
損紀錄，提領時則發現嚴重受損，上訴人對於國際電信局自應負侵權
行為之損害賠償責任。伊已依保險契約核實理賠國際電信局新臺幣
（下同）四百五十八萬七千六百十一元等情，爰依保險法第五十三條
規定之代位權，求為命上訴人如數給付，並加給法定遲延利息之判
決。

上訴人則以：國際電信局持有之單據為航空託運單，而非空運提單，
依法在受領物之交付前，尚未取得該物之所有權。且系爭貨物，於輾
轉運抵中正國際機場時，已發生毀損，並非於倉儲期間受損，伊自不
負損害賠償責任。縱認伊應負賠償責任，依伊與華航公司所訂倉庫使
用合約及交通部頒佈之航空貨運站倉儲貨物管理規則之規定，以每公
斤一千元為限。被上訴人逾此部分之請求，亦非有理等語，資為抗
辯。

原審依審理之結果，以：系爭AIR WAYBILL（AIR CONSIGN-
MENT NOTE）單據為運送人華航公司代理人莫里生公司所簽發，
其製作人為運送人而非託運人。依承攬公會八十一年八月二十六日
(81)航輝一字第一○三五號函之解釋及該會常務理事蕭禹新之證言，
其性質確為提單，收貨人不必交付正本第三聯，即可取得貨物所有
權。雖就不可轉讓性質而言，與民法規定之提單性質不同，但我國民
法債篇係十九年五月五日公布施行。當時航空事業剛剛萌芽，貨物運
送大抵為海運及陸運，速度較慢，因此提單明定具背書性，以謀交易
之靈活，自有必要。此觀民法債篇第十六節第二款物品運送之立法說
明，「謹按物品運送者，謂收受運費，在陸上或水上為他人運送物品
之營業者也……」。可知立法之初，未考慮日後航空貨運之發展，使
貨品在不同國家間朝發夕至，無再強調其背書性之必要。因此該單據
上雖有NOT NEGOTIABLE（不可轉讓）之記載，並不影響其為提
單之性質。至華沙公約適用範圍關於國際運送，限於貨物啟運地與目
的地均須在華沙締約國之境內，或雖在同一締約國之境內，但在他國

行使主權、宗主權、受託權或權力之境內有一同意之停留地，否則即非該公約所謂之國際運送。我國非華沙公約締約國，為兩造所是認。查系爭貨物出發地為美國，目的地為我國，我國既非華沙公約締約國，上訴人亦不能舉證證明兩造有合意適用該公約之情事，自無適用華沙公約關於國際運送規定之可言。是以國際電信局於取得AIR WAYBILL時，自得本於所有權人之地位，行使損害賠償請求權。查系爭貨物於七十七年九月六日空運運抵中正機場，隨即儲存於上訴人之臺北航空貨運站，迨同年月十九日始由貨主國際電信局前往提領，為兩造不爭之事實。據證人即上訴人職員臺北航空貨運站承辦員陸居中證稱：該批貨物於進倉時曾經搬動，於接收時並未發現有毀損跡象，故未開立「進口貨物接收異常情形報告表」，迨貨主提領時，發現有部分受損，乃開具「進口貨物放行異常情形報告表」等語，足證系爭貨物係儲存於上訴人所屬臺北航空貨運站期間受損害，殊為明確。上訴人所屬臺北航空貨運站於七十八年五月十九日以（七八）貨行字第七〇六號函致臺灣產物保險股份有限公司，副知被上訴人時，亦自承「中華航空公司承運進口貨物乙批（提單號碼二九七—四二八五七〇六），於本站倉儲期間受損，惠請辦理理賠」。而運送人華航臺北分公司於貨損後之七十八年四月二十六日（原判決誤載為九月二十六日）亦曾致函上訴人要求理賠，其函稱「本公司承運進口貨提單號碼二九七—四二八五七〇六於貴站倉儲期間發生破損，請賠償……」。已明白通知上訴人，本件貨損係發生於上訴人臺北航空貨運站期間發生損害，上訴人對之亦不加否認，益證系爭貨物係儲放於上訴人臺北航空貨運站期間發生損害。至貨物出口商SCIENTIFIC ATLANTA, INC.信函中雖表示本件貨損係在運送途中所致云云，充其量僅係聲明本件貨物在交付運送前並無毀損之情形，以規避其賠償責任而已，尚不得作為本件判斷之依據。另公證報告所謂BY BUMPING IN TRANSIT（在運送途中碰撞）。因該公證報告係貨損之後製作，且在空運途中，抵中正機場進入倉庫之運送途中，在倉庫內搬運途中，均係所謂運送途中，該公證報告此部分之記載，亦不

足為上訴人有利之證明。又該公證報告固敍明系爭貨物外箱底部未增加二條橫置木條，以便起重作業，否則損害將可降至最低程度而已，並未證明損害之原因，上訴人辯稱系爭貨物係因包裝不良為貨損原因，伊不負賠償責任云云，亦無足採。至上訴人辯稱：伊與華航公司間訂有倉庫使用合約，明定限制伊對貨物毀損滅失之賠償責任為每公斤一千元，交通部訂頒臺北航空貨運站倉儲貨物管理規則，亦規定航空站之賠償責任為每公斤一千元。故貨主應受上開合約、規則之限制云云。惟查上開倉庫使用合約係上訴人與華航公司所訂，與貨主無涉。且貨物所有人因貨物遭上訴人不法侵害，對上訴人行使損害賠償請求權，乃基於侵權行為之事實而發生，非代位運送人華航公司向上訴人求償，亦非受讓華航公司對上訴人之請求權，更非依上揭倉庫使用合約對上訴人求償，自不受該合約責任限制約定之拘束。至倉儲管理規則係交通部所頒內部之行政作業規則，尤無拘束運送人與航空貨運站以外之第三人之餘地，是上訴人所為限制責任之抗辯，亦不足取。上訴人對於貨物所有人國際電信局既應負侵權行為之損害賠償責任，而被上訴人則承保國際電信局本件貨物之保險，並已依保險契約約定，按通商公證公司之公證報告所述損害，核實賠付國際電信局四百五十八萬七千六百十一元，有被上訴人所提保險契約、公證報告、理賠付款證明等在卷，且為上訴人所不爭執。從而被上訴人依保險法第五十三條規定，向上訴人請求賠償上開金額並自訴狀繕本送達之翌日起至清償日止，加付法定遲延利息，於法自屬正當，應予准許，爰將第一審所為被上訴人敗訴之判決予以廢棄，改判如被上訴人之聲明，經核於法並無違背。上訴論旨，猶執陳詞，指摘原判決不當，求予廢棄，非有理由。至國際電信局七十七年九月二十二日以及被上訴人同年八月十二日分別致運送人華航公司信函，既均發生在前揭七十八年五月十九日上訴人所屬航空貨運站自承系爭貨物在倉儲期間受損之信函之前，原審未予審酌，於本件判決結果，不生影響，併此敍明。

據上論結，本件上訴為無理由，依民事訴訟法第四百八十一條、第四

百四十九條第一項、第七十八條，判決如主文。

中華民國八十二年十一月十九日

最高法院民事第四庭

審判長法官　曾　桂　香

法官　張　福　安

法官　洪　根　樹

法官　劉　延　村

法官　葛　浩　坡

〔上〕正本證明與原本無異

書記官

中華民國八十二年 十一月二十六日

臺灣臺北地方法院關於外國法院違反我國專屬管轄之民事判決

臺灣臺北地方法院民事判決

股別：事
八十二年度家訴字第九十一號

原　　　告　樊國維　住臺北市安和路二段八十號九樓之一
訴訟代理人　楊芳婉律師
被　　　告　羅曼菲　住臺北市安和路二段八十號九樓之一
　　　　　　　　　　居臺北市北投區學園路一號
〔上〕當事人間確認婚姻關係存在事件，本院判決如〔下〕：
　　主　文
確認兩造間婚姻關係存在。
原告其餘之訴駁回。
訴訟費用由被告負擔。
　　事　實
甲、原告方面：
　　一、聲明：㈠如主文第一項所示。
　　　　　　　　㈡被告應向臺北市大安區戶政事務所撤銷兩造離婚之
　　　　　　　　　登記。
　　二、陳述：
　　㈠　兩造於民國六十八年二月十日於臺灣臺北地方法院〔公〕證
　　　　結婚，婚後同居共處恩愛相隨。民國七十二年及七十三年間
　　　　被告曾赴美攻讀舞蹈系碩士。學成後即返國同居，夫妻感情
　　　　並無異樣。民國七十八年八、九月間被告為求舞藝之精進，

商求讓其再赴美進修一年。一年後，又要求續延半年。被告
於赴美期間，每年寒暑假，皆返國共敍夫妻情誼。原告不疑
有他，尚不時資助被告赴美費用，以善盡人夫之情。民國八
十年元月，被告學業告一段落，返國同居不再赴美。孰料，
至民國八十年五月間，竟反目無情，突以「兩個人個性不
合」為由，搬離二人住所，避不見面，原告驚愕之餘，幾番
試行挽回及聯絡，被告皆置之不理，拒絕返家履行夫妻同居
等義務，令原告黯然神傷不已，嗣經友人轉告，方知被告搬
離後，業已與其在美結交之男友共居一處，惟居所不詳。及
至八十二年九月初原告向戶政事務申領戶籍謄本發現被告戶
籍謄本上註載「民國八十二年二月五日與樊國維離婚，民國
八十二年八月十四日登記」，始悉被告持外國法院（美國紐
約州最高法院）缺席離婚判決書聲請認證及離婚登記乙事。

㈡　查被告在美國紐約州聲請離婚判決之認證及登記，所憑據者
　　乃美國紐州最高法院判決，就中華民國而言，屬外國法院之
　　判決。按外國法院之確定判決，有民事訴訟法第四百零二規
　　定所列各款情形之一者，不認其效力，我民事訴訟法定有明
　　文。是外國法院之確定判決，須經我國法院審查確認並無民
　　事訴訟法前開法條規定各款情形之一者，始可認其效力。茲
　　被告取得之前開外國法院所為之「離婚判決」，並未先經我
　　國法院確認有無上揭條款情形之一，即持該外國法院判決書
　　及中文譯本，向我國北美事務協調委員會駐紐約辦事處請求
　　認證，再函轉臺北市大安區戶政事務所辦理離婚登記，於法
　　即有未合。

㈢　兩造均為中華民國國民，應適用中華民國法律。按民事訴訟
　　第五六八條第一項明定，離婚之訴，專屬夫妻住所地之法院
　　管轄，兩造之住所設於臺北市大安區安和路二段八〇號九樓
　　之一，被告除赴美就學期間外，均居住於臺灣，擔任國立藝
　　術學院舞蹈系系主任之專職工作，且依民法第一千零二條規

定，妻以夫之住所為住所，故依中華民國之法律，美國紐約州最高法院就兩造離婚訴訟，並無管轄權。

㈣　又該外國法院判決原告敗訴，惟原告為中華民國人並未應訴，且開始訴訟所需之通知，亦未依中華民國法律上之協助，送達原告。再被告因外遇搬離臺北市安和路住所，拒絕履行同居於先，且確係長期任教，住居臺灣，竟利用學校假期短暫赴美之際，以不實之遺棄原因委由美國律師提出離婚訴求，欺瞞外國法院，而為離婚判決。顯有背公共秩序或善良風俗應不認其效力。綜上所述，被告所取得之外國法院判決，有民事訴訟法第四〇二條第一、二、三款情形，應不得承認其效力。被告持之聲請離婚登記，於法既有不合，應即撤銷登記，而兩造間之婚姻關係自屬存在，為此訴請判決如聲明所示。

三、證據：提出結婚公證書、戶籍謄本、離婚登記申請書及附件、剪報等影本各一件。

乙、被告方面：

被告未於言詞辯論期日到場，據其以書狀所為，陳述暨所提證據如〔下〕：

一、陳述：

㈠　被告於一九九二年三月間向美國紐約州法院請求離婚，至一九九三年二月獲勝訴判決期間之住所、居所均在臺灣，除有被告設籍臺灣之戶籍謄本可稽外，並有其護照內之入出境紀錄可佐。被告為前述離婚請求時，關於開始訴訟之通知，係經由友人平〔珩〕在臺灣交予原告，有宣誓書可證，而未依中華民國法律為協助送達。

㈡　被告為同時具有中華民國及美國國籍之雙重國籍之人，故接受友人建議至美國紐約州法院請求離婚，關於離婚原因係委託律師辦理，被告本人亦不甚了解，而被告於請求離婚前，並未先行取得履行同居之勝訴判決。

二、證據：提出護照、送達訴訟通知宣誓書影本各一件。

丙、本院依職權向內政部警政署入出境管理局函查被告入出境情形。

　　理　由

一、被告未於言詞辯論期日到場，查無民事訴訟法第三百八十六
　　條各款所列情形，爰依原告聲請，由其一造辯論而為判決。

二、本件原告主張兩造均為中華民國之國民，於六十八年二月十
　　日結婚，婚後原甚和諧，詎被告於八十年五月間竟以兩造個
　　性不合為由，搬離住所，避而不見。嗣竟於八十一年間向美
　　國紐州最高法院提起離婚之訴，於八十二年二月五日取得缺
　　席判決之勝訴判決後，同年八月間持該美國法院判決向臺北
　　市大安區戶政事務所辦理離婚登記，原告於同年九月初向戶
　　政事務所申請戶籍謄本時，始悉前情，惟兩造婚後之住所係
　　設於臺北市大安區安和路二段八十號九樓之一，而被告除赴
　　美就學期間外，均居住在臺，從事舞蹈教學之專職工作，依
　　我國民事訴訟法第五百六十八條第一項規定，兩造離婚之
　　訴，應專屬兩造住所地之法院管轄，美國紐約州最高法院就
　　其離婚訴訟，並無管轄權云云，業據提出兩造結婚公證書、
　　戶籍謄本、離婚登記申請書及附件等影本各一件為據，被告
　　對於其自八十一年三月間向美國紐約州法院提起離婚之訴
　　起，至八十二年二月間獲勝訴判決止之住居所均在臺灣乙節
　　復予是認，本院依職權向內政部警政署入出境管理局函查被
　　告入出境情形，據該局八十二年十月十九日以八二境信昌字
　　第二二八六號函附之出入境紀錄，內載被告於前開離婚訴訟
　　期間，除於八十一年三月二十七日出境赴美，同年四月六日
　　返臺外，八十二年一月二日出境赴香港，同年月五日返臺外
　　別無其他出境赴美之紀錄，有其出入境紀錄附卷可憑，堪信
　　原告之主張為真實。

三、查中美訂有中華民國美利堅合眾國友好通商航海條約，對於
　　彼此法院之判決，原非無國際相互之承認。惟外國法院之確

定判決，於依中華民國之法律，外國法院無管轄權者，應不認其效力，民事訴訟法第四百零二條第一款定有明文。經查兩造為中華民國國民（被告同時具有美國國籍，為雙重國籍者），其離婚訴訟之管轄法院，依我國民事訴訟法第五百六十八條第一項規定，係專屬夫妻住所地之法院管轄，但於訴之原因事實發生於夫或妻之居所地者，亦得由各該居所地之法管轄，本件兩造婚後係以臺北市安和路二段八十號九樓之一為住所，為兩造不爭，復有卷附戶籍謄本可考。而被告自民國八十年起迄八十二年二月止，計出入國境五次，其中僅八十一年三月二十七日赴美至同年四月六日返臺該次在國外居留期間達十日外，其餘各項出境期間均未逾七日，且目的地分別係香港及新加坡，有其入出境紀錄可佐，則被告具狀自承其於上開期間之住居所係設於臺灣等情，亦堪信採，查本件被告於八十一年三月間係以受原告遺棄為由向美國紐約州法院提起離婚之訴，有該法院離婚判決影本存卷足據，兩造當時之住所既在臺灣，且訴之原因事實發生之居所地復在臺灣，美國法院自無管轄權，揆諸前開說明，美國紐州所為准許兩造離婚之判決，應不得承認 其效力。從而原告訴請確認兩造間婚姻關係存在，洵屬正當。

四、按戶籍登記後發生訴訟者，應俟判決確定或訴訟上和解或調解成立後，再申請為變更之登記。又前開登記之變更、更正或撤銷登記，以原申請人或利害關係人為申請人，提憑法院之確定判決或其他證明文件即得據以辦理，戶籍法第三十五條、第五十六條，同法施行細則第十九條第十三款分別定有明文。查本件被告持未經我國法院認其效力之外國判決，向戶政機關申辦離婚登記，於法固有未合，然依戶籍法前開規定意旨，原告於取得勝訴之確定判決後，既得本於利害關係人之地位，逕持確定判決前往辦理變更或撤銷兩造離婚之登記，原無待於被告之協力或起訴請求。是其另請求被告向戶

政事務所撤銷兩造離婚登記，即屬欠缺權利保護要件，其此
部分之訴，不應准許。

五、本判決第一項〔編者按：應為第二項〕所認定之事實已臻明
確，原告其餘攻擊方法與所提證據，與判決結果不生影響，
爰不另予審酌，併此敍明。

六、結論：本件原告之訴為一部有理由，一部無理由，依民事訴
訟法第三百八十五條第一項前段、第七十九條但書後段判決
如主文。

中華民國八十二年十一月廿九日

　　　　　　　　　　　　家事法庭法官　黃　梅　月

〔上〕正本係照原本作成。

如不服本判決，應於判決送達後廿日之不變期間內，向本院提出上訴
狀。

中華民國八十二年十一月三十日

　　　　　　　　　　　　　　書記官　黃　繡　琴

最高法院有關在中華民國領域外犯最輕本刑為三年以上有期徒刑以外之罪不適用我國刑法之刑事判決

最高法院刑事判決

八十三年度臺上字第一六六〇號

上　訴　人　楊雙伍　男　年四十二歲　無業
　　　　　　住高雄市苓雅區武智街一之三號（在押）
選任辯護人　趙國生　律師
〔上〕上訴人因殺人案件，不服臺灣高等法院中華民國八十二年十二月十五日第二審更審判決（八十二年度上重更㈡字第七號，起訴案號：臺灣臺北地方法院檢察署七十九年度偵字第一〇八〇三、一三八七八號），提起上訴，本院判決如〔下〕：

主　文

上訴駁回。

理　由

本件原判決認定上訴人楊雙伍有殺人、傷害、公共危險、妨害自由等前科，並因涉槍擊案件，經臺灣高雄地方法院檢察署檢察官提起公訴，由臺灣高雄地方法院發佈通緝。楊雙伍為逃避警方追緝，於民國七十二年六月四日下午，自高雄港潛入德國籍「快樂天使號」商船，於同月八日抵達日本神戶港，投靠其母加藤艷子，使用「加藤祥康」日籍姓名，在東京都新宿區中國人經營之俱樂部、賭場等場所活動，與日本山口組內之島田組組長島田俊正交往密切。七十六年十月間，國內四海幫份子劉偉民在新宿區歌舞妓町開設麻將賭博，楊雙伍要求以日幣三百萬元入股，劉偉民自恃其實力，對流亡日本之楊雙伍不假

辭色，予以拒絕，致楊雙伍深感不滿。同年十二月初，適楊雙伍之友人李正男在劉偉民之賭場賭輸日幣百萬元，於同月七日下午六時許，欲前往位於新宿區大久保一丁目十五番地十七號珊海姆大久保大廈七〇二室劉偉民同夥林重南住處，要求延緩清償賭債，行前李正男約楊雙伍前往該處，楊雙伍遂預先備妥點四五口徑及三八口徑手槍各一把，裝填子彈共十發，另邀林群超（綽號昆照）、島田俊正與島田手下村田（韓籍，又名張茂俊）、谷口（韓籍，又名文芳樹）等人亦攜帶點三八口徑手槍一把同往，與林群超、島田俊正、村田、谷口等人及同夥蕭清風共謀，在與劉偉民談判破裂時，不惜與之火拼，槍殺劉偉民及其帶往火拼之手下……〔編者按：有關犯罪事實，以下從略。〕

……劉偉民乃國內四海幫份子，既與楊雙伍因投資賭場事結怨，為防報復，前往談判時自亦帶有手下同行，楊雙伍於邀集林群超等人前往林重南住處時，對談判破裂雙方火拼時，除殺害劉偉民外，為防止對方反擊，對劉偉民攜帶參與火拼之手下併予槍殺，自有相當之認識，具有犯意之聯絡，嗣雙方果於談判破裂之後，相互舉槍射擊，劉偉民、王鎮華遭楊雙伍等人射殺死亡，核楊雙伍所為，係犯刑法第二百七十一條第一項之殺人罪，楊雙伍與林群超、蕭清風、島田俊正、村田、谷口等人互有犯意聯絡及行為分擔，皆為共同正犯，同時同地殺死劉偉民、王鎮華二人，係一行為觸犯二罪名，應從一重處斷，因將第一審判決關於楊雙伍殺人部分撤銷，援引刑法第二十八條、第二百七十一條第一項、第五十五條、第三十七條第一項，論楊雙伍以共同殺人罪，審酌其有殺人、傷害、公共危險、妨害自由等前科（見卷附臺灣高等法院檢察署刑案紀錄簡覆表），在逃亡日本期間，竟因要求入股劉偉民開設之賭場被拒，而與同夥持槍與劉偉民等人火拼，槍殺劉偉民、王鎮華，危害非輕，及念其係在雙方火拼下，將對方攜槍參與槍戰之劉偉民、王鎮華射殺，並未對未參與槍擊之朱祖培予以加害，良知未泯及一切情狀，量處無期徒刑，宣告褫奪公權終身，其持以殺人之手槍（含子彈）業已丟棄於日本滅失，不為沒收之諭知。至

公訴人指楊雙伍未經許可無故持有手槍，另犯槍砲彈藥刀械管制條例第七條第四項之罪部分，因楊雙伍持有手槍之行為地在日本，所犯之罪法定本刑最輕為一年以上有期徒刑，依刑法第十一條前段、第七條規定，其係於我國領域外犯最輕為一年以上有期徒刑，依刑法第十一條前段、第七條規定，其係於我國領域外犯最輕本刑為三年以上有期徒刑以外之罪（亦非同法第五條、第六條之罪），自無適用我國刑法（槍砲彈藥刀械管制條例）處罰之餘地，另起訴事實指楊雙伍與林群超等人除槍殺劉偉民、王鎮華外，尚有一日本人（實指朱祖培）被擊倒在地部分，因楊雙伍與林群超等人並未向朱祖培射擊，事先亦未謀議槍殺劉偉民未帶槍枝之同夥，對朱祖培部分自不成立殺人未遂罪，上開部分與科刑部分均有裁判上一罪關係，自不另為無罪之諭知。經核於法並無違誤。上訴意旨對於原審採證職權之適法行使及原判決已說明之事項任意指摘，非有理由。又原判決依憑調查證據結果認定楊雙伍與島田俊正、谷口、村田等人有共同殺人之犯意聯絡及行為分擔，均係共同正犯，自不因日本警視廳之調查報告記載島田俊正、谷口、村田等人「雖然已經承認是做談判之幫助人而與楊雙伍攜帶手槍之事，但均無共同殺人之犯罪」，而影響本件事實之認定，上訴意旨執行指摘，亦無足取。

據上論結，應依刑事訴訟法第三百九十六條第一項判決如主文。

中華民國八十三年三月二十四日

〔**法令月刊**，第四十五卷，第八期，民國八十三（一九九四）年八月一日，頁66～68。〕

臺灣臺北地方法院有關外國法院關於扶養未成年子女之給付判決得在中華民國境內強制執行之民事判決

臺灣臺北地方法院民事判決

股別：事
八十三年度家訴字第六五號

原　　　告　季翠霞　住5925 Sovereign Dr. #101, Houston, Tx.
（即反訴被告）　　　77036, U. S. A.
訴訟代理人　張元宵律師
複 代 理 人　呂思家律師
被　　　告　陳善鳴　住臺北縣新店市僑信路六十六號
（即反訴原告）
訴訟代理人　吳中仁律師
〔上〕當事人間認可強制執行事件，本院判決如〔下〕：

主　文

認可美利堅合眾國德克薩斯州佛特班郡地方法院三二八審判區（IN THE DISTRICT COURT, FORT BEND COUNTY, TEXAS 328TH JUDICIAL DISTRICT）於中華民國八十一（西元一九九二）年八月十二日所為之第七五三五二號中關於被告應給付原告扶養未成年長女陳立青自中華民國八十一年九月一日起至八十三年四月十五日止之費用每月美金五百二十元，折合新臺幣共計二十六萬五千六百三十六元之判決效力，並准許在中華民國領域內強制執行。

本訴訴訟費用由被告負擔。

反訴原告之反訴駁回。

反訴訴訟費用由反訴原告負擔。
　　事　實
一、本訴部分：
甲、原告方面：
　　㈠聲明：如主文所示。
　　㈡陳述：
　　　　兩造原係夫妻，並在美國德克薩斯州佛特班郡居住。民國（下
　　　同）八十一年間，被告向美國德克薩斯州請求該州佛特班郡地
　　　方法院判決與原告離婚，並經該法院判決准兩造離婚，兩造所
　　　生女兒陳立青（六十五年四月十五日出生）由原告監護並扶
　　　養，但被告仍有探視女兒之權利，被告並應自八十一年九月一
　　　日起至八十三年四月十五日止（即陳立青年滿十八歲）按月給
　　　付原告美金五百二十元，作為扶養陳立青之費用，有該法院之
　　　判決書可證。查被告於提起離婚訴訟時，其住所確係在德克薩
　　　斯州佛特班郡，雖被告於起訴後並未到場應訊，但所有之開庭
　　　通知均依規定送達，亦經該判決敘明無誤，且該判決與我國之
　　　公序良俗並無違背，而我國現與美國雖無外交關係，惟中美雙
　　　方互相承認對方法院之判決，於斷交前後並無不同，此為法院
　　　實務上之一致見解（最高法院六十九年臺上字第三七二九號、
　　　七十二年度臺上字第一四一二號判決參照）。惟查被告自上開
　　　判決確定後迄今二年，均未依該判決給付扶養費用，為此訴請
　　　鈞院認可上開判決，並准在中華民國領域強制執行。
　　㈢證據：提出美國德克薩斯州法院民事離婚判決書及確定判決證
　　　明書認證影本各一件、離婚起訴狀認證影本一件、判決書部分
　　　譯本一件為證。
乙、被告方面：
　　㈠聲明：原告之訴駁回。
　　㈡陳述：
　　　　按離婚之訴專屬夫之住所地之法院管轄，民事訴訟法第五百六

十八條第一項定有明文，是依中華民國之法律，本件美國法院並無管轄權存在，依我民事訴訟法第四百零二條第一款規定，外國法院無管轄權者，應不認可其效力。又本件系爭判決，被告自始未曾赴美應訴，其開始訴訟所需之訴訟通知亦未曾在美送達於被告本人，或依我國法律上之協助送達，依同法第二款規定，其判決之效力自不及於被告，我國法院亦不應認可其效力。況查我國民法第一〇八四條固規定父母對未成年子女有保護及教養之權利義務。惟夫妻關係存續中，夫無支付能力時，應由妻負擔之。民法第一千零二十六條定有明文。是系爭外國判決命令被告給付兩造子女陳立青之扶養費每月美金五百二十元一節，亦屬於法無據，有背於國內公序良俗，依同法第三款之規定，我國法院亦不應認可其效力。再中美二國間並無訂立相互承認對方判決之條約、協議，則關於本件系爭判決之承認，依同法第四款之規定，無國際相互之承認者，我國法院亦不應認可其效力。至關於子女扶養費之請求，依該判決僅當事人之子女本身有請求權存在，本件原告逕以自己名義提出本件請求，已有未合，矧引所謂監護當然包括扶養在內，依我民法規定，並無夫妻離婚後，有監護權之一方尚得另向他方請求給付子女扶養費之依據，本件原告之請求，於法亦屬無據。又本件原告於八十年間潛逃赴美時，將被告家中所有財物捲逃一空，即連被告帳戶內之存款亦盜領不剩，故意留下四百四十四元，以羞辱被告，如今被告家徒四壁，靠借貸維生，是被告縱有給付扶養費之義務，亦得與原告應負返還盜領款項之義務相抵銷。末查離婚之判決係屬形成判決，既非給付判決，自不生執行之問題，亦不生民事訴訟法第四百零二條，強制執行法第四十三條許可承認執行之範圍內，原告之訴顯無理由。

二、反訴部分：

甲、反訴原告方面：

㈠聲明：准予承認美利堅合眾國德克薩斯州佛特班郡地方法院第

三二八審判區於中華民國八十一年八月十二日即西元一九九二
年八月十二日所為之第七五三五二號關於反訴被告應將陳立青
交付於反訴原告占有監護之民事確定判決並在中華民國領域內
強制執行。

㈡陳述：

按提起反訴，應在本訴繫屬之法院為之，除有專屬管轄外，不
以本訴繫屬之法院對反訴之標的，亦有管轄權。查本件係反訴
被告對反訴原告請求承認系爭美國法院之民事判在我國領域內
執行之本訴，本於同一法律關係，請求許可執行交付子女之反
訴，兩造所主張本訴或反訴標的之權利，均係基於同一該外國
法院裁判而發生，為此依法提起本件反訴。

乙、反訴被告方面：

㈠聲明：駁回反訴原告之反訴。

㈡陳述：

按美國德克薩斯州法院之上開判決，係指反訴原告有權在美國
探視兩造所生長女陳立青，並非將長女陳立青交付予反訴原
告，況陳立青現住居美國，並在凱帝高中就讀，反訴原告無權
要求在中華民國境內強制執行，反訴原告之反訴顯無理由。

理　由

甲、本訴部分：

一、原告主張之事實，業據其提出美國德克薩斯州法院民事判決書、
及確定判決證明書可稽，被告對上開法院判決內容並不爭執，惟
以被告於上開訴訟進行中自始未曾赴美應訴，其開始訴訟所需之
訴訟通知亦未曾在美送達於被告本人，或依我國法律上之協助送
達，判決之效力自不及於被告，況我國與美國並未訂立相互承認
對方判決之條約、協議，既無國際互相承認之例，本件判決依法
即不應認可，況該件判決就被告應支付原告每月美金五百二十元
作為子女生活費之內容，與我國民法關於監護子女之一方即須負
擔子女扶養費用之規定相抵觸，即與本國公序良俗相違背，而且

被告目前負債累累，已無能力負擔子女教養責任，依法應由原告負擔，且縱被告應負擔給付義務，則原告在八十年間潛赴美國時，擅將被告銀行存款盜領一空，只留下四四四元，以羞辱被告，原告依法應返還被告其所盜領之款項，被告並主張與上開債務相抵銷。又離婚判決係形成判決，而非給付判決，原告請求就上開判決准在國內強制執行與法亦有不合等語置辯。

二、本院以美國與我國目前雖無外交關係，但因兩國間訂有「臺灣關係法案」*，與我國繼續實質上之關係，依美國最高法院判例揭示國際相互承認原則，並參照我國最高法院六十九年度臺上字第三七二九號判決要旨，原告所提出之美國德克薩斯州法院之判決，係由被告向美國法院起訴請求與原告離婚，雖被告在訴訟進行中未到場進行辯論，但一切訴訟文書均已依法送達兩造，而被告在提起上開離婚訴訟時，經該院調查證實被告係該州居民，而且在訴訟提起前之九十天，是佛特班郡之郡民，亦為該判決所確認，被告所辯上開外國法院判決違反專屬管轄及國際相互承認，以及未依法送達訴訟通知等說詞，不足採信。

三、又按本件原告起訴請求確認判決部分係指支付原告子女生活費，並非兩造離婚部分，離婚固係形成判決，但生活費係以金錢支付，當係給付判決，依法可以聲請強制執行，從而被告所辯原告請求認可之外國判決係形成判決，不可在國內強制執行之說詞亦不可採。

四、又子女監護權與扶養權是否為單一概念，或可以分開行使，我民法並無明文規定，雖我國最高法院判例有認監護權與扶養權係密不可分，即行使子女監護權者，必須負擔扶養子女之義務，但此種見解國內學者亦不乏採反對見解者，本院以被告對於美國法院關於伊須負擔長女陳立青生活費用每月美金五百二十元部分，並

---

*　編者按：臺灣關係法（Taiwan Relations Act）乃美國國會之立法以維持中美間非官方關係，該法並非中美簽署的一項非官方條約。

未上訴聲明不服，且養育子女乃父母之義務，並不能因父母離婚，子女歸一方監護而有所更易，況上開法院之判決亦明確規範被告可以探視並占有子女之時間，則被告在該判決所指定之時間亦享有探視監護子女之權利及義務，況給付子女生活費係與子女有利益之事，與我國民法親屬編父母子女章之立法意旨亦不相違背，被告抗辯上開由其負擔陳立青生活費部分與我國公序良俗相違背之説詞不足採。

五、按依據美國德克薩斯州法院判決，被告應自八十一年九月一日起至八十三年四月十五日止（陳立青係六十五年四月十五日生，至八十三年四月十五日年滿十八歲）按月給付原告美金五百二十元作為陳立青之生活費，依據各該當月臺幣對美金匯率換算，合計為新臺幣（詳如附表一所載）二十六萬五千六百三十六元，上開判決既與民事訴訟法第四百零二條各款所列之情形無違，從而原告訴請本院認可上開判決內容，並准在中華民國境內執行，洵屬正當，應予准許。

六、至於被告所辯伊目前負債累累無力負擔上開扶養義務，乃執行之問題，與本件訴訟無涉。又被告所辯原告曾盜領其銀行存款潛赴美國，被告主張與上開債務相抵銷一節，查被告雖提出彰化商業銀行活期儲蓄存款存摺影本一張，上面僅記載八十年六月十二日提領二十八萬四千元字樣，惟該項存款係由何人提領，又因何故提領，均未記明，且被告復未舉證原告確應負盜領或返還款項之責，空言主張抵銷，於法不合，應予駁回。

乙、反訴部分：

一、反訴原告主張之事實，有反訴原告提出美國德克薩斯州佛特班郡地方法院判決書中譯本一紙在卷可稽，反訴被告對該判決內容並不爭執，惟以美國法院之判決准反訴原告探視占有子女係在美國為之，因陳立青目前在美國居住，且在美國之凱蒂高中就讀，根本不可能在國內強制執行，反訴原告請求在中華民國境內強制執行，於該判決意旨有違，顯無理由等語置辯。

二、本院以依前開美國法院判決內容，反訴原告有權於附表二所示之時間接近並占有兩造所生長女陳立青，雖判決未明確聲明此種探視占有之年限到何時屆滿，惟以美國上開判決認定反訴原告應給付子女生活費至子女年滿十八歲以前為之，且因反訴原告探視占有陳立青之時間均須配合美國學校之作息時間，事實上也無法在國內強制執行，況陳立青係六十五年四月十五日出生，迄八十三年四月十五日已滿十八歲，反訴原告亦無聲請強制執行之實益，從而反訴原告提起本件反訴顯無理由，應予駁回。

三、據上論結：本件原告之訴為有理由，反訴原告之反訴為無理由，並依民事訴訟法第七十八條判決如主文。

中華民國八十三年十一月十七日

　　　　　　　　　　家事法庭法官　鄭　麗　燕

〔上〕為正本係照原本作成

如對本判決上訴，須於判決送達後廿日內向本院提出上訴狀

中華民國八十三年十一月十八日

　　　　　　　　　　法院書記官　黃　繡　琴

附表一：〔略〕

附表二：〔略〕

戊、重要涉外聲明與説明

中布(吉納法索)聯合公報

（中華民國八十三年二月二日）

中華民國政府與布吉納法索政府基於國際法普遍承認之原則，為推展兩國間友好及合作關係，爰決定於一九九四年二月二日恢復兩國間大使級外交關係。

互派大使事宜將經由外交途徑為之。

中華民國八十三年二月二日即公曆一九九四年二月二日訂於臺北。

中華民國政府代表
外　交　部　代　部　長　　房　金　炎

布吉納法索政府代表
對　外　關　係　部　部　長　　湯瑪士・沙農

中尼（日）聯合公報

（中華民國八十三年六月七日）

中華民國總統李登輝閣下
尼日共和國總統烏斯曼閣下 聯合公報

　　尼日共和國總統暨國家元首烏斯曼閣下應中華民國總統李登輝閣下之邀請，於一九九四年六月二日至七日在中華民國進行友好及工作訪問。烏斯曼總統暨夫人與隨行之代表團受到中華民國政府及人民之熱烈接待，充分顯示兩國間之友好與合作關係。

　　兩國元首在真摯坦誠之氣氛下，就國際現勢及共同關切問題廣泛進行會談。雙方強調相互尊重國家主權獨立與完整以及和平解決國際爭端之必要性；此外，亦重申將致力促進世界和平及國際間之合作與了解。

　　烏斯曼總統對中華民國多年來在政治、經濟及社會方面所完成之各項建設印象深刻，並對在李登輝總統大力推動下所獲致之重大政治及社會經濟成就，至為推崇。烏斯曼總統向李總統重申，尼日共和國政府堅定支持中華民國加入聯合國及參與所有國際組織。

　　李登輝總統則對尼日共和國在烏斯曼總統卓越領導下，完成民主化，並在國家重建過程中，大力改善人民生活條件及促進社經及文化發展之重大成就，表示欽佩之意。

　　兩國總統對雙方現有之合作關係表示欣慰，並重申擴大及加強在農、工、商業及衛生等方面合作之共同意願。

　　雙方對所有涉及之問題均具共識，表示滿意，並對此次正式訪問所獲致之成果感到欣慰。

　　烏斯曼總統閣下對李登輝總統閣下及中華民國人民給予其本人及

訪問團親切而友好之接待表示誠摯感謝。

　　烏斯曼總統邀請李登輝總統正式訪問尼日共和國。此項邀訪已被欣然接受，訪問日期將經由外交途徑商定。

　　中華民國八十三年六月七日即西曆一九九四年六月七日於臺北簽署。

中　華　民　國　總　統　李　　登　　輝
尼日共和國總統暨國家元首　馬哈曼・烏斯曼

中瓜(地馬拉)聯合公報

(中華民國八十三年七月九日)

中華民國總統李登輝閣下
瓜地馬拉共和國總統戴雷昂閣下 聯合公報

瓜地馬拉共和國戴雷昂總統閣下應中華民國李登輝總統閣下之邀請，於一九九四年七月五日至九日正式訪問中華民國，受到中華民國政府及人民熱烈之歡迎。

戴雷昂總統閣下訪華期間，兩國總統基於雙方邦誼，在誠摯坦率及友好融洽之氣氛下，就國際局勢及彼此共同關切事項交換意見。

兩國總統於評估世界局勢時，一致同意世界各國應在遵守主權平等、互不干涉內政、尊重民族自決及獨立之原則，禁止在國際關係中使用威脅或武力，經由對話和平解決爭端、依循國際法解決衝突，以及尊重各國領土完整及自然資源之主權以規範其對外政策。

兩國總統對世上現存之武裝衝突表示關切，並強烈譴責任何形式之恐怖主義及毒品販運，認其係妨礙世界和平之建立、導致社會分崩瓦解與阻礙各國人民間友好關係之兩大公害。兩國總統另重申其繼續促進世界和平及國際間和諧共存之決心。

此外，李登輝總統閣下對於中美洲各國政府推動之區域統合及發展，表示完全支持及持續配合之堅定意願，將在技術及經濟方面提供協助並給予必要之政策性支持，俾強化中華民國與本區各國政府間既存之政經良好關係。

戴雷昂總統閣下強調中華民國在國際社會之重要性，認為中華民國期望參與聯合國係合理之訴求，並為中華民國二千一百萬在臺灣人民之權利，戴雷昂總統閣下重申其政府將堅決予以支持。李登輝總統

對於瓜國總統之支持，深表誠摯謝意。

　　兩國總統對近年來雙邊關係之持續加強表示欣慰，同申將進一步促進雙方在各方面之友好合作關係。並在檢討兩國間現有各項條約及協定之執行成效時，表達將簽訂新約，以加強兩國關係之意願。雙方堅信透過相互合作，當可建立更為廣泛之基礎，以鞏固各國人民間之友好關係，促進世界民主之進程。

　　李登輝總統閣下推崇戴雷昂總統閣下以旺盛之活力及卓越之政治能力，為持久堅定之和平，努力推動談判，以求全國和解之重要性。並對瓜地馬拉共和國政府本年內在和平進程方面所獲致之進展，及為達成眾所企盼之和平協議所表現之堅定意志，表示肯定。李總統將支持瓜地馬拉共和國政府此一和平政策，暨和平協議簽署前後所實施之各項相關計畫。

　　同時，李登輝總統閣下對於戴雷昂總統閣下政府為達成鞏固民主法治、對抗貧窮、改善生產結構、加強環境保護、合理使用再生自然資源與革新制度等基本施政目標所實施之國內政策，以及有助強化瓜地馬拉共和國體制、改善瓜國人民生活條件，與振興國家經濟之國家基礎工程建設等各種計畫項目，表示堅定之支持。為此，願意派遣中華民國之專家及技術人員參與研擬各種計畫，並研議提供各項援助。

　　兩國總統深信貿易往來暨貨物與服務之自由流通，實為雙方人民關係之具體表現，且為發展此一關係之最佳途徑，爰表示有意簽署貿易協定以利產品交流，並於最短期內締結投資保障協定，以加強中華民國企業家在瓜地馬拉共和國從事投資之意願。

　　此外，兩國總統亦表示，盼於近期內簽署兩國間引渡條約。以為其在對方國家居住之國民建立共同生活之基本規範，使尊重對方國內法律，並於必要時支持其法律程序。

　　依據一九九一年十二月第十一屆中美洲總統會議之協議，設立旨在加強雙方友好合作關係之中美洲國家與中華民國合作混合委員會，將於本年七月十二及十三兩日在中華民國臺北市舉行第三屆外長會議，兩國總統咸表慶賀之意，並預祝該會成果豐碩。

　　戴雷昂總統閣下代表瓜地馬拉共和國人民與政府，對於中華民國政府與人民於渠訪華期間所給予之熱烈接待及誠摯友誼，深表謝悃。

　　本聯合公報於中華民國八十三年七月九日即公元一九九四年七月九日在臺北市簽署。

中 華 民 國 總 統　李　登　輝

瓜地馬拉共和國總統　戴　雷　昂

己、涉外統計資料

目前我國仍保有會籍的政府間國際組織

組織名稱	簡稱	創立日期	總部
1.國際稅則局	International Union for the Publication of Customs & Tariffs	1891.4.1.	布魯塞爾
2.常設公斷法院①	Permanent Court of Arbitration	1899.7.29.	海牙
3.國際刑警組織②	INTERPOL	1923.9.	巴黎
4.國際畜疫會	IOE	1924.1.25.	巴黎
5.國際棉業諮詢委員會③	ICAC	1939.9.5.	華盛頓
6.亞洲生產力組織	APO	1961.5.11.	東京
7.亞非農村復興組織	AARRO	1962.3.31.	新德里
8.亞太理事會	ASPAC	1966.7.14.	曼谷
9.亞洲開發銀行④	ADB	1966.8.22.	馬尼拉
10.國際軍事醫藥委員會⑤	International Committee of Military Medicine	1921.7.21.	列日
11.亞太經濟合作〔組織〕	Asia-Pacific Economic Cooperation (APEC)	1989.11.26.	新加坡
12.亞太糧食肥料技術中心⑥	FFT C/ASPAC	1970.4.24.	臺北
13.中美洲經濟整合銀行	CABEI	1961.5.31.	德古西卡巴
14.東南亞中央銀行總裁聯合會	SEACEN	1966	吉隆坡
15.國際種子檢查協會	ISTA	1924	蘇黎士
16.亞洲蔬菜研究發展中心	AVRDC	1971.5.22.	臺南
17.亞洲科技合作協會⑦	ASCA	1970	馬尼拉

①常設公斷法院的行政理事會(Administrative Council)在民國六十一（一九七二）年四月六日決定在其年度報告中將略去「中華民國」及其所任命之仲裁員名字，對此事須俟一八九九年及一九〇七年和平解決國際爭端公約的締約國諮商後再作決定。見美國國務院法律事務局所編之 *Treaties in Force, January 1, 1985*, Washington, D.C. :U.S. Government Printing Office, 1985, p. 278.
②國際刑警組織已於民國七十三（一九八四）年九月接納中共入會，我會籍問題正由該組織執委會研究中。
③一九六三年後以 China (Taiwan) 名義參加。
④亞洲開發銀行於民國七十五（一九八六）年宣布接納中共入會，並擅自將我國改為「中國臺北」，我國已嚴重抗議，並不出席一九八七年之會議，在一九八八年後每年均在抗議下參加年會。
⑤中華民國已喪失會籍，但中華民國軍醫仍得以個人身分參加其活動。見世界日報，紐約，民國79 年 5 月 16 日，頁 2。
⑥亞太糧食肥料技術中心原為亞太理事會(Asian and Pacific Council ，簡稱 ASPAC)下設之專業機構。自一九七一年我退出聯合國後，ASPAC之部長級會議已不再召開，該組織可謂名存實亡，惟亞太糧食肥料技術中心仍繼續維持功能，我國均積極參與其活動。
⑦我國於民國八十一年十一月首次派員以觀察員身分出席澳洲雪梨舉行之亞洲科技合作協會第十二屆會議，八十三年十一月我續派員赴菲律賓馬尼拉出席該組織第十三屆會議，並按該組織不成文慣例，我國第二次參加該組織會議後即自動取得正式會員資格。

我國至民國八十三(1994)年底止加入之
非政府間（民間）國際組織分類表

組　織　類　別	數目	組　織　類　別	數目
1. 科技類	91	12. 交通觀光類	39
2. 醫藥衛生類	135	13. 休閒娛樂類	25
3. 農林漁牧水利類	48	14. 貿易金融保險類	72
4. 宗教類	61	15. 工礦類	7
5. 慈善福利類	12	16. 工程類	43
6. 教育類	24	17. 研究發展訓練類及生產管理類	49
7. 新聞類	17	18. 能源類	10
8. 文化藝術類	47	19. 體育類	92
9. 政治行政類	33	20. 婦女童軍聯誼類	13
10. 法律警政安全類	20		
11. 工會類	14	總　　數	852

中華民國八十三年我國與世界各國
雙邊條約協定一覽表

中文名稱：中瑞關於貨品暫准通關協定
外文名稱：Agreement between the Taipei Trade Tourism and Information
Office and the Swedish Trade Council on the CPD/China-Taiwan
Carnet for the Temporary Admission of Goods
簽約日期：1994/01/10　　　　　　　　　生效日期：1994/01/10

中文名稱：中華民國與史瓦濟蘭王國農業技術合作協定
外文名稱：Agreement of Agricultural Technical Cooperation between the
Republic of China and the Kingdom of Swaziland
簽約日期：1994/01/11　　　　　　　　　生效日期：1994/01/11

中文名稱：北美事務協調委員會與美國在臺協會間環境保護技術合作協定第一號
執行辦法——執行一九九四及一九九五會計年度計畫
外文名稱：Implementing Arrangement #1 to the Agreement between the
Coordination Council for North American Affairs and the American
Institute in Taiwan for Technical Cooperation in the Field of
Environmental Protection for U.S. Fiscal Year 1994 and 1995
Program Implementation
簽約日期：1994/02/01　　　　　　　　　生效日期：1994/02/01

中文名稱：中華民國與南非共和國避免所得稅雙重課稅及防杜逃稅協定
外文名稱：Agreement between the Republic of China and the Republic of South
Africa for the Avoidance of Double Taxation and the Prevention of
Fiscal Evasion with Respect to Taxes on Income
簽約日期：1994/02/14　　　　　　　　　生效日期：1994/02/14

中文名稱：中華民國行政院衛生署預防醫學研究所與丹麥國立血清研究所簽署結
核菌素購買契約書

外文名稱：Agreement between the National Institute of Preventive Medicine,
Department of Health, Executive Yuan, R.O.C. and the Statens
Seruminstitut, Denmark on Purchases of Tuberculin Bulk Solutions

簽約日期：1994/02/16　　　　　　　　　　　生效日期：1994/02/16

中文名稱：中澳（大利亞）建立空運服務機密協議
外文名稱：Confidential Arrangements for Air Services between Australian
Commerce and Industry Office in Taipei and Civil Aeronautics
Administration in Taipei

簽約日期：1994/03/25　　　　　　　　　　　生效日期：1994/03/25

中文名稱：中華民國政府與奈及利亞聯邦共和國政府間投資促進暨保護協定
外文名稱：Agreement between the Government of the Republic of China and
the Government of the Federal Republic of Nigeria for Promotion
and Protection of Investments

簽約日期：1994/04/07　　　　　　　　　　　生效日期：1994/04/07

中文名稱：中華民國政府與奈及利亞聯邦共和國政府間關於加工出口區經濟合作
協定
外文名稱：Agreement on Economic Cooperation on Export Processing Zones
between the Government of the Republic of China and the
Government of the Federal Republic of Nigeria

簽約日期：1994/04/07　　　　　　　　　　　生效日期：1994/04/07

中文名稱：中華民國與馬拉威共和國間引渡條約
外文名稱：Treaty of Extradition between the Republic of China and the
Republic of Malawi

簽約日期：1994/04/12　　　　　　　　　　　生效日期：立法院審議中

中文名稱：北美事務協調委員會與美國在臺協會間有關一九九四年元月機動降稅
諮商結論之換文
外文名稱：Exchange of Letters between Coordination Council for North
American Affairs and American Institute in Taiwan on the Results of
Tariff Discussions of January 1994

簽約日期：1994/04/27　　　　　　　　　　生效日期：1994/04/27

中文名稱：中華民國與巴拉圭共和國避免所得稅雙重課稅及防杜逃稅協定
外文名稱：Convention between the Republic of China and the Republic of
　　　　　Paraguay for the Avoidance of Double Taxation and the Prevention
　　　　　of Fiscal Evasion with Respect to Taxes on Income
簽約日期：1994/04/28　　　　　　　　　　生效日期：1994/04/28

中文名稱：中華民國與格瑞那達友好條約
外文名稱：Treaty of Amity between the Republic of China and Grenada
簽約日期：1994/05/02　　　　　　　　　　生效日期：立法院審議中

中文名稱：中華民國民用航空局與杜拜民用航空局間一九九○年一月十二日交換
　　　　　航權協定修正附約
外文名稱：Amendments to the Agreement on Exchange of Traffic Rights
　　　　　between the Department of Civil Aviation, Dubai and the Civil
　　　　　Aeronautics Administration of the Republic of China Signed on the
　　　　　12th Day of January 1990-Annex
簽約日期：1994/05/12　　　　　　　　　　生效日期：1994/05/12

中文名稱：中華民國政府與斐濟共和國政府間技術合作協定
外文名稱：Agreement of Technical Cooperation between the Government of the
　　　　　Republic of China and the Government of the Republic of Fiji
簽約日期：1994/05/17　　　　　　　　　　生效日期：1993/04/25

中文名稱：中捷（克）商務仲裁協定
外文名稱：Agreement between the Commercial Arbitration Association of the
　　　　　Republic of China and the Arbitration Court of the Czechoslovak
　　　　　Chamber of Commerce and Industry of the Czech Republic
簽約日期：1994/05/23　　　　　　　　　　生效日期：1994/06/01

中文名稱：中華民國政府與瓜地馬拉共和國政府職業訓練技術合作協定
外文名稱：Acuerdo de Cooperacion Tecnica Para la Capacitacion Profesional
　　　　　Entre el Gobierno de la Republica de China y el Gobierno de la
　　　　　Republica de Guatemala

簽約日期：1994/05/24　　　　　　　　　　　生效日期：1994/05/24

中文名稱：中韓水果諮商會議協議書
外文名稱：Agreement Reached between Taipei Mission in Korea and Korea
　　　　　Mission in Taipei on Fruit Trade
簽約日期：1994/06/02　　　　　　　　　　　生效日期：1994/06/02

中文名稱：中尼（日）簽署經濟、技術與文化合作協定備忘錄
外文名稱：Memorandum to Sign an Economic, Technical and Cultural
　　　　　Cooperation Agreement between the Republic of China and Niger
簽約日期：1994/06/07　　　　　　　　　　　生效日期：1994/06/07

中文名稱：中尼（日）合作混合委員會設立協定
外文名稱：Agreement to Establish a Multi-Purpose Cooperation Commission
　　　　　between the Republic of China and Niger
簽約日期：1994/06/07　　　　　　　　　　　生效日期：1994/06/07

中文名稱：中尼（日）貿易協定
外文名稱：Agreement of Commercial Relations between the Republic of China
　　　　　and Niger
簽約日期：1994/06/07　　　　　　　　　　　生效日期：1994/06/07

中文名稱：中泰商務仲裁協定
外文名稱：Agreement between the Commercial Arbitration Association of the
　　　　　Republic of China and the Arbitration Office, Ministry of Justice of
　　　　　Thailand.
簽約日期：1994/06/10　　　　　　　　　　　生效日期：1994/06/10

中文名稱：駐瑞典臺北代表團與瑞典貿易委員會間環境保護協定
外文名稱：Agreement between the Taipei Mission in Sweden and the Swedish
　　　　　Trade Council on Environmental Protection
簽約日期：1994/06/27　　　　　　　　　　　生效日期：1994/06/27

中文名稱：北美事務協調委員會與美國在臺協會間關於熱流程式之應用及維護合
　　　　　作計畫協定

外文名稱：Agreement between the Coordination Council for North American
　　　　　Affairs and the American Institute in Taiwan Relating to the
　　　　　Participation in the USNRC Program of Thermal-Hydraulic Code
　　　　　Applications and Maintenance
簽約日期：1994/06/30　　　　　　　　　　生效日期：1994/06/30

中文名稱：北美事務協調委員會與美國在臺協會間關於第二期國際核電廠整體管
　　　　　路系統研究計畫協定
外文名稱：Agreement between the Coordination Council for North American
　　　　　Affairs and the American Institute in Taiwan Regarding the
　　　　　Participation in the Second Usnrc International Piping Integrity
　　　　　Researach Group Program
簽約日期： 1994/06/30　　　　　　　　　　生效日期： 1994/06/30

中文名稱：中華民國與聖露西亞間農業技術合作協定延期換文
外文名稱：Extension to the Agreement on Agricultural Technical Cooperation
　　　　　between Saint Lucia and the Republic of China, Including the
　　　　　Addendum
簽約日期：1994/07/14　　　　　　　　　　生效日期：1994/05/08

中文名稱：北美事務協調委員會與美國在臺協會間公共衛生暨預防醫學合作計畫
　　　　　協議
外文名稱：Guidelines for a Cooperative Program in Public Health and
　　　　　Preventive Medicine between the Coordination Council for North
　　　　　American Affairs and the American Institute in Taiwan
簽約日期：1994/07/19　　　　　　　　　　生效日期：1994/07/19

中文名稱：中法核能安全管制與資訊交流合作協議換文
外文名稱：Arrangement between the Atomic Energy Council and the French
　　　　　Institute in Taipei for the Exchange of Information and the
　　　　　Cooperation in the Regulation of Nuclear Safety
簽約日期：1994/07/30　　　　　　　　　　生效日期：1994/07/30

中文名稱：臺北中央標準局與澳大利亞商工辦事處間關於保護工業財產權之備忘

錄

外文名稱：Memorandum of Understanding between the National Bureau of
Standards in Taipei and the Australian Commerce and Industry
Office on the Protection of Industrial Property

簽約日期：1994/08/17   生效日期：各依立法程序完成後，由簽署機關
書面通知時生效（尚未完成）。

中文名稱：北美事務協調委員會與美國在臺協會間氣象學及氣象預報系統發展技
術合作協議第七號執行辦法

外文名稱：Implementing Arrangement #7 Continuing Development of the Open
Central Facility & Operational Workstation to the Agreement for
Technical Cooperation in Meteorological and Forecast Systems
Development between the CCNAA and the AIT

簽約日期：1994/08/18   生效日期：1994/08/18

中文名稱：北美事務協調委員會與美國在臺協會間地震學及地震測報系統發展計
畫技術合作協議第三號執行協定

外文名稱：Implementing Arrangement #3 to the Agreement between the
CCNAA and the AIT for Technical Cooperation in Seismology and
Earthquake Monitoring Systems Development for a Project
Implementation Plan for the Joint Earthquake Monitoring System
Project

簽約日期：1994/08/29   生效日期：1994/08/29

中文名稱：美國在臺協會與北美事務協調委員會間大地量測研究暨高等大地量測
技術之利用合作協定第三號執行協定

外文名稱：Implementing Arrangement #3 to the Agreement between the
American Institute in Taiwan and the Coordination Council for North
American Affairs for Technical Cooperation in Geodetic Research
and Use of Advanced Geodetic Technology for a Project
Implementation Plan for a Joint Absolute Gravity Project

簽約日期：1994/08/29   生效日期：1994/08/29

中文名稱：中華民國與哥斯大黎加共和國間技術合作協定補充協議

外文名稱：Acuerdo Complementario Al Convenio de Cooperacion Tecnica
　　　　　Entre la Republica de Costa Rica y la Republica de China
簽約日期：1994/08/31　　　　　　　　　　　　生效日期：1994/08/31

中文名稱：中華民國政府與巴拿馬共和國政府間漁業技術合作協定換文
外文名稱：Acuerdo de Cooperacion Tecnica de Pesca Entre la Republica de
　　　　　Panama y la Republica de China
簽約日期：1994/09/06　　　　　　　　　　　　生效日期：1994/08/26

中文名稱：北美事務協調委員會與美國在臺協會間關於貿易暨投資之諮商原則程
　　　　　序架構協定
外文名稱：Agreement between the Coordination Council for North American
　　　　　Affairs and the American Institute in Taiwan Concerning a
　　　　　Framework of Principles and Procedures for Consultations Regarding
　　　　　Trade and Investment
簽約日期：1994/09/19　　　　　　　　　　　　生效日期：1994/09/19

中文名稱：中華民國原子能委員會與南非共和國原子能公司間關於原子能和平使
　　　　　用合作協定
外文名稱：Agreement on Cooperation for Peaceful Uses of Atomic Energy
　　　　　between the Atomic Energy Council, Republic of China and Atomic
　　　　　Energy Corporation of South Africa Limited
簽約日期：1994/09/29　　　　　　　　　　　　生效日期：1994/09/29

中文名稱：北美事務協調委員會與美國在臺協會間「電離層即時觀測報告合約」
　　　　　第十四次續約
外文名稱：Fourteenth Extension, with Amendment, to Contract No. AIT-G-
　　　　　001051 between the Coordination Council for North American
　　　　　Affairs and the American Institute in Taiwan
簽約日期：1994/09/30　　　　　　　　　　　　生效日期：1994/10/01

中文名稱：美國在臺協會與北美事務協調委員會間有關設立核能合作聯合委員會
　　　　　協定之展期及修定協議
外文名稱：Agreement Amending and Extending the Agreement between the

American Institute in Taiwan and the Coordination Council for North
American Affairs Relating to the Establishment of a Joint Standing
Committee on Civil Nuclear Cooperation

簽約日期：1994/10/03   生效日期：1994/10/03

中文名稱：美國在臺協會與北美事務協調委員會間有關疫苗暨免疫相關活動合作
之協定

外文名稱：Agreement between the American Institute in Taiwan and the
Coordination Council for North American Affairs for Technical
Cooperation in Vaccine and Immunization-related Activities

簽約日期：1994/10/07   生效日期：1994/10/07

中文名稱：美國在臺協會與北美事務協調委員會間有關疫苗暨免疫相關活動合作
協定第一號執行協定

外文名稱：Implementing Arrangement #1 to the Agreement between AIT and
CCNAA for Technical Cooperation in Vaccine and Immunization-
related Activities

簽約日期：1994/10/07   生效日期：1994/10/07

中文名稱：臺北經濟文化駐美代表處與美國在臺協會有關北美事務協調委員會更
名暨維持現有權益之聲明

外文名稱：Announcement of the Name Change and Confirmation of Status Quo
of Rights, Responsibilities and Status between Taipei Economic and
Cultural Representative Office in the United States and American
Institute in Taiwan

簽約日期：1994/10/13   生效日期：1994/10/13

中文名稱：中華民國度量衡國家標準實驗室與德國聯邦物理技術研究院之計量領
域合作備忘錄

外文名稱：Memorandum of Understanding on Cooperation in the Field of
Metrology between the National Measurement Laboratory (NML) of
the Republic of China and the Physikalisch-Technische Bundesanstalt
(PTB) Braunschweig and Berlin

簽約日期：1994/10/26   生效日期：1994/10/26

中文名稱：北美事務協調委員會與美國在臺協會間物理科學合作計畫綱領有關電
信合作協定之第二號附錄附加條款
外文名稱：Addendum to the Appendix No.2 a Collaborative Research
Arrangement in Telecommunications Sciences Under the Guidelines
for Cooperative Program in the Physical Sciences between the
Coordination Council for North American Affairs and the American
Institute in Taiwan
簽約日期：1994/11/02　　　　　　　　　　　　生效日期：1994/11/02

中文名稱：中華民國與哥斯大黎加共和國間技術合作協定
外文名稱：Convenio de Cooperacion Tecnica Entre la Republica de China y la
Republica de Costa Rica
簽約日期：1994/11/10　　　　　　　生效日期：各依本國法定程序通過互
換照會後正式生效（尚未
互換）。

中文名稱：中華民國與帛琉間技術合作協定續約協議書
外文名稱：Extension of Agreement on the Technical Cooperation between the
Republic of China and the Republic of Palau
簽約日期：1994/12/05　　　　　　　　　　　　生效日期：1994/12/06

中文名稱：中華民國與聖露西亞友好條約
外文名稱：Treaty of Amity between the Republic of China and St. Lucia
簽約日期：1994/12/07　　　　　　　　　　　　生效日期：審議中

中文名稱：中華民國農業委員會與加拿大駐臺北貿易辦事處間農業合作備忘錄
外文名稱：Memorandum of Understanding on Agricultural Cooperation
between the Council of Agriculture in Taipei and the Candian Trade
Office in Taipei
簽約日期：1994/12/12　　　　　　　　　　　　生效日期：1994/12/12

庚、我國駐外及外國駐華機構

外國駐華使領館

大使館

(1)Embassy of Burkina Faso　布吉納法索大使館

(2)Embassy of the Central African Republic　中非共和國大使館

(3)Embassy of the Republic of Costa Rica　哥斯大黎加共和國大使館

(4)Embassy of the Dominican Republic　多明尼加共和國大使館

(5)Embassy of the Republic of El Salvador　薩爾瓦多共和國大使館

(6)Embassy of the Republic of Gambia　甘比亞共和國大使館

(7)Embassy of the Republic of Guatemala　瓜地馬拉共和國大使館

(8)Embassy of the Republic of Guinea-Bissau　幾內亞比索共和國大使館

(9)Embassy of the Republic of Haiti　海地共和國大使館

(10)Apostolic Nunciature (Holy See)　教廷大使館

(11)Embassy of the Republic of Honduras　宏都拉斯共和國大使館

(12)Embassy of the Republic of Nicaragua　尼加拉瓜共和國大使館

(13)Embassy of the Republic of Panama　巴拿馬共和國大使館

(14)Embassy of the Republic of Paraguay　巴拉圭共和國大使館

(15)Embassy of the Republic of South Africa　南非共和國大使館

名譽總領事館，名譽總領事或名譽領事館，名譽領事

(1)Honorary Consulate of the Commonwealth of the Bahamas　巴哈馬名譽領事館

(2)Honorary Consulate of Belize　貝里斯名譽領事館

(3)Honorary Consulate of Côte d'Ivoire　象牙海岸名譽領事館

(4)Honorary Consulate of Grenada　格瑞那達名譽領事館

(5)Honorary Consulate of the Republic of Guinea-Bissau　幾內亞比索名譽領事

館

(6)Honorary Consulate-General of the Republic of Honduras　宏都拉斯名譽總
領事館

(7)Honorary Consulate of the Republic of Malawi　馬拉威名譽領事館

(8)Honorary Consulate of the Republic of Nicaragua　尼加拉瓜名譽領事館

(9)Honorary Consul-General of the Republic of Palau　帛琉共和國名譽總領事

(10)Honorary Consulate-General of the Republic of Panama　巴拿馬名譽總領事
館

(11)Honorary Consul-General of Papua New Guiena　幾內亞比索名譽總領事

(12)Honorary Consulate-General of Saint Christopher and Nevis　聖克里斯多福
及尼維斯名譽總領事館

(13)Honorary Consulate of Saint Lucia　聖露西亞名譽領事館

(14)Honorary Consul of Senegal　塞內加爾名譽領事

(15)Honorary Consul-General of Solomon Islands　索羅門群島名譽總領事

(16)Honorary Consulate-General of the Kingdom of Swaziland　史瓦濟蘭王國名
譽總領事館

(17)Honorary Consulate-General of the Kingdom of Tonga　東加王國名譽總領事
館

外國駐華官方、準官方及非官方機構

地　區	機　構　名　稱	是否接受簽證
(1)亞洲		
Cambodia 柬埔寨	Phnom Penh Economic and Cultural Representative Office in Taipei 駐臺北金邊經濟文化代表處	是
India 印度	India-Taipei Association 印度－臺北協會	是
Indonesia 印尼	Indonesian Chamber of Commerce to Taipei 駐臺北印尼商會	是
Israel 以色列	Israel Economic and Trade Office in Taipei 駐臺北以色列經濟貿易辦事處	是
Japan 日本	(Chinese/Japanese) Interchange Association, Taipei Office 交流協會臺北事務所	是
	(Chinese/Japanese) Interchange Association, Kaohsiung Office 交流協會高雄事務所	是
Jordan 約旦	The Jordanian Commercial Office 約旦商務辦事處	是，同時接受中東沙烏地以外國家之簽證申請
Korea(South) 南韓	Korean Mission in Taipei 駐臺北韓國代表處	是
Malaysia 馬來西亞	Malaysian Friendship and Trade Centre, Taipei 馬來西亞友誼及貿易中心	是
Philippines 菲律賓	Manila Economic and Cultural Office 馬尼拉經濟文化辦事處	是
	Manila Economic & Cultural Office, Extension Office in Kaohsiung 菲律賓經濟文化辦事處高雄分處	是

Oman 阿曼	Oman Commercial Office, Taipei (Sultanate of Oman) 阿曼駐華商務辦事處	是
Russia 俄羅斯	Moscow-Taipei Economic and Cultural 　Coordination Commission 莫斯科臺北經濟文化代表團	是，即將開辦 簽證
Saudi Arabia 沙烏地阿拉伯	Saudi Arabian Trade Office 沙烏地阿拉伯商務辦事處	是
Singapore 新加坡	Singapore Trade Office in Taipei 新加坡駐臺北商務辦事處	是
Thailand 泰國	Thailand Trade and Economic Office 泰國貿易經濟辦事處	是
Turkey 土耳其	Turkish Economic Mission in Taipei 土耳其駐臺北經濟代表團	是
Vietnam 越南	Vietnam Economic and Cultural Office in 　Taipei 越南駐臺北經濟文化辦事處	是
(2)歐洲 Austria 奧地利	Austrian Trade Delegation, Taipei Office 奧地利商務代表團臺北辦事處	是
Belgium 比利時	Belgian Trade Association, Taipei 比利時貿易協會駐華辦事處	是
Czech Repub- lic 捷克	Czech Economic and Cultural Office 捷克經濟文化辦事處	是
Denmark 丹麥	Danish Trade Organizations, Taipei Office 丹麥商務辦事處	是
Finland 芬蘭	The Finnish Foreign Trade Association 芬蘭外貿協會	是
France 法國	French Institute in Taipei 法國在臺協會	是
Germany 德國	German Trade Office, Taipei 德國經濟辦事處	是，接受商 務／觀光簽證 申請
	German Cultural Centre 德國文化中心	是，接受學生 簽證申請
Greece 希臘	Office of Representative A.H. Hellenic 　Organization for the Promotion of 　Exports (Greece) 希臘共和國外貿促進組織駐華名譽代表辦事 　處	否

Ireland 愛爾蘭	The Institute for Trade and Investment of Ireland 愛爾蘭投資貿易促進會	是
Italy 義大利	Italian Trade Promotion Office 義大利貿易推廣辦事處	是
Latvia 拉脫維亞	The Mission of the Republic of Latvia to the Republic of China 拉脫維亞共和國駐華代表團	否
The Netherlands 荷蘭	Netherlands Trade and Investment Office 荷蘭貿易暨投資辦事處	是
Norway 挪威	Norway Trade Council, Taipei 挪威貿易委員會	是
Poland 波蘭	Warsaw Trade Office 華沙商務辦事處	否
Spain 西班牙	Spanish Chamber of Commerce 西班牙商務辦事處	是
Sweden 瑞典	Exportadet Taipei, Swedish Trade Council 瑞典貿易委員會臺北辦事處	是
Switzerland 瑞士	Trade Office of Swiss Industries 瑞士商務辦事處	是
United Kingdom 英國	British Trade and Cultural Office 英國貿易文化辦事處	是
(3)北美洲 Canada 加拿大	Canadian Trade Office in Taipei 加拿大駐臺北貿易辦事處	是
United States 美國	American Institute in Taiwan, Taipei Office 美國在臺協會臺北辦事處	是
	American Institute in Taiwan, Kaohsiung Office 美國在臺協會高雄辦事處	是
(4)中南美洲 Argentina 阿根廷	Argentine Trade and Cultural Office 阿根廷商務文化辦事處	是
Bolivia 玻利維亞	Bolivian Commercial and Financial Representation 玻利維亞駐華商務暨金融代表處	是
Brazil 巴西	Brazil Business Center 巴西商務中心	是
Chile 智利	Chilean Trade Office, Taipei 智利商務辦事處	是

Colombia 哥倫比亞	Colombia Trade Office in Taiwan 哥倫比亞商務辦事處	否
Mexico 墨西哥	Mexican Trade Services 墨西哥商務辦事處	是
Peru 秘魯	Peruvian Trade Office, Taipei 秘魯商務辦事處	是
(5)非洲 Nigeria 奈及利亞	Nigeria Trade Office in Taiwan, R.O.C. 奈及利亞駐華商務辦事處	否
(6)大洋洲 Australia 澳大利亞	Australian Commerce and Industry Office 澳大利亞商工辦事處	是
New Zealand 紐西蘭	New Zealand Commerce and Industry 　　Office 紐西蘭商工辦事處	是
Papua New Guinea 巴布亞紐幾內 亞	Office of Honorary Representative of 　　Papua New Guinea 巴布亞紐幾內亞駐華名譽代表處	是

我國駐外使領館

Bahamas 兼理英屬土克凱可群島 (Turks and Caicos Islands)之領務	Embassy of the Republic of China （駐巴哈馬大使館） Orissa House, East Bay Street Nassau, Commonwealth of the Bahamas （函件請僅用信箱號碼） P. O. Box N-8325 Nassau, Commonwealth of the Bahamas Tel:809-322-6832
Belize	Embassy of the Republic of China （駐貝里斯大使館） 3rd Fl., James Black Bldg. Corner Hutson/Eyre Streets, Belize City, Belize (Central America) （函件請僅用信箱號碼） P. O. Box 1020, Belize City, Belize (Central America) Tel:501-2-78744
Burkina Faso 兼理多哥(Togo)及象牙 海岸(Côte d'Ivoire)之 領務	Ambassade de la Republique de Chine au Burkina Faso （駐布吉納法索大使館） 01 B.P. 5563 Ouagadougou 01 Burkina Faso Tel: (226)316195
Centrafricaine 兼理查德(Chad)、喀 麥隆(Camaroon)、加 彭(Gabon)及赤道幾內 亞(Equatorial Guinea) 之領務	Ambassade de la Republique de Chine （駐中非共和國大使館） B.P. 1058, Bangui Republique Centrafricaine Tel:236-613628
Costa Rica	Embassy of the Republic of China （駐哥斯大黎加共和國大使館） Embajade de la Republica de China San Pedro Motes de Oca Del I. C. E. de San Pedro. 700 m. Sur Carretera lateral izquierda, San José Republic of Costa Rica, C.A. （函件請僅用信箱號碼） Apartado 907-1000, San José Costa Rica, C. A. Tel:506-2-248180, 2-248433

Dominica 兼理法屬瓜地洛普 (Guadaloupe)、法屬 聖巴瑟米(St. Bar- thelemy)及馬利葛蘭地 (Marie Galante)之領務	Embassy of the Republic of China （駐多米尼克大使館） Check Hall/Massacre Commonwealth of Dominica, West Indies （函件請僅用信箱號碼） P. O. Box 56, Roseau, Commonwealth of Dominica, West Indies Tel: 809-449-1385
Dominican Republic 兼理古巴(Cuba)之領 務	Embassy of the Republic of China （駐多明尼加共和國大使館） Edificio Palic - Primer Piso Ave. Abraham Lincoln, Esq. Jose Amado Soler, Santo Domingo, Republica Dominicana （函件請僅用信箱號碼） Apartado Postal 4797, Santo Domingo, Republica Dominicana Tel: 809-562-5555,562-5565
El Salvador	Embassy of the Republic of China （駐薩爾瓦多共和國大使館） Paseo General Escalón No. 5333 Condominio Penthouse 7° Piso Colonia Escalón, San Salvador Republica de El Salvador （函件請僅用信箱號碼） Apartado Postal (06)956 San Salvador, El Salvador, C. A. Tel: 503-298-3464
Gambia	Embassy of the Republic of China （駐甘比亞大使館） 26 Radio Gambia Road, South Kanifing Banjul, The Gambia West Africa （函件請僅用信箱號碼） P. O. Box 916, Banjul The Gambia, West Africa Tel: 220-374046
Grenada 兼理荷屬古拉梳(Cura- cao)、阿魯巴暨波奈 (Aruba & Bonaire)、 千里達托巴哥(Trinidad & Tobago)、蓋亞那 (Guyana)、牙買加 (Jamaica)、幾內亞 (Guinea)、蓋曼島 (Cayman Islands)及蘇 利南(Suriname)之領務	Embassy of the Republic of China （駐格瑞那達大使館） Archibald Avenue, St. George's, Grenada （函件請僅用信箱號碼） P. O .Box 36, St. George's Grenada Tel: 809-440-3054

Guatemala	Embassy of the Republic of China （駐瓜地馬拉共和國大使館） 4a Avenida " A " 13-25, Zona 9, Guatemala City Guatemala C. A. （函件請僅用信箱號碼） Apartado Postal 1646, Guatemala City, Guatemala, C.A. Tel: 502-3-390711
Guinea-Bissau 兼理塞內加爾 (Senegal)、馬利(Ma- li)、幾內亞(Guinea)及 維德角島(Cape Verde) 之領務	Embassy of the Republic of China （駐幾內亞比索共和國大使館） Embaixada da Republica de China 35A, Avenida Amilcar Cabral, Bissau Guinee-Bissau （函件請僅用信箱號碼） Caixa Postale No. 66, Bissau Republica da Guiné-Bissau (Via Portugal) Tel: 245-201501, 201504
Haiti	Embassy of the Republic of China （駐海地共和國大使館） 2 Rue Canape Vert et Ruelle Riviere Port-au-Prince, Haiti （函件請僅用信箱號碼） P. O. Box 655, Port-au-Prince Haiti Tel: 509-450361, 450363
Holy See 兼理阿爾巴尼亞 (Albania)之領務	Embassy of the Republic of China （駐教廷大使館） Ambasciata Della Republica di Cina Presso la Santa Sede Piazza Delle Muse, 7 00197 Roma, Italia Tel: 39-6-808-3166, 808-3278
Honduras	Embassy of the Republic of China （駐宏都拉斯共和國大使館） Colonia Lomas del Guijarros Calle Eucaliptos No. 3750 Tegucigalpa, M. D. C. Honduras, C. A. （函件請僅用信箱號碼） Apartado Postal 3433 Tegucigalpa, M. D. C. Honduras, C. A. Tel: 504-311484

Liberia 兼理獅子山(Sierra Leone)之領務	Embassy of the Republic of China Monrovia, Republic of Liberia （駐賴比瑞亞共和國大使館） 06 B. P. 904, Cidex-1 Abidjan-06 Côte d'Ivoire (West Africa) （函件請僅用信箱號碼） P. O. Box 5970, Monrovia Liberia (West Africa) Tel: 231-226740
Malawi 兼理肯亞(Kenya)、烏干達(Uganda)、坦尚尼亞(Tanzania)、尚比亞(Zambia)、索馬利亞(Somalia)、盧安達(Rwanda)及蒲隆地(Burundi)之領務	Embassy of the Republic of China （駐馬拉威共和國大使館） Area 40, Plot No. 9, Capital City, Lilongwe Republic of Malawi (Africa) （函件請僅用信箱號碼） P. O. Box 30221, Capital City, Lilongwe 3, Malawi, Africa Tel: 265-783611
Nauru 兼理吉里巴斯(Kiri-bati)之領務	Embassy of the Republic of China （駐諾魯共和國大使館） P .O .Box 294, Republic of Nauru Central Pacific Tel: 674-4399
Nicaragua	Embassy of the Republic of China （駐尼加拉瓜共和國大使館） Embajada de la Republica de China Planes de Altamira, Lotes # 19 y 20 Frente de la Cancha de Tenis, Managua 5, Nicaragua （函件請僅用信箱號碼） Apartado Postal 4653 Managua 5, Nicaragua Tel: 505-2-674024, 771333
Nigeria 兼理喀麥隆(Cama-roon)、貝南(Benin)及迦納(Ghana)之領務	Consulate-General of the Republic of China （駐奈及利亞總領事館） 101, Ndidem Usang Iso Road (Marian Extension) Calabar, Cross River State, Nigeria （函件請僅用信箱號碼） P. O. Box 398, State Housing Post Office Calabar City, Cross River State, Nigeria Tel: 234-87-222783

Panama	Embassy of the Republic of China （駐巴拿馬共和國大使館） Edificio Torre Hong Kong Bank 10°Piso, Avenida Samuel Lewis, Panama, República de Panamá （函件請僅用信箱號碼） Apartado 4285, Panamá 5, República de Panamá Tel: 507-223-3424, 264-0851
	Consulate-General of the Republic of China （駐箇郎總領事館） No. 9085, Calle 9, Ave. Roosevelt, Colon, Republic of Panama （函件請僅用信箱號碼） Apartado No. 540, Colón República de Panamá Tel: 507-4413403
Paraguay	Embassy of the Republic of China （駐巴拉圭共和國大使館） Avenida Mcal. López No. 1133 Asunción, Republique of Paraguay （函件請僅用信箱號碼） Casilla de Correos 503, Asunción, Republique of Paraguay Tel: 595-21-213362
	Consulate-General of the Republic of China （駐東方市總領事館） No. 1349 Avda. Mcal. Estigarribia Ciudad del Este, Republique of Paraguay （函件請僅用信箱號碼） Casilla Postal No. 131 Ciudad del Este Republique of Paraguay Tel: 595-61-500329
St. Christopher and Nevis 兼理英屬維爾京群島 (British Virgin Islands) 、安吉拉(Anguilla)、 蒙哲臘(Montserrat)、 安地卡暨巴布達(Anti- gua & Barbuda)、荷屬 聖佑達修斯（沙巴） (St. Eustatius) (Saba) 及法荷共管之聖馬丁 (St. Martin)之領務	Embassy of the Republic of China （駐聖克里斯多福大使館） Taylor's Range, Basseterre, St. Kitts, West Indies （函件請僅用信箱號碼） P. O. Box 119, Basseterre St. Kitts, West Indies Tel: 1-869-465-2421

Saint Lucia 兼理法屬馬丁尼克 (Martinique)之領務	Embassy of the Republic of China （駐聖露西亞大使館） Cape Estate, St. Lucia West Indies （函件請僅用信箱號碼） P. O. Box 690, Castries, St. Lucia, West Indies Tel: 1-758-450-0643
St. Vincent & the Grenadines 兼理巴貝多(Barbados) 之領務	Embassy of the Republic of China （駐聖文森國大使館） Murray's Road, St. Vincent and the Grenadines （函件請僅用信箱號碼） P. O. Box 878 St. Vincent & the Grenadines West Indies Tel: 1-809-4562431
Solomon Islands	Embassy of the Republic of China （駐索羅門群島大使館） Lengakiki Ridge, Honiara, Solomon Islands （函件請僅用信箱號碼） P. O. Box 586 Honiara, Solomon Islands Tel: 677-22590
South Africa	Embassy of the Republic of China （駐南非共和國大使館） 1147 Schoeman St., Hatfield, Pretoria 0083 Republic of South Africa （函件請僅用信箱號碼） P. O. Box 649, Pretoria 0001, Republic of South Africa Tel: 27-12-436071～3
兼理納米比亞(Nami- bia)之領務	Consulate-General of the Republic of China （駐開普敦總領事館） 1004, 10th Floor, Main Tower, Standard Bank Centre Foreshore, Cape Town, Republic of South Africa （函件請僅用信箱號碼） P. O. Box 1122, Cape Town 8000 Republic of South Africa Tel: 27-21-4181188

兼理辛巴威(Zimbab-we) 及波札那(Botswa-na)之領務	Consulate-General of the Republic of China （駐約翰尼斯堡總領事館） 10th Floor, Safren House, 19 Ameshoff St., Braamfontein, Johannesburg 2001, Republic of South Africa （函件請僅用信箱號碼） P.O. Box 32458, Braamfontein 2017 Republic of South Africa Tel: 27-11-4033281
兼理賴索托(Lesotho)之領務	Consulate-General of the Republic of China （駐德班總領事館） 22nd. Fl., Embassy Building, 199 Smith Street Durban, Republic of South Africa 4001 （函件請僅用信箱號碼） P. O. Box 3400, Durban 4000, Republic of South Africa Tel: 27-31-378235
Swaziland 兼理莫桑比克(Mozambique)之領務	Embassy of the Republic of China （駐史瓦濟蘭王國大使館） Warner Street, Mbabane Kingdom of Swaziland （函件請僅用信箱號碼） P. O. Box 56, Mbabane Kingdom of Swaziland (Africa) Tel: 44740
Tonga	Embassy of the Republic of China （駐東加王國大使館） Holomui Road, Nuku'alofa Kingdom of Tonga (South Pacific) （函件請僅用信箱號碼） P. O. Box 842, Nuku'alofa, Kingdom of Tonga (South Pacific) Tel: 676-21-766
Tuvalu	Embassy of the Republic of China Funafuti, Tuvalu （駐吐瓦魯國大使館） （函件請僅用信箱號碼） Embassy of the Republic of China c/o P. O. Box 842, Nuku'alofa, Kingdom of Tonga (South Pacific)

我國駐外官方、準官方及非官方機構

Angola	Special Delegation of the Republic of China, Luanda, Angola （中華民國駐安哥拉特別代表團） Rua Comandante Stona, No. 85/87 Alvalade Luanda, República de Angola Tel: 244-2-323679 Fax: 244-2-326421
Argentina	Oficina Comercial de Taiwan Buenos Aires, Republic of Argentina （駐阿根廷商務代表辦事處） Av. de Mayo 654, piso 4°, 1401, Capital Federal Argentina （函件請僅用信箱號碼） Casilla de Correo No. 196, 1401 Capital Federal, Buenos Aires, Argentina Tel: 54-1-3340653
Australia	Taipei Economic and Cultural Office, Australia （駐澳大利亞臺北經濟文化辦事處） Unit 8, Tourism House, 40 Blackall Street Barton, Canberra ACT 2600, Australia Tel: 61-6-2733344
	Taipei Economic and Cultural Office Sydney, Australia （駐雪梨臺北經濟文化辦事處） Suite 1902, Level 19, M. L. C. Centre, King St., Sydney, N.S.W. 2000, Australia Tel: 61-2-92233207
	Taipei Economic and Cultural Office Melbourne, Australia （駐墨爾本臺北經濟文化辦事處） Level 38, 120 Collins St. Melbourne, VIC 3000, Australia Tel: 61-3-96508611

Austria	Taipei Economic and Cultural Office Institute of Chinese Culture Vienna, Austria （臺北經濟文化辦事處中國文化研究所） Praterstr. 31/15 OG A-1020, Wien Austria Tel: 43-1-2124720
Bahrain	Trade Mission of the Republic of China Manama, Bahrain （中華民國駐巴林商務代表團） Flat 1, Abulfatih Building, 172 Manama, Town 319, A1 Hoora Areg, State of Bahrain （函件請僅用信箱號碼） P. O. Box 5806, Manama Bahrain Tel: 973-292578
Belgium 兼理聖多美及普林西比 (Sâo Tomé and Princi- pe)、剛果(Congo)、 加彭(Gabon)、查德 (Chad)、喀麥隆 (Camaroon)、盧安達 (Rwanda) 及蒲隆地 (Burundi)之領務	Taipei Representative Office in Belgium Bruxells, Belgium （駐比利時臺北經濟文化辦事處） Avenue des Arts 41 1040 Bruxelles Belgium Tel: 32-2-5110687
Bolivia	Oficina Comercial-Consular Republica de China (Taiwan) La Paz, Bolivia （中華民國駐玻利維亞商務及領務辦事處） Calacoto, Calle 12, No. 7978, La Paz, Bolivia （函件請僅用信箱號碼） Casilla 13680, La Paz, Bolivia Tel: 591-2-797307
Brazil	Escritório Econômico e Cultural de Taipei, Brasil （駐巴西臺北經濟文化辦事處） SEPN W3/Norte Quadra 513, Bloco D-n° 30, Edificio Imperador-1 andar, Salas 121 131CEP, 70760-545-Brasilia DF, Brasil Tel: 55-61-3491218

Escritório Econômico e Cultural de Taipei,
Sâo Paulo
（駐聖保羅臺北經濟文化辦事處）
Av. Paulista, 2073, Ed. Horsa II Conj. 1203 e
1204, 12° andar, 01211-840-Sâo Paulo SP, Brasil
Tel: 55-11-2856194

Escritório Econômico e Cultural de Taipei,
Rio de Janeiro, Brasil
（駐里約熱內盧臺北經濟文化辦事處）
Rua Voluntarios da Patria, 45, Sala 405,
CEP 22270-000, Rio de Janerio-RJ, Brasil
（函件請僅用信箱號碼）
P. O. Box 9200
Rua Sao Clemente 24 Loja B
Cep 22260-000-Rio de Janeiro-Rj
Brasil
Tel: 55-21-2860039

Brunei	Taipei Economic and Cultural Office Brunei Darussalam （駐汶萊臺北經濟文化辦事處） No. 5, Simpang 1006, Jalan Tutong, B. S. Begawan, Brunei Darussalam （函件請僅用信箱號碼） P. O. Box 2172, B.S. Begawan, 1921 Brunei Darussalam Tel: 673-2-653410
Cambodia	Taipei Economic and Cultural Representative Office in Phnom Penh, Cambodia （臺北駐金邊經濟文化代表處） No. 15 bis, Sokun Meanbon St. Sangkat Phsar Thmei 3, Khan Daun Penh Phnom Penh, Cambodia Tel:855-23-725908
Canada	Taipei Economic and Cultural Office,Toronto （駐多倫多臺北經濟文化辦事處） 151 Yonge Street, Suite 1202, Toronto, ONT. Canada M5C 2W7 Tel: 1-416-3699030
	Taipei Economic and Cultural Office,Vancouver （駐溫哥華臺北經濟文化辦事處） 2008, Cathedral Place, 925 W. Georgia St. Vancouver, B. C., Canada V6C 3L2 Tel: 1-604-6894111

	Taipei Economic and Cultural Office,Canada （駐加拿大臺北經濟文化代表處） 45 O'Connor Street, Suite 1960, World Exchange Plaza Ottawa, Ontario Canada （K1P 1A4） Tel: 1-613-2315080
Chile	Oficina Económica y Cultural de Taipei en Chile （駐智利臺北經濟文化辦事處） Burgos 345, Las Condes, Santiago, Chile （函件請僅用信箱號碼） Casilla 175, Santiago 34, Santiago, Chile Tel: 56-2-2282919, 2283185
Colombia 兼理哥屬聖安德烈斯島 (San Andres)之領務	Oficina Comercial de Taipei en Colombia （駐哥倫比亞臺北商務辦事處） Carrera 7, No. 79-75, of. 501, Santafe de Bogotá D. C., Colombia, S. A. （函件請僅用信箱號碼） Apartado Aereo No. 51620 (Chapinero) Santafe de Bogotá D. C., Colombia, S. A. Tel: 57-1-2354713
Czech Republic 兼理斯洛伐克(Slovak) 之領務	Taipei Economic and Cultural Office, Prague, Czech Republic （駐捷克臺北經濟文化辦事處） Revoluční 13, 110 00 Prahá 1, Czech Republic Tel: 42-2-24803257
Denmark 兼理冰島(Iceland)之領 務	Taipei Representative Office in Denmark （駐丹麥臺北代表處） Amaliegade 3, 2F 1256 Copenhagen K Denmark Tel: 45-33-935152
Ecuador	Oficina Comercial de la República de China en Ecuador （中華民國駐厄瓜多商務處） Av. República de El Salvador, 733 y Portugal, 2do. Piso, Quito, Ecuador （函件請僅用信箱號碼） Casilla No. 17-17-1788, Quito, Ecuador Tel: 593-2-242829, 259357

	Sucursal de la Oficina Comercial de la República de China en Guayaquil, Ecuador （中華民國駐厄瓜多商務處惠夜基分處） Circunvalación Norte 301 y Calle Primera Guayaquil, Ecuador （函件請僅用信箱號碼） Casilla No. 09-01-9245, Guayaquil, Ecuador Tel: 593-4-886046
Fiji 兼理新喀里多尼亞 (New Caledonia)、萬 那杜(Vanuatu)、西薩 摩亞(Western Samoa) 及法屬玻里尼西亞（大 溪地）(Tahiti)之領務	Trade Mission of the Republic of China Suva, Republic of Fiji （中華民國駐斐濟商務代表團） 6th Floor, Pacific House, Butt St., Suva, Fiji （函件請僅用信箱號碼） G. P. O. Box 53, Suva, Fiji Tel: 679-315922, 315476
Finland	Taipei Economic and Cultural Office Helsinki, Finland （駐芬蘭臺北經濟文化辦事處） Aleksanterinkatu 17, 4th Fl. FIN-00100 Helsinki Finland Tel: 358-9-69692420
France 兼理摩納哥(Mona- co)、安道爾(Andor- ra)、加彭(Gabon)、查 德(Chad)、剛果(Con- go)、盧安達(Rwan- da)、蒲隆地(Burundi) 、法屬蓋亞那(French Guiana)、象牙海岸 (Côte D'Ivoire)、貝南 (Benin)、喀麥隆(Ca- maroon)、多哥(To- go)、馬利(Mali)、茅 利塔尼亞(Mauri- tania)、阿爾及利亞 (Algeria)、突尼西亞 (Tunisia)、塞內加爾 (Senegal)、幾內亞 (Guinea)、葛摩 (Comoros)、吉布地 (Djibouti)及摩洛哥 （含西薩哈拉） (Morocco)之領務	Bureau de Representation de Taipei en France （駐法臺北代表處） 78, Rue de I'Universite, 75007 Paris, France Tel: 33-1-44398820

Germany	Taipei Wirtschafts-und-Kulturburo München, Federal Republic of Germany （駐慕尼黑臺北經濟文化辦事處） Tengstrasse 38/2 Stock, 80796 München Federal Republic of Germany Tel: 49-89-2716061
	Taipei Wirtschafts-und-Kulturbüro Bonn, Federal Republic of Germany （駐德國臺北經濟文化代表處） Villichgasse 17/IV. 53177 Bonn Federal Republic of Germany Tel: 49-228-364014
	Taipei Wirtschafts-und-Kulturbüro Hamburg, Federal Republic of Germany （駐漢堡臺北經濟文化辦事處） Mittelweg 144, 20148 Hamburg Federal Republic of Germany （函件請僅用信箱號碼） P. O. Box 323 123, 20116 Hamburg Federal Republic of Germany Tel: 49-40-447788
	Taipei Wirtschafts-und-Kulturbüro Berlin, Federal Republic of Germany （駐柏林臺北經濟文化辦事處） Berliner Str. 55, D-10713 Berlin Federal Republic of Germany Tel: 49-30-8612576
Greece 兼理南賽普勒斯(South Cyprus) 及 馬 其 頓 (Macedonia)之領務	Taipei Economic and Cultural Office, Athens, Greece （駐希臘臺北經濟文化辦事處） 57, Marathonodromon Ave., 15452 Psychico, Athens, Greece Tel: 30-1-6776750
Hong Kong	Chung Hwa Travel Service, Hong Kong （駐香港中華旅行社） 4th Floor, Lippo Tower Lippo Centre, No. 89 Queensway Hong Kong （函件請僅用信箱號碼） G. P. O. Box 13485 General Post Office Hong Kong Tel: 852-5258315-8

Hungary 兼理羅馬尼亞 (Romania)、保加利亞 (Bulgaria)、新南斯拉 夫(Yugoslavia)、波士 尼亞─赫爾哥維納 (Bosnia-Herzegovina) 、斯洛維尼亞 (Slovenia)及克羅埃西 亞(Croatia)之領務	Taipei Representative Office, Budapest, Hungary （駐匈牙利臺北代表處） 1088 Budapest Rákoczi út 1-3/III. Emelet, Hungary Tel: 361-2662884
India	Taipei Economic and Cultural Center in New Delhi （駐新德里臺北經濟文化中心） 3A, Palam Marg, Vasant Vihar New Delhi 110057 Tel:91-11-6116882
Indonesia	Taipei Economic and Trade Office Jakarta, Indonesia （駐印尼臺北經濟貿易代表處） 7th Floor, Wisma Dinarmala Sakti, J1. Jend Sudirman, No. 32, Jakarta 10220, Indonesia （函件請僅用信箱號碼） P. O. Box 2922, Jakarta, Pusat, Indonesia Tel: 62-21-5703047
Ireland	Taipei Representative Office in Ireland Dublin, Ireland （駐愛爾蘭臺北代表處） 1st Floor, 10-11 South Leinster Street, Dublin 2 Ireland Tel: 353-1-6785413
Israel	Taipei Economic and Trade Office in Tel Aviv （駐特拉維夫臺北經濟貿易辦事處） 270 Hayarkon Street Tel-Aviv 63504 Israel （函件請僅用信箱號碼） P. O. Box 6115 Tel-Aviv 61060 Israel Tel: 972-3-5440250
Italy 兼理聖馬利諾(San Marino) 及馬爾代 (Malta)之領務	Taipei Representative Office in Italy Roma, Italia （駐義大利臺北代表處） Via Panama 22 P1, Int. 3, 00198 Roma, Italia Tel: 396-8841132

Japan	Taipei Economic and Cultural Representative Office in Japan （臺北駐日經濟文化代表處） 20-2, Shiroganedai 5-Chome, Minato-ku Tokyo 108, Japan Tel: 813-32807811
	Yokohama Branch, Taipei Economic and Cultural Representative Office in Japan （臺北駐日經濟文化代表處橫濱分處） 2nd Fl., Asahi-Seime Building, 60 Nihon-Ohdori, Naka-ku, Yokohama, Japan Tel: 81-45-641-7730
	Tapiei Economic and Cultural Office in Osaka （臺北駐大阪經濟文化辦事處） 4th Fl., Nichiei Building, 4-8 Tosabori I-Chome, Nisi-Ku Osaka, Japan Tel: 81-6-443-8481～7
	Fukuoka Branch, Taipei Economic and Cultural Office in Osaka （臺北駐大阪經濟文化辦事處福岡分處） 3rd Fl., Sun Life Building III, 5-19, 2-Chome Hakataeki Fukuoka, Japan Tel: 81-92-473-6655-57
Jordan 兼理敘利亞(Syria)、黎巴嫩(Lebanon)、埃及(Egypt)、衣索比亞(Ethiopia)、利比亞(Libya)及伊拉克(Iraq)之領務	Commercial Office of the Republic of China (Taiwan) （中華民國（臺灣）商務辦事處） P. O. Box 2023, Amman 11181, Jordan Tel: 962-6-671530
Korea	Taipei Mission in Korea （駐韓國臺北代表處） 6 Fl. Kwang Hwa Moon Bldg. 211 Sejong-Ro, Chong Ro-Ku, Seoul, Korea 110-050 Tel: 399-2767/70
	Taipei Mission in Korea, Pusan Office （駐韓國臺北代表處釜山分處） （地址不詳）

Kuwait	Taipei Commercial Representative Office in the State of Kuwait （駐科威特臺北商務代表處） House No. 18, Block 6, Street No. 111, Al-Jabriah, State of Kuwait （函件請僅用信箱號碼） P. O. Box 732-32008, Hawalli, Kuwait Tel: 965-5339988
Latvia 兼 理 愛 沙 尼 亞 （Estonia）及立陶宛 （Lithuania）之領務	Taipei Mission in the Republic of Latvia （中華民國駐拉脫維亞代表團） Rm. #602 2 Elizabets Street Riga , LV-1340 Latvia Tel: 371-2-7321166
Libya 暫停辦理領務	Commercial Office of the Republic of China, Tripoli,　Great Socialist People's Libyan Arab, Jamahiriya （中華民國駐利比亞商務辦事處） （函件請僅用信箱號碼） P. O. Box 6604 (or 6694), Tripoli, Libya Tel: 218-21-75052-75060
Luxembourg	Taipei Economic and Cultural Office, Luxembourg （駐盧森堡臺北經濟文化辦事處） 50, Route d'Esch Luxembourg-Ville L-1470 Grand-Duche de Luxembourg Tel: 352-444772-4
Macau	Taipei Trade and Tourism Office,Macau （駐澳門臺北貿易旅遊辦事處） Edificio Commercial Central 15°Andar Avenida Infante D. Henrique No.60-64, Macau （函件請僅用信箱號碼） Taipei Trade & Tourism Office P. O. Box 3072 Macau Tel: 853-306282
Madagascar	Délégation Spéciale de la République de Chine, Antananarivo, République de Madagascar （中華民國駐馬達加斯加共和國特別代表團） Villa Bakoly VIII, Lot Près VR61 B, Ambohimiandra, Madagascar （函件請僅用信箱號碼） B.P. 3117, Antananarivo 101, Madagascar Tel: 261-2-34838

Malaysia	Taipei Economic and Cultural Office in Malaysia （駐馬來西亞臺北經濟文化辦事處） 9.01 Level 9, Amoda Bldg., 22 Jalan Imbi, 55100 Kuala Lumpur, Malaysia Tel: 60-3-2425549, 60-3-2410015
Mauritius 兼　理　塞　席　爾 (Seychelles)、留尼旺 葛 (Reunion) 及葛摩 (Comoros)之領務	Trade Mission of the Republic of China, Port Louis, Mauritius （中華民國駐模里西斯商務代表團） 5th Fl., British American Insurance Building, 25 Pope Hennessy Street, Port Louis, Mauritius （函件請僅用信箱號碼） P. O. Box 695, Bell Village Port Louis, Mauritius Tel: 230-2128534
Mexico	Oficina Economica y Cultural de Taipei en México （駐墨西哥臺北經濟文化辦事處） Paseo de la Reforma 905, Lomas de, Chaputepec, C. P. 11000 Mexico D. F. Tel: (525)520-7851
The Netherlands	Taipei Representative Office in the Netherlands The Hague, Netherlands （駐荷蘭臺北代表辦事處） Javastraat 46-48, 2585 AR The Hague, The Netherlands Tel: 31-70-3469438
New Zealand	Taipei Economic & Cultural Office in New Zealand （駐紐西蘭臺北經濟文化辦事處） 21st Fl., 105 The Terrace Wellington, New Zealand （函件請僅用信箱號碼） P. O. Box 10-250, The Terrace Wellington, New Zealand Tel: 64-4-4736474, 4736475
	Taipei Economic & Cultural Office, Auckland, New Zealand （駐奧克蘭臺北經濟文化辦事處） 11F., Norwich Union House, Cnr Queen & Durham Streets, Auckland, New Zealand （函件請僅用信箱號碼） CPO Box 4018, Auckland, New Zealand Tel: 64-9-3033903

Nigeria 兼理喀麥隆(Cama-roon)、貝南(Benin)及迦納(Ghana)之領務	The Trade Mission of the ROC (Taiwan) Lagos, Federal Republic of Nigeria （中華民國駐奈及利亞聯邦共和國商務代表團） Plot 292E Ajose Adeogun St., Victoria Island Annex, Lagos, Nigeria （函件請僅用信箱號碼） P. O. Box 80035, Victoria Island, Lagos, Nigeria Tel: 234-1-2616350
Norway	Taipei Economic and Cultural Office, Oslo, Norway （駐挪威臺北經濟文化辦事處） Riddervolds Gate 3 0258 Oslo, Norway （函件請僅用信箱號碼） P. O. Box 2643 Solli, 0203 Oslo, Norway Tel: 47-2-2555471
Oman	Taipei Economic and Cultural Office, Oman （駐阿曼王國臺北經濟文化辦事處） P. O. Box 1536, Ruwi, Postal Code 112, Muscat, The Sultanate of Oman Tel: 968-605695
Papua New Guinea	Trade Mission of the Republic of China on Taiwan （中華民國駐巴布亞紐幾內亞商務代表團） 6F, Defense Haus, Hunter St., Port Moresby, Papua New Guinea （函件請僅用信箱號碼） P. O. Box 334, Port Moresby, Papua New Guinea Tel: 675-3212922
Peru	Oficina Económica y Cultural de Taipei, Lima, República del Perú （駐秘魯臺北經濟文化辦事處） Av. Benavides No. 1780 Miraflores, Lima 18, Perú （函件請僅用信箱號碼） Casilla: 18-1052, Lima 18, Peru Tel: 51-1-242-1817
The Philippines 兼理帛琉(Palau)之領務	Taipei Economic and Cultural Office in the Philippines （駐菲律賓臺北經濟文化辦事處） 28th Fl., Pacific Star Building Sen. Gil J. Puyat Ave. Corner Makati Ave., Makati Metro Manila, the Philippines （函件請僅用信箱號碼） P. O. Box 1097, Makati Central Post Office, 1250 Makati, Metro Manila, the Philippines Tel: 63-2-8921381-85

Poland	Taipei Economic and Cultural Office, Warsaw, Poland （駐波蘭臺北經濟文化辦事處） No. 54, Koszykowa St., 4th Fl., IPC Building 00-675 Warsaw Poland （函件請僅用信箱號碼） P. O. Box 51, UI Senatorska 40 Urzad Pocztowo- Telekomunikacyjny, Warszawa 84, Poland Tel: 48-22-6308438
Portugal 兼理葡萄牙之自治區： 馬德拉(Madeira)及亞 速群島(Azores)、聖多 美及普林西比(Sâo Tomé & Principe)及維 德角島(Cape Verde)之 領務	Centro Economico e Cultural de Taipei Lisbon, Portugal （駐葡萄牙臺北經濟文化中心） Rua Castilho, 65°1 Andar Direito 1200 Lisbon, Portugal Tel: 351-1-3860617, 3860763
Russia 兼理烏克蘭 (Ukraine)、白俄羅斯 (Belarus)、亞塞拜然 (Azerbaijan)、亞美尼 亞(Armenia)、哈薩克 (Kazakhstan)、吉爾吉 斯(Kyrgyzstan)、摩爾 多瓦(Moldova)、塔吉 克(Tajikistan)、烏茲別 克(Uzbekistan)、土庫 曼(Turkmenistan)及喬 治亞(Georgia)之領務	Representative Office in Moscow for the Taipei- Moscow Economic and Cultural Coordination Commission （臺北莫斯科經濟文化協調委員會駐莫斯科代表 處） 3rd Fl., Bld #1, Gate#4 24/2 Tverskaya St. Moscow 103050 Russian Federation Tel: 7503-956-3786
Saudi Arabia 兼理阿富汗(Afgha- nistan)、卡達(Qatar) 、巴基斯坦(Pakis- tan)、南、北葉門 (Yemen)、衣索匹亞 (Ethiopia)、吉布地 (Djibouti)、蘇丹 (Sudan)及土耳其(Tur- key)之領務	Taipei Economic and Cultural Representative Office in the Kingdom of Saudi Arabia （駐沙烏地阿拉伯王國臺北經濟文化代表處） Diplomatic Quarter, Riyadh, Saudi Arabia （函件請僅用信箱號碼） P. O. Box 94393, Riyadh 11693, Saudi Arabia Tel: 966-1-4881900
	Taipei Economic and Cultural Representative Office in the Kingdom of Saudi Arabia, Jeddah Office （駐沙烏地阿拉伯王國臺北經濟文化代表處吉達分 處） No. 15, Al Abagerah St. (19), Rouwais Dist. (7), Jeddah, Saudi Arabia （函件請僅用信箱號碼） P. O. Box 1114, Jeddah 21431, Saudi Arabia Tel: 966-2-6602264

Singapore 兼理北韓(North Korea)之領務	Taipei Representative Office in Singapore （駐新加坡臺北代表處） 460 Alexandra Road, #23-00, PSA Building, Singapore 119963 （函件請僅用信箱號碼） PSA Building Post Office, P. O. Box 381, Singapore 911143 Tel: 65-2786511
Spain 兼理安道爾(Andorra) 及赤道幾內亞(Equatorial Guinea)之領務	Oficina Economica y Cultural de Taipei, Madrid, España （駐西班牙臺北經濟文化辦事處） C/Rosario Pino 14-16, 18 Dcha. 28020 Madrid, Spain （函件請僅用信箱號碼） Apartado 36016, 28080 Madrid, España Tel: 34-1-5714729
Sweden	Taipei Mission in Sweden （駐瑞典臺北代表團） Wenner-Gren Centre, 18th Fr. Sveavagen 166, S-113 46 Stockholm, Sweden Tel: 46-8-7288513
Switzerland 兼理列支敦斯登 (Liechtenstein)之領務	Délégation Culturelle et Economique de Taipei （駐瑞士臺北文化經濟代表團） Monbijoustrasse 30 3011 Berne, Suisse Tel: 41-31-3822927
Thailand 兼理緬甸(Myanmar)之 領務	Taipei Economic and Trade Office in Thailand （駐泰國臺北經濟貿易辦事處） 10th Fl., Kian Gwan Building (1) 140 Witthayu Road Bangkok, Thailand Tel: 66-2-2519393-6
Turkey 兼理北賽普勒斯(Northern Cyprus)之領 務	Taipei Economic and Cultural Mission in Ankara, Turkey （駐安卡拉臺北經濟文化代表團） Resit Galip Cad, No. 97, Gaziosmanpasa, Ankara, Turkey Tel: 90-312-4367255

United Arab Emirates 兼理伊朗(Iran)之領務	Commercial Office of the Republic of China to Dubai, United Arab Emirates （中華民國駐阿拉伯聯合大公國杜拜商務辦事處） Al Nokheel Building Office No. 109 Plot, No. 273 at Al Hamriyah Dubai, U. A. E. （函件請僅用信箱號碼） P. O. Box 3059, Dubai, U. A. E. Tel: 971-4-358177
United Kingdom 兼理塞席爾(Sey- chelles) 及 獅子山 (Sierra Leone)之領務	Taipei Representative Office in the United Kingdom （駐英臺北代表處） 50 Grosvenor Gardens London, SW1W OEB England, U. K. Tel: 44-171-396-9152
United States	Taipei Economic and Cultural Representative Office in the United States of America （駐美國臺北經濟文化代表處） 4201 Wisconsin Ave., N. W. Washington, D. C. 20016-2137, U. S. A. Tel: 1-202-895-1800
	Taipei Economic and Cultural Office in Atlanta （駐亞特蘭達臺北經濟文化辦事處） Suite 1290, Two Midtown Plaza 1349 West Peachtree St., N. E. Atlanta, Georgia 30309, U. S. A. Tel: 1-404-872-0123
	Taipei Economic and Cultural Office in Boston （駐波士頓臺北經濟文化辦事處） 99 Summer St., Room 801, Boston, MA 02110, U. S. A. （函件請僅用信箱號碼） P. O. Box 120529, Boston, MA 02112, U. S. A. Tel: 1-617-737-2050
	Taipei Economic and Cultural Office in Chicago （駐芝加哥臺北經濟文化辦事處） Two Prudential Plaza, 57 & 58 Floors 180 North Stetson Ave. Chicago, Illinois 60601, U. S. A. Tel: 1-312-616-0100
兼理加羅林群島 (Carolina Islands)、馬 紹爾群島(Marshall	Taipei Economic and Cultural Office in Guam （駐關島臺北經濟文化辦事處） Suite 505, Bank of Guam Bldg.

Islands) 及馬利安納 (Marianas Islands) 之領務	111 Chalan Santo Papa Agana, Guam 96910, U. S. A. （函件請僅用信箱號碼） P. O. Box 3614, Agana, Guam 96910, U. S. A. Tel: 1-671-472-5865
	Taipei Economic and Cultural Office in Honolulu 　（駐檀香山臺北經濟文化辦事處） 2746 Pali Highway Honolulu, Hawaii 96817, U. S. A. Tel: 1-808-595-6347
	Taipei Economic and Cultural Office in Houston 　（駐休士頓臺北經濟文化辦事處） Eleven Greenway Plaza, Suite 2006 Houston, Texas 77046, U. S. A. Tel: 1-713-626-7445
	Taipei Economic and Cultural Office in Kansas City, Missouri 　（駐堪薩斯臺北經濟文化辦事處） 3100 Broadway, Suite 800 Kansas City, Missouri 64111, U. S. A. （函件請僅用信箱號碼） P. O. Box 413617, Kansas City, MO 64141, U. S. A. Tel: 1-816-531-1298, 531-1299
	Taipei Economic and Cultural Office in Los Angeles 　（駐洛杉磯臺北經濟文化辦事處） 3731 Wilshire Boulevard, Suite 700 Los Angeles, California 90010, U. S. A. Tel: 1-213-389-1215
兼理百慕達(Bermuda)之領務	Taipei Economic and Cultural Office in Miami 　（駐邁亞密臺北經濟文化辦事處） 2333 Ponce de Leon Blvd., Suite 610 Coral Gables, FL 33134, U. S. A. Tel: 1-305-443-8917
	Taipei Economic and Cultural Office in New York 　（駐紐約臺北經濟文化辦事處） 885 Second Ave., 47th Fl. New York, N.Y. 10017, U. S. A. Tel: 1-212-317-7300
	Taipei Economic and Cultural Office in San Francisco 　（駐舊金山臺北經濟文化辦事處） No. 555 Montgomery St., Suite 501 San Francisco, Ca 94111, U. S. A. Tel: 1-415-362-7680

	Taipei Economic and Cultural Office in Seattle （駐西雅圖臺北經濟文化辦事處） Westin Building, Ste. 2410, 2001 Sixth Ave., Seattle, Washington 98121, U. S. A. Tel: 1-206-441-4586
Uruguay	Oficina Econômica de Taipei Republica Oriental del Uruguay （駐烏拉圭臺北經濟辦事處） Echevarriarza 3478, Montevideo, Uruguay （函件請僅用信箱號碼） Casilla de Correo N 16042 Distrito 6 C. P. 11600 Montevideo, Uruguay Tel: 598-2-680201
Venezuela	Oficina Econômica y Cultural de Taipei, Caracas, República de Venezuela （駐委內瑞拉臺北經濟文化辦事處） Avenida Francisco de Miranda, Torre Delta, Piso 4, Altamira Caracas, Venezuela （函件請僅用信箱號碼） Apartado 68717, Altamira 1062-A, Caracas, Venezuela Tel: 58-2-265-2184
Vietnam 兼理寮國(Laos)之領務	Taipei Economic and Cultural Office, Hanoi, Vietnam （駐越南臺北經濟文化辦事處） 2D Van Phuc, BA Dinh District Hanoi, Vietnam （函件請僅用信箱號碼） GPO Box 104, Hanoi, Vietnam Tel: 823-4402
	Taipei Economic and Cultural Office, Ho Chi Minh City, Vietnam （駐胡志明市臺北經濟文化辦事處） 117 B Nguyen Dinh Chinh Quan Phu Nhuan, TPHCM, Vietnam Tel: 84-8-8458651
Zaire 兼理剛果(Congo)、盧 安達(Rwanda)、蒲隆 地(Burundi)及聖多美 及普林西比(Sâo Tomé and Principe)之領務	Délégation de la République de Chine République du Zaire （中華民國駐薩伊共和國代表團） No. 9, Avenue Zongo Ntolo Kinshasa/Gombe Republique du Zaire （函件請僅用信箱號碼） Delegation de la Republique de Chine B. P. 4834 Kinshasa/Gombe Republique du Zaire

柒、中華民國八十三(1994)年國內出版的國際法及國際事務書籍與論文選錄

中華民國八十三(1994)年國內出版的
國際法及國際事務書籍與論文選錄

陳 純 一
歐陽純麗

㈠書籍

⑴國際法

丘宏達著，**聯合國研究**，臺北市：政大國研中心，一九九四年。

姜勵南著，**國際投資法概要**，臺北市：五南，一九九四年。

翁明賢，林德澔，陳聰銘著，**歐洲區域組織新論**，臺北市：五南，一九九四年。

郭豫珍撰，**涉外民事之國際管轄權的確定**，臺北市：郭豫珍，一九九四年。

陳煥文著，**國際仲裁法專論**，臺北市：五南，一九九四年。

⑵國際政治與國際關係

立法院圖書資料室編，**重返聯合國**，臺北市：立法院圖書資料室，一九九四年。

高朗著，**中華民國外交關係之演變（1972-1992）**，臺北市：五南，一九九四年。

臺北論壇基金會編，**中美關係之現況與展望**，臺北市：臺北論壇基金會，一九九四年。

臺北論壇基金會編，**南非政局與中斐關係**，臺北市：臺北論壇基金會，一九九四年。

㈡論文

⑴國際法

丘宏達，「國際法在我國國內法上的地位」，**憲政時代**，第十九卷第四期（一九九四年四月），頁八一～一〇〇。

任克敏，「歐體調和各會員國產業法令之探討」，**臺灣經濟研究月刊**，第十七卷第九期（一九九四年九月），頁一〇八～一一四。

吳景芳，「國際刑事司法互助基本原則之探討」，**國立臺灣大學法學論叢**，第二十三卷第二期（一九九四年六月），頁三三一～三四七。

林東麗，「中共當代國際法與國際法體系之探討」，**共黨問題研究**，第二十卷第一期（一九九四年一月），頁五〇～五九。

林俊益，「外國仲裁判斷在我國之承認與執行：最近十年之回顧與展望」，**法學叢刊**，第三十九卷第三期（一九九四年七月），頁一一七～一三一。

林郁方，「臺灣關係法對我國安全承諾之探討」，**美歐月刊**，第九卷第五期（一九九四年五月），頁九一～一〇五。

柯澤東，「『永續發展』：從國際環境法之形成與回應論析」，**國立臺灣大學法學論叢**，第二十三卷第二期（一九九四年六月），頁三三～五六。

張淑雅，「中美共同防禦條約的簽訂：一九五〇年代中美結盟過程之探討」，**歐美研究**，第二十四卷第二期（一九九四年六月），頁五一～九九。

陳純一，「由法學觀點看聯合國當前面臨的問題與美國的態度」，**美歐月刊**，第九卷第五期（一九九四年五月），頁一九～三六。

陳純一，「非會員國駐聯合國觀察員之地位」，**問題與研究**，第三十三卷第一期（一九九四年一月），頁三三～四四。

陳荔彤，「臺灣關係法下臺灣的國際地位」，**法學叢刊**，第三十九卷第三期（一九九四年七月），頁九四～一一六。

陳超雄，「談國際貿易法中的貿易障礙」，**臺灣經濟金融月刊**，第三十卷第八期（一九九四年八月），頁四〇～四三。

陳麗娟，「歐洲共同體公平貿易法之研究」，**美歐月刊**，第九卷第十一期（一九九四年十一月），頁一一五～一三六。

傅崑成，「中國先占取得南海歷史性水域內島礁領域主權之證據（上）（下）」，**大陸雜誌**，第八十九卷第一期（一九九四年七月），頁四～八；第八十九卷第二期（一九九四年八月），頁一二～四一。

傅崑成，「我國政府在英美國內法上之地位」，**國立臺灣大學法學論叢**，第二十三卷第二期（一九九四年六月），頁七五～一三九。

劉渝生，「從歐體指令論我國有限公司之立法」，**美歐月刊**，第九卷第九期（一九九四年九月），頁七一～八五。

(2)國際政治與國際關係

丁永康，「一九九〇年代澳洲與馬來西亞的關係」，**問題與研究**，第三十三卷第

四期（一九九四年四月），頁六五～七四。

丁宗裕，「中共與英國香港問題談判難獲好結果」，**共黨問題研究**，第二十卷第
　　二期（一九九四年二月），頁五二～六一。

尹慶耀，「烏克蘭的戰略核武器問題」，**問題與研究**，第三十三卷第三期（一九
　　九四年三月），頁三九～五一。

王之南，「從核檢糾紛看北韓外交」，**中國文化大學政治學研究所學報**，第三期
　　（一九九四年十月），頁一五九～一七二。

王良能，「從最惠國待遇之爭看美中（共）的相互依存關係」，**共黨問題研究**，
　　第二十卷第十期（一九九四年十月），頁二三～三八。

王泰銓，「歐洲聯盟政治統合之發展」，**問題與研究**，第三十三卷第八期（一九
　　九四年八月），頁二四～五二。

王國璋，「依功能整合理論回顧西歐核能共同體之發展」，**美國月刊**，第九卷第
　　五期（一九九四年五月），頁五一～七一。

包宗和，「後冷戰時期美國與中共關係的評估和展望：一項經驗研究」，**政治科
　　學論叢**，第五期（一九九四年四月），頁一五～三五。

石之瑜，「從中共對美、英談判論中共外交的原則性問題」，**中國大陸研究**，第
　　三十七卷第十期（一九九四年十月），頁三九～五九。

朱松柏，「中共與南韓的政經關係」，**中國大陸研究**，第三十七卷第一期（一九
　　九四年一月），頁六七～七六。

朱松柏，「朝鮮半島的核武危機」，**問題與研究**，第三十三卷第七期（一九九四
　　年七月），頁一～一〇。

朱景鵬，「歐洲聯盟『經濟暨貨幣聯盟』及其與政治統合之關聯」，**問題與研
　　究**，第三十三卷第十一期（一九九四年十一月），頁二一～四五。

宋國誠，「美國對中共人權外交的迷惘」，**美歐月刊**，第九卷第七期（一九九四
　　年七月），頁四～一一。

何少梅，「迎向未來：世界銀行走過五十年」，**臺北銀行月刊**，第二十五卷第十
　　二期（一九九四年十二月），頁四五～五三。

何東皓，「日本對中華人民共和國的外交政策（一九五二至一九七二）」，**中山
　　社會科學期刊**，第三卷第一期（一九九四年六月），頁二五七～二八三。

吳東野，「歐洲聯盟成員國之擴增」，**美歐月刊**，第九卷第五期（一九九四年五
　　月），頁三七～五〇。

吳東野，「歐洲議會選舉之比較分析」，**美歐月刊**，第九卷第九期（一九九四年

九月），頁三九～五六。

吳玲君，「美國與國際原子能總署之關係：制度主義或現實主義」，**問題與研究**，第三十三卷第十一期（一九九四年十一月），頁四六～五九。

吳祖田，「東協多邊會議發展之取向」，**問題與研究**，第三十三卷第十一期（一九九四年十一月），頁七一～八六。

吳釗燮，「以色列占領區之巴勒斯坦人抗爭對中東和平之影響」，**問題與研究**，第三十三卷第四期（一九九四年四月），頁七五～八四。

吳新興，「臺北務實外交對於兩岸關係的意義」，**中國大陸研究**，第三十七卷第十期（一九九四年十月），頁二五～三八。

李本京，「臺灣關係法制訂十四年的回顧與前瞻」，**中華戰略學刊**，一九九四年春季刊（一九九四年三月），頁二四～三七。

李明，「世界新秩序下中共對東協之外交政策」，**國際關係學報**，第九期（一九九四年八月），頁一三九～一六八。

李明，「冷戰後的中華民國與日韓關係」，**理論與政策**，第九卷第一期（一九九四年十二月），頁一五～二七。

李登科，「南向政策與務實外交」，**問題與研究**，第三十三卷第六期（一九九四年六月），頁一～一〇。

李登科，「後冷戰時期中共對中東地區之外交政策」，**國際關係學報**，第九期（一九九四年八月），頁二九～四九。

李瓊莉，「美國對我加入關貿總協之觀點」，**美歐月刊**，第九卷第八期（一九九四年八月），頁八二～九六。

周世雄，「概念性探討國際和平與集體安全」，**問題與研究**，第三十三卷第五期（一九九四年五月），頁六五～七三。

周世雄，「歐安會議之預警系統、衝突防制與危機管理」，**美歐月刊**，第九卷第十一期（一九九四年十一月），頁八五～九七。

周煦，「六四事件後中共對美國的外交政策」，**國際關係學報**，第九期（一九九四年八月），頁一～二八。

周煦，「美俄戰略伙伴關係」，**美歐月刊**，第九卷第七期（一九九四年七月），頁二七～三二。

周麟，「阿根廷與智利邊界問題及兩國關係」，**問題與研究**，第三十三卷第二期（一九九四年二月），頁六八～八四。

林正義，「比較杜魯門與布希總統危機處理政策：以韓戰及波斯灣戰爭為例」，

政治科學論叢，第五期（一九九四年四月），頁一三七～一五九。

林正義，「美國對臺政策檢討的意義」，理論與政策，第九卷第一期（一九九四年十二月），頁三～一四。

林碧炤，「論集體安全」，問題與研究，第三十三卷第八期（一九九四年八月），頁一～二三。

林德昌，「科威特危機、中東和平與美國的霸權主義」，美國月刊，第九卷第二期（一九九四年二月），頁一八～二七。

林德昌，「美國援外政策的本質與問題」，問題與研究，第三十三卷第八期（一九九四年八月），頁一〇四～一一三。

林德昌，「對外經援與外交政策：北京外援受援國在聯合國投票行為之分析」，問題與研究，第三十三卷第七期（一九九四年七月），頁六〇～六九。

邱坤玄，「試論柯林頓政府的『新太平洋共同體』」，美國月刊，第九卷第三期（一九九四年三月），頁一九～二九。

姜家雄，「後冷戰時期中共與西歐關係」，國際關係學報，第九期（一九九四年八月），頁九七～一一五。

姚競之，「從戈巴契夫來訪看俄羅斯與兩岸關係」，共黨問題研究，第二十卷第五期（一九九四年五月），頁二五～三四。

姚競之，「朝鮮半島核子危機與中共」，共黨問題研究，第二十卷第八期（一九九四年八月），頁一八～二七。

翁明賢，「後冷戰時期北約與歐洲安全關係」，美歐月刊，第九卷第八期（一九九四年八月），頁四～一八。

高朗，「臺灣重返政府間國際組織策略之檢討」，理論與政策，第九卷第一期（一九九四年十二月），頁二八～三七。

高朗，「東亞戰略新形勢下的美國與臺灣關係」，美歐月刊，第九卷第七期（一九九四年七月），頁八四～九〇。

高朗，「從邦交變化看兩岸外交競賽（一九七二至一九九二）」，政治科學論叢，第五期（一九九四年四月），頁一八三～二一〇。

張小月，「一九九三年美國對華政策的回顧與展望」，美國月刊，第九卷第四期（一九九四年四月），頁七九～八七。

張亞中，「歐洲統合過程中的國家主權問題」，美歐月刊，第九卷第十一期（一九九四年十一月），頁九八～一一四。

張雅君，「一九九三年的中共外交：挑戰與對策」，中國大陸研究，第三十七卷

第二期（一九九四年二月），頁二七～三六。

張雅君，「中共在朝鮮半島核武危機中的影響力」，**中國大陸研究**，第三十七卷
　　第八期（一九九四年八月），頁四〇～五二。

張顯耀，「歐洲聯盟共同外交與安全政策之趨向」，**美歐月刊**，第九卷第五期
　　（一九九四年五月），頁七二～九〇。

曹異美，「論日本爭取聯合國安理會常任理事席位」，**問題與研究**，第三十三卷
　　第十二期（一九九四年十二月），頁一二～二四。

曹異美，「聯合國安理會改組與日本出任常任理事國之可能性」，**問題與研究**，
　　第三十三卷第一期（一九九四年一月），頁二二～三二。

畢英賢，「中共與中亞關係」，**中國大陸研究**，第三十七卷第九期（一九九四年
　　九月），頁五～一四。

畢英賢，「中共與俄羅斯關係：從正常化向夥伴關係過渡」，**問題與研究**，第三
　　十三卷第十一期（一九九四年十一月）頁一～一〇。

許慶雄，「日、中建交談判之探討」，**淡江學報**，第三十三期（一九九四年三
　　月），頁六三九～六五五。

陳一新，「柯林頓主義下的美國外交政策新貌」，**美國月刊**，第九卷第一期（一
　　九九四年一月），頁八〇～九一。

陳一新，「從美國國力衰退看國際危機處理」，**美歐月刊**，第九卷第六期（一九
　　九四年六月），頁四～一二。

陳一新，「透過積極參與國際組織打破孤立之牆」，**美歐月刊**，第九卷第七期
　　（一九九四年七月），頁九一～一〇八。

陳文賢，「後冷戰時代的美日關係與東北亞政局」，**政治科學論叢**，第五期（一
　　九九四年四月），頁一～一三。

陳超雄，「美國與歐體的貿易關係與全球競爭力」，**臺灣經濟金融月刊**，第三十
　　卷第七期（一九九四年七月），頁五六～六四。

陳毓鈞，「尼克森與美國的對華政策」，**美歐月刊**，第九卷第六期（一九九四年
　　六月），頁一三～二六。

陳毓鈞，「美國的『一個中國』政策（上）（下）」，**美國月刊**，第九卷第二期
　　（一九九四年二月），頁五〇～六五；第九卷第三期（一九九四年三月），
　　頁六二～七七。

陳鴻雁，「奧林匹克憲章與兩個中國問題的回顧」，**國民體育季刊**，第二十三卷
　　第一期（一九九四年三月），頁五三～六二。

湯紹成，「歐洲共同體的決策程序」，**東亞季刊**，第二十五卷第四期（一九九四年四月），頁七一～八○。

鄒念祖，「美國的索馬利亞政策」，**問題與研究**，第三十三卷第三期（一九九四年三月），頁二三～三八。

鄒念祖，「聯合國秘書長在索馬利亞和平行動中的角色」，**問題與研究**，第三十三卷第五期（一九九四年五月），頁一～一九。

鄒念祖，「聯合國與海地危機」，**問題與研究**，第三十三卷第十二期（一九九四年十二月），頁一～一一。

廖平生，「中共與西歐關係」，**共黨問題研究**，第二十卷第二期（一九九四年二月），頁六二～七○。

趙建民，「中共對我國重返聯合國之態度與對策」，**問題與研究**，第三十三卷第一期（一九九四年一月），頁一二～二一。

劉國興，「美國對朝鮮半島政策之分析」，**美歐月刊**，第九卷第八期（一九九四年八月），頁三四～四六。

劉德海，「後冷戰時期中共的朝鮮半島政策與日本政策」，**國際關係學報**，第九期（一九九四年八月），頁一一七～一三八。

潘錫堂，「中共對蘇聯關係的演變（1979-1982）」，**淡江學報**，第三十三期（一九九四年三月），頁六二五～六三八。

蔡瑋，「克里斯多福的大陸之行：美國人權外交的困境」，**美歐月刊**，第九卷第五期（一九九四年五月），頁五～一八。

蔡瑋，「美國續予中共最惠國待遇的理論與實際」，**美歐月刊**，第九卷第七期（一九九四年七月），頁一二～二六。

衛嘉定，「析論柯林頓政府的公共外交政策」，**美國月刊**，第九卷第一期（一九九四年一月），頁六四～七九。

鄭端耀，「美國柯林頓總統歐洲之行」，**問題與研究**，第三十三卷第三期（一九九四年三月），頁一一～二二。

鄧中堅，吳孟峰，「剖析柯林頓政府的人權政策」，**美歐月刊**，第九卷第八期（一九九四年八月），頁一九～三三。

鄧中堅，「後冷戰時期中共對拉丁美洲的外交政策」，**國際關係學報**，第九期（一九九四年八月），頁五一～七九。

謝福助，「以、巴和平的問題與展望」，**問題與研究**，第三十三卷第十期（一九九四年十月），頁七四～九○。

譚溯澄，「後冷戰時期中共對俄羅斯的外交政策」，國際關係學報，第九期（一九九四年八月），頁八一～九六。

蘇秀法，「從芬蘭加入歐體看中立國的義務」，問題與研究，第三十三卷第三期（一九九四年三月），頁七一～八〇。

蘇秀法，「瑞士對聯合國及歐盟之關係」，問題與研究，第三十三卷第六期（一九九四年六月），頁七三～八一。

蘇秀法，「歐洲聯盟起步維艱」，問題與研究，第三十三卷第五期（一九九四年五月），頁二一～三九。

(三)英文論文

(1)國際法

Hsiao, Hsi-ching, "The Nansha (Spratlys) Dispute (Parts I & II)," *Chinese Culture*, Vol. 35, No. 1 (March 1994), pp. 41-85; Vol. 35, No. 2 (June 1994), pp. 1-45.

(2)國際政治與國際關係

Chang, Ya-Chun, "Peking-Moscow Relations in the Post-Soviet Era," *Issues and Studies*, Vol. 30, No. 1 (January 1994), pp. 83-99.

Copper, John F., "Peking's Post-Tienanmen Foreign Policy: The Human Rights Factor," *Issues and Studies*, Vol. 30, No. 10 (October 1994), pp. 49-73.

Hickey, Dennis Van Vranken, "Coming in from the Cold: Taiwan's Return to International Organizations," *Issues and Studies*, Vol. 30, No. 10 (October 1994), pp. 94-107.

Jencks, Harlan W., "The PRC's Military and Security Policy in the Post-Cold War Era," *Issues and Studies*, Vol. 30, No. 11 (November 1994), pp. 65-103.

Kim, Samuel S., "Mainland China in a Changing Asia-Pacific Regional Order," *Issues and Studies*, Vol. 30, No. 10 (October 1994), pp. 1-48.

Kumaraswamy, P. R., "The Star and the Dragon: An Overview of Israeli-PRC Military Relations," *Issues and Studies*, Vol. 30, No. 4 (April 1994), pp. 36-55.

Lee, Deng-Ker, "Peking's Middle East Policy in the Post-Cold War Era," *Issues and Studies*, Vol. 30, No. 8 (August 1994), pp. 69-94.

Lee, Thomas B., " Hoover-Stimson China Policy: Moralism v. Pragmatism, " *Tamkang Journal of American Studies*, Vol. 10, No. 4 (June 1994), pp. 27-37.

Rowinski, Jan, " China and Central and Eastern Europe: A New Relationship, " *Issues and Studies*, Vol. 30, No. 2 (February 1994), pp. 50-73.

Sheng, Lijun, " Peking-Washington Bargaining, 1981-1984, " *Issues and Studies*, Vol. 30, No. 6 (June 1994), pp. 28-56.

Shih, Cheng-feng, " Ethnic Diversity and International Conflict: A Cross-National Study, 1970-1978, " *Tan-chiang Hsueh-pao* (Tamkang Journal), Vol. 33. (March 1994), pp. 389-419.

Shih, Chih-yu, " How Flexible Is Peking's Foreign Policy?, " *Issues and Studies*, Vol. 30, No. 12 (December 1994), pp. 44-68.

Sung, Kuo-cheng, " International Situation in the 1990s: The View from Peking, " *Issues and Studies*, Vol. 30, No. 2 (February 1994), pp. 30-49.

Sutter, Robert G., " Cross-Strait Relations and Their Implications for the United States, " *Issues and Studies*, Vol. 30, No. 12 (December 1994), pp. 69-96.

Wang, Vincent Wei-cheng, " How Can Taiwan Enter the United Nations: History, Issues, and Approaches, " *Issues and Studies*, Vol. 30, No. 10 (October 1994), pp. 108-131.

Wu, Samuel Shiouh Guang and Tan, Alexander C., " The Cat and Mouse Game: Philippine-ROC Diplomacy, " *Issues and Studies*, Vol. 30, No. 2 (February 1994), pp. 74-90.

索　引

一 般 索 引

人名索引

二十一畫（顧、蘭）

重要判決案例

其　它

國名、地名索引

法令索引

國際條約、協定或文件索引

五畫（世、北、生）

六畫（伊、西、刑）

稿　約

　　中國國際法與國際事務年報為一份專門討論國際法、國際問題、及我國涉外事務等問題的學術性刊物。本年報除刊登中國國際法學會會員的著述外，亦歡迎外稿。來稿請遵照下列規定撰寫。

一、所有引註均須詳註出處；如引註係轉引自其他書籍或論文，則須另予註明，不得逕錄引註之註解。

二、須書寫於中文稿紙上；如有可能請用單頁橫寫稿紙。

三、無論在正文或註解中，凡書籍、雜誌、報紙、法律案件之名稱均須加書名號（﹏﹏；如為西文著作，則在書名下劃一橫線），文章名加引號（「　」；如為西文著作，則加＂＂標記）。

四、所有註解均列於正文之後，註解格式如下：

　(一)專書

　　　(1)中文書籍：作者名，書名，出版地，書局，民國××年，頁×～×。

　　　(2)西文書籍：Author's Name, Books Name, Place of Publication: Publisher, Year, pp. ×－×。

　(二)論文

　　　(1)中文論文：作者名，「篇名」，雜誌名，×卷×期（民國××年×月），頁×～×。

　　　(2)西文論文：Author's Name, "Article's Name," Journal's Name, Vol. ×, No. ×（Year）, pp. ×－×。（如有必要須加註月份或日期）

　(三)報紙

　　　(1)中文報紙：作者名，「篇名」，報紙名，民國×年×月×日，第×版。（如為一般性新聞報導，可略去作者名和「篇名」。）

　　　(2)西文報紙：Author's Name, "Article's Name," News Paper's Name, Date, p.×。

　(四)法律案件

　　　(1)引用中文法律案件必須有判決之法院名稱（如：最高法院或行政法院）及法院案號。如已刊登「司法院公報」、「法務部公報」或「法令月

刊」等期刊均應註明卷、期（年、月、日）及頁數。

⑵英文法律案件則照其在外國判決報告中引用之形式，例如：

British case: *Reel v. Holder and another,* 〔1981〕3 ALL ER321

U. S. case: *United States v. Pink*, 315 U. S. 203 (1942)

International Court of Justice case: Nuclear Tests （*Australia v. France*）, Judgment of 20 December 1974, I. C. J. Reports 1974, p. 253.

㈤第一次引註須註明出處之完整資料(如上)；第二次以後之引註有兩種格式：⑴作者名，書名（或「篇名」，或特別註明之「簡稱」），前引註○，頁×～×；⑵如全文中僅引該作者之一種作品，則可更為簡略——作者名，前引註○，頁×～×。（西文作品第二次引註原則與此同）。

㈥所有本文中註解的號碼，均放在標點符號之內（如：並簽署蒙地維多宣言㊿，）。

五、來稿一律須經本年報敦請之專家審查通過，必要時並得予修改、潤飾，唯改稿於刊登前必先送請投稿人核對。來稿一經發表，當酌贈稿酬及該期年報二冊。

六、來稿請寄

PROFESSOR HUNGDAH CHIU

UNIV. OF MARYLAND LAW SCHOOL

500 WEST BALTIMORE STREET

BALTIMORE, MARYLAND 21201-1786

U. S. A.

電話：美國(410)706-7579或(410)706-3870杜芝友女士

傳真機(FAX)：美國(410)706-4045或(410)788-5189。

來稿也可先與本年報編輯趙國材教授（政大外交系）、法治斌教授（政大法律系）、傅崐成教授（木柵郵政3-30號信箱）、邵玉銘教授（政大國關中心）或馬英九博士（行政院政務委員室）聯絡再轉寄總編輯。

中國國際法與國際事務年報. 第九卷（民國八十
三年至八十四年）/ 中國國際法學會，中國國
際法與國際事務年報編輯委員會編. -- 初版.
-- 臺北市：臺灣商務，1997〔民86〕
　　面；　公分
　　含索引
　　ISBN 957-05-1388-8（平裝）. -- ISBN 957-05
-1387-X（精裝）

1. 國際法-論文，講詞等

579.07　　　　　　　　　　　　86003069

中國國際法與國際事務年報 第九卷

（民國八十三年至八十四年）

精裝本定價新臺幣 850 元
平裝本定價新臺幣 680 元

編 著 者	中 國 國 際 法 學 會 中國國際法與國際事務年報編輯委員會
責 任 編 輯	王 林 齡
校 對 者	陳振淦　陳淑純　劉斐娟
發 行 人	張 連 生
出 版 者 印 刷 所	臺灣商務印書館股份有限公司

臺北市重慶南路 1 段 37 號
電話：(02)3116118・3115538
傳真：(02)3710274
郵政劃撥：0000165-1 號
出版事業
登 記 證：局版臺業字第 0836 號

• 1997 年 5 月初版第一次印刷

ISBN　957-05-1387-X（精裝）　　　56673190
ISBN　957-05-1388-8（平裝）　　　56673200